浑源永安寺文物

保护与研究

中 册

建筑意匠和彩画艺术

吴 锐 张 昕 吴 扬 著

文物出版社

目　录

彩画艺术研究

彩色图版

实测图、分析图与竣工图

彩色图版目录

实测图、分析图与竣工图目录

一　浑源古城与永安寺的区位环境

（一）浑源古城概况

浑源县位于山西省东北部，大同市东南的塞外高原边缘地带，与大同市、阳高县、广灵县、应县、灵丘县、繁峙县相接壤，县域面积约1966平方公里。

浑源县城历史悠久，其故址在县城西北8公里横山之东毕村与麻庄间的"古城洼"处，当年因其地势低洼屡遭水患，于五代后唐时迁筑于现址。浑源县城坐西北朝东南，位于该县南北山地之间的河川地带。关于这座历史文化名城的山水形胜与创建历史，明万历都御史王士琦《三云筹俎考》云："唐州治，洪武元年因之，万历元年砖甃。本城系腹里，山岳巍峨，环绕八山，浑源八水，凿岩构木，遗址屹然，诚云中要害也。若守乱岭之关，则虏骑必难东下，因磁窑之口，则胡马不至南驰。况坚壁清野，虏不能久，故人谓浑源之地可掠不可攻，贵守不贵战，视他城稍易为力焉。"[1]明万历《浑源州志·城池》曰："城创自后唐，脉从东南来，结为丘，如龟形，城象之。雉堞屈曲，宛若贞书状……"。

据清乾隆二十八年（1763）由知州桂敬顺纂修的《浑源州志》记载，浑源旧城城墙本为夯土城墙，周长四里二百二十步，城墙高一丈五尺，厚一丈，护城河宽二丈，深七尺。明永乐二十年（1422），知州陈渊率众，将城墙增高了一丈，同时疏浚了护城河。嘉靖四十五年（1566）知州颜守贤主持重修。万历二十年（1592）侍郎吴兑呈请以砖砌城，知州刘复礼、守备林风举、董厥监督施工。此时，浑源城墙高四丈，底厚三丈五尺，顶厚二丈，雉堞高七尺，共设有垛口七百零七个，敌台十七座，楼橹一十一座，铺舍九座。浑源古城在明万历二十九年（1601）之前，只有东西二门为实门，而且在门外建有瓮城和月城，东门题名"望恒"，西门题名"平川"，城上均建有城楼一座。该城的南北两侧城墙上均不设门，但北侧城墙中央建有高大城台一座，其上建有玄武庙建筑群，当地人称玄武神庙。被认为是浑源古城的守护神庙。此庙就位于永安寺的西北隅。

万历二十九年，在御史崔邦亮主持下，面对磁窑峡翠屏峰增开了南门，名为"引翠"，同时引磁窑峡的唐峪河水进入了城内，使得城市内部具有了塞外江南的便利条件。

浑源古城的平面布局依龟形而建，头朝西而尾朝东，象征神龟可饮城西柳河之水。城内街道的格局曲折不直形似蛇形，这种城市街巷格局，取意于"东青龙，西白虎，南朱雀，北玄武"的"八卦"意象，在古代星相学说中，玄武是由龟和蛇所组成的灵物及北方地区守护神。因此，古人利用"龟城蛇街"城市布局来会意"玄武图"的方位。浑源古城是一座位于北部塞外边境线上的重镇，古人希望利用"玄武镇边"的信仰达到国泰民安的目标。因此，浑源古城体现的是古人独特的城市规划理念。

---

[1]　据薄音湖，于默颖编辑点校.明代蒙古汉籍史料汇编：第六辑［M］.呼和浩特：内蒙古大学出版社，2009.

　　据有关记载，最晚在明万历年间已将恒山磁窑峡的唐峪河水自南城门引入浑源城内。关于此，清顺治《浑源州志·城池》记曰："……南累（垒）石为门，引磁峡水达城中，循石桥，环州署，注泮池，由西北隅水口出，归浑河。"依据清光绪《浑源州续志》"金鱼池"图及《金鱼池记》（参见插图1）更可得知，明清浑源州城的池沼河渠水系极为丰沛发达，体现出如下特征：其一，州城东北和西北的金鱼池古典园林是城内最大的水流汇集场所。金鱼池水广阔"其东池阔可二十余亩，西亦如之，

插图1　光绪《浑源州续志》"金鱼池"图及《金鱼池记》

水波潋滟，苻藻交横，金鱼出焉"。其二，城内河渠交错，宛若水乡。由金鱼池图不仅可以看到来自环绕州署的河道，而且可以看到来自石桥北巷及鼓楼北巷的河渠（来自永安寺前及鼓楼北巷的河渠最为宽阔）。更可以看到浑源州城墙西北隅的出水河渠与出水口的大致位置。

综上所述，浑源州城不愧为我国明代大同重镇七十二城堡中一座山河环绕，一水中流，地势优越，易守难攻的"龟城"要塞和军事堡垒（参见插图2、3）。

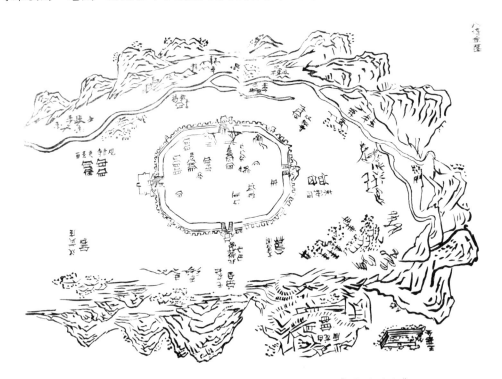

插图2　浑源古城疆域图——明·万历《浑源州志》

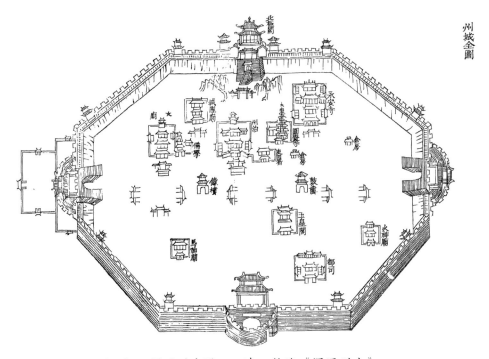

插图3　浑源州城图——清·乾隆《浑源州志》

浑源古城至今已有一千余年建城史，现今虽然其外围城防设施及内部河渠水系早已损毁殆尽，但城内文物古迹数量众多，历史民居资源丰富，大部分历史街区及其街巷肌理保存较好，城市结构与功能分区较完整，边塞古城传统文化底蕴深厚。1993年被山西省人民政府公布为第二批省级历史文化名城。为切实做好历史文化遗产保护传承工作，当前，浑源县委县政府正在积极落实《浑源历史文化名城保护规划》（2014-2035）要求，依据自身历史文化资源禀赋及其自然山水环境条件，全面推行文物古迹保护维修工程、生态环境综合治理工程、历史街区保护整修与有机更新工程、传统产业提档升级与文旅产业融合发展工程等系列举措，旨在实现城市文化和社会经济高质量发展与可持续发展宏伟目标。

（二）永安寺的区位环境

永安寺位于浑源古城的东北隅，这里是延续千年的以民居建筑、寺庙建筑、仓储建筑为主的城市功能区，也是已知明代以前历史文化遗存最为集中的区域（如金代建筑圆觉寺塔，元代建筑永安寺传法正宗殿等）。永安寺原名"神州大永安禅寺"，坐落于鼓楼北巷北端，俗称"大寺"，始建于金，金元之交被火毁后重建，明清以来屡经续建与增修。1986年6月被公布为山西省第二批重点文物保护单位，2001年6月被公布为第五批全国重点文物保护单位，现今文物保护范围占地面积1.19公顷。

永安寺周边文物古迹和历史民居分布密集，寺庙西南侧为创建于金正隆三年（1158）的全国重点文物保护单位圆觉寺塔（该寺俗称"小寺"，明洪武七年重修），圆觉寺塔以西为大同市重点文物保护单位浑源州衙（始建于金，明洪武七年重修）和全国重点文物保护单位浑源文庙（创建于辽金，元代扩建，明代重修）。永安寺北侧与浑源古城的北城墙遗址仅相距40余米。自明清时期至新中国成立初期，在永安寺的西侧、北侧及圆觉寺和州衙北侧曾有规模宏大的"金鱼池"古典园林与之相互映衬，因其景观独特而被称为"奇胜盖"其中"恒峰倒影""虹桥卧波""金鱼跃浪""绿柳环池"被称为金鱼池四景嘉名（据清光绪《浑源州续志·卷九·金鱼池记》）。在永安寺的东侧、南侧集中保存有百余组自明清至民国时期的传统民居、书院建筑、仓房等历史遗存。仅在全国第三次文物普查过程中被列为重点保护对象的"历史建筑"精品院落就有14组。永安寺周边地带现今仍保存着大

插图 4 永安寺周边环境现状（正面鸟瞰）

插图5　永安寺周边环境现状（西侧面鸟瞰与东侧面鸟瞰）

寺东巷、大寺西巷、鼓楼北巷、石桥北巷、郭家巷、马道巷、北马庙巷、庆永兴巷等历史街巷，以此为纽带构成的永安寺与周边历史街区正是浑源古城千余年来绵延不断深厚历史文化内涵的真实载体。具有不可替代的社会文化价值（参见彩色图版1，插图4、5）。

二　历代永安寺平面格局考察

　　关于浑源永安寺的伽蓝格局，宿白先生曾在1951年撰写的《浑源古建筑调查简报》中进行过探讨与研究，笔者依据1999年大修永安寺时发现的文物调查资料和各类碑记文献，对永安寺不同时代的伽蓝格局及其发展变化历程再次进行了系统梳理，从而得出了新的推论，这对于准确把握永安寺的前世今生和文物价值大有助益。

（一）金代的永安寺及其平面格局

　　首先，据明景泰《寰宇通志·卷81》记载："永安寺，在浑源州治北，金建"，1999年11月，笔者等曾在清代重建的天王殿下部台基内及传法正宗殿的建筑台心填土内发现了金代永安寺的兽面纹瓦当和写有"永安寺"墨书题款的金白瓷碗底（局部有明显被火烧过的痕迹），这是金代永安寺遗址中出土的珍贵历史遗存。由此推测，元代传法正宗殿下部应为金代永安寺大殿的原有基址。

　　其次，现存于永安寺的元代至元三十一年（1294）《神州大永安禅寺铭》记曰："大永安寺者古之道场，经烽火后，僧亡寺废，惟法堂钟楼至□□（今未？）摧矣。"这则碑记中有两个关键词应该认真品读理解，其一是"法堂"，法堂是佛教禅宗对讲堂的称谓，也是禅宗寺庙中高僧大德集中演说佛法的场所和供奉经典的地方。从寺庙格局演变史的视角分析，法堂作为禅宗七堂伽蓝式寺庙格局的重要组成部分，应该位于寺庙中轴线的主佛殿之后，庙宇建筑群的北端。据此分析，既然金代永安寺既有法堂又有钟楼存在，那么当时的永安寺不会少于三进院落。对照实际场地情况分析，其总体格局应该与禅宗寺院七堂伽蓝式布局高度一致，且与永安寺现有一至三进院占地规模高度吻合。这样看来，金代永安寺的主要建筑应该包括寺院中轴线自南而北的山门、天王殿、主佛殿和法堂，其东西两侧也应该建有方丈、僧房、府库、云堂、客堂、厨室、斋堂等僧众日常生活相关建筑及院落功能分区。这则碑记中值得品味的另一个关键词是"钟楼"。我们知道在晋北周边地区辽金时期的道场巨刹中大多建有钟楼，比如：在应县佛宫寺的释迦塔前金代就曾建有钟楼，据该寺碑记所载，钟的铸造年代为金明昌二年（1191），因金代钟楼塌毁，明清以后又重新修建方得以延续至今。又如：据金大定二年（1162）《重修薄伽教藏殿记》所载，大同华严寺在金天眷三年（1140）曾修建钟楼。再如：位于河北省涞源县城西北的阁院寺"东汉时创建，唐时重修"，该寺东南角钟楼内的铁钟铸造年代为辽天庆四年（1114），钟高1.6米，口径1.5米，重约4000斤，弥足珍贵。由这些历史文化遗存典型案例综合分析可知，金代永安寺确实为一座不仅历史文脉传承有序，而且七堂伽蓝格局相当完整的塞北地区"古之道场"（参见插图6）。

　　关于永安寺钟楼的准确位置目前尚难以确定，但纵观晋北地区现存千年古刹，大都位于寺院主

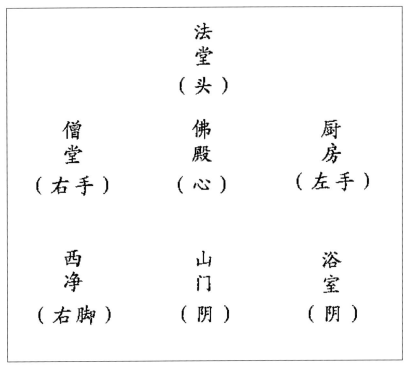

插图6   七堂伽蓝图解

本图来源：郭黛姮主编《中国古代建筑史》第三卷，宋、辽、金、
西夏建筑（第二版）中国建筑工业出版社，2009年，P273

殿的前方天王殿的左侧，或在寺庙东南角处，抑或在寺院东南隅院内。根据大同华严寺的有关历史记载，辽金时期钟楼与"会经楼"（或称"经楼"）左右对称布置。

此外，永安寺山门前至今尚保存有金元风韵石狮一对儿，用玄武岩雕制而成，具体雕造年代不详，由此可推知此位置大致应是金代永安寺地盘格局的南端。

通过以上分析，我们对金代永安寺被火毁前的寺庙规模及其伽蓝格局有了更加清晰准确的认知（参见彩色图版2）。

（二）元代的永安寺及其平面格局

金末元初是永安寺火毁之后复兴发展的重要时期，这与"燕京归云大宗师"欣然应邀前来永安寺主持供养并潜心于复兴工程关系密切。现存于北京潭柘寺的蒙古定宗二年（1247）《浑源州永安禅寺第一代归云大禅师塔铭》记述了此事的缘起与经过："师名志宣，字仲徽，生广宁李氏舍。资质不凡，少辞亲出家，师□□容庵于玉泉，禅学不缀。……庚辰岁也（1220），燕京□□请师开堂，传法竹林。容庵寂灭，遂谢事，应武州丛林之请，既而浑源州长官高公闻师道价，以本境之柏山请师居之。柏山，洞下精舍，大隐所建者。夷门破，大隐之孙，听公南来，缘锡未遂，师尽以其寺所有授之，远近高其义。开山古香积北堂，今之永安也。栋宇重新，禅侣云集，久之。□□□□柏林，增修堂庑，广常住田园……"。

那么，在归云禅师住持永安寺期间，主要进行了哪些寺庙复兴建设活动呢？现存于永安寺的元至元三十一年（1294）《神州大永安禅寺铭》回答了这一问题："维时，闻燕京归云大宗师退居竹林，禅学道行，蔚为时称，若得之供养，□门之幸也，乃驰书敬请。师欣然而来，驻锡不数年，创建佛殿、云堂、方丈、府库（厨库？），轮奂一新，成大丛林。"依据永安寺的地盘现状及其平面布局特征分析，笔者认为这则碑记中的所谓"创建"，从本质上讲不过是基于金代永安寺伽蓝七堂模式构架下的原址修建复兴工程而已。相比之下，同样是因外力原因而导致寺庙损毁后的复建工程，大同华严寺有一例元至正十年（1350）的重修碑记就措辞比较精当准确："……大殿、方丈、厨库、堂察，朽者新之，废者兴之，残者成之，有同创建。"经认真思考，笔者认为《神州大永安寺铭》碑记中所说的"佛殿"也不是伽蓝七堂模式中的"佛殿"，而是特指永安寺幸存的金代"法堂"。因为时隔90多年后永安寺中院的佛殿即传法正宗殿才得以原址重建。这样看来，更符合历史真实的工程性质应该表述为：对残损严重的金代法堂实施了原位落架大修工程（原构修复），而云堂、方丈、厨库的所谓"创建"本质上也应该是基于金代永安寺原有伽蓝格局和功能分区构架下的寺庙必备附属建筑原址修复重建工程。从另一个角度分析，由于经费、时间等客观原因，在归云法师住持期间，即永安寺复兴工程初期，其修建策略应该是率先修好法堂兼作佛殿，融合两种功能发挥作用，同时修复完善云堂、方丈、厨库等寺院堂庑配套设施，为尽快正常开展祭拜佛祖、弘法演讲和各种寺院生活提供必要条件。

永安寺的第一代住持大法师归云禅师为永安寺的复兴发展曾经做出了卓越贡献，不幸于丙午年（蒙古定宗元年，1246年）示寂于永安寺，法师圆寂前曾对永安寺的后续建设留下了遗愿："师将示寂，谓众曰：吾与此寺所抚有三殿，□圣容、三门、教藏未得完具，他日儿孙当有继我者。"由此可知，当时的永安寺佛殿（正殿）三门等建筑修复工程及尊像体系、教藏经典等相关佛教艺术品的配套完善愿景均尚未实现。

归云禅师圆寂后，弟子众曾在浑源永安寺等四大道场修建舍利塔安葬祭奉。关于此，《浑源州永安禅寺第一代归云大禅师塔铭》云："丙午季夏月四日，师召乐善居士高公，付之□□，其夜书偈辞世云：五十九年掣电，月钩云饵作伴。而今抛却纶竿，星斗一天炳焕，掷笔而逝。茶毗日获舍利百数。……以师之灵骨分葬四道场：永安、潭柘、玉泉、柏林也。遗文有《语录》一，《归云集》

插图 7　永安寺西翼殿后存放的石雕宝顶残件

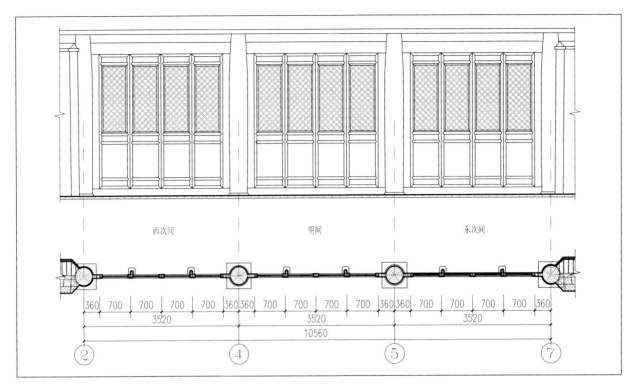

西次间　　　　　　　明间　　　　　　　东次间

360　700　700　700　700　360 360　700　700　700　360 360　700　700　700　700　360
3520　　　　　　3520　　　　　　3520
10560
② ④ ⑤ ⑦

插图8　天王殿前后檐元代梭柱及装修图

一。"令人遗憾的是，现今永安寺归云禅师舍利塔的所在位置及其风貌样式均缺考。现存于永安寺西翼殿之后的一方正八边形玄武岩石雕宝顶不知是否与此有关（插图7）。此外，在乾隆《浑源州志·卷一·永安寺图》中的后院法堂前画有一座小型构筑物不知是舍利塔还是经幢。据调查，当年修建的四座归云禅师舍利塔现今也仅在北京潭柘寺幸存了一座。

在归云禅师圆寂后的40多年里，永安寺寺院经济不振，曾"一时斋粥尚犹不饱"，这一阶段没有发现重大建设活动的历史记载。到了元至元己丑年（1289），归云禅师之重孙，保德州承天寺的西庵禅师受邀住持永安寺5年时间（1289~1294），在此期间永安寺的建设活动又出现了重大发展。对此，《神州大永安禅寺铭》有较为详细的记载："师诺然而居，不再年馨□盂，创建大解脱门五楹，岌岌化成。次年遇大坛越，宣差人都鲁经过神州，感师之德，闻叙藏经之缘，遂捐己财宝钞五千以充经价。偏化信心，所获不啻前数，轮赏一万贯，置贝章六千轴，□□□六百偶。三门严丽，藏教焕然，成一时之壮观。迩迩见闻，叹未曾有。观其西庵举止咸重，作事不凡，以为归云再世矣。"由于2001年修建天王殿时，曾在这座清代重建建筑的下部发现了被叠压于最下层的元明时期建筑基址。加之，此殿的前后檐明、次间檐柱，至今仍然保存有元代梭柱六根（参见插图8、9、10）。据此笔者推测，此碑所言"创建大解脱门五楹"应指复建了元代永安寺进入山门后的第一座面宽五间的殿堂—天王殿，其实际功能应是一座引领信众进入解脱境界的智门。由此可知，通过西庵禅师的不懈努力，归云法师的遗愿除永安寺中院佛殿尚未修复外，大都得以实现。

又过了二十余年，在元延祐二年（1315），由浑源州长官永安居士高定之孙高璞捐款重建了永安寺中院的佛殿——传法正宗殿（该殿当心间牌匾上记载了详细修建历程），这是永安寺元代营造史上

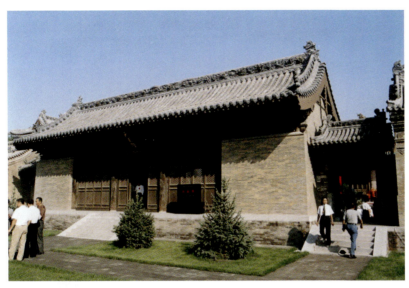

插图9 永安寺天王殿正面侧影与明间梭柱

插图10 永安寺天王殿近景与明间梭柱

的一件重要事件。作为寺庙主殿,传法正宗殿是永安寺现今保存最早,且完整性、真实性与历史延续性最好的文物建筑遗存。

永安寺2002年在大修工程实施过程中曾于天王殿东西两侧发现了若干元明时期云堂,方丈或其他附属建筑的残存建筑基址,由此证明:早在金元时期永安寺的前院就属于该寺伽蓝格局中的重要组成部分和前导空间。

综上所述,通过元代数位高僧大德与住持方丈的不懈努力,到元代后期,浑源永安寺的殿堂屋舍已经全面修复,寺院七堂伽蓝格局也已整体再现,藏教设施更加充实完备,由此呈现出了前所未有的壮观景象(参见彩色图版3)。

(三)明代的永安寺及其平面格局

据清乾隆《浑源州志·卷八》记载,永安寺"明洪武间置僧会司,并报国寺入焉"。僧会司为明代洪武十五年（1382）设置于各县的佛教事务管理机构，这是永安寺发展史上的重要事件，此后永安寺升格为浑源州属各类寺庙僧众管理机构的驻所。此时还将报国寺（具体位置及规模缺考）纳入了永安寺的管辖寺院（子寺），此举明显扩大了永安寺的实际规模及影响力。

梳理已知明代事关永安寺修建活动的各类文献记载与碑碣题记，并没有发现重建、创建、扩建永安寺活动的记载。但这一时期有若干修缮永安寺的活动记录值得注意，主要有如下几条：

其一："永安寺……国朝洪武十六年（1383）重修。"笔者认为这次修缮活动应与僧会司入驻相关。

其二："皆大明嘉靖二十二年（1543），岁次癸卯五月吉旦，山西行都司大同后卫指挥使郭江重修（传法正宗殿）。"此题记在该殿牌匾东侧，具体工程内容不详，但应与该殿维修相关。

其三："皆大明万历十五年（1587）岁次丁亥仲春钦从守备浑源城以都指挥体统行事指挥使郭江子郭翰勋孙郭恒禄重立"传法正宗殿牌匾。

其四："万历庚寅（1590）……州僚捐资……重修"。此记载源于《重修地藏王堂碑记》，从现场文物遗存分析，应指东西朵殿及东西配殿等维修工程。

其五：从现存文物建筑遗构中可以见到传法正宗殿东西配殿，东朵殿，均有明代重修时的遗存。此外，2002年维修永安寺时，在天王殿西侧也发现了明代建筑的柱础石及建筑基址。这说明在明代的某一时间点上曾修建过天王殿西侧的建筑。

综上所述，在有明一代永安寺的元代七堂伽蓝格局与功能分区应该保持未变，寺庙主要建筑物亦保存较为完整（参见彩色图版4）。

（四）清代的永安寺及其平面格局

综观清代的近300年中永安寺的发展历史，曾经历了战火焚拆局部受损、殿宇重塈塑绘更新、官民倡修续建改造三个发展阶段，依据各类史籍资料和碑记所述，其寺院规模和伽蓝格局虽未发生重大变化，但是寺院性质、使用功能及其前导空间却随着社会文化思潮的发展变化而发生了相应改变。现分述如下：

a. 战火焚拆局部受损阶段

清顺治五年（1648）大同总兵姜瓖高举起义大旗，反清复明。浑源州明裔方应祥（乳名方三）前往大同面见姜瓖，被授为副将，遂联合前浑源守备唐虎，聚众起义，也举起了"恢复大明"之旗对抗清廷，囚禁浑源知州荣尔奇于城隍庙和永安寺内，与大同姜瓖遥相呼应。顺治六年（1649）正月，英亲王阿济格率清军围攻大同。二十二日，副总统豪格率兵前来围剿浑源，三月初四，摄政王多尔衮调集精锐清军驰援围剿浑源。据清顺治十八年《浑源州志·下卷·八二》载："方应祥，世为宝峰寨人……王师临城，众叛协力拒守，攻围月余，于三月初四日炮陨东北城隅，乃陷。……叛逆首从俱为乱兵所杀，城中黎庶屠戮八九，妇女半为俘获，房舍焚拆几尽，乡村拢掠一空，兵燹之惨未有甚于此者。"永安寺位于浑源州城的东北隅，其第三进院距城墙仅40余米之距，寺院东侧与城墙之间也在百米以内，从区位关系分析应该在清军炮火射程之内，而且也曾是方应祥部关押浑源知州荣尔奇的场所之一，因此在清军攻城和屠城过程中必然受到一定破坏。清康熙知州宣成义《永安寺焚修碑记》回答了这一问题，"旧有永安寺，兵燹后……幸我郡宣公，讳喻斋，三韩人来莅兹土，捐金（兴建）……告竣。"（此碑已于"文革"期间损毁，转引自宿白先生1951年《浑源古建筑调查简报》）。只可惜目前尚未见到较为详细的相关记载，因此，永安寺被焚烧破坏的建筑范围欠详。

b．殿宇重塑塑绘更新阶段

据有关历史文献记述，清代初期永安寺遭受兵燹之后，再次经历了一个为期百年的寺院维修与殿宇重塑过程。清康熙二十六年（1687）《永安寺置造供器记》载曰："丙辰之岁（康熙十五年，1676），殿宇重塑，画工摅诚，绘壁协力，冥阳水陆，诸神悉备，金碧辉煌，焚香引气。修设道场，年逢夏四，祀奉香烛，供器乏具。时在丁卯（1687），集众同意，捐施锡铁，制造炉器。八十七觔，大小各异，三十二件，贮藏本寺。慎终如始，不得玩惕，用垂悠远，讵可废弃。名刻石碣，以绵事祀，善力常兴，后人勿替……"这则碑记重点记录了康熙十五年重塑传法正宗殿内塑像和施绘殿内水陆画的史实及竣工后的场景与效果，记录了每年夏季四月都会举行水陆法会的习俗，也记述了时过11年后才在众善人捐助下配齐殿内各类供器的历史过程。

值得注意的是，从本质上看，此时的永安寺已经从一座单纯的佛殿禅宗寺院步入了儒释道三教融合的新型佛教寺院发展阶段。完成了自身与时俱进的历史转型过程。

据史籍记载，早在清代顺治十五年（1658）前在永安寺的山门前就曾建有一座牌坊。对此，乾隆三十三年（1758）《浑源州志·卷一》的永安寺图上表达很清晰。这是一座四柱三楼的木结构单檐庑殿顶或歇山顶牌坊，无侧墙，应设有双向戗杆及抱鼓石等。其建筑体量与宽度较山门略小。宿白先生依据康熙知州宣成义《永安寺焚修碑记》（已毁），认为这是由浑源州善人宣喻斋于康熙十八年（1679）春捐建的永安寺前"亲保善林"坊，但清顺治十五年版《浑源州志·上卷·庙坊》却记曰："佑黎保国坊，永安寺前。慈垂幽冥坊，在圆觉寺前……"。据此，笔者认为：其一，在康熙十八年之前永安寺就已建有牌坊，名为佑黎保国坊。其二，亲保善林坊，应为永安寺前鼓楼北街上的另一座牌坊（当地志书无记载），建造时代晚于佑黎保国坊。这是永安寺伽蓝格局中不断强化寺庙前导空间的举措与表征。

c．官民倡修续建与"政教合一"改造阶段

清代，在桂敬顺任浑源知州时，自乾隆二十五年（1760）起，永安寺经历了一次州人提议州官倡修的寺庙性质改变与主要建筑彻底大修的重要发展历程，值得注意的是，由于这次修建工程事关重大，知州桂敬顺曾撰写了《重修永安寺碑记》载入《浑源州志》，对修建缘起、规划方法、功能布局等均详加记述。现分析如下：

桂敬顺，字昭翼，号介轩，附贡生，浙江地区封建士大夫出身。乾隆二十二年底任山西浑源州知州，在浑源度过了9年时光。曾著有《介轩诗钞》、《恒山志》（5卷），《浑源州志》（10卷），为当地历史文化留下了许多不朽杰作。他应州民提请，倡修永安寺后，每逢朔（初一），望（十五）之日，百姓云集之时，都到寺中宣讲圣谕，教化士民，正风俗，施仁政，劝诫民众"上报国恩，下立人品"，深受拥戴。被誉为是浑源历代知州中最杰出的勤政爱民好官。

关于永安寺在州人眼中的性质和这次维修工程的缘起《重修永安寺碑记》中记述很明了："乾隆岁庚辰（1760），余官浑之四年，讼少事稀，岁亦丰稔。州人来请曰：'州东郭永安寺者，元延祐初都帅高定公所建，为州民歌祝祈禳之地。历久荒古，恐遂至于泯灭，敢请命重修'。余念其诚，许之，并倡首捐金，州之人士咸欢喜布施，未旬日金钱毕集。"

关于这次永安寺维修工程的前期规划设计方法、寺庙功能转换理念和组织选人实施过程有如下记述："乃量度旧址，图划今制，鸠工庀材，择能而才者董其役，壬午（乾隆二十七年，即1762）冬十月工竣"，从这则碑记中看，这次历时2年余的重修工程，不仅进行了精心规划设计和前期准备，并以"量度旧址，图划今制"八个字，言简意赅地表达了该工程对永安寺古今寺庙使用功能的融合转换指向。同时，还选用了德才兼备的"能而才者"进行工程管理，真是用心良苦。依据2002年4月2日于天王殿斗拱中发现的："大清乾隆二十八年八月初十修造人……"墨书题记分析，这次永安寺重修工程的实际工期比碑记所载的竣工时间要长。

最可贵的是，知州桂敬顺对永安寺在乾隆时期的伽蓝格局及改建后的使用功能也进行了极为郑重扼要的概括："寺凡五重：首初地、次护法殿、次大雄殿、次僧察、次铁佛舍正殿。左右为翼殿，塑大士关壮缪像，两庑各五楹，文武职官，庆贺班所，鼓楼钟室次其下。护法殿左右为方丈，为客堂。正殿设皇帝万岁位，盖黄瓦。规模宏敞，金碧陆离，端重尊严，居然一州之巨观也。"

对照桂敬顺主编的乾隆二十八年（1763）《浑源州志·卷一》所载永安寺图及永安寺的保存现状分析，可以得出如下几点收获：

其一，金元以来，永安寺的寺院格局、占地规模乃至功能分区均一脉相承，主要建筑保存较好，并未发生明显变化。寺庙建筑群的五重院落空间清晰明了。现分述如下：

第一重空间指从寺前牌坊至山门和东西披门与东西八字墙组合建筑之间的寺前广场，当时称之为"初地"。

第二重空间指进入山门后的第一进院，此院又分为中轴线院与东西跨院三个分区，这一范围被称之为"护法殿（院）"。中院稍宽为主，东西跨院略窄为辅，主从有致。其东西偏院的使用功能和分布方式，简言为"护法殿左右为方丈，为客堂"，意思是指"东客堂（院）设有客堂，西僧舍（院）设有方丈室"，由此可知当时依然遵守着千百年来寺庙布局的传统秩序。

永安寺第三重空间指"大雄殿（院）"，该院不分左右跨院，但在主殿的左右（即东北隅和西北隅）分别建有翼殿（现也称朵殿），值得注意的是，由于使用功能的调整和改变，此时传法正宗殿也被易名为"大雄殿"及"正殿"了。在中院的东南隅和西南隅建以钟鼓楼，并由此形成了南北呼应关系。碑中所述的"两庑各五楹"指东西配殿各五间，但其开间记述有误。乾隆版永安寺图中绘制的东西配殿各为7开间，与描述不同但与实际相同，现存东西配殿是各为7开间的两面坡前檐插廊硬山顶建筑。由于这一院落不设东西跨院，且总进深恰是第二重空间的2倍，所以呈现出了布局轩豁，规模宏敞，端重庄严的建筑意象。当时，知州桂敬顺并没有记述说在这重空间中还建有戏台，只是说"文武职官，庆贺班所，鼓楼钟室次其下……"而乾隆永安寺图中也没有相关表达。对照永安寺戏台现状，从考古专业形制学视角鉴定，其大木结构与护法天王殿的结构类型虽然兼容但并不相同。由此推知，天王殿之后的倒座戏台应是后人增设的演戏酬神与娱乐众生的庙会等民众集会庆贺设施。

永安寺的第四重空间，指"僧寮（院）"区域，依据现场地形踏勘及与乾隆永安寺图的对照分析，系指该寺第二进院与第三进院，即"铁佛舍正殿"院前的左右横向通道及其东西跨院。对此，乾隆版永安寺图虽表达粗犷，并未绘制院内建筑布局形态，但其院落区位清晰，左右对称，占地范围明确，与实地所见情况基本相吻合。依据清乾隆永安寺图观察，铁佛舍正殿院东西跨院的特征是：东跨院占地长方形，东西窄而南北深，建筑内容不详；西跨院的东西宽度与东跨院相同，但南北向外围墙却与永安寺总进深略同，将永安寺第二进院和第一进院围合了起来，由此在第一进院和第二进院的西侧形成了一个狭长的西偏院。从总体上看，永安寺总平面图呈东南隅缺如的刀把形布局，严重不符合常规"七堂伽蓝布置"，令人生疑。

按照我国传统寺庙建筑伽蓝格局基本规制，作为州城名刹的永安寺，金、元、明代的平面布局应该遵守左右对称、前后有序的规划设计原则。因此，笔者认为，由于清初战火焚拆等原因，时至清乾隆二十八年（1763），永安寺护法殿院及大雄殿院的东偏院已被当地民居院落片区所占用（按照七堂伽蓝基本规制，此范围应为永安寺长期以来的僧寮院与斋堂分布区），而马道巷也被向西移至这两进院落的东墙边上。据调查，在此范围内至今仍然保存有一座三开间，硬山式，两面坡屋顶的清代民居正房及部分清代、民国时期民居院落遗存。

永安寺的第五重空间，特指铁佛舍正殿院，该院现已毁损无存，知州桂敬顺在重修碑记中也没有具体记述。据乾隆永安寺图所示，铁佛舍正殿院较传法正宗殿院明显收窄，但较护法天王殿院略宽大。院落北侧建有一座面阔五间，体量及形制均与传法正宗殿相仿的正殿，此殿的前身应为金元时期的法堂，按传统建筑营造规制，此法堂的建筑体量应小于正殿。殿前东西两侧建有面宽各六间的配殿。在院落中央还可见到一座类似经幢或小塔的构筑物。

其二，通过乾隆二十五年（1760）至二十八年（1763）的重修，永安寺从一座单纯的佛教寺院变身成了兼具当地州官宣讲圣谕、教化百姓、改良风俗、传承文化功能的公共文化场所和具有皇家宫殿风范的州署办公之地。简言之，永安寺由此具有了"政教合一"的使用功能。之所以这样讲，有如下几条原因：

首先，如前所述，永安寺俗称"大寺"，历来"为州民歌祝祈禳之地"。这次重修工程在"正殿（传法正宗殿）设皇帝万岁位，（在殿顶）盖黄瓦"，这可是一次非同凡响的重要举措，通过这一工程措施，不仅使得以佛教水陆道场为主要功能的宗教场所，一举变身成了兼具供奉皇帝、宣讲圣谕、教化广大士民的具有皇家风范的公共文化教育场所及州署办公之地。而且与此相适应地，在永安寺内，也有了"文武职官，庆贺班所"的驻足办公活动场所。这应该是在知州桂敬顺主政时"图划今制"的重要目标和与时俱进推动社会发展进步的重要表征。

长期以来，我们一直没有从根本上理解为什么在乾隆二十五年对传法正宗殿的瓦顶进行大修并将殿顶上的黏土筒板布瓦顶彻底改变为前坡用纯黄色琉璃瓦顶，两山及后坡用孔雀蓝琉璃瓦（后坡中央设黄色斗方一个）的瓦顶，而且重新安装的殿顶五彩高浮雕琉璃脊饰中不仅有宝妆牡丹缠枝花草佛教传统题材，而且在正脊中均加入了五彩龙凤呈祥高浮雕图像，在四条垂脊的内侧均布设了黄色高浮雕行龙图象。为什么东西配殿的黏土瓦高浮雕正脊及南北两山的悬鱼也均高调融入了龙凤呈祥狮子祥云等题材？现如今通过上述思考，我们才较为清晰地理解了这次知州桂敬顺主导的永安寺重修工程中所体现的工程主旨、文化深意和重要价值。

众所周知，按照中国古建筑传统等级制度规定，非皇家寺院是不得使用黄瓦的。那么当时的官署与州民是怎样认识在佛教寺庙中融入皇室崇拜与儒家思想的呢？我们可以在桂敬顺主编的乾隆三十三年（1758）《浑源州志卷·一·寺观》中找到答案："永安寺用黄瓦非制也，然殿上设皇帝万岁位，文武官朝贺于此亦当，故从士民之请。"

依据现存史料分析，清代乾隆朝以后，除1950年，宿白先生从《创修重修碑记》中曾见到过"嘉庆十年……重修寺院"的记录外，很少见到其他关于修建永安寺的历史记载，也没有见到关于铁佛舍正殿的维修记载和使用记录。

根据现场调查，除天王殿倒座戏台为增建项目，由此调整了中院的使用功能，适应了戏剧演出、聚众庆贺功能需要外，两侧翼殿亦应为乾隆之后原址修建过的历史遗存。此外，尚未发现影响永安寺传统伽蓝格局的修建举措（参见彩色图版5）。

（五）民国时期的永安寺及其平面格局

据有关历史记载，抗日战争爆发后，1937年9月日军侵入浑源，1945年10月浑源全境解放。民国34年（1945），永安寺第三进院既铁佛舍正殿院及东西跨院因战火原因全部损毁，护法殿院与大雄殿院的西偏院仍然被当地居民院落所占用。民国37年（1948）永安寺前"佑黎保国坊"塌毁。永安寺再次呈现出严重破败的景象，仅剩前院和中院基本完整（参见彩色图版6）。

（六）新中国成立以来的永安寺及其平面格局

根据永安寺文物档案记述和现场走访调查得知，新中国成立以来，永安寺曾经度过了使用功能被改易，部分文物被拆除，搬迁腾退恢复原有功能，实施文物保护修复工程，成立专职保护管理机构对外展示开放和编制保护规划确定未来发展目标等若干不平凡的历程。

新中国成立初期，浑源县百废待兴。学校教育首先得到发展。1952年，浑源工读中学占用永安寺前院和中院办学，山门内的塑像被毁。将中院东西配房改建为教室和办公用房等，殿内的造像及门窗装修被毁。1950年至20世纪60年代初，永安镇第一小学占用永安寺第三进院办学，在第三进院新建了许多教学用排房。随后，县剧团也进驻了永安寺。1966年至1976年"文革"时期，东西朵殿内塑像被毁，改造为办公管理用房，传法正宗殿内塑像被毁，改作县粮站库房。1969年至1979年，中院钟鼓楼被拆毁，部分寺庙附属用房也被拆毁，在修建宿舍的同时，天王殿、山门等均被改建为学校和县剧团的家属宿舍。天王殿后的倒座戏台被拆除，天王殿当心间改为出入通道。天王殿东西掖门被拆除，改建为职工宿舍，院内还修建了小厨房、储水池等公共设施。这一时期，传法正宗殿前檐的牌匾，殿前月台上的元代经幢及元明清石碑均被损毁无存。此时，永安寺的使用功能与伽蓝格局均发生了根本性变化，铁佛舍正殿院东侧的方丈院僧寮院大部区域也被居民院落所占用了（参见彩色图版7）。1980

年，文物保护工作受到重视，浑源县人民政府决定首先将传法正宗殿内所存粮食腾清后交由浑源县文物局保护管理。开始策划整体保护修复永安寺文物古迹的方法和途径。1992年初先期启动了永安寺保护修复工程的前期勘测调查与修缮设计方案编制工作。通过几年的努力，浑源县人民政府投入专项资金将永安寺内暂住的单位和居民分批腾退迁往他处，进行了妥善安置，1995年完成了腾退搬迁与拆除违建任务，正式移交给了恒山管理局和浑源县文物局保护管理。

1998年，恒山管理局和浑源县文物局委托山西省古建筑保护研究所编制的《山西省浑源县永安寺规划设计维修方案》得到了国家文物局的正式批准与资金支持。

1999年7月至2005年8月，在国家文物局和省市文物局的支持帮助下，浑源县恒山管理局，山西省古建筑保护研究所、中国文物研究所共同完成了永安寺文物本体保护修复与环境治理工程。但是，从永安寺整体格局角度看，该工程只是针对其第一进院和第二进院（即：护法殿院与大雄殿院）的文物建筑和相关文物保护管理设施进行了保护修复与配套完善，永安寺的整体性保护及完整性展示目标并未实现（参见彩色图版8）。

2021年3月，国家文物局正式批准了山西达志古建筑保护设计研究院编制的《永安寺保护规划（2021–2040）》[文物保函（2021）259号]，此规划从完整性保护和整体性展示的视角对未来20年永安寺已消失的总体格局、建筑遗址及其周边环境明确了系统保护研究、科学修复展示和可持续活化利用的总体目标与具体举措（参见彩色图版9）。

（七）小结

综上所述，800余年来，浑源永安寺的寺院性质曾经度过了佛教禅宗寺院→三教合一寺院→"政教合一"寺院→学校粮仓剧团驻地→国家级重点文物保护单位五个发展阶段；其寺院平面格局的变迁曾度过了：七堂伽蓝式格局→法堂主导式格局→七堂伽蓝式格局→殿堂融合式格局→文物古迹保护管理与博物馆展陈格局五个基本阶段；其总占地范围的增减曾度过了：金代末年火毁几近寺废→元代复兴发展终成"大丛林"，恢复原规模→明代渐趋鼎盛成僧会司和僧正司驻地，保持原规模→清代局部损毁后再建改造"成一州之巨观"，大致保持原规模（东南隅东偏院缺如）→民国时期寺庙衰败，规模进一步缩小→新中国成立以来，虽曾一度发生使用功能改异、文物遭到破坏、占地范围缩小现象，但自20世纪80年代以来，文物保护级别不断提升，文物保护修复与活化展示利用工作持续发展。占地范围逐步恢复原状的历史发展进程。

总之，永安寺不愧为金元以来浑源古城中生命力依然旺盛的珍贵历史文化遗产和当地社会文化发展历史的活标本。

三　永安寺建筑组群规划设计方法分析

（一）建筑组群规划方法

1. 分析对象选择

如前所述，浑源永安寺是一座有800多年悠久历史的，以佛教禅宗"七堂伽蓝式"格局为基础的历史文化遗产。但在永安寺的五进院落空间中，现今院落布局与文物建筑保存最为完整的却只有自山门至天王殿的第一进院落和自天王殿至传法正宗殿的第二进院落。在金代永安寺的基础上这两进院落主要由元、明、清不同时代的文物建筑遗存所构成，各文物建筑位置和特点延续性好，文物本体外观形制真实性强，具备良好的建筑考古学"标准器"条件，虽然其中穿插了部分当代文物保护设施（管理用房及碑碣展廊等），但并未对所在院落环境及平面格局产生明显的负面影响。因此，本文决定以这两进院落为标本，进行规划设计、空间环境和视觉特征的分析探讨，以求得知古代哲匠在营造建设过程中遵循了怎样的规划设计理念及其独特的环境造型设计方法。

2. 规划方法分析

经现场踏查与认真思考，笔者认为永安寺建筑组群的规划设计方法有如下几个方面值得深入分析研讨：

其一，选址位置与总体朝向自有奥妙。

选址朝向问题在古代社会营造大中型公共建筑时是十分考究的，必然体现了规划设计者一定的风水选址理念，绝不会随意为之。永安寺建筑群位于浑源州城东北隅，从总体上看，其中轴线为坐北朝南，向东南偏移15度零7秒，与浑源八边形龟城的朝向基本一致。为什么会采用这一朝向？依据浑源州城及其周边山水环境总图分析，此轴线背靠浑源古城的北城墙，东西两边各有浑源州城的城墙相围护，其前方正与浑源州城南城墙城门、远方磁窑峡的唐裕河水柳河滩湿地水域，以及更远处的恒山山脉天峰岭五峰之一的翠屏峰主峰（海拔1616.3米）相对应，应当说这与唐宋时期的建筑营造风水选址理念和民间谚语"前有照，后有靠"的向阳、面水、趋吉等选址观是吻合一致的。这一现象不仅反映了古人对浑源州城及永安寺的总体规划理念，而且反映了古人将外部山水环境与城市规划设计融为一体统筹考虑的营造设计方法（参见彩色图版10，插图11）。

其二，中轴线建筑的具体位置与实际坐向另含玄机。

长期以来，我们从大量古代寺庙宫观建筑遗存实例得知，为了实现礼让和合与避凶趋吉的建筑营造理念，古代匠师在建筑物实际放线施工时，大多会对其具体位置和轴线方向进行进一步变通微调。这就是导致没有任何古代建筑组群的现状平面总图能够规矩方正、轴线统一的原因所在。从永安寺

一、二进院落中三座中轴线建筑的具体坐向与空间位置分析，主要体现为三个特点：一是中轴线建筑物的正背面相互不平行。表现为：相对于传法正宗殿的正背面而言，天王殿的正背面向西南方向进行了偏移（0.31度）；相对于天王殿的正背面而言，山门及其腋门向西南方向进一步进行了偏移（0.12度）；二是中轴线建筑物的南北轴线互不对照。表现

插图11 永安寺与恒山翠屏峰的空间对应关系

为：相对于传法正宗殿当心间而言，天王殿当心间的中轴线向东偏移了260毫米。相对于天王殿当心间中线而言，山门当心间的中轴线向东进一步偏移了520毫米。对此，现今虽然没有发现明确的相关文字记载，但笔者认为，这种现象的发生应与"主次建筑互不争宠"、"门口中线互不相冲"等古代建筑风水宜忌观念不无关系（参见插图12）。

其三，规划方法与尺度模数简约合理。

笔者认为：从本质上探索并查明永安寺的第一、二进院落平面规划过程中的地盘分割规划方法，无疑对于准确把握其院落空间的营造策略意义重大。众所周知，北宋时期颁行的《营造法式》中就曾在总结前人建筑营造经验的基础上，明确规定使用"丈、尺、寸、分、厘、毫"和"材、栔、分。"两套度量系统开展建筑规划设计工作。经认真分析和深思敏悟，笔者推测永安寺作为"七堂伽蓝式"平面格局的禅宗寺院，其第一、二进院落在初步规划和总平面布置过程中，应该是采用了"丈、尺、寸、分、厘、毫"度量体系的。在反复比较其平、立、剖面现状总图的基础上，终于发现古代匠师在精心策划和综合构思各院落使用功能、建筑体量、建筑形式、道路体系、院落空间、视觉造型等必须面对的营造技术，建筑艺术和文化赋存等问题的同时，规划永安寺第一、二进院落平面布置图时所采用的是"**方形为本，左右对称，主次有别，等级分明**"的规划理念和"**丈尺体系，倍差权衡，宏观管控，局部微调**"的设计方法。现详细分析如下：

首先，所谓"方形为本，左右对称"是指第一、二进院中轴线的主要院落平面取正方形布局，一进院的中院，东西宽和南北深各为25.83米，合元代当时的82营造尺（每尺=0.315米）。二进院不设偏院，其东西宽和南北深各为51.66米，合164营造尺（每尺=0.315米），而第一进院的东西跨院和第二进院的左右两侧开敞式翼殿小院则均为宽深比各为1：2的长方形布局。诸如：一进院东西跨院的宽深比本应各为：12.92×25.83米（41尺×82尺）=1：2，但是由于风水趋吉等主观原因，实际建造时天王殿和山门均向东进行了着意偏移。因此，造成了东跨院变窄而西跨院变宽的最终结果；而中院传法正宗殿两侧的翼殿小院也较好地呈现了宽深比接近1:2的院落空间关系。

其次，所谓"主次有别，等级分明"则体现在各院落的占地规模权衡比重上，从实际测绘数据分

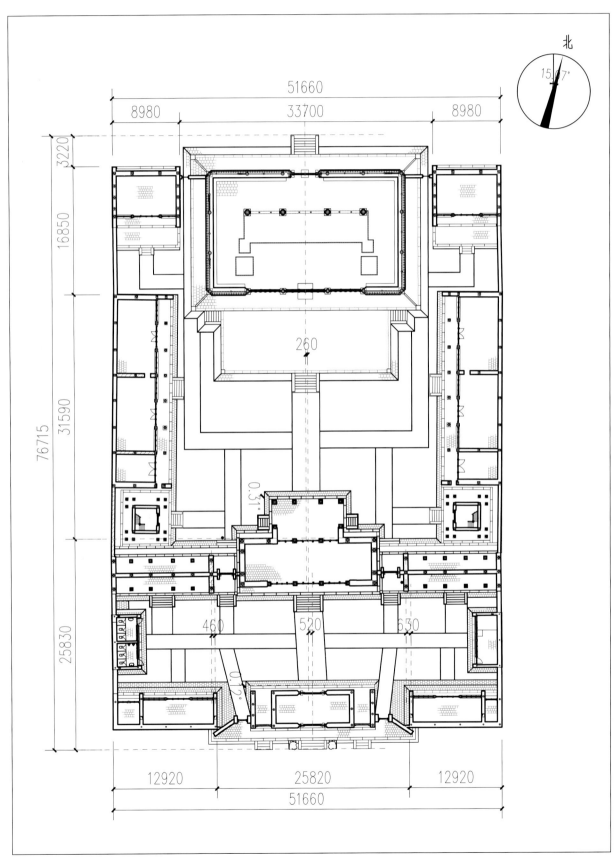

插图12 永安寺第一、二进院中轴线各殿位置偏移及朝向偏移尺寸平面图

析，一进院的中院占地面积为二进院的1/4，一进院的东西跨院的占地面积又各为一进院中院的1/2。由此各院落的建（构）筑物体量自然也得到了良好的缩放管控。从各院落的平面布局所用营造尺及其占地面积分析和推算，可得出前述问题的分析结果（参见表1及插图13）。

表1　永安寺第一、二进院平面规划初始尺度（元代）推算分析表

院落名称与位置		规划占地范围		实际占地面积（平方米/平方尺）	元代营造尺真值（尺/米）
		东西宽（米/营造尺）	南北深（米/营造尺）		
第一进院	中院	25.83米（合82营造尺）	25.83米（合82营造尺）	667.19平方米（合6724平方尺）	1营造尺=0.315米
	东西跨院	12.92米（合41营造尺）	同上	333.59平方米（合3362平方尺）	规划时左右对称实际施工时进行微调
第二进院	院落总体	51.66米（合164营造尺）	51.66米（合164营造尺）	2668.76平方米（合26896平方尺）	1营造尺=0.315米
	东西翼殿开敞式小院	8.98米（合28.5营造尺）	16.85米（合53.5营造尺）	151.31平方米（约合1524.75平方尺）	院落宽深比为1:1.88，虽不足1:2，但带有小后院实际接近1:2

表1及插图13可以看出，永安寺的第一、二进院落平面布置图在元代时无疑是采用"丈、尺、寸"度量体系设计而成的，其平面图中所采用的院落丈尺数值，明显体现出了几何倍数关系，如：二进院的总进深是一进院总进深的两倍，一进院中院的通面阔是二进院通面阔的1/2，也是一进院东西跨院面阔的两倍等。在这样的几何图形宏观布置与尺度规律管控之下，各院落中的建（构）筑物也势必同时得到了大小体量的合理调节。在此基础上，根据风水宜忌要求对各主要建筑物再进行合理避让微调之后，规划设计工作即告完成，其成果不仅中规中矩，而且具有快捷高效的特征。

综上所述，永安寺作为一座禅宗七堂伽蓝式金元古寺和重要文化遗产，其中饱含着诸多古代匠师关于风水选址、平面规划、功能分区、建筑设计、景观营造等方面的不朽智慧和营造技法，有待我们逐一破解和永续传承。

（二）建筑组群设计意匠

永安寺俗称"大寺"，是自古以来浑源古城中群体规模最宏伟，建造历史最久远，主体建筑最高敞，与圆觉寺塔相互呼应的"州城要寺"。仍以其第一、二进院为例分析，其建筑设计意匠体现出如下三个特点：

第一，建（构）筑物体量主从有致，大小有别。

经分析统计，在永安寺第一、二进院中，二进院中殿即传法正宗殿建筑体量最为宏大，其建筑面积达615.3平方米，占地面积797.8平方米。而最小的殿堂东西翼殿仅70.9平方米。在现有23座建（构）筑物中，共出现大于100平方米，小于650平方米的建筑1座；大于100平方米，小于200平方米的建筑2

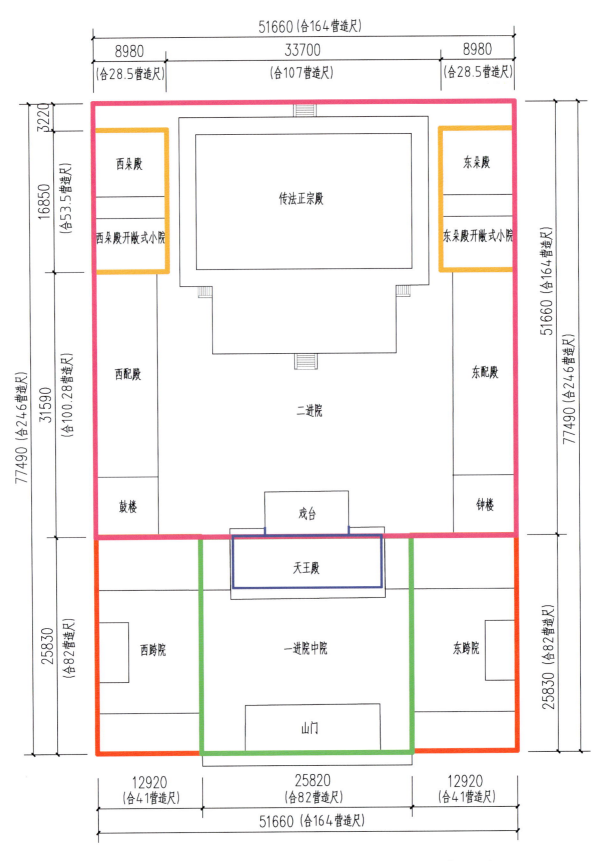

插图13 永安寺第一、二进院地盘规划与空间设计初始尺寸复原分析图

座；大于50平方米，小于100平方米的建筑4座；腋门，随墙便门，八字影壁等8座，不难看出古人规划设计时决定建规模体量大小的根本原因与其身份等级定位及使用功能需求密切相关，详见表2。

表2　永安寺一、二进院主要建（构）筑物平面规模与建筑体量等级分析简表

所在院落		建筑名称		建筑通面阔（米）	建筑通进深（米）	建筑面积（平方米）	使用功能	宽深之比	建筑坐向	体量等级
第一进院	中院	山门		16.02	4.19	67.12	寺院出入主通道	3.82	坐北朝南	三级
		山门东西披门		2.55	1.3	3.32	寺院出入便门	1.96	坐北朝南	四级
		山门东西八字影壁		3.08	／	／	寺院门脸空间围合	／	坐东北（西北）朝西南（东南）	／
		天王殿		19.08	8.4	160.27	寺庙守护神殿	2.27	坐北朝南	二级
		天王殿东西披门		2.16	2.6	5.6	一、二进院间便门	0.83	坐北朝南	四级
	东跨院	北侧碑廊（原客堂）		12.2	2.66	32.45	石质文物展陈	4.6	坐北朝南	／
		东厢房		7.12	4.0	28.48	安防监控室	1.78	坐东朝西	／
		南房		12.2	4.8	58.56	办公管理用房与库房	2.54	坐南朝北	／
	西跨院	北侧碑廊（原方丈室）		1.39	2.66	36.97	石质文物展陈	5.23	坐北朝南	／
		西厢房		7.12	4.0	28.48	公共卫生间	1.78	坐西朝东	／
		南房		14.0	4.85	67.9	导游室及库房	2.89	坐南朝北	／
第二进院		南侧倒座戏台（亦称瞻仰楼）		10.32	5.75	59.34	庙会戏剧演出设施	1.80	坐南朝北	三级
		传法正宗殿	建筑	30.58	20.12	615.27	皇帝与神主祭祀活动核心	1.5	坐北朝南	一级
			月台	22.64	8.06	182.50		2.8		
		东西翼殿（朵殿）		8.98	7.89	70.85	宗教神主祭祀场所	14	坐北朝南	三级
		钟鼓楼（2座）	一层	6.76	6.76	56.33	晨钟暮鼓配套建筑	1	坐东（西）朝西（东）	三级
			二层	3.26	3.26					
		东西配殿（内部分为三组空间）		25.23	8.04	202.85	宗教神祇祭祀及办公设施	3.14	坐东（西）朝西（东）	二级
		碑廊（2座）	东南角	12.2	2.66	32.45	文物展示陈列	4.6	坐南朝北	／
			西南角	13.9	2.66	36.97		5.23		

说明：1. 文物建筑体量等级组合比：一级：单体建筑大于200平方米，小于650平方米，共1座；
　　　　　　　　二级：单位建筑大于100平方米，小于200平方米，共2座；
　　　　　　　　三级：单位建筑大于50平方米，小于100平方米，共4座；
　　　　　　　　四级：腋门、随墙便门、八字影壁等小型建（构）筑物，共8座；
　　　2. 后世加建的文物保护管理用房，不列入本表分析范围

第二，建（构）筑物造型多姿多彩、虚实互补。

首先，多姿多彩且绝不同样是永安寺建筑组群造型设计的手法之一。诸如传法正宗殿采用面阔五间，进深四间的单檐庑殿顶造型，与之对应的戏台（又称瞻仰楼）则采用小三间通进深单檐卷棚式歇山顶造型，并且与面阔五间的单檐悬山顶天王殿形成了前后组合与巧妙混搭。一进院山门采用面阔五间的单檐硬山顶建筑，且与东西硬山顶砖券披门及砖雕琉璃八字影壁横向有机结合，从而构成了寺庙入口处五门一体的组合式建筑形态。二进院东西翼殿采用面阔三间进深四椽的单檐硬山顶建筑，东西配殿又变形为面阔七间、进深五椽且前檐插以通廊的两面坡硬山顶建筑。钟鼓楼面阔进深均为三间但通高二层，底层周匝回廊、上层改用四周开敞式重檐歇山式屋顶。细心观察你会发现，在一、二进院落之中，古代匠师为了妥善处理交通流线和启闭管理事宜，在中轴线建筑山门，天王殿和传法正宗殿的两侧共辟设了三组相互对称的披门，这三组披门虽然使用功能一样，却造型各异，妙在不同：位于山门两侧的东西披门为拱券式两面坡硬山顶砖雕门，位于天王殿两侧的东西披门为单开间两柱式木结构垂花门；而位于传法正宗殿与东西翼殿间后墙上的披门则变为方形过木式随墙木制双开板门。

其次，讲求对称、虚实互补也是永安寺建筑组群造型设计的重要手法。比如：二进院东西配殿前檐设通廊，与钟鼓楼一层的回廊均围绕院落中心对称布置，由此形成了相互围合、左右呼应的灰空间体系，既可方便行人穿廊通行、躲避夏日炎阳和风雨，又可以有效丰富院落环境的空间层次，还可在特定条件下形成独特的光影效果。再比如：位于该院东南角与西南角的钟鼓楼，其顶层及戏台的台身均采用敞厅式设计方法，这既可使得建筑本体的通透性得到了应有的强化与点缀，又可使得建筑群的活泼度与空间感得到了必要的彰显。值得注意的是，该院北侧的传法正宗殿与东西翼殿则端坐正位，不设廊庑，以实体墙身与古朴典雅的门窗装修直面大众，由不同的建筑立面性格及外观表征构成了虚实对比，主次有别的建筑组群造型艺术篇章。

第三，建筑群立面构图起伏有度、退让有序。

本节依据清乾隆二十八年《浑源州志·卷一》永安寺立体图及永安寺第一、二进院历史建筑现状图展开讨论，被后人拆毁的建筑及已被置换为文物保护管理用房的个别建筑不列入讨论范围。经认真观察分析，笔者认为，永安寺现存元明清建筑组群在立面构图设计方面，古代匠师曾进行过精心构思，绝非随意而为，除前述外观造型设计手法外，让不同单体建筑高地错落起伏有度，使建筑之间前后排列，形成特定空间退让关系的做法，也表达了古人极为重要的建筑组群设计智慧。若对永安寺建筑组群的主要立面构图效果进行分析，其构图造型特征还表现在如下6个方面，参见表3。

表3　永安寺建筑群正立面构图造型特征分析表

编号	建筑群立面名称	构图造型特征	身临其境的视觉感受	参阅图纸编号	说明事项
1	寺前牌坊与寺前广场	建筑体型空灵秀美，标识引导作用突出，前导空间层次分明。	自鼓楼北巷由远及近渐次感受到永安寺的远景，中景，近景，使人感到古朴典雅，宏伟庄严。	参见本书上册1-03图	历史上永安寺前沿着鼓楼北巷曾建有两座牌坊，有效地强化了永安寺前导空间的纵深感和神秘氛围。

编号	建筑群立面名称	构图造型特征	身临其境的视觉感受	参阅图纸编号	说明事项
2	山门建筑组群	立面构图化单体为组群且主从有致，门禁功能规制严谨符合宗教仪轨，总体立面视觉中心，着意得到强化。	来到寺前广场，空间围合感适中，寺前山门建筑组群自然成为视觉趣味中心。吸拔张力突显。	参见本书上册图版1-01图及1-03图	清乾隆至今，山门5座建（构）筑物组团，其中央辟设象征"三解脱"的三个门，两侧还建以方便日常出入的腋门，其两侧跨院南墙，着意朴实淡化，以作为空间分割的陪衬设施。
3	第一进院天王殿及东西腋门	建筑造型高大古朴，视觉力场重心突出，两侧腋门，拱卫烘托。	院落空间围合感较强，天王殿的立面构图与细部构造均可清晰地跃然于眼前，引人入胜。	参见本书上册图版1-04图	院内东西两侧的中部，分别建以跨院门楼，引导宾客出入寺院管理和宾客接待功能区域。
4	第二进院传法正宗殿及两侧翼殿和配房	建筑样式高贵典雅，体量比重雄壮威严，立面构图重心突出。	以最高等级的黄色琉璃瓦（前坡）庑殿顶屋盖和殿前大月台，彰显了这座建筑的尊贵地位与皇家气派。	参见本书上册图版1-05图和1-02图	传法正宗殿正面东西墙面上的"庄严"砖雕题字，与天王殿后檐东西墙面上的"法相"砖雕题字，以点睛之笔，概括了此院落的场所特征与文化氛围。
5	第二进院倒座戏台及两侧建筑	面朝神主，构图对称，造型柔美，尺度得体，左右环廊虚实交融。	此院落完全符合人类观察物象主体构图与细部动作的空间造型尺度要求。无论以殿前月台为中心开展佛事庆典活动，还是以倒座戏台为中心演戏酬神，均可获得完美的观赏聆听体验效果。	参见本书上册图版1-04图和1-02图	此院戏台应是清代乾隆朝"政教合一"改建以后，为适应"庆贺"活动需要而增建的娱乐建筑。
6	一、二进院东西两侧配殿，翼殿等附属建筑	造型样式谦和低调，尺度体量绝无僭越，立面形态简朴率真。	一进院空间围合度较强，古代匠师用立面造型简朴的围墙与居中的门楼标示东西跨院的入口，这是强化南北主动线而弱化东西次动线的技术表达，二进院空间围合度适当。院落北立面中央大殿造型最为突出，东西侧配殿的立面构图虽形制低调谦和，却富有对称呼应之美。	参阅本书上册图版1-05图及1-02图	永安寺中院是全寺最大的公共活动场所，院内面积1000余平方米，可满足大中型群众集会活动开展。

（三）小结

通过调查分析，我们深刻地认识到，古代匠师在实施永安寺营造工程之前一定历经了周密细致、认真严谨的前期调查和规划设计过程，而这正是明确工程定位，优化设计策略，深化技术措施的重要环节。保存至今的永安寺建筑遗产，就像一座积累着许多规划设计意匠及营造施工秘诀的富矿，需要我们认真发掘整理，努力破解奥秘并据以参古创新，弘扬发展。

四　永安寺院落空间构成及其视觉造型设计特征

古代建筑是多种历史文化信息的忠实载体，细心观察研究不仅可以从中领悟到古代建筑哲匠在建筑群组规划设计时所采用的基本规则和主要技法，而且可以辨析出先人们在室内外视觉环境设计过程中遵循了怎样的空间尺度把控数据与视觉造型设计原理。这是我们开展建筑遗产调查研究过程中所不可缺少的基础工作。现就永安寺的相关问题分析如下：

（一）建筑组群室外环境及其视觉造型设计特征

以下主要从垂直视角和水平视角两个方面对永安寺的前导空间及一、二进院进行现场观察和分析（参见插图15）：

视点1：从寺前牌坊处看永安寺山门组合的正面景象。

视点高取1.6米，视距长（D）=28米，（暂以实地调查时初步确认的牌坊位置北侧起算）。视平线以上建筑高度（H）=6米，H/D=0.21，垂直视角约为12°。

此时，视点与山门的距离为30米左右，观看山门主体的水平视角为30°，而观看山门建筑群的水平视角为54°，古代匠师特意对54°水平视角的两侧的建筑立面作了简化处理（既无墙面雕饰图案，体量也较矮小简朴）作为延伸背景（参见插图14）。

身临其境，空间围合感较低，视野范围内中心目标较集中，不仅可以较好地观察到永安寺山门建筑组群的建筑全景和山门中央部位的建筑主体，而且在动态观察中，有条件以山门一线的建筑图像为背景，观察品味到永安寺与周边金鱼池和马道巷历史民居的环境关系，在寺前古树与石雕狮子等物象的装点映衬下，营造了一种既庄严肃穆又淡泊疏朗的独特意境。

插图 14　永安寺山门组合正、背面侧影

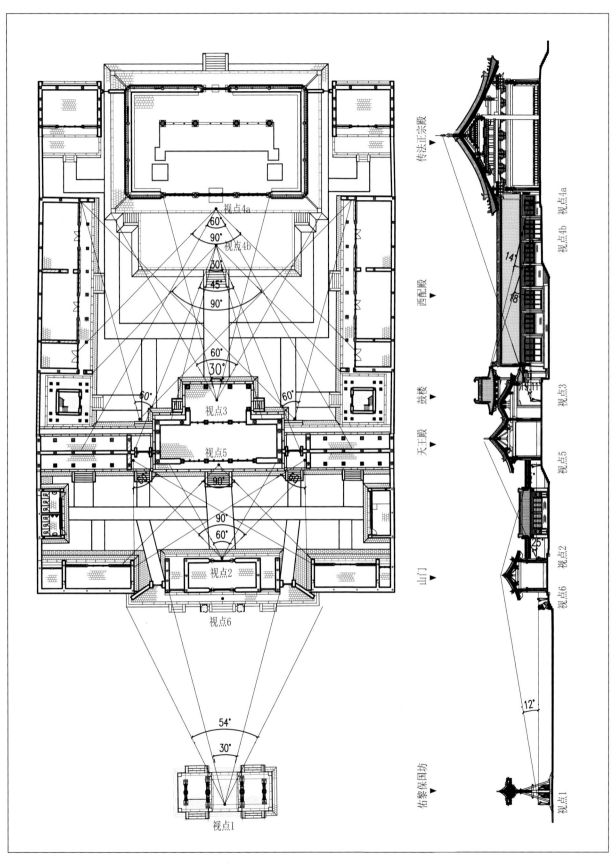

插图15　永安寺室外环境视点1至6水平及垂直视角分析图

视点2：从山门及其两侧掖门的后檐处看中院天王殿及其两侧掖门的正面景象。

视点高取1.6米，视距长（D）=17米，视平线以上建筑高度（H）=7.8米，H/D=7.8/17=0.46，垂直视角25°，在这一位置观察整个建筑立面时，直线视距14.5米至17米，水平视角为90°，观察天王殿本体时水平视角为60°。观察天王殿明次间装修即视觉趣味中心时水平视角为45°。

身临其境，空间围合感较强。随着宾客的动态前行，视觉感受也不断变化，可清楚地观看天王殿及其两侧腋门的主体构图、局部构造及牌匾、楹联、庭院植物花草等景观艺术细节。古人营造这样的空间氛围，想来是为了有效强化登堂入殿的吸拔力场。

视点3：站在第二进院倒座戏台前观看以传法正宗殿为主体的建筑组群正面景象。

视点高取1.6米，视距长（D）=35米，视平线以上建筑高度（H）=13.5米，H/D=0.39，垂直视角19°。在这一位置观察以传法正宗殿为中心的建筑群立面景象时，直线视距在27.5～35米之间，当观察殿前大月台上的物象时直线视距在14米至22米之间，当观察大殿东西翼角的距离时约为25米。在解析中院此视点的水平视角时发现了一个极为奇妙的规划设计现象，即当站在天王殿后檐当心间出口处，水平视角为60°时，其两侧射线，正好与殿前月台角石、殿宇基座角石和翼殿当心间的中线形成了笔直的几何连线。而当水平视角为30°时，其两侧边线又恰将大殿两次间的外侧柱子包纳于其内。而且这两条线又与月台前沿边长的1/4分割点相近。当宾客从天王殿两侧掖门进入第二进院时，观看传法正宗殿、东西翼角及其建筑组合的水平视角各为60°，且60°夹角的边线恰好与殿前月台的角石、东西配殿前檐敞廊的尽间相交。这些奇妙的现象，其中究竟暗含着怎样的规划理念和设计意图呢？我们不得不为古代哲匠的这一规划设计杰作而由衷地赞叹！

身临其境，空间围合感舒适，各部位视距均在观看建筑物、植物、人物等物象组合的主体、总体以及细部景象最佳视距范围之内。由此为众人在室外举行集会和庆典活动时所必需的视域、视力、听觉等感觉知觉需求提供了良好的公共空间。不愧为集视觉造型、人体工学和建筑美学于一体的设计经典案例，值得我们深入理解学习和认真保护传承（参见插图16）。

视点4（4a与4b）：站在传法正宗殿前檐中部（视点4a）和月台前部（视点4b）观看天王殿戏台与第二进院南侧建筑群时的视觉感受。

人体视点高取1.6米，当位于视点4a处时，因大殿台基高为1.46米，故实际视点高为3.06米；当位于视点4b处时，因大殿月台高1.24米，故实际视点高为2.84米。

当站在传法正宗殿檐下时，视距长（D）=26米（至

插图16　站在第二进院倒座戏台前观看传法正宗殿为主体的建筑组群正面影像

戏台台口处）和34米（至天王殿正脊处）。此时，视平线以上建筑高度（H）=4.8米（戏台）至6.5米（天王殿），视点4a处的垂直视角为14°，视点4b处的垂直视角为18°。在视点4a处观察第二进院南侧景物时，水平视角为60°（夹角边线与钟鼓楼内侧翼角相连）至90°（夹角边线与钟鼓楼外侧翼角相连）。若在视点4b处观察，则当水平视角为90°时夹角边线与东西钟鼓楼的中线相连；当水平视角为45°时夹角边线与戏台、天王殿两侧腋门中线相连；当水平视角为30°时，夹角边线恰好包含戏台整体。

那么在上述视觉造型条件下，位于这两个视点时的视觉感受是怎样的呢？

当位于视点4a处时，空间围合感较低，不仅可以方便地观察与欣赏南侧建筑的全景、主体和轮廓，而且有条件以此院南侧建筑组群为背景，轻松地远观到与该庭院外部环境的关系，在晴朗的蓝天白云装点下，和燕雀飞舞鸣叫声中，远处的恒山山脉及磁窑峡金龙口都可纳入视野，此时远景、中景、近景相互层叠，构图极为宏达。随着一年四季的交替，此图景的质感、色彩以及所体现的意境亦会不断变化。不愧为"巍峨古寺对恒宗"的绝佳视点。

当位于视点4b处时，空间围合感适中，不仅可以方便地观看第二进院南侧建筑组合（含东西钟鼓楼）主体样貌，同时也适合观察各建筑物的细部构造。当利用该院落空间在戏台上开展戏剧艺术演绎活动时，由于戏台台口与大殿月台中区的距离即观众看场核心区的南北尺寸在3米至23米室外范围内，东西尺寸在12米至26米范围内（平面椭圆形看场），故无论以视角为控制指标，还是以视距作为控制指标进行衡量，其视觉环境与空间尺度均可较好地满足群众观赏需求。而当以大殿月台为主席台举行庙会等文化活动时，传法正宗殿及其殿内神主自然成了古朴庄严的背景，戏台则作为主要嘉宾就座的"瞻仰楼"，这时更适合开展舞蹈、杂耍类的大动作演绎活动，这种情形下，由于殿前月台是一个宽22.6米，高1.5米的宽广露天高台，观众看场又自然形成了宽约40米，深约20米，周边环以回廊的矩形看场空间。应当看到这是古人营造的坐北朝南的另一种具有良好空间环境氛围和视觉造型条件的公共文化活动场所。从本质上讲，无论坐北朝南的演讲、宣教、庆贺活动空间，还是坐南朝北的祭祀、献乐、娱人文化空间都是凝聚了古代哲匠规划设计智慧和诸多心血的不朽创造。

视点5：从天王殿前檐当心间及其东西腋门处观赏山门背立面时的视觉感受。

视点高取1.6米，当位于天王殿当心间檐下时，因下部台基高为1.08米，故实际视点高为2.68米。视距长（D）=16.5米，视平线以上建筑高度（H）=6米，H/D=0.36，垂直视角为15°。完整地观察第一进院中院，即山门及其东西腋门的水平视角为90°，如果从东西腋门出来时观察这一景象，则垂直视角和物象景深皆有所变化，但其水平视角皆为60°。

从上述三个视点观察院落南侧景象，其空间围合感较强，由于山门与两侧腋门的建筑立面较为简朴，重点突出了主尊有序的五个门口，故引导宾客向外流动的吸拔力场较为强烈。由于此时人的实际视点较高，而山门等建筑又较为低矮，故寺庙外部的景象叠合映衬效果较为明显。

视点6：在永安寺山门前观望寺庙南侧近、中、远景时的视觉感受。

视点高取1.6米，台基高0.75米，实际视点高2.35米。由于永安寺建筑群位于浑源古城东北隅地势较高处，且与鼓楼北街（近景）、浑源城的南部地带（中景）及恒山山脉的翠屏峰和磁窑峡金龙口（远景）相呼应，故其视野宽度、视距深度和景物层次丰富多彩，所形成的景物形态古朴壮观，是一种远景山川轮廓美，中景建筑层次美与近景景物细节美相互叠合的奇妙景象。堪称人类杰出创造与自然山川和峡谷风光相互融合的独特文化景观。

在永安寺山门处向南眺望时，从几十米蜿蜒曲直的历史街巷，到几百米层叠错落的古城美景，再到几千米朦胧秀美的巍峨恒山，都会一览无余，尽收眼底。在不同季节的植被色彩变化，不同时辰的日照光影变化作用下，这种充满蒙蔓微妙变化的美景，必然会使得不同心境条件，不同文化修养的主体产生不同的快慰感和心灵享受，也常常由此生发出许多借景抒情，借景言志的不朽诗篇。例如：清·乾隆二十八年（1763）《浑源州志·卷十·艺文志》上就载有凌如崧和朱大章的诗赋各一首，记述了某年冬季雪夜里参拜永安寺后于永安寺山门前遥望恒山美景时的感受与心声：

《月夜永安寺门望恒山积雪》

凌如崧

不辨寻仙路，瑶峰入夜看。

蟾光与雪色，并作一城寒。

铎语传风切，钟声促漏残。

故人同远客，贫贱亦多欢。

《月夜永安寺门望恒山积雪分赋得逢字》

朱大章

巍峨古寺对恒宗，皓魄琼姿影万重。

松顶直疑巢白鹤，涧边何处卧苍龙？

酒从知己尊前暖，人在他乡月下逢。

象外余寒终有尽，待寻支遁话从容。

（二）传法正宗殿室内外环境及其视觉造型设计特征

1. 室内外环境视觉造型设计的互动关系

在永安寺的现存文物建筑中，唯有传法正宗殿内尚存满堂水陆壁画和建筑彩画，殿内原有佛坛的尺度布局通过考古探查已清晰明确，佛坛上原有泥塑的保存状况，依据宿白先生1951年撰写的《浑源古建筑调查简报》相关记录及殿内金柱间扇面墙的历史痕迹也大致可以把握其布局高度和体量。因此有必要也有条件对传法正宗殿的室内古典环境视觉造型设计特征进行简要分析。

传法正宗殿建于高台之上，不仅檐头之下四周设有尺度宜人的台明，而且其前方还设有宽广的露天大月台，考虑到这些要素均是古代哲匠精心设计建造的该殿室外视觉造型重要历史遗存，因此本文拟从视觉造型设计原理的视角对其进行综合分析，力求准确查明传法正宗殿在室内外视觉造型设计中所采用的主要原则与方法，设计技术数据及其潜在的文化意义。

七百多年来，传法正宗殿一直是永安寺的重点参禅和鉴赏对象。依据形制学的基本规律判断，传法正宗殿现今前檐当心间及次间安装的隔扇门应是清代乾隆二十六年大修时更换之物，而后檐当心间的双开木制板门（包括门簪、门框、门外装饰边框等）则为元代创建时的原作。比较晋北一带及周边地区的金元时期佛殿遗构案例，按照当时的通行惯例，该殿前檐当心间及次间创建之初也应是安装双开木制板门的。之所以如此，笔者认为与佛教尊像瞻仰膜拜时所需要的殿宇内外尊像瞻仰视廊互动呼应，这一视觉造型设计目标关系密切。木制双开板门开启之后，门口敞开度大，空间通透性强，有利于瞻仰人从踏上殿前月台起就隐约看到殿内佛坛及坛上尊像组群的轮廓形态，较早开始感受到浓郁的特定庄严慈悲气场。至于为什么要改板门为六扇装木制隔扇门，笔者认为应该与当时官方决定在"正殿设皇帝万岁位，盖黄瓦。"等"政教合一"改造需要及当时清廷宫殿建筑惯用木制隔扇门的营造规制与鉴赏习俗有关。

基于上述认识，不难推知传法正宗殿创建之初，当心间及次间室内外视觉空间是由三组殿内外空间互动视廊连贯的瞻仰祭拜组合系统构成的，而并非现今这种当心间及次间各被一组六扇装的隔扇门半阻断的空间联系状态。

运用现代视觉造型设计原理分析不难发现，人们从到达殿前月台，行至殿前前檐下，再来到殿内瞻仰祭拜区观瞻尊像群体的垂直视角必然经历18°、27°、36°和45°四种由远及近且视角不断加大的视觉感知空间序列。这正是使得人们无论远观还是近察都能获得最佳视觉感受的根本原因。因此，我们不能不被传法正宗殿营造哲匠的独特规划设计智慧而折服。

2. 室外环境及其视觉造型设计特征

为深入了解传法正宗殿的室外环境视觉造型设计特征，在反复计算与亲身体查基础上，特将有关技术数据概括为下表（表4），并进行简要分析（参见插图17、18）。

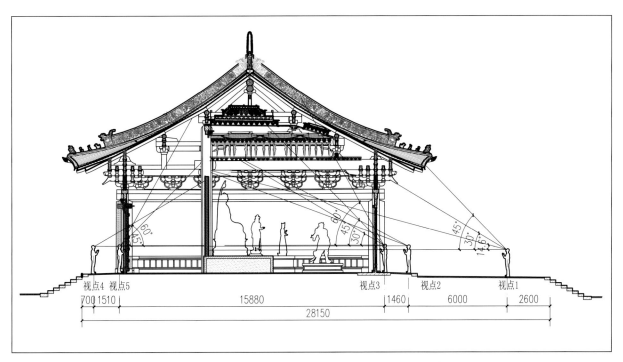

插图17 传法正宗殿室外视点1至5垂直视角分析图
注：图中佛像造型仅为示意

表4　传法正宗殿室外环境及其视觉造型特征分析表

视点编号	所在位置	观察对象	室外环境设计主要技术数据			空间设计特征	环境视觉感受
			垂直视角	水平视角	物像视距		
视点1	殿前月台之上（距南边缘约2.6米处）	传法正宗殿正立面主体、细部与殿内佛坛尊像群体	观察建筑主体时45度，观察建筑细部时30度，观察殿内佛坛尊像群体时14.6度	观察建筑主体时120度，观察建筑明、次间时90度，观察殿内当心间殿内佛坛尊像群体时30度	观察建筑主体及细部时9米至18米，观察殿内佛坛时12米至18米	室外空间围合度适当，视角、视距等设计技术数据合理。殿前大月台同时适当与当心间及次间三组殿内外视觉廊道的互动与呼应	环境氛围舒适宜人。建筑艺术与雕塑尊像在动态观赏与瞻仰过程中可满足所有人体视觉需求
视点2	大殿前檐当心间台明之上	近距离观察传法正宗殿建筑局部与细部、在门外稍远距离瞻仰殿内佛坛上尊像组群	近距离观察上部檐头斗栱与牌匾时，身体需向上倾斜20度角左右进行抬头张望，瞻仰殿内佛坛组群像时为20度角	观察殿宇建筑局部与细部时水平视角较大，需要动态观察。瞻仰当心间佛坛时水平视角30度	观察建筑局部与细部时视距3至5米，瞻仰殿内当心间尊像组群时视距6至12米	室外空间围合度适当，既适合动态观察建筑主体、局部与细部，更为瞻仰佛坛上当心间及次间尊像组群的主体形态提供了最佳视点	殿外环境舒适宜人，殿内佛坛上尊像组群的庄严氛围与吸拔张力较强引人入胜
视点3	大殿正面当心间正中入口处	殿宇内部空间及佛坛上尊像组群	观察尊像组群时30度，连同藻井及梁架一起观察时需扩大为45度至60度垂直视角	瞻仰当心间尊像组群时30度，瞻仰当心间及次间整体时90度至120度水平视角	瞻仰尊像组群时视距3至10米，连同建筑构架和藻井一起观察时视距3至12米	室内空间围合度较强，视觉造型设计数据合理，适宜于观赏殿内佛坛尊像组群与上部梁架构造的主体、局部及细节	佛教殿堂中央瞻仰祭拜区的室内古朴庄严气场与慈祥崇高氛围体现得恰到好处，佛坛尊像组群恰在视觉趣味中心区之内
视点4	大殿后檐当心间台明之上	殿内扇面墙背面壁画（宿白："扇面墙后，中间画观音和二侍者，……下部画满了一排一排注有姓名和捐款数目的供养人像"）	近距离观察殿宇上部檐头斗栱等物象时，身体需向上倾斜约20度角抬头张望，瞻仰殿内扇面墙上壁画时，垂直视角30度	当水平视角54度时视域范围可以完全涵盖当心间扇面墙背面中央壁画	实际视距6至7.5米	水平视角与垂直视角均佳，实际视距适宜观看壁画的主体构图与基本内容，空间设计尺度把握准确，围合感舒适	通过大殿后檐门口景框，可以很好地感受到殿内壁画中区的艺术气场与吸拔张力
视点5	大殿背面当心间正中入口处	殿内扇面墙背面壁画及其上部梁栿构架	观看当心间壁画时垂直视角45度，连同上部构架一起观看时垂直视角60度	观看扇面墙背面视觉中心壁画时水平视角90度，通体观察时水平视角需扩展为120度	实际视距5至10米	空间围合度较强，视觉环境设计尺度与视角选择恰当，但因水平视角较大，需要进行动态观察方可看清壁画全貌与细节	通过动态观赏可以较好地感受到浓郁的佛教殿堂宗教文化氛围

通过上表分析我们可以得到如下几点启示：

第一，传法正宗殿的视觉造型设计和空间环境设计舒适得当，既符合人类视觉知觉特征，又满足

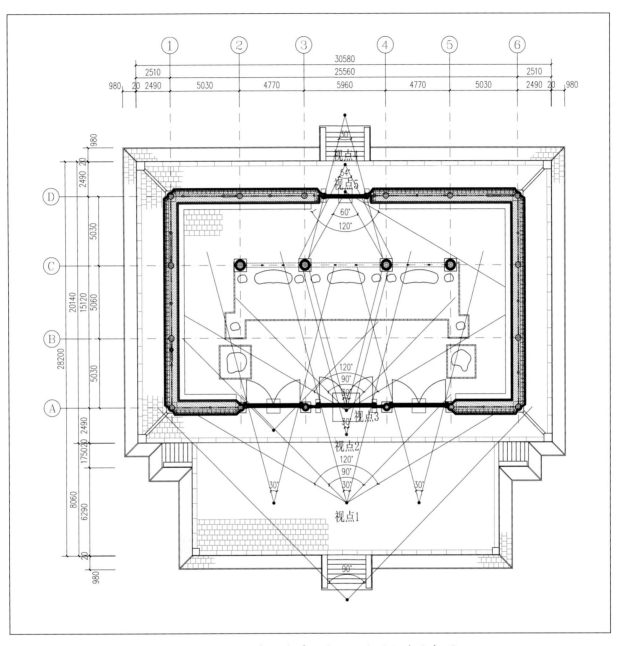

插图18　传法正宗殿室外视点1至5水平视角分析图
注：图中佛像造型仅为示意

宏观、中观、近观等多种观赏层次的需求，不愧为一处不可多得的经典案例。

　　第二，传法正宗殿前后檐中区大尺度门口（景框）及其与之相互匹配的前后共四组室内外景物观瞻视线通廊设计方式，对于巧妙营造宗教气场、丰富景观动态层次，实现情景相互交融，调节空间韵律变化起到了不容忽视的作用，且效果非凡。这对于当今的建筑景观设计从业者来说具有重要的传承弘扬与借鉴创新价值。

　　第三，对于传法正宗殿这样一座元代经典建筑而言，为了取得最佳的观赏效果，在注意优选合适的视角、视距、视野与客观天气条件，合理利用院内场地优势的基础上，进行动态观察与细细品味，方能更多地在视觉和知觉整合的过程中理解与破译更多的个中奥秘。

3. 室内环境及其视觉造型设计特征

传法正宗殿的室内中央是供奉佛祖尊像的地方，为此古代匠师设计了一个面阔三间16.63米（53营造尺）、进深3.96米（12.5营造尺）的长方形大佛台，其两端前方又各建有一个边长为1.55至1.60米（5营造尺）的耳台。此外，在耳台的正前方又建造了一对边长为2.20（2.37）×2.43米（7或7.5×7.7营造尺）的独立护法尊像台座（参见本书上册图版2-1）。这种佛坛尊像组合类型使得殿内扇面墙以南区域的"法相庄严"气场得到了良好营造与充分展现。另一方面也使得殿宇内壁上的满墙水陆壁画恰好与佛坛外围绕佛环路动线形成了必要隔离。由此，中央瞻仰祭拜区与外围绕行祭拜区就形成了既有相互分隔又有互为联系的祭拜瞻仰组合空间。可以说，该殿内部的尊像体系内容设计与场所空间设计（即视觉造型设计）是非常复杂的。那么，其中究竟体现了怎样的设计技术特征？身临其境又会给人带来怎样的视觉感受呢？现分析如下（参见插图19、20、21）：

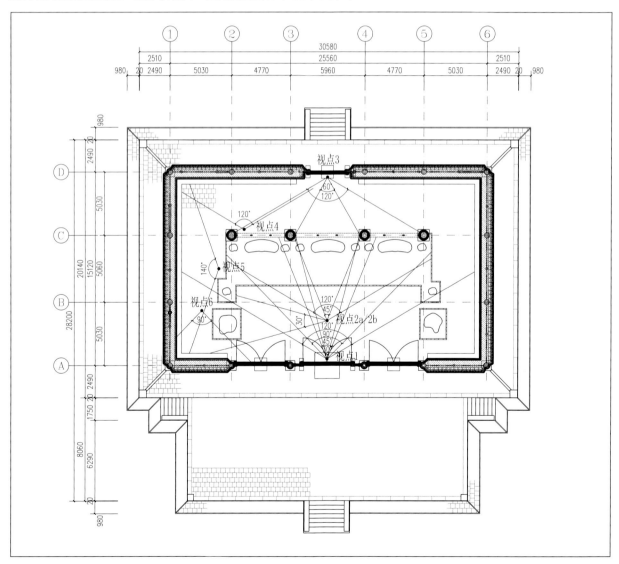

插图19　传法正宗殿室内视点1至7水平视角分析图
注：图中佛像造型仅为示意

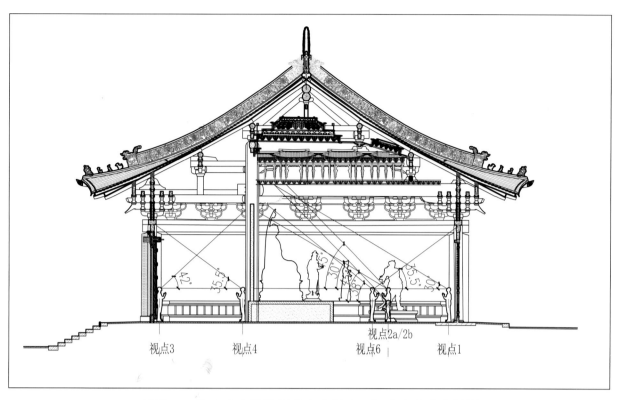

插图20　传法正宗殿横剖面室内视点1至7垂直视角分析图
注：图中佛像造型仅为示意

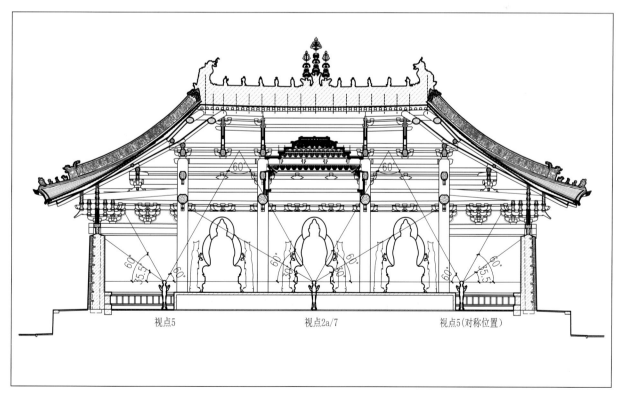

插图21　传法正宗殿纵剖面室内视点1至7垂直视角分析图
注：图中佛像造型仅为示意

视点1：踏入前檐当心间门口时的视觉感受。

视点高取1.6米，视距长（D）=10米，视平线以上雕塑尊像组群高（H）=6米，H/D=0.6，垂直视角为30°。在此若观看三间宽的大佛坛总体样貌，则水平视角为90°。若观看当心间正中的尊像及其两侧侍者，水平视角为30°至45°。

依据上述技术数据，不难发现如下三个视觉造型设计特征：一是视距恰当，方便观瞻各种尊像组合的总体，主体及艺术细节的质感、色彩、韵味等。二是垂直视角30°左右，这是观察雕塑艺术组群时较为理想的控制数值，其空间造型舒适有度。三是水平视角30°时便于观察当心间中央尊像组合，90°时正好将当心间及次间三铺尊像组合均纳入了视觉注视中心之内，120°时虽然可将主佛坛两侧凸出的附加像座外边缘纳入视野，但由于水平视角太大，必须在动态中瞻仰和观赏。由此带来的空间簇拥拘谨之感，恰好取得了强化护法尊像威严的作用。总之，身临其境，既可感受到良好舒适的室内空间围合之感，又有条件准确清晰地观赏佛坛上尊像组群的艺术细节，还营造出了宗教场所应有的庄严崇高与慈祥随和场所氛围。

视点2：瞻仰膜拜殿内尊像时的视觉感受。

当步入大殿2至3米处对佛坛上的尊像组群进行瞻仰与膜拜时，一般来说会施行恭立合十瞻仰（视点2a）与下跪顶礼膜拜（视点2b）两种礼仪。此时其视觉感受各有什么特征呢？

①在视点2a处恭立合十瞻仰时的视觉感受：

视点高取1.6米，视距长（D）=5~8米，视平线以上至扇面墙顶部高度（H）=7米，此时垂直视角在30°至45°之间，由此会形成一个视角渐趋放大的动态瞻仰过程。随着这一过程的延续，佛坛上塑像群体的总体、主体和局部形态渐次映入眼帘，形成了由宏观、中观到微观的物象观赏过程。在此尊像瞻仰过程中，观看当心间主尊时的平面视角为45°，立面构图与细节清晰度良好，而同时观看当心间及次间三铺尊像时的平面视角则扩大到120°，因此，需要瞻仰人进行动态观察。如若观看位于瞻仰者左右两侧体量高大的护法金刚力士，则需向两侧转身后再以平面视角30°，垂直视角30°，视距6~10米的弹性视觉环境条件下观瞻。自然会产生一种空间围合感较舒适，参拜对象整体形态与细节表情皆可清晰体查，给人以法相庄严的场景氛围和层次丰富的视觉感受。

②在视点2b处进行顶礼膜拜时的视觉感受：

当参拜人在视点2b周边区域对尊像组群行以磕头跪拜礼时，下跪后视点高取1米，随着磕头行礼的进行，其视点高度不断上下移动。此时视距长（D）=5米（实际为5至7米间）。尊像组群的视觉中心在视平线以上约为5米（实际为5至5.5米间），则H/D=5/5=1至H/D=5.5/7=0.79之间，此时的垂直视角为38°至45°之间。

在这一尊像组群面迎光线方向的顺光环境中，随着祭拜礼仪的进行，人眼观瞻尊像时的垂直视角不断加大，实际尺度大于人体2倍有余的塑像组群，其视觉中心随之提高，自然会使得参拜人在心理上产生一种拘谨压迫的气场和崇高庄严的感受。

视点3：从后檐当心间进入大殿，观看扇面墙上所绘壁画时的视觉感受。

视点高取1.6米，视距长（D）=5米，视平线以上画面高（H）=4.5米，H/D=4.5/5=0.9，垂直视角为42°。观看扇面墙当心间壁画时水平视角为60°，观看扇面墙整体壁画时水平视角为120°。

身临其境，有条件较舒适地观看扇面墙当心间壁画的主体构图及细部图案。但要观看整幅壁画，则因平面视角过大，必须在移动中恰当调整视点和视距，实行动态观察和分段分组观察，这样方可收到理想的视觉效果。

视点4至6：观赏殿内满堂壁画时的视觉感受。

众所周知，传法正宗殿的满堂水陆画大多数是以分层、分组连环画带榜题的形式分布于后檐次梢间内墙、东西山墙内侧和前檐东西梢间内墙之上的，其实际面积达186.9平方米。问题是观赏这组珍贵水陆画时的场所空间视觉造型及视觉感受有何特征呢？现分析如下：

①视点4（观看后檐次梢间墙面壁画）这两堵墙上绘制的是十大明王像，不分上下层位，不设左右间隔，构图严谨，表达细腻。墙面通高为4.2米，由于墙面下部建有一组高约1米的砖雕供台，故实际画面高3.2米。人的视点高取1.6米，水平视距最长处（D）=3.8米，壁画画面水平视线以上高度（H）=2.6米，H/D=2.6/3.8≈0.68，垂直视角为35.5°左右。因这两幅壁画的长度均为10.35米。如欲一眼看全画面整体，因水平视角不小于120°其实难以实现。在这样的场所空间和视觉条件下，观赏者需要向左向右侧身优化和调整扩大视野范围方可。在看清画面主体构图的条件下，还需要经过调整观赏位置与壁画间的间距及观看视角，方可满足欣赏壁画总体构图、局部内容和细节纹饰所需要的最佳条件。

②视点5（观看殿内东西山墙墙面壁画）：墙面绘制水陆画，壁画通高4.2米，墙体下部建有高约1米的砖雕供台，实际画面高3.2米。人的视点高、较远处视距长及垂直视角均与视点4相同，但由于这两幅水陆画的壁面宽度达14.1米，导致总体构图的水平视角扩增为140°。面对这一难题，古代匠师作画时采用的是上中下分为三层叠绘且各自均为带有榜题的连环画奇妙构图方式，由此，变不利为有利，使得观赏者在动态观察过程中可以得到非常舒适的艺术品观赏感受。

③视点6（观看正面梢间内壁上的壁面）：墙面也绘有上中下三层的连环画式水陆画，墙体下部建有高约1米的砖雕供台，实际画面高3.2米。墙体总高4.2米，墙面总宽4.2米，人的视点高，较远处视距长及垂直视角也与上述视点4、视点5相同，水平视角在90°以内。身临其境视觉感受良好，不仅适宜于观看壁画构图的总体和局部，而且适宜于观察壁画的艺术细节。如果在动态观察中进行艺术鉴赏感受更佳。

视点7：观察鉴赏殿内当心间藻井、梁架构造和彩画艺术时的视觉特征与感受。

从梁架构造及其装饰艺术手法角度分析，古代哲匠对传法正宗殿贯彻的是当心间覆以天宫楼阁式藻井和平棊天花施行重点装饰。而对其他部位皆用彻上露明造明栿做法施行通体油饰彩绘的设计营造宗旨。所采用的装饰类别主要包括：当心间小木作天宫楼阁、平棊天花及上部的悬空泥塑飞天；大木构架中的木雕驼峰、翼形栱、蝉肚纹绰幕枋和造型丰富的梁架节点斗栱组合；对所有大小木作露明部位均施以油饰彩画和栱眼壁画等。可以说古代功德主与建造师的本意是将传法正宗殿的梁架结构作为可供信众与宾客鉴赏品味的传世艺术精品，通过仔细构思和潜心设计后精心打造的。

那么古代匠师在进行殿内顶部装饰设计，场所氛围设计和视觉造型设计时，采用了怎样的规划设计技巧呢？在工程实践中又是如何把握空间大小与尺度设计数据的呢？在此谨作如下初步分析和探讨：

首先，分析一下身临中央瞻仰祭拜区时所能看到的殿顶装饰氛围与视觉感受；

五　传法正宗殿建筑设计与营造意匠研究

（一）建筑形制概述

传法正宗殿是永安寺的主殿，殿身面阔五间，进深三间六椽，单檐庑殿式屋顶。柱头之上设斗栱承托梁架与屋盖，斗栱五铺作，单抄单昂重栱计心造。补间铺作除前后檐当心间者设两朵外，其余皆设一朵。转角铺作两侧另设附角斗栱一朵形成组合结构体。殿身次梢间柱子升起和侧脚明显，柱头卷刹秀美、古风浓郁。

此殿内部梁架款式为四椽栿对后乳栿通檐用三柱式，殿内当心间四根金柱之间曾筑有扇面墙，扇面墙前曾设有三间宽大的佛坛，其前方当心间上部覆以精美的小木作天宫楼阁、木雕藻井及平棊天花，其余部位的梁架结构均采用彻上露明造明栿做法。

此殿大木构架为典型的北方地区唐辽以来传统抬梁式结构体系。其东西山面设两条爬梁式丁栿传递上部下平槫及屋盖重荷。其中，前丁栿架设于山面柱头铺作与两次间边缝的四椽栿上，而后丁栿的首尾则分别与柱头铺作及后金柱相交。殿内转角部位，分别在正面与山面的补间铺作和次间柱头铺作上方架设抹角梁，其上设驼峰，斗栱承托大角梁后尾、续角梁、由戗等转角结构构件，大角梁、仔角梁向前伸出形成屋盖翼角骨架。在殿内两次间的中央上方各设有太平梁一缝，上设缴背、蜀柱、叉手承托来自脊槫腹部及屋顶正脊两端的重荷。

传法正宗殿的庑殿顶推山结构是一种双层复合暗设假厝空腔的木结构体系，这是1999年大修时发现的一种独特构造技艺，依据现有资料，在国内外宋金元庑殿顶遗构中很少发现同类构造案例，其构架做法严谨合理、技法高古、弥足珍贵。这种构造做法不仅使得殿顶五条屋脊均呈现出了柔缓、圆和、向心、内收、对称的优美曲线，而且也使得大殿两山面屋盖的自身结构刚度和整体抗震（抗变形）性能大大加强。

此殿坐落于1.5米高的台基之上，四周设有宽约2米的台明，殿前还设有宽22.5米，深8米的大月台一座，由此使得殿宇整体更加高大雄伟、古朴劲健。该殿屋顶上异彩纷呈的高浮雕五色琉璃吻兽、脊饰和黄蓝色琉璃瓦顶，虽然是清乾隆二十六年（1761年）改造之物，但其艺术造型独特，质感色彩艳丽，内涵寓意深刻，堪称瑰宝。由于种种原因，殿内佛坛上的彩塑尊像现已损毁无存，但其佛坛位置和布局形制明确，法相氛围和空间场景宛在。殿内墙壁上满绘水陆壁画，细腻精美，保存完好，是永安寺明清时期水陆道场的重要历史见证。建筑内檐构架上的油饰彩画保存较好，色彩丰富，纹饰精良，特色鲜明，具有重要的文物价值。

（二）建筑年代鉴别

传法正宗殿创建于元延祐二年（1315年），距今已有706年的历史。据历史记载，明清以来曾经多次进行过维修，也进行过局部改建，但据现场调查与全面鉴定，建筑主体结构的历史真实性及其完整性良好，仍为创建之初的原物原构。目前发现的被后人修改或替换过的部位主要包括两个方面：

一是明代匠师的维修加固遗存：调查中在该殿西次间三椽栿之上，发现了一处明代匠师为加固上部平梁端头自身环裂缺陷而增设的附加蜀柱、合㭼与柱头一斗二升把头绞项造斗栱支撑体一组，当时也对平梁前端进行了铁箍紧束加固处理，其目的是通过分解转移平梁荷载，保证原有结构安全。笔者认为，这一对大殿梁架结构实施加固处理措施应是对该殿进行揭顶大修过的具体表征，毕竟彼时距建筑创建已有200余年的时间。至于这次维修工程的具体时间，目前缺乏准确记载，按有限的历史记载推测，或与"皆大明嘉靖二十二年（1543）岁次癸卯五月吉旦，山西行都司大同后卫指挥使郭江重修"传法正宗殿有关。

二是清代匠师的维修加固遗存：主要包括殿顶木基层中的一部分望板及椽飞（大部分椽飞仍然保留了元、明时期的构件）；殿顶上部的琉璃筒瓦、滴水、脊饰、吻兽等构件（黏土板瓦的大部分仍然保留了元、明时期的原构件）；殿身外侧的青砖维护墙体（用砖规格及砌筑方法与清代天王殿做法相同）以及大殿前檐当心间及次间的六抹头木制隔扇门（与永安寺东西配殿清代隔扇门雷同）。这些维修增改内容均有准确建年题记和维修碑记为证，是乾隆二十六年（1761）前后进行的，这次改造大修工程距明代的大修工程也间隔了200多年的时间。

因年久失修损坏严重，1999年7月至2002年10月我们又对传法正宗殿进行过一次全揭顶局部落架大修保护工程，这次大修工程除基础加固和壁画彩画除尘保护项目外，更换添配的构件主要包括殿顶椽望、琉璃瓦件和部分缺失的斗栱枋木等。对木结构严重损坏部位均采用传统工艺手法实施了解体修缮、原位归安。对砌体维护结构的残损点则进行了局部拆砌修缮和加固补强技术处理，取得了预期效果。

综上所述，历史地看，平均每隔230年左右，传法正宗殿就需要经历一次揭顶大修工程。这样才能促使其恢复健康状态并得以延年永续。而这一规律与晋北地区古代名刹重要殿堂的修缮生存历程是一致的[1]。

（三）大木构造分析

1. 平面布置特征及其初始设计方法

传法正宗殿面阔五间，进深三间六椽，殿内用后金柱四根，为平面减柱造做法，这样做有效地扩大了殿内前厅的空间尺度，为中央佛坛的塑造提供了适宜的空间。

仔细分析可以发现，该殿柱网平面布置手法遵循了：前后檐当心间最宽，东西两次间略宽而梢间与进深方向的三个开间其尺寸均一致的设计原则，由于殿身柱网中除平柱外均延续古制设有柱侧脚，因此，其各部位柱头平面开间尺寸与柱底平面开间尺寸呈规律性变化状态，各开间具体尺寸详见传法

---

[1] 据北京国文琰文化遗产保护中心、山西省古建筑保护研究所2016年《五台山佛光寺东大殿建置沿革研究》（初稿）："目前所知的东大殿修缮活动共17项（次），平均每隔68年对东大殿或其陈设进行一次修缮，每隔200年左右进行一次较大的修缮工程。"

正宗殿柱底与柱头平面布置竣工图（参见插图23）。

　　以按照本书3.1.2节对元代永安寺总平面规划章节分析结果，以永安寺所用元代营造尺每尺合31.5厘米进行复原测算，传法正宗殿的柱网平面设计方法恰好呈现出了两个明显特点：

　　一是元代匠师采用的是首先以整尺计量方式布置柱网（柱底）位置，然后再依据各部位柱身侧脚尺寸需要计算确定柱头平面尺寸位置的工程规划设计方法。详见传法正宗殿柱底平面布置设计营造尺复原分析图（参见插图24）及分析表（表5）。

　　二是，为了方便设计且有利于施工，传法正宗殿正背面各梢间的柱底开间尺寸与进深方向的开间尺寸均保持了16营造尺的相同数值，这样布置不仅可使殿身大木构架中的抹角梁与正侧面补间铺作保持45度斜交对称关系，而且可使大角梁在标准45度角线方向与各相交构件叠造搭交，这是既方便匠师利用木工三角尺快速扩放大样，开设榫卯，又方便各类构件组合搭建及施工营造有序进行的先决条件。

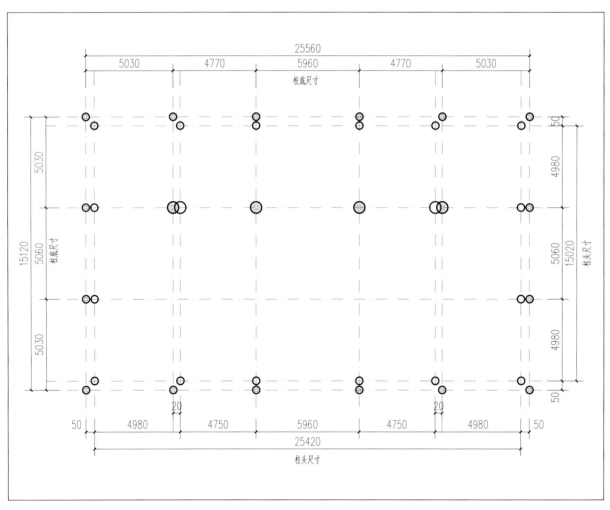

插图23　传法正宗殿柱底与柱头平面布置竣工图（简图）

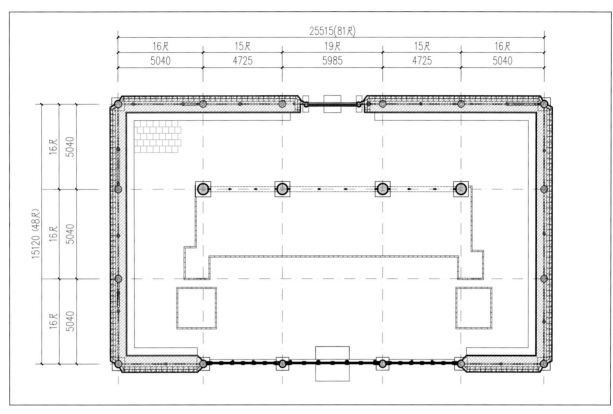

插图24　传法正宗殿柱底平面布置初始设计营造尺度复原分析图

表5　传法正宗殿柱底平面布置初始设计营造尺还原测算分析表

开间位置		竣工图尺寸（毫米）		设计营造尺测算（315毫米/尺）初步结果		原始尺寸变形原因分析	原始尺寸调整位置及数值（毫米）		设计营造尺还原推定结果	
		各开间尺寸	通面阔总尺寸	各开间营造尺	通面阔总营造尺		各开间尺寸	总尺寸	各开间营造尺	总营造尺
面宽方向	当心间	5960	25560	19尺（+25）	81尺25515（-45）	表现：当心间及梢间尺寸略大，次间略小。总尺寸误差仅45。原因：施工误差或测绘误差。	-25	+45	19尺	81尺
	东西次间	4770		15尺（-45）			-45		15尺	
	东西梢间	5030		16尺（+10）			+10		16尺	
进深方向	当心间	5060	15120	16尺（-20）	48尺15120	表现：当心间尺寸略大，两次间尺寸相应缩小，总尺寸准确无误。原因：施工误差或测绘误差。	-20	不变	16尺	48尺
	南北次间	5030		16尺（+10）			+10		16尺	

分析说明：

1. 本表是按照"掌握数据→初步试算→找到规律→总结归纳→反向验算→确认结果"的古建筑营造尺度真值复原推算程序计算的。具体方法详见吴锐《古建筑营造尺度真值复原研究刍议》，《文物季刊》1989年第2期。

2. 进深方向尺寸解读：柱底中心总尺寸15120毫米，恰等于元代48营造尺（15120毫米÷315毫米/营造尺=48营造尺）其实测数据三个开间中，当心间者大20毫米，两次间各小10毫米，应系施工或测量误差。

3. 面阔方向尺寸解读：通面阔柱底中心总尺寸25560毫米与元代81营造尺仅差45毫米。（25560毫米÷315毫米/营造尺=81营造尺），虽然各开间实际数值均有差值，但均在45毫米之内。因此，也可以认为是施工误差或测量误差导致的。

4. 从本表还可看出，虽然此大殿已有700余年历史，但其柱底位置可以长久保持不变，因此大殿的通进深与通面阔较准确地记载了它的营造尺度真值。

2. 柱网构造体系及其初始设计方法

中国古建筑由台基、屋身和屋盖三部分组成，本节主要讨论传法正宗殿的台基形式。屋身平面及其柱网构成。此殿建造于面宽30.58米，进深20.14米，高1.46米的高大台基之上，殿前建有宽22.64米，深8.06米的大月台，殿身与其他建筑不相连通，颇显独立高敞。

传法正宗殿面阔五间进深三间，其柱网体系是由16根檐柱（其中露明柱8根，墙体内部的暗柱8根）和殿内4根后金柱构成的，殿内4根金柱之间筑以扇面墙分割前后空间，殿内前方2/3空间构成前厅，而后面的1/3形成后廊，前厅采用"减柱造"法，营造出宽广舒朗的空间用作佛坛尊像祭拜主厅，后廊空间与东西梢间的宽度一致（均取16营造尺）由此形成倒置的凹字形廊道动线，用以绘制壁画方便信众环绕参拜鉴赏。为确保大殿柱网结构稳健安全且具有足够的承载力和抗变形能力，除殿身四周环以围护墙体外，墙体内还暗设了12组由斜戗柱与暗支柱构成的支撑体，还在前后檐安设隔扇与板门之处增设了由抱柱与门额组成的门式辅助支撑体。各部位柱子均由阑额、普柏枋或柱额与由额相互连贯，形成柱顶"圈梁"。这样就构成了一组主体支撑结构与辅助支撑结构合理融贯，相辅相成，具有良好结构承载裕度和刚度的柱网结构体系。

此殿通面阔25.56米，通进深15.12米，其广深比为1:0.59，这一广深比值与金代建筑面阔七开间的善化寺大殿（0.62），佛光寺文殊殿（0.56）相近，而与大致同时期面阔五开间的广济寺三大士殿（0.72）、华严寺薄迦教藏殿（0.72）、华严寺海会殿（0.70）等建筑有明显差异。细心观察可知，上述广深比在0.7以上的五开间大殿，其殿内佛坛前区均设有内柱，但永安寺不然，由此可见古代匠师为了不让殿堂内部前厅区出现立柱，在工程设计过程中已然用足了心思。前区四椽栿净跨长10.08米，已是通常梁栿最大可保证安全耐久的跨度值（五台县南禅寺大殿四椽栿也不过跨长9.9米）。从使用功能角度观察前檐当心间及次间与后檐当心间设门，表明其在永安寺的建筑群中既是主殿又是过殿，信众在参拜瞻仰佛尊过程中可以穿堂而过。殿身柱网体系传承了唐辽古制，具有规定的柱升起与柱侧脚设置，这种构造技法使得大殿屋盖重荷在传力过程中形成了向心聚拢的整体效应，这正是此殿历经七百余年考验依然健硕如初的重要构造原因之一。

我国自古就在建筑设计和建筑生产方面形成了独特规制与技艺。那么，古代匠师在规划设计这座经典殿堂时，除认真做好柱网体系优化选型工作之外，对于各部位柱子的营造尺度量值及其外观形制样式是如何做到质量把控严谨且放样施工便捷的呢（详见表6）？

依据现已掌握的第一手实测数据，通过反复分析和计算，笔者对上述问题进行计算分析后取得了可喜成果。

表6 传法正宗殿各类木柱现状尺寸及其初始营造尺度测算分析表

柱子编号	所在位置	柱身细部尺寸及径高比（毫米）						初始设计营造尺寸推定结果及其外观类型（315毫米/营造尺）			
		柱身高度	柱底直径	柱头直径	阑额底部直径	柱身最粗处直径	柱底径高比	柱身高度	柱底直径	柱身最粗处直径及位置	柱子类型
1	东山面前平柱	4650	400	330	350（柱头卷刹高120）	/	1:11.63	一丈四尺九寸 4693.5（+43.5）	≈1.33尺 409.5（+9.5）	/	直柱收分卷刹
2	东山面后平柱	4650	400	310	360（柱头卷刹高125）	/	1:11.63	一丈四尺九寸 4693.5（+43.5）	≈1.33尺 409.5（+9.5）	/	直柱收分卷刹
3	东北角角柱	4685	430	350	390（柱头卷刹高120）	/	1:10.90	一丈五尺 4725.0（+40）	≈1.4尺 441（+11）	/	直柱收分卷刹
4	后檐东次间东边柱	4650	430	340	390（柱头卷刹高120）	/	1:10.81	一丈四尺九寸 4693.5（+43.5）	≈1.3尺 409.5（+20.5）	/	直柱收分卷刹
5	后檐当心间东平柱	4630	430	315	360（柱头卷刹高130）	/	1:10.77	一丈四尺八寸 4662（+32）	≈1.4尺 441（+11）	/	直柱收分卷刹
6	后檐当心间西平柱	4630	430	320	380（柱头卷刹高120）	/	1:10.77	一丈四尺八寸 4662（+32）	≈1.4尺 441（+11）	/	直柱收分卷刹
7	后檐西次间西边柱	4650	430	315	350（柱头卷刹高130）	/	1:10.81	一丈四尺九寸 4693.5（+43.5）	≈1.4尺 441（+11）	/	直柱收分卷刹
8	西北角角柱	4685	440	350	390（柱头卷刹高120）		1:10.65	一丈五尺 4725.0（+40）	1.4尺 440	/	直柱收分卷刹
9	西山面后平柱	4650	430	315	350（柱头卷刹高120）	/	1:10.81	一丈四尺九寸 4693.5（+43.5）	≈1.4尺 441（+11）	/	直柱收分卷刹
10	西山面前平柱	4650	400	320	340（柱头卷刹高120）	/	1:11.63	一丈四尺九寸 4693.5（+43.5）	≈1.3尺 409.5（+9.5）	/	直柱收分卷刹
11	西南角角柱	4685	440	340	380（柱头卷刹高120）	/	1:10.41	一丈五尺 4725.0（+40）	1.4尺≈441（+1）	/	直柱收分卷刹
12	前檐西次间西边柱	4650	460	350	420（柱头卷刹高120）	510（位于柱高下部的1/3处）	柱底处 1:10.1 柱腹部 1:9.1	一丈四尺九寸 4693.5（+43.5）	1.5尺 472.5（+12.5）	1.65尺 520（+10）	梭柱收分卷刹

柱子编号	所在位置	柱身细部尺寸及径高比（毫米）						初始设计营造尺寸推定结果及其外观类型（315毫米/营造尺）			
		柱身高度	柱底直径	柱头直径	阑额底部直径	柱身最粗处直径	柱底径高比	柱身高度	柱底直径	柱身最粗处直径及位置	柱子类型
13	前檐当心间西平柱	4630	463	350	410（柱头卷刹高120）	510（位于柱高下1/3处）	柱底处1:10 柱腹部1:9	一丈四尺八寸 4662（+32）	1.5尺 472.5（+9.5）	≈1.65尺 520（+10）	梭柱收分卷刹
14	前檐当心间东平柱	4630	460	350	420（柱头卷刹高120）	510（位于柱高下1/3处）	柱底处1:10 柱腹部1:9	一丈四尺八寸 4662（+32）	1.5尺 472.5（+12.5）	1.65尺 520（+10）	梭柱收分卷刹
15	前檐东次间东边柱	4650	460	350	410（柱头卷刹高125）	508（位于柱高下1/3处）	柱底处1:10 柱腹部1:9	一丈四尺九寸 4693.5（+43.5）	1.5尺 472.5（+12.5）	1.65尺 520（+12）	梭柱收分卷刹
16	东南角角柱	4685	450	350	390（柱头卷刹高120）	／	1:10.41	一丈五尺 4725.0（+40）	1.5尺 470.5（+20.5）	／	直柱收分卷刹
17	殿内西次间西边后金柱	8590	660	505	560（柱头卷刹高310）	／	1:13.02	二丈七尺五寸 8662.5（+72.5）	2.2尺 693（+33）	／	直柱收分卷刹
18	殿内当心间西边后金柱	8580	650	510	560（柱头卷刹高320）	／	1:13.20	二丈七尺四寸 8631（+51）	2.2尺 693（+43）	／	直柱收分卷刹
19	殿内当心间东边金柱	8580	650	520	570（柱头卷刹高320）	／	1:13.20	二丈七尺四寸 8631（+51）	2.2尺 693（+43）	／	直柱收分卷刹
20	殿内东次间东边后金柱	8590	660	510	560（柱头卷刹高315）	／	1:13.01	二丈七尺五寸 8662.5（+72.5）	≈2.2尺 693（+33）	／	直柱收分卷刹

通过上表测算分析，我们对传法正宗殿的柱网构架体系设计方法及其构造特征，取得了如下收获：

（1）同类柱子各部位实测的尺寸不尽一致，其原因主要包括受压收缩变形、自然干缩变形、原木形制限制、放线加工操作误差、测量误差等。

（2）综合上表数据，此殿檐柱径高比平均为1:11左右，其中正面当心间及次间四根梭柱的径高比为1:10（柱底）与1:9（柱身下部1/3处）左右；金柱径高比为1:13。

（3）经测算该殿所有柱子的轴向综合干缩与压缩率平均为柱身原高度的0.93%左右，由此反算即可大致求出其初始设计营造尺度，详见表中计算结果，计算过程从略。

（4）由计算结果可知，古代匠师设计该殿柱子时，是以"丈、尺、寸、分、厘、毫"度量系统作为计量单位进行的，而且其精度取值应以寸和分为最小计量单位；这样取值对于施工人员外出选材备料及放线制作构件均较便捷有利。

（5）由表6可以看出，传法正宗殿的四根角柱，其柱高初始设计值应为一丈五尺（700多年来因受压及干缩等原因导致其净高降低了约4厘米），而四根殿内金柱的边柱，其柱高初始设计值应为二丈七尺五寸（700多年来因受压干缩等原因导致其净高降低了约7.2厘米）。其他各柱是在这一整尺柱高设计的基础上视柱子升起和柱身侧脚等构造需要有规律地进行裁截砍削加工而成的（参见插图25、26）。

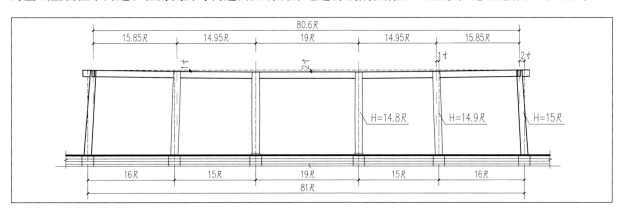

插图25　传法正宗殿正背面柱网构架初始设计尺寸分析图
注：含柱升起与柱侧脚

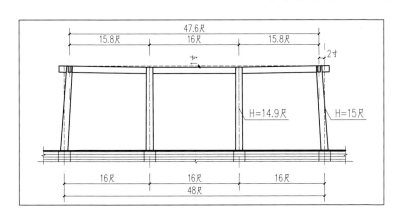

插图26　传法正宗殿东西山面柱网构架初始设计尺寸分析图
注：含柱升起与柱侧脚

（6）经测算，该殿木柱的径向收缩率为0.3%左右，由此可大致反向计算出本表所列柱子直径（柱根直径及柱身最大直径）的初始设计尺寸。

（7）由表6计算结果不难看出：

500，跨长10.08米，梁栿的径跨比为1∶17.86），显然构件承载力不足。面对这一问题，古人通过两种技术措施进行了补救与转化：一是在前檐柱头铺作后尾设有两跳斗栱与一条绰幕枋，二是将后檐乳栿尾伸出金柱后制成绰幕枋用以挑托四椽栿尾，由此四椽栿的净跨长度缩短成了6.85米，梁栿中段的径跨比转化成了1∶12.2，梁栿的承载安全裕度得到了保证。这种技术措施可名之为，衬托补强法。

又如：这款梁架中的后乳栿跨长本为5米，乳栿原料直径0.36米，其径跨比为1∶13.89；大殿平梁跨长5.04米，平梁原料直径0.34米，其径跨比为1∶14.82；显然这些原木构件的承载力强度都无法满足殿顶重荷承载结构功能需要。面对这类技术难题，古人采用的是在梁的上部拼合缴背形成组合梁的技术措施，用以优化梁栿自身的强度、刚度与结构承载能力。由此，后乳栿的径跨比转换成了1∶9.8，（跨长5米，梁高0.51米）；平梁的径跨比转换成了1∶8.69（跨长5.04米，梁高0.58米）。我们知道，古代匠师对传法正宗殿的梁架结构进行侧样设计过程中所熟练采用的这种上下缴合技术，是一种源远流长且行之有效的古建筑技术手法。五台县李家庄唐建南禅寺大殿的四椽栿就是采用这种措施营造而成的。宋《营造法式·卷五·大木作制度二·梁》也有相关记述："**凡方木小，须缴贴令大……如月梁狭，即上加缴背，下贴两颊，不得刻剜梁面。**"

第三，在柱头斗栱顶部柱头枋与压槽枋分位处顺梁栿方向设以骑槽压跳驼峰，这就大大优化了斗栱上部与压槽枋的受力状态，有效地防止了纵向斗栱折断现象的发生。

长期以来，在大量古建筑调查测绘过程中我们发现，由于出檐长、荷载大而导致檐头斗栱的纵向华栱下弯折断，这是一种常见的残损现象与结构缺陷。究其原因，主要是由于当纵向压跳杆件不够强大时，檐头荷载通过橑檐槫（枋）过分集中于各层华栱端头所产生的栱背强大拉应力产生的。看得出来，传法正宗殿的设计匠师对这一问题认识到位，措施得当，因此没有出现这种残损病情。其所采取的有效技术措施就是在所有檐头铺作的上部顺梁及纵向栱方向设以驼峰，与顶层柱头枋及压槽枋十字相交，这就使得斗栱铺作的上部产生了三种奇妙功效：一是令柱头枋与压槽枋不易产生位移或偏斜。二是通过驼峰底将压槽枋端头传来的檐部荷载均匀地分散和传递到梁栿背或栱身之上，从而有效缓解了橑檐枋端头集中压应力对要头、衬枋头等构件造成的破坏。三是很好地起到了檐头铺作前后出跳的压跳均衡与协调稳固作用。

第四，采用多种衬托、转化法解决梁栿自身承载力不足问题。认真分析可知，当面对梁栿构件断面不足问题，需要采取衬托转化法进行加固补强时，古代匠师在工程设计过程中主要采取了两端衬托减小净跨和前中后三点衬托分解净跨两种基本技术措施。比如：传法正宗殿当心间梁架的四椽栿与后乳栿下部就是采用的第一种技术措施，而三椽栿的下部就是采用的第二种技术措施（当心间两缝梁架以隔架板，两次间边缝以隔架斗栱）。

第五，采用驼峰斗栱组合、侏儒柱与丁华抹颏栱叉手组合及侏儒柱斗栱组合三种纵向传力节点融合纵横梁栿槫枋构架，完成屋架侧样设计工作。认真分析可知，在传法正宗殿梁架构造中，古代匠师为了合理传递来自纵向梁栿与横向槫枋节点处的竖向荷载，使用了三种不同的节点构造形式：一是在平梁首与三椽栿首下部采用的是驼峰斗栱式构造节点，其特点是四椽栿、三椽栿、平梁间的垂直距离较近（约在3营造尺或3足材之内），有利于布设驼峰大斗类艺术构件，可以在发挥好结构传力功能的同时，较好地展现其装饰美化作用，增加梁架整体的艺术美感。从造型设计与使用功能主观需求看，也正位于大殿前厅上方梁架整体的视觉趣味中心范围之内。因此采用这种结构造型有其必然性。二是在平梁上部采用侏儒柱与丁华抹颏栱叉手构造衬托和传递来自脊槫的荷载，这是一种专门用于平梁上部且渊源古老的经典构造做法，平顺龙门寺五代建筑西配殿已有实例可循。宋《营造法式·卷五》也有相关做法规定。传法正宗殿侏儒柱高4营造尺，其柱脚处开通口与平梁缴背相互咬合，用以稳固柱身并分解柱底对平梁上平面中心处的集中压力。柱子上部的丁华抹颏栱与叉手分设左右，这种相互对称的三角线不变形结构既坚固耐久又对称美观。三是在后乳栿上采用了侏儒柱斗栱构造组合，此构造主要用于承托和传递来自下平槫的荷载，乳栿背至劄牵底的纵向间距为3.5尺。看得出，面对这一位于大殿后槽无须重点装饰的构造节点，古代匠师采用的是强化结构传力作用，淡化外观美化功能的设计处置方式（参见图版009至012）。

② 东西次间外侧纵架的构造特征：

这缝梁架是东西次间的外侧构架，虽然构架款式与当心间者相同，但在构造做法及使用功能上有两点改变：

其一，梁架最高处至上平槫分位线时就终止了上部构造。一方面保留平梁及其以下构造基本形制不变，另一方面取消了平梁上部缴背，用平梁承托山面上平槫及其下部随槫枋。在这一分位线上使正背面与两山面的上平槫及随槫枋呈90°正角搭交形态，由此形成"圈梁"构造。

其二，在四椽栿与三椽栿之间增设了顺栿枋及两组隔架斗栱，由此使得这缝梁架具备了与山面构架相互交构与转换的功能，其目的有三：一是固定与承托山面前山柱柱头铺作上方的丁栿（爬梁）尾部；二是美化四椽栿与三椽栿之间的立面构图（在三椽栿对称位置设把头绞项造斗栱一组，与丁栿尾斗栱形成对称与呼应）；三是通过上下梁栿之间的隔架斗栱有效地改善和强化三椽栿的承载能力（参见图版068，插图28）。

③ 东西次间中央上部太平梁纵架的构造特征：

太平梁纵架是传法正宗殿庑殿顶推山结构中所不可或缺的正脊两端承重构架。位于东西次间的中线上方，这缝梁架与当心间东西缝梁架中的平梁位置相同，构造相似但作用有所不同：前者主要起承托并传递来自前后坡屋盖重量的作用，而这缝梁架则负责承托并传递来自前后坡和山面顶部屋盖重量的作用。因此，其上部构架节点除正脊与襻间外还与45°方向的续角梁和暗设续角叠梁相互搭交，此外在尺度设计上还须兼顾好正脊升起。屋顶推山，戗脊曲线以及施工做法等建筑艺术设计和工程技术设计的多种功能需要（参见图版012、013，插图29、30）。

④ 东西梢间丁栿横架的构造特征：

传法正宗殿东西梢间的丁栿横架共有四缝，每间两缝。分别位于山面前后平柱柱头铺作之上，其结构功能是用以

插图28　传法正宗殿东西次间外侧纵架隔架斗栱构造节点

插图 29 传法正宗殿太平梁构造（仰视）

插图 30 传法正宗殿太平梁上部与 45 度由戗构造节点（侧视）

承托由山面下平榑所传来的屋盖荷载，通过这缝构架的结构支撑与功能转换确保此殿屋盖的正背面与两山面下平榑相互搭交并形成"圈梁式"构架。

丁栿构架的具体做法有两种：一是前山柱柱头铺作上的丁栿构架。丁栿首架设于柱头铺作顶部的衬枋头之上，端部与橑檐枋背相抵，丁栿尾斜向架设于四椽栿背之上（俗称爬梁），端部制成切几头状。其上设坐斗与顺栿枋与蚂蚱头形要头相交，隐刻一斗三升栱，上承三椽栿。丁栿之上，在下平榑分位处设以小驼峰、坐斗、泥道栱上承劄牵与下平榑，丁栿驼峰之间设襻间枋至角部与大角梁后尾相交。二是后山柱柱头铺作上的丁栿构架。这缝丁栿构架的丁栿首以相同的手法架设于后山柱柱头铺作之上，其后尾以相同的斜度，以爬梁形式插入了殿内金柱的柱身侧面，这就使得金柱上身不仅产生了向下的承载力，而且同时生成了一种向内的推力，对于稳定梁栿构架的整体性产生了良性助力（参见图版012、013、078、079，插图31、32）。

⑤ 45°转角构架的构造特征：

此殿45°转角构架是在转角铺作与抹角梁上沿45°角线方向架设的由稍有倾斜的大角梁、仔角梁、续角梁、由戗等构件有机组合而成的结构体系。在这一构架中，抹角梁与大角梁的作用至关重要。抹角梁在平面上与正面柱槽和山面柱槽的中线呈45°交角布置，其两个端头分别与正面柱头铺作及山面

插图 31 传法正宗殿北缝丁栿构造

插图 32 传法正宗殿南缝丁栿构造

柱头铺作的橑檐枋内侧相交，在层位上架设于柱头枋与内外罗汉枋之上，在结构上充分发挥等腰三角形的几何特性，以确保大殿45°角部结构稳定、耐久、不变形，平衡檐头铺作内外檐荷载，且令其传力均匀等作用。大角梁前端架设于转角铺作由昂、宝瓶之上，腹底架设于转角铺作45°角线栱昂构件之上，后尾则由抹角梁背上的驼峰稳固和支撑。大角梁的两侧由压槽枋、橑檐枋等构件夹护与稳固，其主要作用有二：一方面用以平衡来自大殿外檐翼角与内檐下平槫转角处的屋盖荷载，另一方面是连接并使得正身檐头斗栱构造向山面90°角方向有机转换，同时构成庑殿顶45°角线上的承重结构体系，确保大殿屋盖构造安全、耐久、翼角造型舒展美观（参见图版030～047，插图33、34）。

插图 33　传法正宗殿转角铺作后尾构架做法

插图 34　传法正宗殿转角铺作构造做法

　　1999年9月，在传法正宗殿揭顶大修过程中我们发现：由于庑殿顶"推山"的需要，在该殿45°转角构架的上方，沿腰部和脊部架深方向及山面上下平槫的上方分别施有暗设的二层随架隐角梁与续角梁（阳马）、二层叠槫及二层屋椽和望板，并由此形成了暗设的"假厦"空腔构造。这种独特营造做法在宋《营造法式》中曾有若干简要记述，但在真实世界里其构造实物却极为罕见（参见图版011至013，插图37、38），现有文献中也较少专门论述，现分析如下：

插图37　传法正宗殿庑殿顶"推山"空腔构造中的脊槫增出与二层由戗内收做法

插图38　传法正宗殿庑殿顶"推山"空腔构造中的上平槫增出与二层由戗内收做法

据宋《营造法式·卷五·阳马》："凡造四阿殿阁，若四椽、六椽五间及八椽七间，或十椽九间以上，其角梁相续，直至脊槫，各以逐架斜长加之。如八椽五间至十椽七间，并两头增出脊槫各三尺（随所加脊槫尽处，别施角梁一重。俗谓之吴殿，亦曰五脊殿）。"以传法正宗殿"四阿殿"顶的"推山"做法实例与宋《营造法式》的营造规定进行对比，有如下五个营造特征值得我们重视与思考：

特征一：在传法正宗殿的庑殿顶"推山"结构中，不仅脊槫端头增出了四尺（1260毫米）而且其上平槫的椽头也同步"增出"了二尺（630毫米），这就使得底层45°方向的角梁体系由直线向东西山面的内侧以逐架渐进的方式转变成了折线，古代匠师们将多条暗设的二层角梁并列置放，拓宽戗脊底座，从而在大木结构上为正脊的脊端升起向上和四条戗脊的升起内收奠定了基础（参见图版013、014，插图39）。由此可知，传法正宗殿的脊槫"增出"尺寸明显大于《法式》规定。而这种工程做法与技术细节，宋《营造法式》中并没有详细叙述，因此这一发现不仅为我们深入理解唐、宋、辽、金、元时期的庑殿顶殿阁构架推山与角梁和槫檩叠造方法提供了珍贵案例，也为我们准确把握那时庑殿顶屋盖上部五条屋脊艺术曲线的构架设计生成原理找到了可喜的依据。

特征二：从本质上看，传法正宗殿的庑殿顶"推山"结构、营造方法是在保持原来殿顶举架坡势及其屋面椽望木基层基本坡度不变的基础上，通过增设逐架渐起的上层屋面及"空腔"结构，使得山面屋坡的顶层举架坡势及其屋面椽望木基层坡度明显变陡，由此两山屋顶曲面和五条屋脊的曲线均随之产生，殿顶整体艺术造型也随之产生了微妙变化。不愧为实现建筑外观形式设计目标的重要设计技术手段。长期以来，由于宋《营造法式》对于庑殿顶"推山"做法记述欠详，加之宋、元时期庑殿顶

插图39 传法正宗殿屋盖瓦顶航拍俯视

古建筑"推山"做法案例解剖资料发表较少，因此学术界关注 "四阿殿脊槫增出"问题时，对早期庑殿顶建筑 "推山"做法相关配套技术措施的认知深度就显得比较薄弱。善化寺大雄宝殿与传法正宗殿的庑殿顶"推山"案例告诉我们，六椽、八椽、庑殿顶推山时不仅脊槫应该同步增出，而且上、下平槫端头也应该同步增出。此外其上部"别施角梁一重"时还应随宜密排多条角梁（参见插图40）。

特征三：传法正宗殿的双层空腔"推山"构造与"脊槫增出""槫檩叠造""角梁位移"等做法同时有效地增强了殿顶构架的结构刚度及其抗变形性能。

如前所述，为了取得一定的建筑造型艺术效果，传法正宗殿的殿顶"推山"构架是在保留原有两山屋面构架不变的前提下构建的，而位于两山面前后45°转角线上的底层各架角梁均恰好与太平梁中线顶端直线相交，并未产生错位，因此各架角梁可与呈90°正交结构的橑檐枋、下平槫、上平槫三组 "圈梁"拐点以135°外角及45°内角对称地牢固连接，构成了"圈梁"拐点上的抗变形卡件。当各架槫枋之上钉置了屋椽与望板之后，就形成了更具良好结构刚度与抗变形能力的屋面木结构基层。大量古建筑实例证明，这种大木构造做法牢固合理，完全可以满足殿顶构造安全度的基本要求。

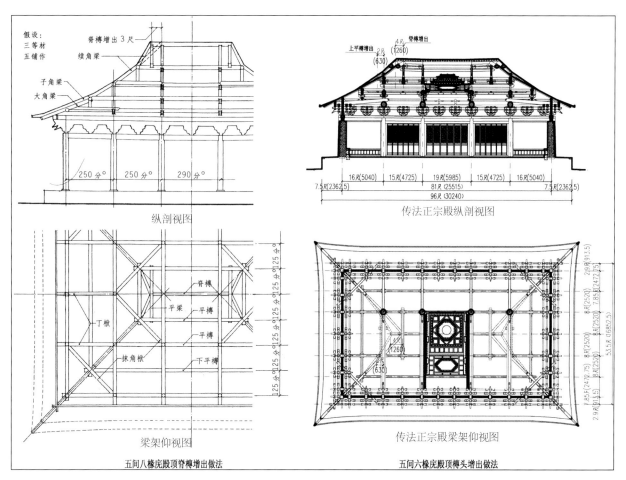

插图40　五间八椽与五间六椽庑殿顶槫头增出做法分析比较图

（本图左侧图引自潘谷西，何建中.《营造法式》解读［M］.南京：东南大学出版社，2005.）

笔者认为，传法正宗殿的设计匠师之所以着意在"推山"过程中，于原有屋面结构之上通过脊槫与上平槫端头"增出"，二层上下平槫"叠造"及45°二层角梁架设时向山面中心对称且渐进式地"位移"三种主要工程技术措施覆设了上层屋面举折较为陡峻的山面屋架。其目的正是借此进一步强化了殿顶构架的结构刚度及其应急情况下的抗变形能力（参见图版011~013）。

特征四：传法正宗殿的四条戗脊呈现的是既向大殿正脊中线上方逐架自然起翘，又向东西山面中线上方逐架自然收拢的艺术曲线。

仔细观察可以发现，传法正宗殿作为一座吴殿顶五脊殿，通过"推山"处理，使得五条屋脊呈现了独特的曲线形态，不仅四条戗脊宛如行龙、别具特色；五条屋脊的组合更是造型秀美意匠非凡。传法正宗殿的正脊两端设有鸱吻，正中设以脊刹，正脊两端升起明显，呈现的是一条中心对称两端起翘的弧线。四条戗脊由于采取了独特的"推山"营造做法和45°角梁叠架"位移内收"等技术措施，使得戗脊中线并未叠落在大殿的45°角线上成为单向起翘的曲线，而是塑造成了一条既向大殿正脊中线上方逐架起翘又向东西山面中线上方逐架收拢的反向抛物线形艺术曲线。殿顶之上四条戗脊在正脊两端呈对称布设状态，其组合体与冉冉升起且轻微生出的翼角上下呼应，更显得整个殿顶不仅曲线秀美灵空，而且极富翼然飘动艺术美感。

特征五：传法正宗殿庑殿顶屋面空腔"推山"做法渊源久远，做法考究，不仅对于我国建筑技术史研究具有学术史证意义，而且对于中国传统建筑设计史学研究具有参考借鉴价值。传法正宗殿庑殿顶"推山"独特做法，构造合理，技法纯熟，其根本动因不仅是为了创造出灵活多变且适于使用的建筑空间，更是为了塑造出古朴典雅且轻盈灵动的殿堂外形。这一真实案例充分体现了古代匠师的建筑创作聪明智慧与建筑构造创新技能。

我国早在宋《营造法式》中就曾明确规定过四阿殿脊槫增出做法的若干基本要求，唐宋以来的庑殿顶建筑"推山"做法也一脉相承且丰富多彩，但对于其中的奥秘，我们还应展开更多地深入剖析与调查研究。我们需要以善于审视和发现的眼睛从中找到更多有利于传承发展的新动能。

5. 各间缝纵向梁栿构架与各槽缝横向襻间构架间的组合协同与构造功能关系

宋《营造法式》将木结构古建筑中与斗栱出跳成十字正交的柱额中线或槫枋中线称之为"槽"，按槽与槽之间所构成空间位置的不同，又分为"内槽""外槽"及"前槽""后槽"等。由此，从平面柱网空间结构视角分析，传法正宗殿分为"前槽"（自前檐柱至后金柱之间）与"后槽"（自后金柱至后檐柱之间）两个基本空间分区，可名之为殿身五间身内双槽类地盘分槽制式。其中，前槽四架椽，后槽两架椽。若从殿顶梁架结构特征视角分析，在该殿各缝横纵梁架之间，沿着柱网槽缝及槫檩槽缝的方向均依据构造需要合理设置了特性不同的柱额斗栱、槫枋、襻间等横向连接构造相互协同组合，由此使得殿顶构架的整体性、安全性及耐久性同时得到了保障。所以才能历700余年而依然坚固如初，这是十分难能可贵的。为简明起见，现谨将传法正宗殿各缝梁架之间的各"槽缝"及"槫缝"所用柱额斗栱、槫枋、襻间等构架做法，用材规格与功能作用综合分析，列表如下（参见表8）：

表8 传法正宗殿各缝梁架之间所用柱额、槫枋、襻间枋等构架体系与规格功用一览表

所在部位		构件及构造组合名称	用材规格（毫米）	功能作用	备注事项
正背面当心间	前檐柱槽	柱头阑额、普柏枋、柱头枋三层，压槽枋一层，外跳罗汉枋一列，橑檐枋一条，内跳罗汉枋两列	阑额：150（205）×360 普柏枋：370×230 压槽枋：150×460 橑檐枋：150×580 其余均为单材枋	连接固定当心间东西缝两榀梁架，承托传递檐部荷载。	柱头阑额普柏枋上设有补间铺作2朵，其余各间均为1朵
	前坡下平槫槽	下平槫及随槫枋，承槫襻间枋一条，驼峰上襻间枋一条	下平槫：φ260 随槫枋：130×120 承槫襻间枋：145×215 驼峰上襻间枋：90×220	连接固定当心间两榀梁架，承托传递屋盖腰部荷载	襻间枋上设有补间散斗2只
	前坡上平槫槽	上平槫及随槫枋，承槫襻间枋一条，驼峰上大额及其下部由额组合一组	上平槫：300（宽）×260（高） 随槫枋：140×120 承槫襻间枋：150×215 大额：340×380 由额：150×220	与后坡金柱上柱额及其下部由额对称式布置形成呼应，联系并稳固当心间两榀构架	大额之上设补间坐斗2只，上承襻间枋及蚂蚱头
	脊槫槽	当心间脊槫由2条粗壮的圆木叠造而成。其下设随槫枋一条，侏儒柱上设随槫襻间一条	上层脊槫φ：400总高：390 下层脊槫：380×370 襻间枋：70×210	联系与固定当心间东西缝梁架，传递殿顶荷载	脊槫采用实拍草栿造法，利用旧件制成
	后坡上平槫槽	于金柱之上设大斗承上平槫及随槫枋组合，设襻间枋一条，金柱头间设大额一条，由额一条	上平槫φ：260 随槫枋：135×120 襻间枋单材； 柱额：340×360 由额：150×220	联系固定当心间东西缝梁架，承托传递屋盖及当心间藻井荷载	柱额之上设有两朵补间坐斗，形成组合承重构造
	后坡下平槫槽	与前坡下平槫槽缝构造做法相同	与前坡下平槫槽缝用材规格相同	与前坡下平槫槽构件功能作用相同	襻间枋上亦设补间斗栱2只
	后檐柱槽	与前檐柱槽所设襻间柱额、枋木相同	与前檐柱槽枋木柱额用材规格相同	与前檐槽缝构件功能作用相同	柱头阑额、普柏枋上亦设补间铺作2朵
正背面东西两次间	前檐柱槽	与当心间前檐柱槽所用构件一致	与当心间前檐柱槽用材规格一致	与当心间前檐柱槽构件功能作用一致	柱头阑额、普柏枋上设补间铺作1朵
	前坡下平槫	与当心间前坡下平槫槽所设构件一致	与当心间前坡下平槫用材规格一致	与当心间前坡下平槫槽构件功能作用一致	襻间枋上设有补间散斗1只
	前坡上平槫	与当心间前坡上平槫枋所用构件一致	与当心间前坡上平槫槽用材规格一致	与当心间前坡上平槫槽构件功能作用一致	于中心部位架设太平梁一组上承脊槫

所在部位		构件及构造组合名称	用材规格（毫米）	功能作用	备注事项
正背面东西两次间	脊槫槽	与当心间者做法不同，设有：脊槫及随槫枋、襻间枋、侏儒柱头上设襻间枋一条	脊槫φ：380（宽）×300（高）随槫枋单材；襻间枋单材侏儒柱头上襻间枋单材高，10分°厚	联系固定当心间与太平梁上构架，传递屋顶荷载，支撑"推山"结构	端部增出脊槫头，用以形成"推山"构架
	后坡上平槫	与当心间后坡上平槫槽所设构件一致	与当心间后坡上平槫槽构件用材规格一致	联系并固定当心间、次间边缝梁架，同时承托来自太平梁的屋顶荷载	太平梁前部的荷载须由三椽栿及上部驼峰承担分解，故此，这一驼峰上比照金柱头上柱额及其下部由额对称设置
	后坡下平槫	与当心间后坡上平槫槽所设构件一致	与当心间后坡下平槫槽构件用材规格一致	连接并固定明、次间梁架，承托传递殿顶腰部荷载	襻间枋上设有补间散斗1只
	后檐柱槽	与当心间后檐柱槽所用构件组合一致	与当心间后檐柱槽所用柱额、枋槫等构件规格一致	连接固定明、次间梁架，承托传递后檐屋盖荷载	阑额、普柏枋上设补间铺作1朵
正背面梢间与两山面次间	前后檐梢间与山面次间前檐柱槽	柱头阑额、普柏枋、柱头枋三层、压槽枋一层，外跳罗汉枋一列，撩檐枋一列，内跳罗汉枋两列	阑额：150（205）×360普柏枋：370×230压槽枋：150×460撩檐枋：150×580其余均为单材枋	连接固定梢间内侧梁架与山面檐柱槽缝并传递翼角与屋盖的荷载	至45°转角处有关枋木及柱额均以90°转角方式与山面丁栿梁架相连接
	前后檐梢间与山面次间下平槫槽缝	下平槫及随槫枋，承槫襻间枋一条，侏儒柱头上襻间枋一条	与明、次间所用相关构件规格一致	连接固定梢间内侧梁架与45°角梁后尾上部斗栱及大角梁后尾	至45°大角梁后以90°转角方式与山面下平槫及随槫构件相互结构形成"圈梁"
东西山面当心间	前檐柱槽	与前后檐明、次间所用构件及构造组合相一致	与前后檐明、次间相关构件规格一致	用以连接固定山面前后丁栿构架檐部，承托屋盖檐头荷载	在中央部位设有补间铺作1朵分担山面中部屋盖重量
	下平槫柱槽	与前后檐明、次间所用构件及构造组合相一致	与前后檐明、次间相关构件规格一致	用以连接固定山面前后丁栿构架腰部，承托屋盖腰部的荷载	襻间枋与下平槫随槫枋间设散斗1只，形成组合梁

（四）屋架"侧样"、梁架"举折"设计方法及其初始设计尺寸分析

1. 屋架"侧样"与梁架"举折"设计方法及其初始尺寸

确定屋架"侧样"是我国古建筑营建活动中前期工程设计的重要环节，也是确定一座建筑物大木构架基本形制和样式的关键步骤。早在唐宋时期这种设计方法已经相当成熟。宋《营造法式·卷

五·举折》规定："举折之制，先以尺为丈，以寸为尺，以厘为分，以毫为厘，侧画所建之屋于平正壁上，定其举之峻慢，折之圜和，然后可见屋内梁柱之高下，卯眼之远近（今俗谓之定侧样，亦曰点草架）"。由此可知，定侧样实际上就是在兼顾使用功能、平面布置、构架节点、建筑造型等一系列建筑整体设计问题的同时，绘制建筑物梁架结构横剖面设计图的过程。

梁架"举折"是宋式建筑大木作术语，指确定屋顶梁架各步架高度和屋盖反向折线的设计方法。其中的"举"是指在设计过程中将各步架的槫檩举起一定高度，"总举高"指自前后橑檐枋背至脊槫背的垂直举起高度。宋《营造法式》规定："今来举屋制度，以前后橑檐枋心相去远近，分为四分，自橑檐枋背上至脊槫背上，四分中举起一分。虽殿阁与厅堂及廊屋之类略有增加，大抵皆以四分举一分为祖。"《营造法式·卷五·举折》还规定："举屋之法，如殿阁楼台，先量前后橑檐枋心相去远近，分为三分（若余屋柱梁作或不出跳者，则用前后檐柱心），从橑檐枋背至脊槫背举起一分（如屋深三丈即举起一丈之类）。如筒瓦厅堂即四分中举起一分，又通以四分所得丈尺每一尺加八分。若筒瓦廊屋及板瓦厅堂，每一尺加五分，或板瓦廊屋之类，每一尺加三分（若两椽屋不加。其副阶或缠腰并二分中举一分）"。由上述规定可知，宋代房屋的屋顶总举高一般在前后檐总进深的1/3至1/4之间。

梁架构造中的"折"是指工程设计过程中，通过采用技术措施令屋架中各平槫的垂直高度按照一定规律适当降低，从而使得屋坡斜线转化为反向折线，为屋盖顶部形成抛物线形凹曲面，方便雨水快速流向檐部，再抛射出去而采取的独特设计方法。宋《营造法式》规定："折屋之法，以举高尺丈每尺折一寸，每架自上递减半为法。"根据测量，传法正宗殿前后檐橑檐枋的距离本为16.85米（53.5尺），脊槫总举高为4.95米（15.7尺），所以，其总举高与总跨长的比例为：1∶3.4，与宋《营造法式》规定的总举高下限较为接近。其折屋尺寸：上平槫下折了0.427米（约合1.35尺），是总举高的1/11.5；下平槫下折了0.282米（约合0.9尺），是总举高的1/17.4。上平槫下折值较宋式略小，而下平槫下折值较宋式略大，但总体上看大同小异，基本相同。若以清式"举架"方式衡量其屋顶坡势设计特色，传法正宗殿屋盖正背面坡势构成为：檐步架（第一架）：架深10.75尺，举高4.7尺，合0.44举；腰步架（第二架）：架深8尺，举高5尺，合0.625举；脊步架（第三架）：架深8尺，举高6尺，合0.75举。由此可知，此殿前后坡屋盖举折较唐辽时期的殿堂建筑屋盖稍陡峻，但较金建大同善化寺三圣殿的举折高跨比（1∶2.9）。相比较却明显平缓，可以说更多地延续了早期建筑屋顶平缓的基本特征（参见插图41）。

值得注意的是，此殿两山面的屋盖举折因吴殿顶"推山"及建筑外观造型设计的需要，古代匠师在保持底层屋面椽望举折不变的前提下，又架设了一层槫檩椽望木基层（中央为空腔）。因此，其山面屋盖的举架就变得陡峻了许多，首先，其总举高没有变仍为5.04米（16尺），但其两山面总跨长却分别缩短成了6.99米（22.2尺），由此，其总举高与总跨长的比变成了1∶2.78。显然，其屋面坡势大为增加。其次，经变坡处理后，屋面各步架举折的构成也发生了明显变化：檐步架（第一架）自压槽枋至檐口处保持不变仍为0.44举（架深2.9尺，举高1.3尺）；腰步架（第二架）架深6.85尺，举高4.2尺，合0.60举；上、下平槫之间（第三架）架深7尺，举高5.1尺，合0.73举；脊步架（第四架）架深5.45尺，举高5.5尺，合1.0举（古人将上下平槫的二层复檩向下进行了移动，借以调整优化了山面上下平槫的步架长度）。由此可以看出，金元时期庑殿顶厅堂或殿阁经"推山"处理后，两山面的屋顶坡度必然被显著加大（参见插图42）。

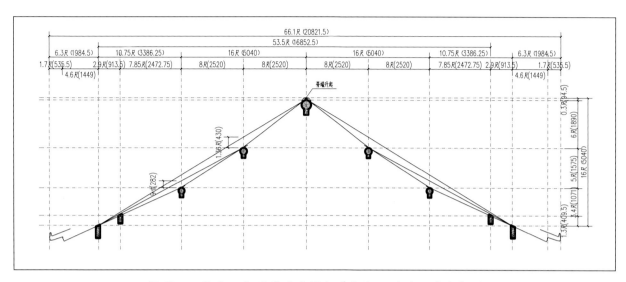

插图41　传法正宗殿前后坡梁架举折初始设计尺寸分析图

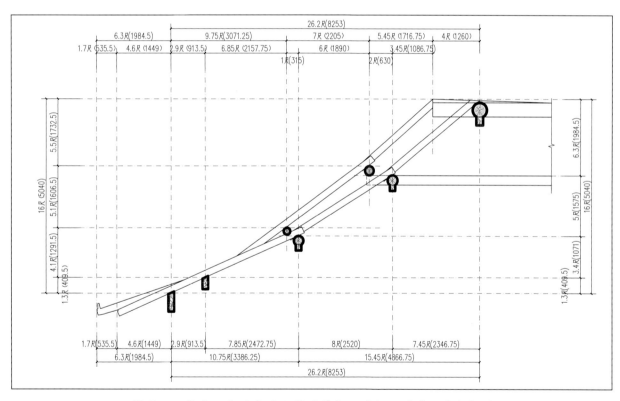

插图42　传法正宗殿东西山屋面举折及其初始设计尺寸分析图

2. 流传于晋北地区的古建筑屋盖设计匠师口诀及其要义分析

众所周知，我国古代建筑规划设计活动历史悠久，源远流长，但是其基本方法、基本理论和基本规则在文献典籍中却鲜有系统记载与专门论述。因此，在梳理散存于各类历史典籍中有关建筑设计史料的同时，我们还需要依据大量经典古建筑实物进行反向探讨研究，以期更加全面地掌握其中的要义和秘诀。这里应当指出的是，当前特别需要对仍然鲜活地保存于古建筑营造匠班与匠师团队中的口传心授秘术要语进行抢救性采集记录与整理研究，并使之永传于世。否则随着老一代匠师的离世，许多颇有价值的工匠们世代传授技艺时使用的秘术要语也会不复存在。保存于匠班及匠师群体中的口述历史故事也会日渐消失不存。

1975年6月，吴锐曾在五台山南禅寺大佛殿大修工程工地采集到一条长期流传于晋北地区的有关古建筑屋盖坡度设计控制方法的匠师口诀，现在看来，用这一口诀分析评估传法正宗殿的屋盖坡度创作设计特征也很适宜，更重要的是非常便于日常使用。现分述如下，与广大同仁分享：

晋北地区建筑屋盖坡度设计与营造秘术口诀：

> 三举宽不上瓦，
>
> 四举踩不上飞。
>
> 四六八平不塌，
>
> 五七九太过陡。
>
> 檐里能卧下牛，
>
> 脊里爬不上猴。

这一口诀的第一句："三举宽不上瓦，四举踩不上飞"表达了两层意思：

首先明确指出，营造建筑物时三举是晋北地区的平顶灰泥房屋的总体坡度控制最高值和瓦屋顶建筑檐头坡度的控制最低值。意指总举高大于三举，才适宜建造瓦屋面的房屋。实际上是以三举为界线划定了缓坡灰泥面平屋顶房屋与陡坡瓦屋顶房屋的举架高度取值标准。在真实社会中，平顶灰泥房屋的屋面坡度大多在此范围之内。比如：山西祁县渠家大院东车马院正房灰泥平顶（清末）的举架坡度仅为0.55举，而明太原县城西街20号院民居正房的灰泥平顶（清末）的屋顶举架坡度为0.12举（参见插图43）。山西督军府东花园中院灰泥平顶连廊（民国）的屋架举架坡度为1.3至1.5举（参见插图44）。其次，明确指出四举以上才是建筑物檐椽与飞檐椽并用时的檐头举架最低坡度值。总之，这两句话12个字，用词虽少，内涵丰富，对不同类别房屋在檐步举架设计营造时所应采取的坡度数值进行了归纳总结与基本厘定。

这一口诀的第二句："四、六、八平不塌，五、七、九太过陡。"也表达了两层意思：

首先，明确界定了六架椽屋屋顶举架设计的最低取值。意思是对于一座六架椽的房屋而言，如果以檐步到脊步的各步架举高分别为各步架深的40%、60%、80%，则总体上说，屋顶呈现出较为平缓的状态。以传法正宗殿为例计算，则其各架道的实际举高分别为：4.7尺（1480.5毫米）、5尺（1575毫米）和6尺（1890毫米），其总举高为15.7尺（4945.5毫米），按宋式计算则其高跨比为53.3尺÷15.7尺=3.4，即1:3.4，这一数值为宋《营造法式》屋顶举高应在总跨长1/3至1/4规定的中间值稍强，如果以晋北工匠口诀衡量，传法正宗殿的正身屋盖举架为四四举、六三举、七五举。可见，这是一种较为合理的、没有触及构架设计总举高上、下限的举架做法（参见插图45）。

其次，明确界定了六架椽屋举架设计的最高取值。以传法正宗殿的实际步架尺寸为依据，按照"五、七、九"举的数值计算，其檐步举高为10.65尺×0.5尺=5.325尺（1677毫米），腰步举高为8尺×0.7=5.6尺（1764毫米），脊步举高为8尺×0.9=7.2尺（2268毫米），其总举高为18.125尺（5709毫米），因此在这样的设计原则下，传法正宗殿正身梁架的高跨比就会变为53.3尺÷18.125尺=2.94，即1:2.94,也就是说其殿顶坡度会比宋《营造法式》规定的高跨比1:3更为陡峻。实际上，这一口诀秘术的作用就是前辈匠

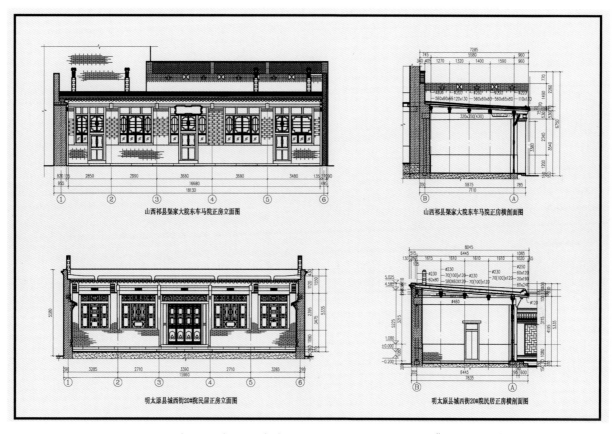

山西祁县渠家大院东车马院正房立面图

山西祁县渠家大院东车马院正房横剖面图

明太原县城西街20#院民居正房立面图

明太原县城西街20#院民居正房横剖面图

插图43 山西祁县渠家大院东车马院及明太原县城西街20#院民居正房图

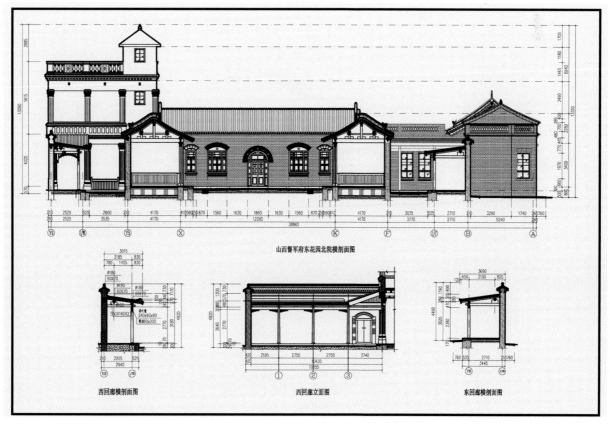

山西督军府东花园北院横剖面图

西回廊横剖面图

西回廊立面图

东回廊横剖面图

插图44 山西督军府东花园北院及西回廊图

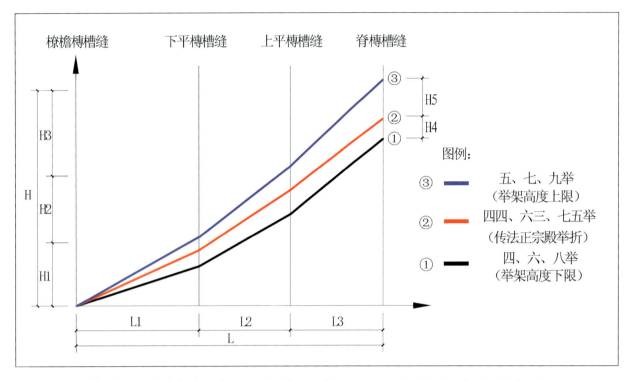

插图45　用晋北地区屋坡设计工匠口诀分析传法正宗殿的屋架坡势特征简图
说明：为方便比较，此图中表达举高的尺寸H4～H5在制图时扩大为原来的2倍

师告诫后辈学徒在从事六架椽尾建筑设计营造活动时，一般不应采取5举、7举、9举的屋面举折做法。

　　这一口诀的第三句："檐里能卧下牛，脊里爬不上猴。"是用更加生动的比喻总结并强调了古建筑瓦屋顶工程设计的宏观要求与基本规则。

　　所谓，"檐里能卧下牛"，意思是建成后的六架椽屋坡屋顶建筑，其檐头第一架上部屋顶应该呈现较为平坦能够适合耕牛卧下休息的瓦顶坡度（一般应取21度至25度之间）。而"脊里爬不上猴"则意指屋顶脊部最高处应该呈现较为陡峻，连猴子也爬不上去的瓦顶坡度（一般应取37度至41度）。

　　由上述讨论不难看出，从本质上看流传于晋北地区的这一大木作殿顶举架设计口诀是一个上承唐宋建筑设计营造文脉，下续无数匠师实践经验，既通俗易懂又便于实践操作，而且生命力非常鲜活的工匠秘术。

3. 传法正宗殿的屋架设计特征

　　在传法正宗殿大修过程中，经认真测量现状尺寸，反复计算原状初始设计尺寸，发现有如下两个屋架设计基本特征：

　　特征一：这座庑殿顶筒瓦厅堂式建筑的大木作梁架侧样是以元代丈、尺、寸为基本单位设计而成的（参见图版008至012）。在设计过程中率先采用了整尺设计原则，然后在此基础上随宜增减形成最终设计成果。诸如：其屋顶的檐步、腰步、脊步架深初始设计值均为8营造尺（地盘尺寸），因檐柱柱侧脚为1.5寸，故檐步架深（天盘尺寸）调减为7.85营造尺。自檐柱槽柱顶至脊槫中线的总架深，也由

24营造尺调减成了23.85营造尺。又如：此殿屋架的总举高的初始设计尺寸本为16营造尺（自太平梁处脊槫顶部至橑檐枋顶垂直高度），但为了适应殿顶正脊上部生成脊弧线的需要就将当心间的脊槫顶标高向下核减了0.3营造尺（94.5毫米）将当心间两缝梁架总举高调整为15.7营造尺等。

特征二：传法正宗殿梁架的各步架架深设计尺寸明显大于宋《营造法式》所规定的殿阁类第一等材最大尺寸，凝结了设计匠师的大胆创造与技术创新可贵匠心。宋《营造法式·卷五·椽》规定："用椽之制，椽每架平不过六尺，若殿阁或加五寸至一尺五寸……长随架斜至下架，即加长出檐，每槫上为缝斜批相搭钉之（凡用椽皆令椽头向下而尾在上）。"传法正宗殿为六架椽屋前四椽栿对后乳栿通檐用三柱式构架，而每步架深均采用8营造尺，这样的大胆设计使得四椽栿的总跨长达到了31.85营造尺（10.03米）由此使得该殿的前厅祭拜空间比法式规定的最大允许设计值扩展了1.85营造尺（58.3厘米）。比唐代建筑五台县南禅寺大佛殿四椽栿的净跨距离还长了13厘米。最大限度地满足了当时使用功能和空间营造的建设要求。

综上所述，可以说传法正宗殿的梁架结构具有逻辑清晰，构架合理，设计快捷，便于施工，用材节省，坚固耐久，造型典雅，空间丰富等基本特征。

（五）斗栱枋木设计模数制度分析

1. 斗栱铺作的类别

由于梁架结构的节点设计需要，传法正宗殿的斗栱铺作可分为檐头铺作与梁架襻间铺作两大类别。其中，檐头铺作又分为柱头铺作、转角铺作与补间铺作三种子类；梁架襻间铺作则可分为隔架驼峰上襻间铺作、隔架侏儒柱上襻间铺作、金柱上襻间铺作、隔架把头绞项造不出跳铺作、襻间枋上单斗补间五种子类。

2. 斗栱用材等级判定

① 檐头铺作用材等级

据反复测量和认真统计，传法正宗殿各类檐头铺作的现状材宽厚尺寸在145毫米至150毫米之间，其中多数为150毫米；其单材高广在210毫米至230毫米之间，多数单材栱的高度为225毫米；其中也有不少230毫米；其斗栱㸄高自90毫米至95毫米均有，以90毫米者较多部分110毫米；因足材栱的栱眼刻深尺度在10~20毫米之间，绝大多数为15毫米，故㸄的厚度多为120毫米。据此可以归纳出栱材断面现状实测尺寸图与栱材断面现状统一尺寸图（参见插图46①②）。

宋《营造法式·卷四·大木作制度一·材》指出："材（其名有三：一曰章，二曰材，三曰方桁），凡构屋之制，皆以材为祖，材有八等，度屋之大小因而用之。"去除木材受压变形，自然干缩及表层风化等外因对栱材断面造成的尺寸缩减值，依据对该殿檐头斗栱用材断面初始设计尺寸的复原计算结果，可以判定当初的单材栱用材等级相当于宋《营造法式》规定的三等用材："第三等广七寸五分，厚五寸（以五分为一份）"即单材栱的断面尺寸为7.5寸×5寸（236.25毫米×157.5毫米），足材栱的断面尺寸为1.05尺×5寸（330.75毫米×157.5毫米），其栱材断面的材分° 制做法与宋《营造法

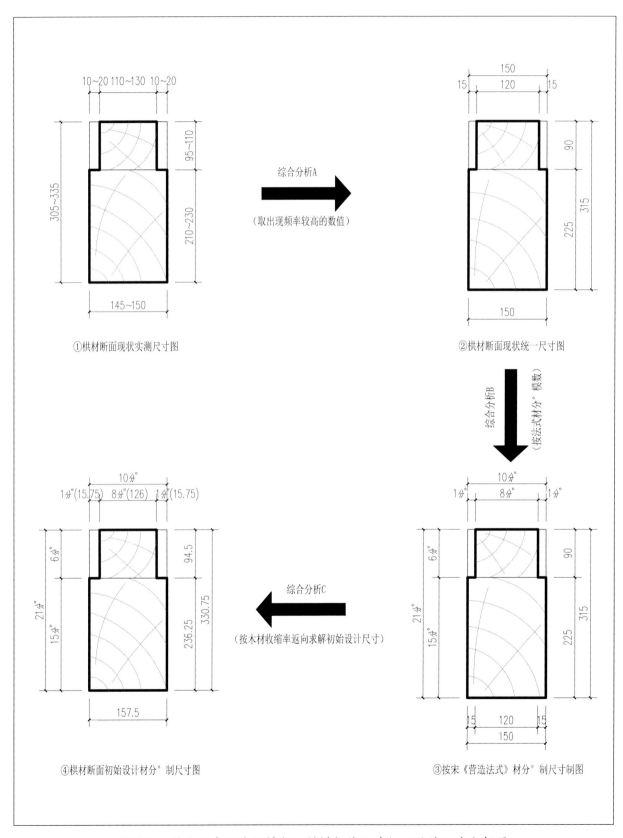

插图46 传法正宗殿斗栱材分° 制模数值及其初始设计尺寸分析图

式》规定完全相同（参见插图46③）。

② 梁架襻间铺作用材等级

据现状实测数据统计，传法正宗殿的梁架襻间铺作用材等级与檐头铺作用材等级相同，均以元代营造尺三等材规格下料制安并随身隐刻泥道栱、泥道慢栱或梭形栱。参见下表所列测绘数据与分析结果（表9）：

表9 传法正宗殿檐头铺作与襻间铺作栱枋断面现状尺寸分析表

（1999年10月至2000年6月实测，2021年8月复测）

所在位置	构件名称	用材类别	断面尺寸（毫米）（宽×高）（毫米）		随身隐刻内容	说明事项
			单材	栔		
檐头铺作	一跳华栱	足材	150×315	120×90	足材栱眼及交互斗	前后均作栱形
	二跳华栱	足材	145×320	120×95	足材栱眼及交互斗	正面插琴面昂 后尾作栱形
	耍头	足材 单材	200×320 150×225	100（高） ——	素平 素平	柱头铺作者正面作蚂蚱头、尾部作蝉肚绰幕。 补间铺作与柱头铺作处为足材，转角铺作处为单材
	衬枋头	单材	150×225	／	素平	衬于橑檐枋背后的压跳驼峰之下
	泥道栱	足材	150×310	120×90	足材栱眼及交互斗	／
	泥道慢栱	足材	150×320	120×90	足材栱眼及交互斗	／
	一层柱头枋	单材	150×225 （150×220）	／	泥道栱及单材栱眼	／
	二层柱头枋	单材	150×225	／	泥道慢栱及单材栱眼	／
	三层柱头枋	单材	145×230 （150×225）	／	素平	／
	压槽枋	单材	145×250 （135×225）	／	素平	至梢间随翼角升起需要加设升头木
	内外瓜子栱	单材	150×230	／	单材栱眼	／
	内外瓜子慢栱	单材	150×225	／	单材栱眼	／
	内外罗汉枋	单材	150×225 （150×230）	／	素平	／
	令栱	单材	150×230	／	单材栱眼	／
	橑檐枋	两材两栔	150×540	／	素平	至梢间随翼角升起需要酌情加设升头木

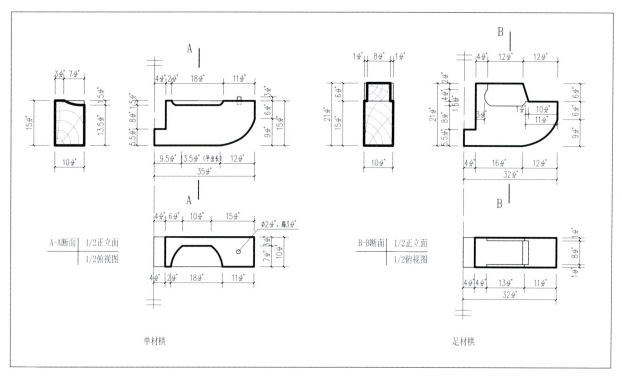

插图47 传法正宗殿单材栱与足材栱栱眼、卷刹及其材分°制初始设计尺寸分析图

插图48 传法正宗殿单材栱栱眼特征

插图49 传法正宗殿足材栱栱眼特征

5. 前檐柱头铺作构件初始设计尺寸与细部做法分析

本节以前檐柱头铺作为例分析破解传法正宗殿的斗栱材分° 制初始设计尺寸及其模数关系和细部做法特征等问题，旨在准确认知古代匠师在工程设计阶段是怎样高质快速完成相关任务，并为后期施工提供便捷条件的。

传法正宗殿前檐柱头斗栱为内外跳各五铺作正出单抄单昂尾出双抄重栱计心造制式，正面第二跳琴面昂为插昂（假昂头）下设华头子。这组斗栱由泥道栱、泥道慢栱、华栱两跳、内外瓜子栱与瓜子慢栱、内外令栱、耍头（后尾制成绰幕枋）、内外罗汉枋（外侧一条，内侧两条）、柱头枋（三层）、橑檐枋、骑槽四椽栿首、压跳驼峰、压槽枋及各构造节点处的斗子相互有机交构组合而成。参见斗栱现状尺寸及细部做法分析表（表10）。

斗栱铺作作为大木构架的重要组成单元，主要由栱材与斗子两种构件组成。要准确把握其本质特征，必须对它进行深入分析研究。

首先，为准确全面表达该殿前檐柱头铺作各类栱材的现状尺寸及细部做法，特将有关实测技术数据梳理汇总为表10：

表10 传法正宗殿前檐柱头斗栱各类栱材现状尺寸及细部做法分析表　　度量单位：毫米

| 构件名称 | 用材规格 | | 栱材长度 | 上留高度 | 卷刹高度 | 卷刹平长 | 平出长度 | 栱眼 | | | 卷刹瓣数 | 出跳长度 | 榫卯开凿特征 | 说明事项 |
	单材	足材						高度	刻深	长度				
一跳华栱	/	√加厚	1110	90	135	205	115	120	15	255	弓形不分瓣	465	开下口，口高80入栌斗口内	前后均为卷头
二跳华栱	/	√加厚	2340	95	130	后尾205正面假昂	华头子440	120后尾	15后尾	250后尾	弓形不分瓣（后尾）	440	各节点皆开下口，口高80，两颊设子荫与横向构件相交	正面出琴面昂头
耍头	/	√加厚	3190	/	/	/	耍头长390	/	/	/	/	/	各部节点处皆开下口，口高80，两颊设子荫与横向构件相交	材宽150正出蚂蚱头，后尾制成940毫米长蝉肚绰幕承托四椽栿首
泥道栱	/	√	960	95	130	180	40	120	15	205	弓形不分瓣	/	开上口，口宽120，入华栱身子荫之内	栱顶设暗梢口2眼
泥道慢栱	/	√	1440	95	130	180	30	120	15	445	弓形不分瓣	/	开上口，口宽120，入二跳华栱身子荫之内	栱顶设暗梢口2眼

续表

构件名称	用材规格		栱材长度	上留高度	卷刹高度	卷刹平长	平出长度	栱眼			卷刹瓣数	出跳长度	榫卯开凿特征	说明事项
	单材	足材						高度	刻深	长度				
瓜子栱	√	/	960	100	125	180	157.5	30	105	220	弓形不分瓣	/	开上口，口宽120，入二跳华栱身子荫之内	前后瓜子栱均为单材
瓜子慢栱	√	/	1440	95	130	180	30	30	105	460	弓形不分瓣	/	开上口，口宽120，入要头身子荫之内	前后瓜子慢栱均为单材
正出令栱	√	/	1050	90	135	180	202.5	30	105	265	弓形不分瓣	/	开上口，口宽120，入要头身子荫之内	散斗底处设暗榫1枚
尾出令栱	√	/	1050	95	130	180	202.5	30	105	265	弓形不分瓣	/	开上口，口宽120，入要头身子荫之内	散斗底处设暗榫1枚
一层柱头枋	√	/	枋身随间广，栱长960	95隐刻	130隐刻	180隐刻	157.5隐刻	30	30	205	弓形不分瓣（隐刻）	/	端部开1/4高榫头入要头身子荫之内	隐刻泥道栱
二层柱头枋	√	/	枋身随间广，栱长1440	95隐刻	130隐刻	180隐刻	50隐刻	30	30	445	弓形不分瓣（隐刻）	/	端部开1/4入四椽栿侧面子荫之内	隐刻泥道慢栱
三层柱头枋	√	/	随间广	/	/	/	/	/	/	/	/	/	两端开卯卡入四椽栿侧面	素枋无雕饰
内外罗汉枋	√	/	随间广	/	/	/	/	/	/	/	/	/	两端开卯卡入四椽栿侧面	素枋无雕饰
压槽枋	/	√	随间广	/	/	/	/	/	/	/	/	/	两端与四椽栿上骑槽压跳驼峰相交	素枋无雕饰
纵向压跳驼峰	√	/	900	/	/	/	/	/	/	/	/	/	开上口两颊设子荫	骑压于四椽栿上与压槽枋十字相交
撩檐枋	/	两材高	随间广	/	/	/	/	/	/	/	/	/	端部设银锭卯及榫头相互搭交，背后与四椽栿首相交	素枋无雕饰

纵观此表，不难发现这组斗栱的栱材做法呈现了如下五项基本特征（参见图版015至021）：

特征一：横向栱材泥道栱与泥道慢栱均采用足材栱与第一、二跳华栱十字相交，借以有效增强斗栱组合的整体构造性能。

按照宋《营造法式》规定及唐宋以来古建筑大多数实例，泥道栱及泥道慢栱一般采用单材栱（如唐代建筑五台山南禅寺大殿、宋代建筑太原晋祠圣母殿、金代建筑浑源大云寺大殿等）。但传法正宗殿却将泥道栱与泥道慢栱均制成了由整条枋料制成的足材栱，其突出的优点就是有效扩大了当心间、次间及次梢间各层柱头枋连接处的承载面积，并且在其下部构成了由三层实拍栱枋叠造而成的结构承载支座，由此从根本上强化了其结构承载性能。

特征二：将要头后尾制成四椽栿下的绰幕枋（雀替）有效增强四椽栿的结构承载力强度。

如前所述，传法正宗殿的四椽栿大头φ620毫米，小头φ500毫米，中段φ560毫米，梁栿总跨长10米有余，梁身高跨比平均为1:18，显然无法独立承担该殿的结构承载强度要求。面对这一技术难题，古代匠师发挥聪明智慧，在设计建造前檐柱头铺作时，除向后尾出挑两跳足材华栱外，最可贵的是还特意将要头后尾制成绰幕枋，并向外延伸挑出了一米有余（合3.3营造尺），用以挑托四椽栿的腹部，同时利用由金柱身内挑出的后乳栿尾也制成绰幕枋挑托于四椽栿的尾部（古代匠师特意将后尾蝉肚绰幕的材宽由10分°调增为13分°，旨在局部强化四椽栿尾的承载力），两者前后呼应，相互发力，不仅大大缩减了四椽栿的梁身净跨距离，而且将四椽栿的梁身高跨比转化成了1:12，这就从根本上达到了有效增强四椽栿承载力性能的工程目标。

特征三：四椽栿首作为骑槽压跳构件参与铺作构造组合，可有效避免各类铺作构件变形破坏。

纵观传法正宗殿的所有柱头铺作，均以各缝梁架的梁栿作为柱头铺作的骑槽压跳构件参与铺作构造组合，并传递屋盖重量。其设计用材特点有三：

一是，所有梁栿（四椽栿、三椽栿、后乳栿、丁栿等）均以梁头向前（外）而梁尾向后（内）的方式布设，有利于梁架榫卯的设计、定位与尺度融合。

二是，在梁端骑槽压跳时采用内跳外跳各槽缝整体骑压的方式进行组合，借以防止斗栱铺作前栽或后仰现象发生。

三是，有利于均衡传导荷载，避免集中承载应力点出现，可有效防止纵向栱材断裂现象发生。

特征四：各类栱材长度在满足造型设计需要前提下，分类安排尺寸并规律变化长短，有利于快速施工和营造。

经综合计算分析，我们初步查明了传法正宗殿前檐柱头铺作的各类栱材初始设计尺寸及其材分°数值，这对于进一步分析研究斗栱组合设计方法和原理大有裨益，具体结果参见表11：

表11 传法正宗殿前檐柱头斗栱各类栱材初始设计尺寸及其材分°数值分析表

构件名称	用材规格		设计长度1尺=20分°=315毫米			栱头卷刹（分°）			说明事项
	单材	足材	公制长度毫米	元代营造尺（315毫米/尺）	材分°数值（分°）	上留	下刹	卷刹平长	
一跳华栱	/	√ 厚10分°	1134	3.6	72	6	9	12	为有效承托四椽栿首重荷，华栱高21分°，宽10分°
二跳华栱	/	√ 厚10分°	2362.5	7.5	150	6	9	12	其中琴面昂头水平长1.4尺，合28分°

续表

构件名称	用材规格		设计长度1尺=20分°=315毫米			栱头卷刹（分°）			说明事项
	单材	足材	公制长度毫米	元代营造尺（315毫米/尺）	材分°数值（分°）	上留	下刹	卷刹平长	
要头	/	√ 厚10分°	3213	10.2	204	6	9	12	要头后尾绰幕枋伸出3.3尺，合66分°
泥道栱	/	√	976.5	3.1	62	6	9	12	与一跳华栱相交
泥道慢栱	/	√	1449	4.6	92	6	9	12	与二跳华栱相交
瓜子栱	√	/	976.5	3.1	62	6	9	12	与二跳华栱相交
瓜子慢栱	√	/	1449	4.6	92	6	9	12	与要头相交
正出令栱	√	/	1071	3.4	68	6	9	12	与要头相交
尾出令栱	√	/	1071	3.4	68	6	9	12	与要头相交
一层柱头枋	√	/	随间广	当心间：19 次间：15	当心间：380 次间：300	6	9	12	与要头相交
二层柱头枋	√	/	随间广	当心间：19 次间：15	当心间：380 次间：300	6	9	12	与四椽栿两颊相交，酌情减长并嵌入
三层柱头枋	√	/	随间广	当心间：19 次间：15	当心间：380 次间：300	/	/	/	与四椽栿两颊相交，酌情减长并嵌入
内外罗汉枋	√	/	随间广	当心间：19 次间：15	当心间：380 次间：300	/	/	/	与四椽栿两颊相交，酌情减长并嵌入
压槽枋		√	随间广	当心间：19 次间：15	当心间：380 次间：300	/	/	/	架于四椽栿之上与压跳斗栱相交成"圈梁"
纵向压跳驼峰	√	/	945	3	60	/	/	/	可有效防止压槽枋歪闪变形
橑檐枋	/	两材	随间广	当心间：19 次间：15	当心间：380 次间：300	/	/	/	其背面与四椽栿头相交

由上表可知，该殿前檐柱头铺作的各类栱材初始设计尺寸呈现了如下几条规律和特点：

①泥道栱与瓜子栱最短，均为3.1尺，合62分°，与宋《营造法式》规定相同。

②第一跳华栱长为3.6尺，合72分°，与宋《营造法式》规定相同。

③瓜子慢栱与泥道慢栱长度相同，均为4.6尺，合92分°，与宋《营造法式》规定相同。

④正出和尾出令栱长均为3.4尺，合68分°，较《营造法式》规定短4分°。

⑤二跳华栱及要头作为"骑槽檐栱"均"随所出之跳"顺身加长，并随结构承载及装饰艺术加工需要进行酌情增加（比如，二跳华栱长7.5尺，合150分°，要头，即绰幕枋长10.2尺，合204分°等）。由此，不仅使得所有栱材构件可以确保满足大殿建筑结构功能需要，而且有利于选材备料、营造施工、提高综合效能。

特征五：栱材榫卯开凿科学合理、传承有序，艺术造型古朴典雅，装饰程度恰当有节。

　　除表10、表11外，本书还精心绘制了传法正宗殿所有大木构件图录（参见有关图版）及该殿前檐柱头铺作大样图与构件图（图版015～021）。笔者认为就这组斗栱铺作而言，构件榫卯开凿及其艺术造型呈现了如下三项特点：

　　①所有横向栱材（瓜子栱、瓜子慢栱、泥道栱、泥道慢栱、令栱）均开设上口，这不仅符合木材学和结构力学原理，而且符合宋《营造法式》规定的"开栱口之法"相关要求（栱口高9.5分°，下部留榫高5.5分°）。

　　②所有纵向栱材（华栱、耍头即绰幕枋等）均开设下口（下口高度5.5分°）且两侧分别开设有子荫。这不仅充分保护与利用了栱材上身抗压受拉区域不受损坏，而且与宋《营造法式·卷四·栱》关于"凡开栱口之法，华栱于底面开口深（高）五分°。（角华栱深十分°。）广（宽）二十分°。（包栌斗耳在内），口上当心两面各开子荫通栱身各广十分°。（若角华栱连隐栱通开）深一分°。"的规定基本一致。

　　③各栱材的外观艺术造型、栱眼雕琢形式及栱端卷刹方法，也与晋北地区辽金经典建筑实例一脉相承，而且与宋《营造法式》关于："凡栱之广厚并如材，栱头上留六分°，下刹九分°……"等卷刹细部做法要求基本一致（栱端卷刹未分瓣与《营造法式》规定有别）。凡人眼看不到的部位均以素平无雕饰做法从简处理，并无其他过度装饰之举，有效节省了工程造价。总体上呈现了用材较大，朴实无华，传承有序，形制典雅的艺术美感。

　　以下，分析讨论这组斗栱各类斗子的初始设计尺寸及其细部做法特征。

　　依据斗栱铺作的构造需要，在这一斗栱组合中共出现了柱头栌斗、交互斗、齐心斗、散斗（包括单材栱上散斗和足材栱上散斗两类），足材华栱上隐刻"心斗"以及足材泥道栱和足材泥道慢栱上隐刻"心斗"8种类型。各类斗子的现状尺寸及其细部做法参见表12所示，而依据精心测算和复原分析后得知的各类斗子初始设计尺寸及其材分°数值已列为表13（参见图版017、018，插图50）。

表12　传法正宗殿前檐柱头铺作各类斗子现状尺寸及细部做法分析表

| 构件名称 | 面宽（毫米） | | 进深（毫米） | | 斗高（毫米） | | | | 欹顠深 | 榫卯开凿特征 | 说明事项 |
	上宽	上深	下宽	下深	耳高	平高	欹高	总高			
栌斗	510	470	390	345	120	60	120	300	20	顺跳口隔耳包口，顺身为通口	斗底设柱头榫卯眼
交互斗	290	240	230	180	60	30	60	150	6	顺跳口隔口包耳，顺身口为通口	斗底不设榫卯，内侧斜开镫口
单材栱上散斗	225	240	170	185	60（55）	30（35）	60	150	6	顺身开通口	平高、欹高随宜变化
足材栱上散斗	225	240	170	185	60	30	60	150	6	顺身开通口，内侧斜开镫口卡入棋身	斗底不设榫卯
齐心斗	290	240	230	180	60	30	60	150	5	顺身开通口，内侧斜开镫口卡入耍头棋身	上部承托内罗汉枋及橑檐枋

表14　宋《营造法式》规定与传法正宗殿斗栱铺作中的各类斗子材分° 数值及其榫卯做法比较分析表

数据出处	斗子类型	材份制模数值比较及其特征分析（分°）									榫卯开设方式	备注说明
		上宽（长）	上深（广）	下宽（长）	下深（广）	耳高	平高	敧高	总高	敧颐深		
宋《营造法式·卷四·斗》	柱头栌斗	32	32	24	24	8	4	8	20	1	四耳斗，顺跳口内前后里壁各留隔口包耳高4分°，厚3分°	施之于角柱者方三十六分°
	交互斗	18	16	14	12	4	2	4	10	0.5	四耳斗，顺跳口内前后里壁各留隔口包耳高2分°，厚1.5分°	交栿斗等随宜加减
	齐心斗	16	16	12	12	4	2	4	10	0.5	双耳斗，开通口	用于转角出跳上者无耳称平盘斗
	散斗	16	14	12	10	4	2	4	10	0.5	双耳斗，开通口	也用于偷心造华栱之上
	隐刻"心斗"	16	10	14	10	0	2	4	6	0.5	正中随栱身开双口	随身隐刻于足材栱上
传法正宗殿前檐当心间柱头斗栱	柱头栌斗	33	30	25	22	8	4	8	20	1.5	四耳斗，顺跳口内前后里壁各留有隔口包耳，高5.3分°，厚5.3分°，斗底开设柱头榫卯洞方2分°	斗身加宽3分°
	交互斗	19	16	15	12	4	2	4	10	0.4	四耳斗，顺跳口内前后里壁各留有隔口包耳，高2.7分°，厚1.7分°，斗底设暗梢卯口φ1分°	斗身加宽3分°
	齐心斗	19	16	15	12	4	2	4	10	0.4	双耳斗，开通口	斗身加宽3分°
	散斗	15	16	11	12	4	2	4	10	0.4	单材栱上散斗开通口，斗底设暗梢卯眼φ1分°，足材栱上散斗开通口，内侧设镫口，斗底不设卯眼	单材与足材栱上散斗卯口不同
	足材华栱上隐刻"心斗"	19	10	15	10	0	2	4	6	0.4	利用栱身隐刻"心斗"及栱眼	平盘斗形，不设贴耳
	足材泥道栱及泥道慢栱上隐刻"心斗"	19	10	15	10	0	2	4	6	0.4	利用栱身隐刻"心斗"及栱眼	斗深随材宽，不设贴耳

依据上表及实物分析，有如下几个特点值得重视：

①与《营造法式》规定的斗子规格相比，传法正宗殿的斗子用材高度仍然保持法式的相关规定；栌斗总高20分°，耳、平、敧的高度比为8:4:8，交互斗、齐心斗、散斗材高10分°，耳、平、敧的高度比为4:2:4。

②宋《营造法式》规定，栌斗与齐心斗均为平面方形的斗子，交互斗与散斗则为面宽方向（长）大于进深方向（广）2分°的平面长方形小斗，但传法正宗殿除柱头栌斗改为平面长方形的斗子外，交互斗与齐心斗均变成了面宽大于进深3分°的平面长方形斗子，散斗则变成了面宽小于进深1分°的斗子。这样就导致整组斗栱出现两种现象：

一是，交互斗与齐心斗的斗底向两边各骑跨出华栱1分°；二是，散斗的斗底也向下部斗栱内外两侧各骑跨出1分°，斗耳也随之加厚，显得整组斗栱颇有个性（参见插图51）。

③榫卯开凿合理，与各类栱材咬合紧密，不易出现松脱散落现象。具体细节有三种做法：一是在四耳交互斗内暗设隔口包耳，有效固定并防止横纵栱材位移；二是在单材散斗的下部开设φ1分°，深约2分°的卯眼，内设暗木销，用以固定斗身；三是在足材栱散斗的内侧开设宽约8分°，深约2分°的镫口，使栱斗牢固地咬合在一起，因此几百年来虽曾屡经地震风雨等自然灾害侵袭，斗子脱落位移现象很少发生。

④斗身下部欹颐造型做法古朴典雅，外观立面曲线圆和秀美，颇具宋金遗韵。

6. 其他檐头铺作与前檐柱头铺作的异同

传法正宗殿的檐头铺作，可分为前檐柱头铺作，后檐柱头铺作，转角柱头铺作，东西山面柱头铺作及各部位的补间铺作五种类型，仔细观察其异同主要表现在两个方面：相同之处是均为五铺作前后各出两跳的重栱计心造斗栱，不同之处主要表现在由于内部梁架构造的变化和使用功能的区别，设计匠师令第二跳华栱之上的细部构造适应结构承载需要，随机应变地进行了合理变化，从而使得不同部

插图 51　传法正宗殿各类小斗斗底跨出栱外状况

位斗栱铺作的内在作用与外在形式又各有不同。现以前檐柱头铺作为标杆，概述其他各类檐头铺作的结构功能及其构造变化特点：

①后檐柱头铺作

后檐柱头铺作是与后乳栿融合为一体的柱头荷载受力支座，主要承托和传递来自后檐屋盖的重量。与前檐柱头铺作在构造上的区别主要表现在如下三个方面：一是将二跳华栱上的耍头尾转化为后乳栿并将后尾延伸至金柱以外3.3尺，制成绰幕枋（厚13分°，一材一栔高）用以发挥承载后檐屋盖荷载，同时挑托与补强四椽栿后尾的双重作用。在技术细节处理时，元代设计匠师令耍头的骑槽檐栱区段仍然保持三等材宽和一材两栔的高度，但乳栿身区段却变身为360宽，一材两栔的高度，由此圆满完成了构件组合与功能转换设计任务。二是，令乳栿上的缴背也与乳栿一同覆压于纵向栱上作为骑槽檐栱一同受力，同时将柱头枋及内外罗汉枋卡结于耍头两侧，借以有效增强其结构强度与整体性。三是在铺作的最上方设置长约3.5尺，高一材两栔的骑槽驼峰（俗称枕头木）作为平衡内外跳结构应力，稳固压槽枋的有效构件（参见图版011及022～023）。

②转角铺作

该殿四组转角柱头铺作是由转角斗栱及两侧附角斗栱与大角梁、续角梁、抹角梁等大木构件相互融合的殿顶翼角下部荷载受力支座。这类斗栱不仅需要合理解决正身铺作与山面铺作的90°角方向转换问题，而且需要妥善处理正身铺作及山面铺作90°转向时转角斗栱斜栱角昂、角梁等构件（内角45°，外角135°）的结构融合问题。因此在结构技术上也表现出如下八项特征：一是在正面和山面相邻补间铺作里跳跳头中线之间，柱头枋与内外罗汉枋之上斜向架设了抹角梁一条，其上设驼峰一只作为大角梁后尾中部的最外侧支座，并使其与斗栱外跳橑檐枋及由昂上宝瓶最外侧支座形成内外呼应，确保大角梁得以多点支撑，且不会位移（在平面构图设计上，使大角梁与正侧面各槽缝构件形成等腰三角形稳定且不易变形的结构关系）。二是令大角梁的尾端斜向伸出至下平槫节点以外并利用杠杆原理挑托和固定这一节点，同时使下平槫的90°拐点变身为此节点续角梁后尾与隐角梁端头的结构支点，为屋顶戗脊的宽瓦形成了结构骨架。三是，由于大角梁的前端支点架设于橑檐枋的90°拐点之上，自相邻铺间斗栱中线处至大角梁的两侧正好形成了橑檐枋上钉置升头木的分布空间，所以大角梁的高度一定意义上决定了殿宇翼角檐椽升起的高度。四是，由于附角斗栱与角柱上转角斗栱的距离较近（恰为里转一、二跳斗栱出跳之和且与之呼应），所以附角斗栱的昂、二跳正身华栱里转时就与45°二跳斜栱相互交汇形成了共同的结构支座，设计师采用让正身第二跳华栱尾主动避让45°角华栱的方式妥善解决了结构碰撞问题，同时将其出头雕饰成了相互对称且向上翻卷的如意头形，极富装饰韵味。五是，附角斗栱耍头里转与45°斜栱后尾的蚂蚱头形耍头相交后，过角制成半栱与正身铺作尾出令栱相列，上承外侧罗汉枋，圆满形成了内侧木结构"圈梁"。六是，因转角斗栱与附角斗栱相距较近，这时，正身泥道栱与转角泥道栱相连，过角与山面华栱相列且栱身隐刻鸳鸯交首栱：正身泥道慢栱与转角泥道慢栱相连，过角与山面二跳华栱（琴面昂形）相列；正身瓜子栱与转角瓜子栱相连过角与山面小栱头相列，隐藏于转角令栱之后，栱身隐刻鸳鸯交首栱，上承柱头枋端头；正身令栱与转角令栱相连，过角出半栱，上承橑檐枋端头，栱身隐刻鸳鸯交首栱。七是，45°二跳角华栱本为水平放置的栱材，由于结构挑托功能的需要，古代匠师将其转化成了斜向放置的杠杆，具体方法是，将其前端制成华头子伸出第一跳角华栱上的平盘斗外，并在其上部加设倾斜的45°角昂头（上承45°转角令栱节点），将其后尾斜向托挑于大角梁与抹角梁上驼峰的榫卯交点之内，由此构成了位于大角梁之下用以平衡大角梁内外传力的辅助杆件。八是，为进一步改善大角梁前部的受力状态，古代匠师还在第二跳45°角昂的上部（转角令栱之间即要头分位处），增设了由昂，增加了出跳，由昂后尾亦与二跳角华栱杠杆一样，斜向内伸至大角梁底的后部，这就使得45°角梁的前后力臂相互一致取得了平衡，圆满解决了翼角结构需要承载力补强的技术难题（参见图版013及030～051）。

③东西山面柱头铺作

这类柱头铺作是与丁栿相互交融支撑山面屋盖重量的受力支座。其第一、二跳斗栱做法与明间柱头铺作相同，要头及其后尾也没有特殊的结构承载作用。在大木结构技术上有如下三项特征值得注意：一是，在山面两侧柱头斗栱上部架设丁栿首形成骑槽压跳檐栱，而丁栿尾则以爬梁的形式斜向架设于东西次间的边缝四椽栿之上，承托来自山面下平槫的荷载。二是，在丁栿首的上部纵向叠架高仅一足材的小驼峰稳固压槽枋，同时平衡内外跳的传力。三是，在山面北侧柱头斗栱上架设的丁栿尾插入金柱身内，这样做对四椽栿及后乳栿的受力均不造成负面影响（参见图版011～013及024、025）。

④各部位檐头补间铺作

传法正宗殿的各部位檐头补间铺作分布于各开间两檐柱之间由阑额、普柏枋组成的"T"形梁上，除前后檐当心间各有两组外，每间均设一组。其构造功能主要用以发挥辅助柱头铺作承托屋盖重量的作用。为此，在足材蚂蚱头的上部增设了衬枋头这一构件，用以固定内外罗汉枋与橑檐枋。若与各组柱头铺作相比，其后尾并无附加承载功能，因此，内外要头均以单材蚂蚱头收头，为了有效平衡协调该铺作前后出跳的受力状态，衬枋头上也布设了骑槽压跳驼峰（参见图版013及026～029）。

7. 梁栿额枋用材方法、规格尺度及其构造特征

传法正宗殿除当心间外均为彻上露明造做法，因此其屋架梁栿均为承托屋盖重量的明栿，各部位柱额之上布设的斗栱铺作也是承托屋盖重量的重要构件组合节点。值得注意的是，古代匠师在工程设计和营造施工过程中，对四椽栿、三椽栿、平梁、后乳栿、丁栿（爬梁）等主要承重构件均使用了大小头形制基本保留原木形态，仅"略施斤斧"的加工作法，而非直梁造法，这种营造做法显然可以大大节省工程造价，但对于营造者来说，在各类梁栿的构件截面为变截面的情况下，对于其端部榫头卯眼位置确定、净跨长度和材份制融合等结构技术问题合理性设计方面却并非轻而易举。

宋《营造法式·卷五·梁》虽然规定了五种梁栿的截面高度取值原则，明确提出了梁栿自身的广厚（即高宽）比应为3:2的基本要求，也明确了"造月梁之制"的有关技术细节要求，但并未明确规定合理利用自然圆木建造殿堂的具体营建方法。传法正宗殿建设工程在这方面进行了大胆尝试且取得了圆满成功，而且历700余年依然健硕稳固，为我们提供了可资借鉴的珍贵案例。

为准确评估和科学认定传法正宗殿各部位梁栿柱额的用材方法、用材设计尺度及其结构技术特征，现将有关评估分析结果归纳为表15。

表15　传法正宗殿梁栿柱额用材方法、规格尺寸及其构造特征分析表

| 构件类别 | 构件名称 | 用材尺度（毫米/元代营造尺/材分°制） | | | | 构件特征 | | | 结构性能 |
		大头规格（宽×高）	小头规格（宽×高）	构件总长	净跨长度	梁高与跨长比	截面形制及高宽比	结构性能	
梁栿类构件	四椽栿	φ620 2尺 40分°	φ500 1.6尺 32分°	11480 36.5尺 730分°	6607 21尺 420分°	1:12	两颊圆弧形，上下取平，梁身高宽比约1.06:1，自然圆材。	承托与传递屋盖上部重量，为殿内最长梁栿构件	其下部两端设有后乳栿尾及前檐斗栱要头后尾制成的蝉肚绰幕，用以强化梁端抗剪性能，缩小梁身净跨长度
	三椽栿	φ440 1.4尺 28分°	φ400 1.3尺 26分	8095 26尺 520分°	7230 23尺 460分°	1:17.3	两颊圆弧形，上下取平，梁身高宽比约：1.12:1，自然圆材。	承托并传递屋盖上部重量，其下部两端设有替木辅助，抵御梁端剪切力	当心间两缝梁架的四椽栿与三椽栿间设有隔架壁板使四椽栿与三椽栿相互融合传力。两次间外缝三椽栿之下则设顺栿串与隔架斗栱，同时传递来自前坡上平槫的荷载
	平梁（上下绞合叠梁）	平梁： 290×335 0.9尺×1.1尺 18分°×22分° 缴背： 170×245 0.55尺×0.8尺 11分°×16分°	同前项	平梁： 5985 19尺 380分° 缴背： 4630 14.7尺 294分°	4665 14.8尺 296分°	平梁： 1:13.94 组合梁： 1:8.12	平梁上设缴背，截面内设2枚暗梢，形成凸字形组合梁，上承侏儒柱及叉手	承托传递屋盖脊部重量，防止屋架上部变形	平梁首尾与上平槫及随槫枋、襻间斗栱相交
	太平梁（上下绞合叠梁）	同平梁	同平梁	同平梁	同平梁	同平梁	同平梁	承托传递屋顶正脊端部及山面顶部重荷	太平梁首尾分别架设于东西梢间中央金柱柱额与三椽栿顶部大驼峰间的内额之上
	丁栿／爬梁	北侧丁栿： 330×410 1.05尺×1.3尺 21分°×26分° 南侧丁栿： 330×420 1.05尺×1.3尺 21分°×26分°	北侧丁栿： 315×265 1尺×0.85尺 20分°×17分° 南侧丁栿： 315×290 1尺×0.9尺 20分°×18分°	北侧丁栿： 5680 18尺 360分° 南侧丁栿： 6130 19.5尺 390分°	北侧丁栿： 3850 12.2尺 244分° 南侧丁栿： 4150 13.2尺 264分°	北侧丁栿： 1:9.63 南侧丁栿： 1:9.88	两颊圆弧形，上下取平面。梁高宽比约：1.3:1	承托山面屋盖腰部重量，栿尾架于四椽栿上或插入金柱内，栿首架于檐头斗栱之上。	北侧丁栿尾设榫头入金柱身内

续表

构件类别	构件名称	用材尺度（毫米/元代营造尺/材分°制）				构件特征			结构性能
		大头规格（宽×高）	小头规格（宽×高）	构件总长	净跨长度	梁高与跨长比	截面形制及高宽比	结构性能	
梁栿类构件	后乳栿及缴背	乳栿：265×360 0.85尺×1.15尺 17分°×23分° 缴背：155×220 0.5尺×0.7尺 10分°×14分°	乳栿：205×345 0.65尺×1.1尺 13分°×22分° 缴背：155×236 0.5尺×0.75尺 10分°×15分°	乳栿：7875 25尺 500分° 缴背：5285 16.75尺 335分°	3732 11.85尺 237分°	乳栿：1:10.38 组合梁：1:6.56	乳栿上设缴背截面内设暗梢2枚，形成凸字形组合梁	承托后坡下平槫重量，辅助挑托四椽栿尾，缩短其净跨长度	梁尾出金柱，制成蝉肚绰幕，挑托四椽栿尾
	后乳栿上劄牵及缴背	劄牵：240×325 0.76尺×1.03尺 15分°×21分° 缴背：155×220 0.5尺×0.7尺 15分°×14分°	同前项	劄牵：4250 13.5尺 270分° 缴背：2710 8.6尺 172分°	劄牵：2050 6.5尺 130分° 组合梁：2050 6.5尺 130分°	劄牵：1:6.3 组合梁：1:3.87	劄牵两颊为弧形，梁身高宽比为1.41:1。缴背断面长方形，组合梁断面凸字形	构件本身不承重，但劄牵后尾伸出金柱身后具有挑托三椽栿尾的结构功能	劄牵前头设衬枋头与随槫枋相交，承托下平槫，防止其滚动位移
	丁栿上劄牵	劄牵：270×315 0.85尺×1尺 17分°×20分° 缴背：155×220 0.5尺×0.7尺 10分°×14分°	同前项	劄牵：3240 10.3尺 206分° 缴背：2770 8.8尺 176分°	劄牵：2050 6.5尺 130分° 缴背：2270 7.2尺 144分°	劄牵：1:6.5 组合梁：1:4.24	劄牵两颊为弧形，梁身高宽比为1.17:1。缴背断面长方形，组合梁断面凸字形	主要起联系拉接和稳固下平槫作用	北缝栿尾设通高直榫入金柱，不与隔架斗栱相交，故不设蚂蚱头形耍头
	抹角梁	310×410 1尺×1.3尺 20分°×26分°	同前项	6930 22尺 440分°	2835 9尺 180分°	1:6.9	两颊为弧形，上下取平。梁身高宽比：1:1.5	与正背面橑檐枋内侧以45度角相交，横架于内外罗汉枋与柱头枋上，承托大角梁后尾重量	设置抹角梁是确保该大殿翼角坚固耐久与分解及平衡内外檐斗栱重荷的重要措施。
	大角梁	267×410 0.85尺×1.3尺 17分°×26分°（梁中部尺寸）	同前项	7850 25尺 500分°	梁头挑出：2060 6.5尺 130分°	1:5	断面长方形 1:1.54（梁中部）	用以承托和平衡外檐翼角与内侧正面和山面下平槫节点处的荷载	仔角梁与续角梁在大角梁背上正心槽交点处叠构

构件类别	构件名称	用材尺度（毫米/元代营造尺/材分°制）				构件特征			结构性能
		大头规格（宽×高）	小头规格（宽×高）	构件总长	净跨长度	梁高与跨长比	截面形制及高宽比	结构性能	
梁栿类构件	续角梁	φ268 0.85尺 17分°	同前项	A、顶层第一架：4570 14.5尺 第二架：3623 11.5尺 第三架：3308 10.5尺	B、底层第一架：4570 14.5尺 第二架：3780 12尺 第三架：3780 12尺	1:14 1:16	断面凸字形，方便钉置翼角檐椽尾巴	是承载戗脊的骨架	上端叠压于下平槫交点的外45°角线上，下端叠压于仔角梁尾之上
	仔角梁	160×250 0.5尺×0.8尺 10分°×16分°（梁中部）	160×65 0.5尺×0.2尺 10分°×4分°（梁尾）	4880 15.5尺 310分°	悬出：1260 4尺 80分°	1:5	长方形：1.55:1	挑承翼角重量实现翼角升起与伸出	与正身飞椽共同构成屋檐起翘及屋檐生出
柱额类构件	阑额	阑额：220×360 0.7尺×1.15尺 14分°×23分° 普柏枋：360×220 1.15尺×0.7尺 23分°×14分°	同前项	5985 19尺 380分°（随间广增减）	5585 17.7尺 354分°（随间广增减）	阑额：1:15.5 普柏枋：1:25.4 叠合"T"形梁 1:10.3	阑额两颊为弧形，普柏枋为水平放置的长方形，两者组合为一体呈"T"字形	以阑额与普柏枋形成的T形组合梁，承托补间铺作及上部屋盖重量，将荷载传递至檐柱及基础和地基	阑额两端分别开设燕尾榫及燕尾卯，相互首尾卯合并卡入柱头之内。阑额与普柏枋间设暗梢使之相互卯合。普柏枋两端则分别开设螳螂头榫头与螳螂头卯口，使所有柱心槽内普柏枋连为一体，形成"圈梁"
	金柱柱额与由额（以东次间为例）	柱额：345×360 1.1尺×1.15尺 22分°×23分° 由额：155×220 0.5尺×0.7尺 10分°×14分°	同前项	柱额：4725 15尺 300分° 由额：同柱额	柱额：4220 13.4尺 268分° 由额：同柱额	柱额：1:11.72 由额：1:19.2 叠合"T"形梁 1:7.24	柱额与由额接面内设暗梢卯合，构成"T"字形组合梁	主要承托来自上平槫、太平梁、当心间藻井的屋顶荷载，兼有稳定和联系金柱槽各缝梁架避免变形的功能	这组构件与西次间三椽栿上大驼峰间大额与由额，共同将庑殿顶正脊"推山"处的屋盖重量传递到了当心间及次间四缝梁架之上

续表

构件类别	构件名称	用材尺度（毫米/元代营造尺/材分°制）				构件特征			结构性能
		大头规格（宽×高）	小头规格（宽×高）	构件总长	净跨长度	梁高与跨长比	截面形制及高宽比	结构性能	
柱额类构件	两次间三椽栿背大驼峰间大额与由额	大额：340×380 1.1尺×1.2尺 22分°×24分° 由额：155×220 0.5尺×0.7尺 10分°×14分°	同前项	大额：4725 15尺 300分° 由额：4600 14.6尺 292分°	大额：4480 14.2尺 284分° 由额：4480 14.2尺 284分°	大额：1:11.8 由额：1:20.36 叠合"T"型梁 1:7.47	大额两颊为弧形，上下取平，由额断面长方形，组合梁断面为"T"字形其接面内暗设扁木销	与金柱上大额前后呼应承托太平梁及屋顶重量	在当心间的大额被隐藏于藻井之上，由额局部外露成为斗八藻井与菱形斗六藻井的分界线及平棊枋（槫条）

说明事项：

1、本表所列用材尺度为现状实测尺寸，因此难以准确表达相关构件初始营造尺及材份制的准确数值，但可作为分析和换算其初始设计尺度的参考数据。

2、该殿四椽栿、三椽栿、后乳栿、丁栿等大木构件是在充分利用原木的基础上，根据构架需要加以必要削割后制成的，由于其梁头、梁尾和中间部位的梁栿断面尺度变化较大，因此在其尾端下部加设了挑承绰幕枋予以加固补强。从中可以看出古代匠师驾驭自然材制作梁栿和大木构架的纯熟技能。

8. 小结

综上所述，传法正宗殿的建筑设计与营造意匠，一方面体现了其因循旧规，传承宋金建筑技术旧制的尚古个性，另一方面也表现出了因地制宜、与时俱进和大胆变革的创新精神。这座经典建筑的丈、尺、寸规划设计方法与材分°模数制细化设计规则，较好地传递并体现了宋代官书《营造法式》颁行223年时的晋北地区殿堂建筑营造技术信息与建筑历史变化轨迹。在我国建筑技术史上具有承前启后的标杆意义和增补遗缺的重要价值。

（六）构件榫卯制作技法及其独特结构性能分析

就一座木构古建筑而言，构件榫卯是否科学合理，事关建筑构架的整体性、安全性及耐久年限。为准确把握、系统评估传法正宗殿的元代榫卯制作技法及其结构性能，现综合分析如下：

1. 立柱榫卯

（1）平柱

该殿共有12根平柱，均为木质檐柱，断面圆形，其中正面当心间和两次间的四根柱子为梭柱造露明柱，其他均为柱身收分0.9%左右的直柱造暗柱。柱底均不设管脚榫，但设有地伏用卯口（高300毫米×厚120毫米×深50毫米），当心间平柱双面设卯，次间平柱仅外侧设卯口。柱头也都呈现覆盆式卷刹状，柱头开有两种卯口：一种是用于安设阑额的顺身通口（阑额首尾以直榫加半银锭的复合榫卯相互嵌接后置入柱头卯口之内）；一种为用于安设门额两端头的直榫卯口（深80毫米，高380毫米）。此类榫卯的结构性能有两个特点：一是，安设门额两端榫头的卯口未设通口，内部保留了相当于柱径尺寸3/5宽的榫舌，旨在尽量保护柱身原有轴向承载力少受削减。二是，柱头顺身通口，有利于阑额首尾榫卯紧密咬合并防止构件受拉位移（参见图版093，插图23、25、26、27）。

（2）角柱

角柱为柱身侧脚明显的1/4露明柱，柱子形制亦为收分约0.9%的直柱造法。这类柱子柱底也未设置管脚榫，直接放置于水平的柱础石上。柱头之上十字开设通卯（高约360毫米，宽约165毫米），用以安装正侧面尽间十字形交构的阑额。因该殿梢间皆以墙壁围护，所以在阑额卯口的下方未见开设其他卯口（参见图版091、092）。

（3）金柱

金柱分为两种类别：一种是当心间东西缝梁架中的殿内金柱，用来承托四椽栿尾与乳栿尾、三椽栿尾与后乳栿上的劄牵尾以及平梁后尾下的柱头坐斗；另一种是两次间东西边缝梁架中的殿内金柱。后者除上述结构功能外，还需承担来自两山北侧丁栿尾及其上部劄牵尾的荷载，因此柱身外侧卯口也有所增加（参见图版089、090）。

明间东西两缝梁架中的金柱，柱顶横向仅开设有大额及其下部由额的卯口（通口，断面倒凸字形。上口高380毫米，宽230毫米；下口高225毫米，宽160毫米）。但其纵向开设有两组卯口：一组为安插丁栿尾的绰幕枋及其上部四椽栿尾直榫的通口（高950毫米，宽265毫米），其底标高位于该缝梁架丁栿尾与四椽栿尾的分位线上；另一组为安插后乳栿上劄牵尾的雀替及三椽栿尾直榫的通口，断面凸字形（总高780毫米，其中丁栿尾雀替口宽260毫米，高325毫米，三椽栿尾直榫口宽174毫米，高230毫米）。也位于该梁架相应分位线上。柱头坐斗下的木制暗销卯眼另行附加于由额接头之上。

两次间边缝梁架对应的金柱，其卯口除与当心间者相同外，还在外侧增加了两组卯口，同时改变了柱头大额出头处卯口的形制，具体做法如下：一是，对金柱头的卯口形制进行改造，增加暗设的榫舌，使得由额外侧端头虽可入柱200毫米，但无法伸出柱外；二是，保留大额通口，使大额外侧端部伸出柱外上下结于柱口侧面，并制成蚂蚱头形出头；三是，在金柱的外侧开设了用于安装丁栿尾及其上部劄牵和缴背的卯眼各一组（丁栿尾卯口高400毫米，宽210毫米；上部劄牵与缴背尾卯眼高510毫米，宽150毫米）均为安装直榫的半卯。

就上述金柱榫卯设计及其构造特征而言，如果说当心间东西两缝梁架所对应的金柱卯眼主要用以承托屋架荷载，那么两次间边缝梁架所对应的金柱，其柱身外侧爬梁式丁栿尾的卯眼，在受力状态下会使得山面梁架结构产生一种向内的回推分力，这一技术措施对于强化该殿大木结构的整体性及抗拉拔力获益颇多，难能可贵。

（4）侏儒柱

传法正宗殿梁架结构中共使用了两种侏儒柱，一是平梁上侏儒柱，二是后乳栿上侏儒柱，均为明栿做法，主要设置于梁栿间隙较高的部位（平梁上侏儒柱高4营造尺，乳栿上侏儒柱高3营造尺），以下分析其卯口开设方法与特征：

平梁上侏儒柱为断面小八角方柱，柱底开设骑栿槽口，骑跨于平梁缴背之上，柱头之上沿面宽方向开顺身卯口，用以安设脊槫下部的襻间枋。柱顶设坐斗，坐斗底暗设的木销卯眼开设于襻间枋接头背上。

乳栿上侏儒柱断面圆形，柱底亦开设骑栿槽口，同样骑跨于乳栿缴背之上，柱头两侧则顺身开设半银锭卯眼各一只，其中央设有高、宽、深各为2寸的柱头榫一只，用以固定柱头铺作坐斗。柱头上的半银锭卯眼用以安装后檐下平榑下的襻间枋。

由上述情况可知，同为侏儒柱的柱头卯口，但其做法却明显不同，如果说前者是在首先强化襻间枋连接整体性的前提下巧妙解决坐斗稳固问题（因脊部侏儒柱上设有丁华抹颏栱与叉手构造节点，不易变形错位），那么后者则是在首先强化坐斗不变形的前提下合理解决襻间枋的拉结稳固问题（参见图版054～077）。

（5）暗设辅柱

该殿墙体内部的暗设辅柱，在榫卯开设时古代匠师比较随性，由于其主要功能可大致分为辅助优化阑额端头受力状态和防止各槽缝柱网产生结构变形两种类别。因此工匠在施工过程中大多是依据自己的现场直觉感受与宏观判断随宜布设的，并没有固定的位置，也没有统一的格式，更没有相同的规格。以其构造特征看，包括直柱与斜戗柱两种类型，在开设榫卯时较为自由与粗放。比如：直柱的端头常常开设一个小凸榫头固定于阑额的腹部，柱底则大多放置几块砖石作为支撑体，而斜戗柱则大多支戗于阑额端头与檐柱柱口位置，因此往往将戗柱头砍削成一个斜向的直角榫卡结于角部，戗柱的柱脚往往放置于暗支柱的柱脚一侧，由此形成支柱与戗柱的三角形简单组合体，由此发挥辅助支撑与抵抗变形的双重作用（参见插图53、54）。

2. 梁栿榫卯

（1）四椽栿

此殿四椽栿由自然圆木制成，头部粗大，尾部细小，头在前尾在后，是该殿梁架结构中最为重要的承重构件。古代匠师在开设榫卯时没有破坏构件自身的受力性能，其榫卯大致可分为梁首榫卯、梁尾榫卯及梁背榫卯三种类型：①梁首榫卯作为柱头铺作的骑槽压跳构件位于斗栱第三跳（要头）之上，梁身两侧仅沿柱头枋及内外罗汉枋槽缝处开设了四列带有子荫的下口（下部通口高仅80毫米，深随梁头宽，两侧子荫深各为100毫米，用于安装第二层和第三层柱头枋头）。梁头背部开设可以安放暗木销的卯眼2个，用以稳固骑槽压跳驼峰（参见图版070）。

（2）后乳栿

后乳栿也是头大尾小的圆木梁栿（头径480毫米，尾径360毫米）主要用以承托屋盖后坡下平榑处传递的荷载，梁头作为后檐柱头铺作的第三跳骑槽檐栱，前端出头制成蚂蚱头形要头，梁后尾插入金柱身通卯，出柱后制成足材绰幕枋挑托四椽栿尾。其梁身卯口共分三种类型：

①梁头榫卯

梁头作为柱头铺作的骑槽檐栱共开有五列卯口，各分为上下两层，上层的五列卯口除要头上用于放置齐心斗外，皆开带子荫的上口，口高70毫米，深15毫米，分别与二层柱头枋、内外罗汉枋及前出橑檐枋十字相交；下层者开设带有梁侧子荫的低通口（口高70毫米，深15毫米），与一层柱头枋、内外瓜子慢栱及令栱相交。

②梁尾榫卯

乳栿榫较为简单，雕制成了一条宽200毫米，高一足材强、带袖肩的绰幕枋形长榫头，穿过金柱后挑托于四椽栿尾之下。

③梁身榫卯

为了加强后檐乳栿的承载能力，古代匠师于乳栿背上架设了一条缴背，同时用一对扁平的暗木销嵌入两者的交接面之内（宽60毫米，深25毫米，高30毫米），目的是在受力状态下强化乳栿组合梁的抗拉应力与抗挤压应力的协同性能。此外还在缴背的正中部位开设了用于安放侏儒柱的骑栿卯口（参见图版077）。

（3）三椽栿

三椽栿为利用自然圆木制成的梁栿，梁头向前，高420毫米，与前檐下平槫襻间斗栱相交，梁尾向后，高400毫米，插入后金柱之内，梁身榫卯分为三种类别：

①梁头作为不出跳骑槽栱骑压于下平槫下部的华栱之上，故开有纵向卯口一列，分为上下两组；上口为通口，供随槫枋端部榫头使用，下口为两侧带有子荫与榫舌的浅通口，可与泥道栱中部榫卯嵌合。榫身外端两侧分别雕有袖肩。

②梁尾制成带有袖肩的扁直榫可插入金柱并在金柱外侧设卯眼放入销栓固定梁身，防止拉拔变形。

③以三椽栿前坡上平槫分位线为中心，两侧各约1.2尺处分别设有扁木销卯眼一孔，用以固定上部驼峰（参见图版060）。

（4）平梁与太平梁

平梁与太平梁均为添加了缴背的增强型组合梁，梁栿主体断面是利用自然材制成的两颊圆弧形梁，缴背为断面165毫米×240毫米的枋材。其榫卯可分为两种类型：

①梁首梁尾榫卯相同，均被制成插入金柱上坐斗、驼峰上坐斗或大额上坐斗斗口之内的骑槽长方形直榫头。因此各开有卯口一列两层：其中上层为浅通口（高40毫米）供嵌入随槫枋榫头使用，下层为带有榫舌及子荫的浅通口（卯口总高210毫米，其中下部通口高80毫米），可与十字相交的襻间枋紧密咬合。

②在平梁及太平梁上部与缴背接缝内为安设扁木销，各开有卯眼一对（卯眼宽60毫米，厚25毫米，深40毫米，间距3800毫米）。同时在缴背的中部开有带中央榫舌的侏儒柱骑栿卯口一只（卯口深30毫米，宽220毫米，高240毫米）。此外还在缴背的上方距侏儒柱1800毫米处对称地开有叉手下脚用卯眼一对（参见图版052、054）。

（5）前后丁栿

传法正宗殿的丁栿分为南缝丁栿与北缝丁栿两类。虽然两者的断面均为两颊圆弧状爬梁式丁栿，但其后尾做法和形制有所不同，北缝者设200毫米长、厚210毫米的带袖肩直榫插入金柱身之内，南缝者则雕为向上的单卷式麻叶头型耍头架设于四椽栿之上，为固定梁尾并防止其在外力作用下移动，在梁尾下方暗设了一个直径60毫米，深60毫米的圆形木销卯口。与前者嵌固方法明显不同。此外，在其上方也设有相同的卯眼，用以安设木销，叠置随梁隔架不出跳斗栱的坐斗。

该殿丁栿的前端，斜刹取平后作为骑槽压跳栱骑跨于山面柱头铺作的衬枋头与内外罗汉枋及柱头枋相交的五列交点之上，正心处与第三层柱头枋十字相交。因此，在这一分位线上开设有带子荫的浅卯口。

为牢固安设丁栿上部所设两瓣式小驼峰，在丁栿背上设有安放木制暗销的卯眼一对。与驼峰底的卯眼相互呼应，以暗榫头嵌合（参见图版085）。

（6）劄牵

俗称牵梁。由于所在位置不同及功能作用不同可分为后乳栿上劄牵及两山丁栿上劄牵两种类型，但本质上均为牵拉稳固下平槫及随槫襻间铺作的构件，并非承重梁栿。其中后乳栿上劄牵的后尾制成超长的替木穿越金柱身后，起挑托三椽栿后尾的作用。而北缝丁栿上劄牵的后尾则制成直榫嵌入金柱身内，南缝丁栿上者却与三椽栿下部的隔架斗栱相交后出头制成半栱。该殿劄牵均为附加缴背的组合式牵梁，梁身上的榫卯可分为三类：

①牵梁的端头制成骑槽半栱，在下平槫分位线上开设带子荫的凸字形浅下口，与下部坐斗的隔口包耳榫卯相呼应，同时与开上口的泥道栱相咬合。

②牵梁的尾部或制成穿越金柱后的栱形替木，或制成入柱直榫，或制成骑跨隔架斗栱后的小栱头，因需制宜，形式多样，技法娴熟。

③劄牵及其上部缴背之间同样暗设有扁木销一对，用以防止构件错位，旨在优化梁栿组合及提升协同受力性能（参见图版082）。

（7）抹角梁

抹角梁为传法正宗殿转角铺作中最重要的梁栿类构件之一，断面两颊为圆弧形，梁高410毫米，最大宽度270毫米，高宽比约1.5:1，在结构上斜架于正面与山面铺作上方的二层柱头枋与内外罗汉枋上，与橑檐枋内侧相交。梁身榫卯有两类：一是位于三层柱头枋槽缝处带榫舌与子荫的卯口，这类卯口与抹角梁以外角45°和内角135°内外相交，相互卡固，在平面上构成等腰三角形，可有效阻止大殿翼角位移与变形。二是在抹角梁的上部开设一对扁木销卯眼，用于安设暗木销稳固两瓣式承重驼峰，承托大角梁尾（参见图版032）。

（8）大角梁

传法正宗殿大角梁架设于四组转角铺作的上部，是用以平衡殿身大木构架转角处内角45°，外角135°方向内外檐屋盖重荷的核心栋梁。其外檐下部支点在由昂前端宝瓶之上，距角柱中线1.9米，内檐下部支点在抹角梁的上部，梁尾较梁首高2足材，恰好挑托于下平槫转角部位的襻间铺作大斗底处。大角梁下部的榫部主要位于四个构件叠合节点处：前檐宝瓶顶部、橑檐枋交点处，压槽枋交点处及抹角梁上的小驼峰处。此外，在转角斜昂由昂及三角形垫木的相应部位也有暗设的木镇子用以防止构件位移。大角梁端头防滑卡结卯口、仔角梁后部半燕尾带销梢防拉拔棋卯、续角梁尾坐斗下暗销等。在大角梁的两侧主要设有与橑檐枋及升头木、压槽枋及后尾小驼峰的侧向镶嵌卯口（卯洞深不超过3°分，宽随相交构件），总体上看，作为该殿最重要的承重梁栿之一，其上下部均没有开设有损于梁身受力的卯口，很好地保护了构件自身的承载力性能（参见图版031、032）。

（9）隐衬角栿及仔角梁等

隐角梁、续角梁、由戗及其上部"推山"结构中的各类叠架隐衬角栿的接头，或制成银锭榫卯搭接或制成巴掌扣榫或制成碗口状半榫半卯相互扣接，因其构造技术难度不高，在此不作详细叙述。值得注意的是，为防止仔角梁头部下栽，古代匠师在仔角梁尾部使用的是半银锭榫附加锁销的防拉拔组合榫，这类榫卯，可牢固有效地将仔角梁的后尾锁定在大角梁背之上，变单纯的抗拉拔力转化为抗拉拔力与抗剪切力的综合结构性能，从而大大优化了其抗破坏作用。由此我们真正领略到了古代匠师在木作榫卯设计与构件叠造组合方面的高超技术水准与突出的创新能力（参见图版031、032）。

3. 斗栱铺作榫卯

（1）各类斗子

①栌斗

指柱头铺作、转角铺作、补间铺作下部的大斗。柱头铺作栌斗、补间铺作栌斗及转角铺作的附角斗栱下栌斗，从外观造型看均为十字开口的四耳斗，其一跳华栱顺跳口内里壁均设有隔口包耳。而安装泥道栱的顺身口则为通口；值得注意的是：转角铺作的柱头栌斗，除正面华栱顺跳口内里壁设有隔口包耳外，出角栱口之内也留有隔口包耳，且隔口包耳的高度较斗耳降低，外侧抹角处也没有向内荫入。这一做法与宋《营造法式·卷四·斗》："凡四耳斗，于顺跳口内前后里壁各留隔口包耳，高二分，厚一分半，栌斗则倍之（角内栌斗于出角栱口内留隔口包耳其高随耳，抹角内荫入半分）。"的做法要求有所不同（参见图版017、034，插图52）此外，所有栌斗顺跳口内的隔口包耳榫舌均较宋《营造法式》规定的尺寸要求扩大约1/3。为加强连接，栌斗底的中部设有50毫米×50毫米，深50毫米的卯眼，用于安设方形暗榫销。

②坐斗与交栿斗

指该殿梁架结构中襻间铺作的下部大斗、驼峰上大斗或交栿斗、金柱上坐斗（交栿斗）等。这类大斗除根据所需承托梁栿枋木尺度的大小而随宜扩大之外，其斗子内部的开口做法及隔口包耳榫舌位置均与上述栌斗的做法雷同，兹从略（参见图版055、058、066，插图52）。

③交互斗与齐心斗

传法正宗殿的交互斗均用于正背面足材华栱之上，为平面长方形的四耳斗，十字开设栱口，顺跳口内壁设有隔口包耳，榫舌较为粗大，顺身口为通口，不设隔口包耳。由于此类斗子上承瓜子栱与二跳华栱或令栱与要头的十字节点，不会出现位移现象，因此斗底不设任何暗榫，为加强与足材华栱的连接，内侧设有镫口。

该殿齐心斗的尺寸规格与交互斗相同，但外观形制不同，位于正身出跳的令栱与要头交点之上，用以承托橑檐枋及内罗汉枋的构件连接处。从形制上看为顺身开口的双耳斗，由于内外令栱皆为单材栱，而且要头也为单材构件，在外力作用下齐心斗存在位移可能，所以其斗底设有ϕ20毫米，深20毫米的卯眼，用以暗设木销（参见图版017、035、036，插图52）。

④散斗

传法正宗殿的斗栱铺作散斗分为单材栱上散斗和足材栱上散斗两种类型，均为顺身开口的双耳斗，但前者在斗底正中处设有圆形卯眼一只，用以暗设圆形木销，防止滑落或位移，后者则不设斗底卯眼而在内侧斜开镫口，骑跨于栔身侧面。转角铺作鸳鸯交首栱上散斗左右两侧均开镫口，小栱头上

插图52 各类斗子榫卯开设方法
举例

散斗被抹去一角（参见图版036～037、插图52）。

⑤平盘斗

平盘斗用于转角铺作的45°出角斜华栱和角昂之上。其规格与交互斗雷同，方形无耳，斜向平置。位于正出二跳角昂（真昂）上的平盘斗亦称昂上坐斗，其斗底开设镫口与半银锭卯组合而成的卯口，与昂端所刻的半银锭榫头相咬合，而位于其他角华栱上的平盘斗则在内侧开设镫口的同时斗底正中也设圆形卯眼一只，用以安设圆柱形暗木销（参见图版034～035，插图52）。

⑥隐刻"心斗"

在该殿多种斗栱铺作中，各类足材栱在隐刻栱眼的同时大都在其内侧同时隐刻出了"心斗"。所谓"心斗"实际上就是利用足材栱的栱身，在不增加贴耳的前提下雕刻而成的无耳交互斗。其造型、样式、尺度均仿照相邻交互斗，其位置因栱材卯口的大小而有所变化。

（2）各类栱材

①纵向栱材

所谓纵向栱材主要指斗栱铺作中，从顺跳口中前后挑出的华栱、耍头、衬枋头、骑槽檐栱等梁架构造中的承重栱材，也包括部分不出跳襻间铺作中的丁头华栱（半栱）。这类栱材均使用足材木料制作而成，其榫卯开设特点主要体现在两个方面：一是均开设榫身带有子荫的浅下口（口高不超过单材高的1/3），尽量保持栱身榫舌的抗拉、抗压及悬挑强度不受损坏。二是令栱身的下部栱口与栌斗的隔口包耳榫舌紧密咬合，同时在栱身上部暗设一对扁木销，将二层华栱身与一层华栱紧密地联为一体，这样，当栱端集中受力时可使悬挑力转化为栱身上下拉应力和挤压力的复合弹性受力组合体，从而巧妙地消解、转化、克服强大承载力结构难题。

当转角铺作附角斗栱中的正出华栱与山面泥道栱出角相列时，这一构件就变身为纵向栱与横向栱的综合体。泥道栱区段的构造节点执行横向栱开通身上口的规则（仅保留不超过单材高1/3的榫舌与华栱栱口相交），而在45°出角华栱区段构造节点处则开设上下斜口，下口高不超过1/3单材高，上口高保持1/2足材强，确保45°出角华栱栱身上部的拉应力集中受力区不受损坏（参见图版038～051）。

②横向栱材

传法正宗殿的横向栱材指泥道栱、泥道慢栱、瓜子栱、瓜子慢栱、内外令栱、柱身槽内各层柱头枋上的隐刻泥道栱及泥道慢栱（亦称"影栱"）等。这类栱材在屋盖梁架结构与斗栱铺作中主要起相邻各铺作及梁架各间缝的联系与襻拉作用，其栱材端部并不承受集中垂直荷载。因此古代匠师在栱材榫卯开设时，权衡栱枋节点的构造需要与受力特征，大多开设通身上口。这是非常正确聪明的决断与科学合理的举措。值得注意的是，古人开设的横向栱通身栱口的宽度，大都不超过8分°，这是为了与足材华栱栱口上两边预留的1分°深子荫内的榫舌紧密咬合。防止因木材干缩而导致构造节点必然出现的缝隙被显露出来。

当转角铺作的正身泥道慢栱与山面二跳华栱相列时，这个构件就变身为横向栱与纵向栱的综合体。泥道慢栱区段的榫卯节点开设通身上口（口宽8分°），二跳华栱区段的榫卯节点开设带有子荫和榫舌（榫舌厚8分°）的浅下口，而与45°二跳华栱（出头制成华头子上承45°角昂身）相交节点的榫卯则在照列开设通身上口的同时辅之以斜开口，用以安设45度二跳华栱榫舌。

当柱头枋、罗汉枋、橑檐枋的首尾两端与柱头铺作在间缝上相交时，视结构需要在不破坏纵向栱受力榫身的前提下，采取了不同的榫卯制作技术措施：一层柱头枋半银锭榫穿过足材耍头身的下口相互襻拉的方法妥善解决结构问题；而二层、三层柱头枋及内外罗汉枋端头则除了开设半银锭浅榫卯相互襻拉外，还辅之以短直榫嵌入四椽栿首的两侧。此外，为了妥善解决斗栱铺作造型问题，在第一、第二层柱头枋上还随枋身隐刻了泥道栱、泥道慢栱等影栱（参见图版033）。

③45°斜栱与斜昂

在该殿转角铺作的内角45°角线上（即外角135°角线上）共设有转角华栱两跳（第一跳前后皆为卷头形，第二跳前出头改设为华头子，但其尾出仍为二跳足材华栱），转角斜昂一跳（正出为琴面昂形斜昂与转角瓜子栱节点及小栱头列栱相交，斜架于华头子之上，设平盘斗承托转角令栱节点，昂尾直抵抹角梁上的驼峰背内，用以挑承大角梁后尾腹部），由昂一跳（前端与正出转角令栱相交，上设宝瓶承托大角梁前身的腹底，其后尾叠压于下层斜昂身上，挑承大角梁后尾）。从本质上看，这些栱材都是起内外挑托杠杆作用的屋盖翼角下部支座核心受力部件。因此古代匠师采取的榫卯设计制作措施有两条：一是不分正身栱还是斜角栱，均采用断面相同的足材制作这类构件，进行适当可行的构造强化设计；二是开设榫卯时尽量避免让构件自身的原有强度受到负面影响或本质削减。其具体技术措施可归纳为如下几条：

其一，转角一跳华栱与正身（或山面）足材泥道栱相列时，仍然贯彻开下口及上下开口的基本理念。尽量减少对构件自身强度的削弱，令正侧面华栱的榫舌总高不超过栱身高度的1/2，同时确保45°斜角华栱的栱身榫舌高度不少于栱身总高度的1/2。

其二，转角二跳华栱过角与正身或山面泥道慢栱相列时，其榫卯开设方法与上条一致。应该注意的是，由于45°角栱采用足材栱，在各槽缝榫卯节点处，虽然栱身两侧开设有子荫1分°，但其栱材上保留的榫舌宽度仍然不少于8分°，这就有效地保护了原有栱材的基本设计强度不受破坏。

其三，此殿转角铺作45°线上的第三跳斜昂采用了下昂造法，与宋《营造法式》的相关规定及技术要求完全相同。在斜开栱口与各类正身横栱相交时，古代匠师全力保留并暗设了足够应对结构拉应力所需要的榫舌，绝无开设上下通口的错误举措。

其四，为了加强45°角线上各层栱枋和昂身的相互联结与共同受力效应，古代匠师在各层栱材的构件叠压间缝内均采取了暗设扁木销及开设防滑凸榫等咬合啮槽榫卯做法，实践证明这是非常有效的工程技术措施。

其五，大角梁作为转角铺作的骑槽压跳大木构件，仅在升头木、压槽枋、抹角梁上小驼峰及大角梁后尾下平槫下部侏儒柱头间的襻间枋槽缝处的下部两侧面开设了用于固定相关构件端头的浅子荫和浅卯口（卯口高度小于5分°），并未对大角梁的构件性能产生任何损害（参见图版031、032及插图53）。

插图 53　各类栱材榫卯开设方法举例

4. 枋木间缝榫卯

传法正宗殿的各类枋材主要分为柱头枋、压槽枋、罗汉枋、橑檐枋、襻间枋等联系不同梁架槽缝构造的五类构件，其首尾端头在结构连接时，常常需要妥善解决或合理兼顾与梁架纵向构件的避让及榫卯咬合关系。那么，元代匠师是怎么解决相关问题的呢？现分述如下：

①柱头枋与压槽枋

在柱头铺作间缝上，当柱头枋与二跳华栱及衬枋头相交时，首尾各开通身上口（口高为单材栱总高的3/5，口宽8分°）于其下部留以半银锭卯榫的榫舌，穿越纵向栱的下方（榫舌高为单材高的2/5），旨在达到既不破坏纵向华栱的承载性能，又可使得各柱头枋的首尾均可紧密榫接的工程目标。当柱头枋两端遇到四椽栿首等加宽构件时，则令柱头枋的上口随宜加宽（保持枋身上部可荫入梁侧1分°至1.5分°），但其下部榫舌却绝不缩短，仍然保持以半银锭榫卯相互襻拉牢固的状态。斗栱铺作中的压槽枋，因其首尾既需要与骑槽压跳驼峰合理联接，又必须确保压槽枋的上部相互对接不留缝隙，所以大多反向开设下口，令枋木首尾的下部嵌入驼峰两侧子荫之内，让压槽枋上部的半银锭榫卯可紧密搭接。

②罗汉枋与襻间枋

其首尾开设榫卯的方法与一层柱头枋雷同，上部开通口，两边嵌入纵向栱两颊子荫之内，下部留低榫（高度不超过单材栱高的2/5），制成半银锭榫卯相互咬合（若明间罗汉枋或襻间枋尾开半银锭卯，则次间相应端头制成半银锭榫头，一阴一阳，首尾密切咬合）。

③橑檐枋

橑檐枋是架设于斗栱铺作令栱之上承托屋顶椽飞荷载的大木构件，其两端接缝恰位于正出令栱的齐心斗之上。其首尾接缝处不与纵向栱相联系，因此元代匠师开设的榫卯为上下各1/2枋材高的半银锭榫卯，使其阴阳搭交，相互咬合，固为一体（参见图版033、057、059、061、062、064）。

5. 槫枋横额接头榫卯

本节讨论传法正宗殿各部位槫枋，横额端头接缝处的榫卯做法及其特征。现分述如下：

（1）槫枋

此殿梁架结构中的槫枋主要包括脊槫、上平槫、下平槫及橑檐枋四种类型，概而言之其接头方式和榫卯做法呈现出如下两个特征：

①槫檩接头做法大都采用半银锭通榫通卯做法。同时其下部均设有随槫枋与之协同受力。为了加强构件间的联结力量，传法正宗殿的槫檩首尾两端通常开设通身半银锭榫卯，具体方式为一头开设阳榫，另一头开设阴卯，这意味着相邻开间的槫檩端头须开设与之配套的阳榫或阴卯，施工时使之相互叠落搭套咬合，固为一体。为防止槫檩因承载力过大而弯曲，此殿的所有槫檩的下部均使用了随槫枋，并在两者的叠造接面内暗设有一对扁木销，使之共同受力。

当上下平槫的一头与山面同类平槫十字相交，90°转角布置时，则在相应槽缝线上随身开设槫檩十字搭交扣碗上下榫和随槫枋十字搭交上下榫交构，同时在槫檩及随槫枋接面内也暗设有不少于一对扁木销，形成协同受力组合体。

②各槽缝的槫檩下部均设有襻间斗栱，用以强化间缝节点处的抗拉拔防变形性能。纵观传法正宗殿的大木构架，但凡槫檩接缝或转角节点之下均设有襻间铺作，用以承托和转换来自横纵两个方向大木构件所传递的殿顶荷载，由此出色地解决了横纵梁架与各槽缝槫檩的连接固定问题（参见图版053、059、080）。

橑檐枋接头榫卯做法已在栱材构件榫卯章节中讨论过，兹不赘述。

（2）横额

该殿梁架结构中的横额主要包括阑额、普柏枋组合和大额、由额组合两种类型，与纵向梁栿作用不同，可定性其为承托与传递来自柱头之间或两缝梁架之间屋盖荷载的横梁。从断面组合形式看，均为上下叠造，上大下小的组合构件（俗称"T"形梁），其首尾端部榫卯联结方式与构造特征个性突出，颇富创意：

①柱头阑额及上部普柏枋

此殿柱头阑额与上部普柏枋为共同受力的组合式横梁，其中阑额首尾插入柱头顺身通卯之内，采用它处未曾见过的独特榫卯相互搭接，相互串联，最终形成贯穿于所有檐柱柱头之内的下层"圈梁"，而普柏枋则覆盖于阑额与柱头之上，采用另一种罕见的榫卯紧密搭接，固为一体，从而形成了叠压于各檐柱柱头上的顶层"圈梁"。上下"圈梁"之间以暗设的扁木销栓锁定相互位置，由此使其转换成了共同受力且相互襻联的组合式"圈梁"体系。

传法正宗殿的阑额、普柏枋榫卯做法与宋《营造法式·卷三十·大木作图样》中所载梁额卯口图表达的榫卯形制既可体现出传承关系，又有细节改进的明显不同，其具体做法与结构特性主要表现在如下几点：

首先分析一下阑额榫卯的制作技艺：

其一，在各平柱柱头顺身通口之内，阑额首尾端头的榫卯为通身长直榫带半银锭卯或通身长直榫带半银锭榫的复合式榫卯。其特点是，榫身与榫舌均与阑额同高，且可全部插入柱口之内完成榫卯结合与襻拉工序，当柱网构架在外力作用下出现倾斜时，绝少因拉拔而脱榫之虞。

其二，在各角柱柱头十字开设的顺身与顺跳口之内，阑额外端开设长直榫伴上下半榫半卯带出柱榫头的复合式榫卯，其特点是，既可利用长直榫有效传递上部荷载，又可利用榫舌相互咬结，完全适应90°交角及结构转换的需求。

其三，由于原材料不足及节省原材料等原因有许多墙内暗柱上的阑额采用了缴贴拼合做法制作而成。比如两山北次间阑额、后檐东次间阑额、后檐西次间阑额、后檐两梢间阑额、两山当心间阑额、东山南次间阑额、后檐当心间阑额等。细心观察可以看出，古代匠师在阑额缴贴拼合过程中遵循了三条基本规则：一是令小料在上而大料在下原则，保持主要承载力仍由主梁承担。据统计阑额总高360毫米，其上边的贴梁高在75毫米至120毫米之间。二是尽量减少对主梁造成破坏或损伤原则。由于阑额所在位置不同，其净跨长也有所变化，但无论主梁多长，为尽量保持其大头与小头的原有高度不变，上部贴梁也表现出了一头高一头低的状态。三是依据主梁及其上部贴梁的材料性状合理埋设长木销栓牢固卯合原则。在1999年大修时发现，这类叠合梁的销栓又分为两种类别、一种是贯穿梁身上下的销栓（宽60毫米，厚25毫米，长随阑额高），另一种是贯穿上部贴梁但不穿透主梁的销栓（宽60～80

毫米，厚20～30毫米，长为穿透贴梁高后再埋入主梁50～70毫米）。两种措施目标作用不同，相辅相成，古人掌握与活用材料力学等及结构力学的知识技能，由此可见一斑（参见图版086、087、088）。

此外，现在看来古代匠师之所以在墙体之内随宜增设了若干暗支柱的做法与担心阑额拼接强度不足或许不无关系（参见插图54、55、56）。

其次，分析一下普柏枋榫卯的制作技艺：

普柏枋又称平板枋，水平放置于柱头之上。传法正宗殿柱头普柏枋首尾的连接榫卯可分为顺身水平对接榫卯与横纵构件十字转角对接榫卯两种类型。其中，水平对接榫卯与宋《营造法式》附图所表达的螳螂头口大致相同又有所改进，一端设为螳螂头榫头，另一端设为螳螂头卯口，螳螂头榫在上方，螳螂头卯在下方，各占1/2普柏枋高，搭交卯合，构为一体。但仔细观察有三点制作细节与宋《营造法式》不同：

一是在传法正宗殿螳螂头榫的榫身下部设有一段宽约35毫米，深约16毫米的通高榫肩，令榫肩的最外端延伸至柱中心线处，用以确保公榫一侧的阻力臂不被缩短而螳螂头榫跨越柱头的长度适当延长。

二是在传法正宗殿螳螂头卯的两边相应地也各设有一段宽约35毫米，深约90毫米的通高榫肩，令榫肩的最外端跨越柱中线35毫米，用以确保母卯一侧有一对榫舌跨越了柱头中线，由此形成了榫卯叠压，合理退让及有效襻连的结构关系。

三是传法正宗殿普柏枋的螳螂头榫是一个平面梯形，上平面宽大而下平面变小的立体形态，这一工艺

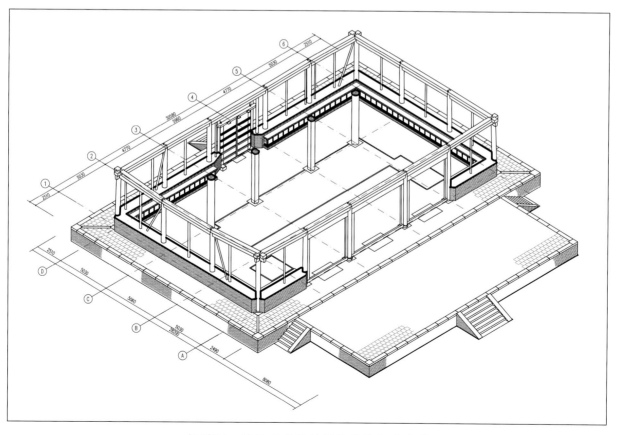

插图54　传法正宗殿柱网体系构架示意图

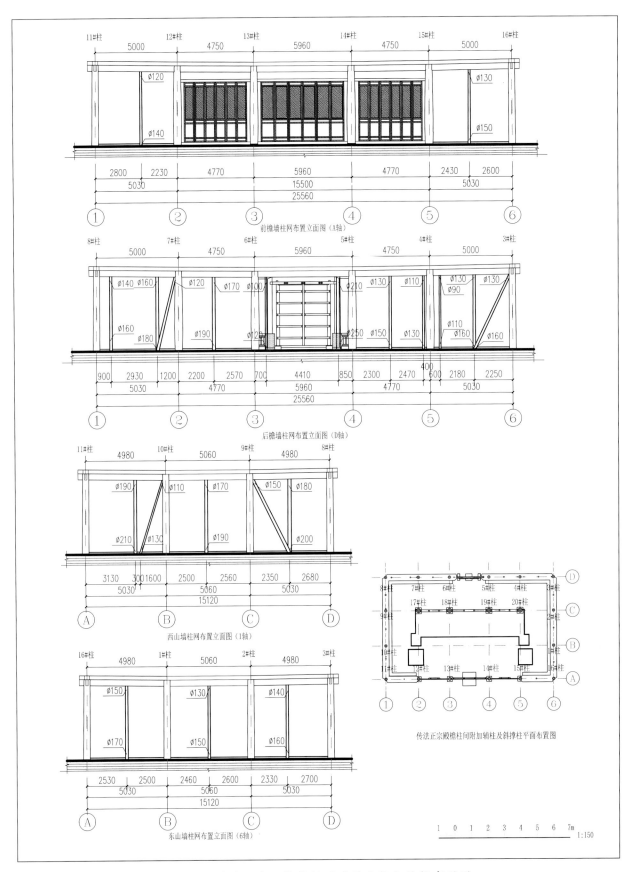

插图55 传法正宗殿檐柱间的暗设支柱与戗柱布置图

技术细节使得叠合后的榫卯在受到外力拉拔时的抗剪切面及抗剪切应力均得到了适当转化和有效提升。

此殿角柱上横纵普柏枋的转角对接榫为上下十字开口的阴阳榫。其榫舌高度各为普柏枋总高度的1/2。在其上下榫舌正中（即角柱柱头正心处）位置各设有80毫米×80毫米的暗榫销卯眼，用以安插栌斗下总长约300毫米，凸出约50毫米的锁口销栓。此外，为确保柱头阑额与普柏枋能够紧密咬合，共同受力，在其接缝内每间均设有2至4枚扁木销栓，在所有补间铺作和柱头铺作的斗底中央也都埋设有稳固栌斗的榫头（参见图版087，插图56）。

②柱间大额及其下部由额

在传法正宗殿梁架结构中，金柱上部及两缝梁架的三椽栿上的大驼峰之间使用的都是大额与由额相互组合的承重横梁。这类横梁设有两端榫卯与梁身榫卯两种榫卯。其中，大额两端的榫卯均为上下口阴阳巴掌榫形，而下部由额两端则采用通高直榫嵌入驼峰身内或金柱头内。为了加强上下梁额的协同受力强度，在梁身相互叠压面内嵌有扁木销2至3枚。此外，在大额的上方与太平梁轴线交点处及补间铺作坐斗处还设有斗底卯口，用以安设榫头固定节点位置，防止构件位移（参见图版060）。

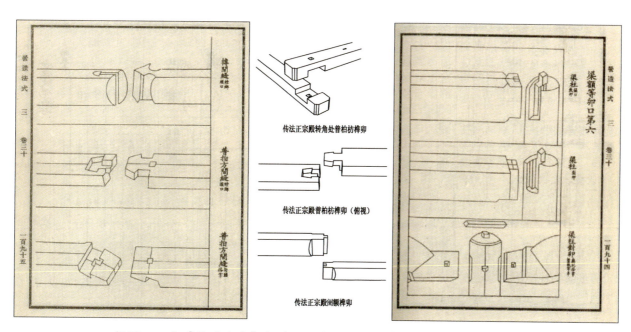

插图56 宋《营造法式》与传法正宗殿阑额、普柏枋榫卯做法比较图

6. 驼峰及衬枋头榫卯

传法正宗殿梁架结构中的驼峰分为鹰嘴式驼峰和毡笠式驼峰两种基本类型，其外观形制与宋《营造法式·卷三十·大木作图样》所绘驼峰如出一辙。但在雕造细节上略有变化，体现了一定的设计优化与改进创意，其中，鹰嘴式驼峰又可分为三瓣式、两瓣式、单瓣式及单瓣与两瓣组合式四种亚型，毡笠式驼峰则均改进成了平底圆肩型。在结构功能上主要用以发挥承托梁架节点、联系梁枋襻间、栱顶骑槽压跳及传递屋架荷载等作用。各类驼峰上的榫卯分为：上下扁木销栓及正背面枋木卯口两种类型：扁木销栓的规格多为高140毫米×厚25毫米×宽60毫米，施工时令销栓上下插入卯眼使构件叠合为

例"中规定了小木作（雕木作）、瓦作、泥作、彩画作、砖作等六个专业的用胶比例，数量及方法。经认真观察分析，传法正宗殿在木作构件拼合、榫卯搭套安装、泥料掺和配制、油饰彩画施工等专业中均曾使用过不同浓度汁浆与不同配料构成的胶着黏合工艺，在1999年大修工程实施过程中相关工艺技术也未曾或缺（详见本书上册有关叙述），但由于年久老化，鉴别不易等原因，其具体配料方法和施工制作工艺暂难准确判定。

传法正宗殿的铁质联结构件主要分为大小木作用钉、铁箍、扒锔、刹杆、铁页、拉条等。其中：

①各类铁钉

木作用钉又可分为屋椽用钉（长180毫米～270毫米）、飞椽用钉（长50～150毫米）、大小连檐及瓦口用钉（长65～150毫米）。白板钉（长40～50毫米）、槫檩用钉（长≥350毫米）、仔角梁用钉（长190～350毫米）、板缝间的两入钉（长35～65毫米）等，砖瓦作用钉也可细分为筒瓦勾头用钉（长270～350毫米）、防滑筒瓦用钉（长130～220毫米）、扣脊瓦、仙人走兽用钉（长220～350毫米）、铁制脊桩子（断面25毫米×35毫米，长随宜，钉于脊檩之内）等。

上述铁钉的形制可分为圆形伞盖式钉、卷盖钉、拐盖钉、平头钉、两入尖头钉等类别，其断面均为上部粗大近似方形，端头细小渐成尖钉状。

②各类铁箍

在传法正宗殿梁架结构中，铁箍是用以加固柱头卯口，紧束构件裂缝及防止镶贴修补物件脱落的辅助性部件，也是千百年来在古建筑营建与修缮过程最常使用的加固补强物件。使用频率高，用熟铁锻打而成，其断面呈向外微弧形，厚2-5毫米，宽自20毫米至80毫米不等，其长度视构件大小由铁匠依据加固对象所存在的问题、病害特征及施工经验酌情确定，铁箍的尾端一般制成卯口状，首端制成收拢的凸头，箍制时，需要在烧熟软化的同时现场锻打拉拽使其紧束。

③扒锔与扒钉

为妥善加固大木作构件及瓦作脊饰构件的微小缝隙，传法正宗殿的斗栱构件、脊饰瓦件及各类枋木上使用有许多大小不等的铁扒锔。铁扒锔俗称铁锔子，是用熟铁锻制而成的两端细尖，90°向前，中段宽扁的两脚锔钉。铁扒锔宽一般为15～45毫米，长25～50毫米不等，在古建筑砖石瓦作中也是常用加固辅料之一。

在攀连加固大木作槫檩及枋木接缝处时，古人常常使用放大的扒锔，通常称之为两脚扒钉。扒钉断面一般为圆形或匾方楞形，具体规格据需要而定，用以发挥牵拉大木构件，防止其变形位移或滚动脱位（参见插图59）。

④其他联结铁件

插图59　传法正宗殿铁箍、铁扒锔应用举例

除上述铁件外，为防止墙体外侧裱砖倾闪、鼓胀，古人沿墙内暗柱中线上设立铁箍和拉条，将墙外的梭形铁页牢固地拉结起来，由此达到强化相互襻连紧固的目的。在连檐瓦口处布设的多种样式铁襻条、铁包页以及在板门门簪上下使用的铁靴臼，铁碗口都是加强木构件联结效应，防止木构件松散，增强建筑物使用耐久年限的有效技术措施。

新中国成立以来，在山西省古建筑保护修缮工程实践中常常在阑额、普柏枋接头处的上方暗设铁拉板，在每间的各步架中增设2至3组拉杆椽（即将各架屋椽与槫檩以ϕ25毫米左右的长螺栓锚固为一体防止槫檩滚动），在柱梁交接面上暗设受力扩散钢板，对轻度残损木构件进行钢板夹护补强等等，这类举措都是文物建筑修缮加固工程中行之有效的技术措施。

（八）当心间小木作天宫楼阁与平棊藻井做法分析

如前所述，传法正宗殿为彻上露明造明栿做法，仅当心间上部施用平棊天花、天宫楼阁及精美的方井，斗八藻井与菱形斗六藻井等。如从形制学追溯其源流，与辽代建筑大同善化寺大雄宝殿一脉相承，如出一辙，只是空间大小，细节做法有所变化改进而已。由此也见证了自辽金至元明不同时期晋北地区古代营造匠班代代相承、在渐进中改进发展的建筑技术发展历史。

为全面准确掌握传法正宗殿当心间小木作平棊藻井的第一手技术资料，吴锐、韩建喜曾与2001年11月23日至28日对其进行了手工精细测绘，现场分析拍照、艺术构件实样拓印与实地勘察记录工作。因此，本节采用的技术数据真实可信，讨论的问题也包括现场考察中的所感所悟（参见图版094至103，插图60）。

插图60　2001年11月测绘传法正宗殿平棊藻井工作照片

1. 天宫楼阁与平棊藻井构造概述

传法正宗殿的小木作平棊藻井分布于该殿当心间的扇面墙至前檐入口处的上方，由下层天宫楼阁与上层平棊藻井两部分构成。其中，下层天宫楼阁位于四椽栿与三椽栿之间，而上层平棊藻井又分为主佛坛尊像正上方的方形平棊大藻井（正中镶嵌斗八藻井）及祭祀前厅上方长方形平棊小藻井（正中嵌以菱形斗六藻井）两个分区。前者水平架设于三椽栿与平梁上方，后者则斜向架设于前坡三椽栿首

插图61　传法正宗殿当心间平棊藻井近景

至平梁首之间。此外，在当心间东西金柱的上方，斗八藻井的北边下部尚保存有佛龛3组，平座斗栱一列，其下部的天宫楼阁现已无存，原有形制缺考。

位于东西两缝梁架四椽栿与三椽栿之间的天宫楼阁左右对称，均架设于小木作勾栏之上，各设有33组平座斗栱挑承（平座长随四椽栿）。其上各建有面阔3间的单檐歇山顶主殿3组和面阔3间的单檐悬山顶夹殿3组。天宫楼阁廊柱以里利用隔架壁板，贴络如意形佛龛，其内绘制祥云、背光及立于荷叶上的诸佛尊像。

位于主佛坛上部的方形平棊大藻井，其东、西、南三侧以一列方形平棊天花板环绕，而北侧与扇面墙上方的3组佛龛取齐。平棊天花与佛龛的上方，以斗栱及如意头形山花蕉叶构成上部平座，其上以正方形抹角枋和四角内的随瓣枋构成上层平棊天花，正中央制成方井与正八边形斗八藻井，并在斗栱最上部的随瓣枋及上部如意头装饰带上覆以天花盖板，正心处施明镜与雕花，其外剔地隐起浅浮雕二行龙及诸祥云。

位于前檐上下平槫之间的小型斗六平棊藻井，平面长方形，东西两端各设方形平棊板两列（共8块），南北侧设长方形平棊板一列（3块）。中部设菱形六角井，叠造斗栱并在其上覆以菱形斗六藻井盖板，藻井顶板绘以四合如意枋心、吉祥花草，二龙戏珠及各色祥云等纹饰图案（参见插图61）。

2. 平棊藻井及斗栱形制分析

该殿小木作平棊藻井为元延祐二年（1315）创建时的原作，距今已有706年的历史，藻井做工上乘，细部表达精准，斗栱类型繁多。虽然仅表达了多种元代建筑形式及其外跳斗栱铺作的构造做法与艺术样式，但古代匠师采用的是仿真实建筑，按比例缩小的模型制作工艺，因此，其技术构造信息、工艺造型信息、尺寸数据信息的价值均非常高。更为珍贵的是，除各类颇具辽金风韵的横纵栱材、翼形栱、蚂蚱头形要头外，上昂、下昂、真昂、假昂一应俱全，不仅可据此丰富我国元代建筑史料，而且对于纠正学术界关于"北方地区早期建筑不用上昂"之说也具有极为重要的价值。

现分述如下：

（1）天宫楼阁底座勾栏斗栱

东西侧天宫楼阁下层勾栏各有33朵斗栱，合计66朵。斗栱置于普柏枋上，六铺作三抄重栱计心造法，泥道栱及第一跳瓜子栱均为二层重栱，第二跳瓜子栱为单栱，所有栱材均用单材，出头木前端挂雁翅板。勾栏斗栱钉于四椽栿内侧壁板之外，勾栏外侧未见设置栏杆。平座之上建天宫楼阁，天宫楼阁的外廊柱立于勾栏平座斗栱第二跳罗汉枋之上（参见插图62）。

（2）天宫楼阁明楼斗栱

插图62 传法正宗殿当心间藻井天宫楼阁及其下部平座（局部）

如前所述，该殿藻井东西两侧天宫楼阁分别由3座明楼与3座夹楼所组成。明楼为面宽3间，进深1架的单檐歇山顶建筑，当心间开间较大，使用补间铺作2朵，两次间开间甚小，不用补间铺作。其中西面最南侧的明楼因空间所限，其南次间及上部屋盖被省略，当心间补间铺作也被减为一朵，而东侧南端明楼因制作失误，使得立柱与斗栱出现错位现象（参见插图63）。

从构造形制上分析，明楼檐头斗栱可分为明楼柱头斗栱（补间斗栱相同）与明楼转角斗栱两种类型：

①明楼平柱柱头斗栱与补间斗栱

斗栱均为七铺作双抄双下昂（真昂）重栱计心造做法。泥道栱与三跳瓜子栱均为重栱，上承外罗汉枋，罗汉枋上设盖斗板及压厦板，双下昂均为琴面昂式，第一层下昂腹部设两卷瓣华头子承托昂底，华头子后尾与正心第一层柱头枋十字相交，昂后尾与第一层外罗汉枋内角斜交。第二层下昂前端骑于第一层昂的昂头坐斗口内，昂尾与第二层外罗汉枋的内角斜交，昂头坐斗口内承托令栱，与蚂蚱头形要头，上承橑檐枋及椽飞。屋椽断面圆形（φ15毫米），飞椽断面方形（飞椽肚10毫米×10毫米），前端均设有弧形向上的卷刹（2毫米）。

经认真测量比对，这种类型的斗栱，其用材断面有两种规格：一种是泥道栱、瓜子栱、瓜子慢栱及令栱，单材宽23毫米，单材高30毫米，契高12毫米，足材高42毫米；另一种是双下昂，单材断面宽

插图63 传法正宗殿当心间藻井天宫楼阁明楼斗栱

23毫米，高33毫米，栔高13毫米，足材高46毫米。相比之下，横纵栱材的材分° 模数关系与宋式规定差别较大，而双下昂的材分° 模数与宋式规定相近，这种数据误差应与小木作构件制作过程中的构件刨削工艺有关。

值得注意的是，这种类型斗栱中的下昂，其昂上坐斗均表现出了人为向下压低的做法，经测量，第一层下昂头上的昂上坐斗向下压低了5毫米，约合材宽的2分°（较相邻二跳跳头瓜子栱上的散斗低5毫米）；第二层下昂头上的昂上坐斗向下压低了7毫米，约合材宽的3分°（较相邻三跳跳头上瓜子栱上的散斗低7毫米）。这种做法的工程目标与"上昂"做法相反，本质上是在同等出跳长度（即确保屋檐挑出长度）的前提下，尽量少地增加檐部举起高度。而这种做法恰与宋代《营造法式·卷四·飞昂》关于"凡昂上坐斗，四铺作五铺作并归平，六铺作以上，自五铺作外，昂上坐斗并再向下二分至五分，如逐跳计心造，即于昂身开方斜口，深二分，两面各开子荫深一分"的规定完全一致。其第一跳昂下华头子的做法也与"凡昂安斗处高下及远近皆准一跳，若从下第一昂，自上一材下出斜垂向下，斗口内以华头子承之（华头子自斗口外长九分，将昂势尽处匀分刻作两卷瓣，每瓣长四分），如至第二昂以上，只于斗口内出昂，其承斗口及昂身下皆斜开镫口，令上大下小与昂身相衔"的《营造法式》规定相同（参见图版097、098）。

②明楼转角斗栱

明楼转角斗栱的构造形制，其正出斗栱与补间及平栱上斗栱做法相同，但135°方向的出角斜栱变化较复杂，总体上延续了宋、金时期转角斗栱的惯例做法。具体表现在以下几个方面：

首先，第一跳角华栱头上设平盘斗承托与山面第一跳瓜子栱相列的小栱头，其上承托第二跳正身鸳鸯交首瓜子栱（此栱过角与山面第二跳鸳鸯交手瓜子栱出头相列）。其次，第二跳角华栱上设平盘斗，上承正面及山面第二跳瓜子栱及斜角栱口内伸出的第三跳角华栱前华头子相交，上承第三跳下昂。第三，第三跳、第四跳135°斜角栱材均制成下昂，后尾伸入大角梁尾部腹下，昂头作琴面昂形，第四跳转角斜下昂的昂头之上设平盘斗，上承转角令栱与由昂的交点。由昂上部所设的坐斗和宝瓶等构件缺如。

明楼所有檐头斗栱的令栱之上，均承托橑檐枋，橑檐枋上设升头木，承托椽飞及瓦顶，具体做法与传法正宗殿完全相同，与宋、金建筑一脉相承。

（3）天宫楼阁夹楼斗栱

天宫楼阁夹楼虽然每组为三间，但左右次间不设斗栱，次间边柱利用主楼的角柱构成，仅当心间设平柱柱头斗栱一朵，补间斗栱一朵，且三朵斗栱外观构造均一致，均为六铺作三抄重栱计心造斗栱，各部位栱材构件均为单材，耍头作蚂蚱头形。在外罗汉枋及第二层柱头枋上施盖斗板及压厦板，在橑檐枋上施圆形屋椽，方形飞椽承托屋顶筒板瓦等（参见插图64）。

插图 64　传法正宗殿当心间藻井天宫楼阁夹楼斗栱

（4）金柱间佛龛下平座斗栱

这组斗栱由12朵正身斗栱与2朵转角斗栱所组成（参见图版099、插图65）。现将其构造做法描述如下：

①佛龛下正身平座斗栱

为七铺作单抄三昂（插昂）重栱计心造做法，正心有泥道栱三重，镶贴于金柱柱额下部枋木的内侧。第一跳、第二跳跳头上各设三重横栱，其上承托罗汉枋，第三跳跳头上设重栱，第四跳跳头上设令栱承托外罗汉枋。令栱与要头相交，要头作倒毡笠状，其上设衬枋头与罗汉枋相交承托出头木，出头木上覆以压厦板，端部设雁翅板。值得注意的是，这组斗栱在用材及斗栱形制方面与前述斗栱有所不同：

一是：泥道栱及各跳纵向栱昂均用足材；

二是斗栱要头不用蚂蚱头，而制成倒置的毡笠状，而且衬枋头与出头木的端部也制成独特的向内外摇瓣状弧线形；

三是各栱材的栱眼均制成外端粗大内端细小的弧线形，别具特色；

四是，琴面昂的两侧看面为直线而非宋、金时期较为流行的弧线。

为什么出现这些细节变化？究其原因有两种可能：一是当初制作小木作藻井时曾采用分组承包负责制施造，这组匠班在传承古制的同时，与时俱进更加注重技艺创新，融入了当时所时兴的艺术形式；二是明代大修殿宇加设飞天祥云等悬塑时曾经对藻井局部进行过随宜更新。准确结论有待今后进一步考证。

②佛龛下转角斗栱

由于这组斗栱的转角部分大都被南北侧天宫楼阁的夹楼屋顶所遮挡，所以转角收头制作较为简约。

斗栱形制为七铺作四抄不设插昂头的重栱计心造做法，在135°一跳斜角华栱头上设平盘斗承托与山面瓜子栱相列的小栱头，其上设齐心斗承托正身第二跳瓜子栱（其上各层列栱均不出头）。在135°角线上斜出的第二跳角华栱上，亦设平盘斗，但斗上承托着山面二跳瓜子栱上的三层列栱及衬枋头等。第三跳斜角华栱上的平盘斗又改为只有山面第二跳瓜子栱相列出头，其上各层均隐身不出头做法；第四跳斜角华栱头上设平盘斗承托转角令栱与斜角令栱的交点。

插图65 传法正宗殿金柱下正身平座斗栱

上述当心间金柱间佛龛下平座斗栱，从其制作与装饰工艺角度看，也有三个问题值得重视：一是，所有平座斗栱的泥道壁板（斗槽板）及泥道槽缝的栱枋都是用木板拼接隐刻而成的，其上的斗子均为贴耳斗。其次，自泥道壁以内均不制作斗栱后尾，而以金柱间高230毫米厚130毫米的柱额为结构依托安装与固定。三是平座斗栱间的栱眼壁板之上均曾绘有彩画，现大多被土朱色彩画所覆盖，题材内容欠详，但从局部剥落处分析，历史上曾重绘覆盖过不少于两次。

综合东西侧天宫楼阁及金柱间小木作彩画现状，可以看出，元代初次彩画时，各部位斗子、椽头、瓦顶勾头等曾予以贴金处理。第二次施绘刷新时曾将泥道栱身改为蓝色，并在栱材外边施绘黄色浅道，而斗子多为黄色。总体上看，现今呈现整朵斗栱铺作，绿色与蓝色相间布置，而各部位斗子均用黄色的样貌。

（5）主佛坛顶部平棊方井

传法正宗殿明间主佛坛顶部的平棊藻井可分为平棊板上方形藻井斗栱与上部斗八藻井斗栱两种类型。从制作工艺及细部特征看，这是该殿小木作平棊藻井中的上乘精品所在（参见图版098、插图66）。以下首先分析平棊板上方井：

①方形藻井底部周边平棊天花

如前所述，当心间主佛坛上部方形藻井的底部是由东、西、南三面平棊天花对应正北侧的三组佛龛所组成的围合体。其中，南侧设有九块天花板，而东西两侧各有八块（转角者共用）。天花板由间距2营造尺的平棊枋、横纵子程、天花盖板所组成。

插图66　传法正宗殿当心间主佛坛顶部平棊方井及细部做法

②平棊板上方形藻井斗栱铺作

这层斗栱每边设有10朵补间铺作，合计40朵，在每个内转角处各设有一朵由转角斗栱及相邻附角斗栱组成的组合式斗栱，共4组，总计44朵（组）。

a. 方形藻井补间铺作

其构造形制为七铺作双抄双下昂重栱计心造做法。斗栱铺作仅制出向前伸出部分，栱眼壁与柱头枋等皆依斗槽板拼贴隐刻而成。斗槽板立于平棊枋之上，平棊枋架设于三椽栿隔架垫木及金柱柱额与前檐上平槫下襻间枋上。第一跳华栱上承瓜子栱、瓜子慢栱及上部罗汉枋，第二跳华栱头上承托第二跳瓜子栱、瓜子慢栱及纵向下昂节点。在底层下昂与上层下昂之间斜设交互斗承托宋、金风格的单材翼形栱（造型风貌与金代建筑朔州崇福寺大殿者如出一辙）。下昂昂尾均压于要头之下，要头与令栱相交，承托平棊枋，之上向外斜置如意头形封檐板。各部位栱材均为单材，并隐出栱眼及心斗，斗栱卷刹不分瓣、呈弓形圆弧状，所设插昂头部呈琴面昂形，古风浓郁。

b. 方形藻井转角铺作

这种斗栱为90°内转角斗栱组合，由转角斗栱及两侧附角斗栱组合而成。斗栱造型为七铺作双抄双下昂重栱计心造做法。古代匠师令转角斗栱栌斗与附角斗栱栌斗的距离与斗栱的总跳长相等，均取144毫米（即0.8营造尺，分四跳，每跳长0.2尺），因此，在平面上附角斗中线恰与另一侧斗栱橑檐枋中线对正重合。

在结构上，由于相邻横栱较近，除45°斜栱与斜昂之外，附角斗栱的瓜子栱、瓜子慢栱或减小其长度，或去除其构件，或连身对隐改制成鸳鸯交首栱形。比如，附角斗栱上取消双下昂、翼形栱和第三、四跳纵栱，而将第三跳头改为昂形要头，令第一、二跳瓜子栱与相邻斗栱的瓜子栱改为连身对隐的栱材，各类罗汉枋均十字相交过角转向等等。斗栱上方斜置如意头形山花蕉叶（每面12个），与观众的视线相呼应。

（6）主佛坛顶部斗八藻井

①由上层方井转换为斗八藻井的构造方法

这组藻井架设于底层方井的斗栱铺作之上，其方法为：先由四周算桯枋形成框架置于方井斗栱之上，再以斜设的正方形算桯枋形成抹角小方井，在方井外侧角蝉之内再以子桯构成小方井及一对外侧三角形角蝉的组合体，进而对中间的方井进行抹角处理形成向上凸起的正八边形斗八藻井，这时又出现四个相互对称的角蝉。如此分割后，在中央斗八藻井的下部方井之内就出现了4个小方井及12个等腰三角形角蝉，其内均镶嵌以仔边，覆盖以平棊背板，由此使得平棊天花取得了既相互对称又体现变化的艺术美感（参见图版094，插图67）。

插图 67　传法正宗殿当心间主佛坛顶部斗八藻井

②斗八藻井顶板下部的斗栱铺作

这组斗八藻井所在方井的外边长均为8.5营造尺，而通过层层抹角转换后的斗八藻井，其子桯内边的长度各为3营造尺。其上布置的斗栱铺作，每边设补间铺作2朵，合计16朵；加上8朵内角135°的转角铺作，共设有24朵斗栱。

斗八藻井补间斗栱

这类斗栱的造型为七铺作双抄双上昂重栱计心造做法。各部位的横栱、纵向栱、上昂、耍头、柱头枋、罗汉枋及令栱上平棊枋皆用单材，材宽25毫米，单材高38毫米（约为0.8寸×1.2寸）与宋《营造法式》规定的材分° 制规则相同。

斗栱的斗槽板叠压于抹角算桯枋之上，而抹角算桯枋的端头均架设或悬吊于平梁及襻间枋上。斗槽板以里不设斗栱后尾，各层柱头枋均依斗槽板隐刻而成。为承托斗栱栌斗，在抹角算桯枋的外侧制有挑板（普柏枋）一圈。

迄今为止，学术界一般认为在北方地区的宋、金、元代建筑中，只有山西应县金代建筑净土寺大殿藻井中保存有上昂结构遗存，其实不然。因此需要对这组斗栱进行详细记录与分析（参见图版097、插图68）：

这组斗栱栌斗口内伸出的一跳华栱与二跳华栱均为卷头形，卷刹不分瓣，其上分别挑承瓜子栱与瓜子慢栱，在瓜子慢栱之上各设有2层单材罗汉枋，其上用盖斗板遮挡。值得注意的是：第三跳至第五跳纵向栱，其里端与三层柱头枋十字相交，而栱身及外端均以头高脚底斜向放置的两层上昂相互交构，形成了独特的受力体系。具体做法是：底层上昂与第三层及第四层纵向栱相互榫卯结合，其昂脚外侧叉挑于第一跳华栱所承泥道栱的外侧，而昂脚的内侧则与泥道慢栱顶部的外角相交，在昂身与第三跳纵栱叠合区域开设叉形双脚榫（中部留出1/2纵向栱材宽的卯口，纵向栱则在此区域将栱身内外两侧各开设1/4材宽的荫口，以便相互卯合），与纵向栱插接卯合，将第三跳、第四跳纵向栱的出头部分雕为华靴，这样就为下层上昂的昂头提供了受力支点。更为重要的是，从本质上说在相同出跳距离内，使得下层上昂头的高度提升了2/3单材高；第二层上昂与一层上昂是相互叠合的构造形式，这层上昂的昂身与第三、四、五跳纵向栱材同时发生了榫卯结构关系，昂头之上设齐心斗挑承第四跳令栱及单材平棊枋，昂脚则与第一层柱头枋相交，上昂昂身的叉形双脚榫卯与第三、四、五跳纵向栱插接卯

插图68　传法正宗殿主佛坛顶部斗八藻井中的双上昂结构

合，固为一体，这样就成功地实现了将杠杆挑托受力方式转换成了利用多个构件间的剪切力解决承载力的目标。

应当看到，通过双上昂结构，在两跳长的水平距离内，成功地将斗栱的出挑高度提高了一足材。关于七铺作双上昂斗栱的细部做法，宋《营造法式·卷四·飞昂》曾做出过明文规定："造昂之制有二，一曰下昂……二曰上昂，头向外留六分，其昂头外出昂身斜收向里并过柱心。……如七铺作，于重抄上用上昂两重者，自栌斗心出，第一跳华栱心长二十三分，第二跳华栱心长一十五分（华栱上用连珠斗）。第三跳上昂心（两重上昂共此一跳）长三十五分，其平棊方至栌斗口内共高七材六架。"由此可见，传法正宗殿斗八藻井中的七铺作双上昂斗栱与宋代官式做法要求完全一致（参见插图69）。

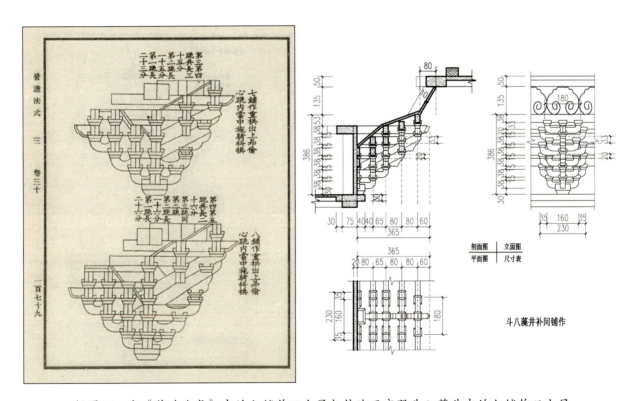

插图69 宋《营造法式》中的七铺作双上昂与传法正宗殿斗八藻井中的七铺作双上昂

（7）斗八藻井135°内转角斗栱

斗栱形制亦为七铺作双抄双下昂重栱计心造做法，各跳出跳长度与正身同步另加出角斜长。各跳横栱与正身补间斗栱的横栱不同，均改用斜面栱和菱形斜散斗，栌斗亦为反向135°菱形栌斗。第一、二跳角华栱上设平盘斗承托与藻井八边形边线平行的斜交瓜子栱及瓜子慢栱，其上各承托两层罗汉枋。与补间铺作构造相同，在第三、四、五层纵向栱间斜置两跳上昂，利用第三、第四两跳长的水平距离，向上跳起了3足材的高度。在顶层上昂的端部设平盘斗，上承相互斜交的令栱及平棊枋。于平棊枋上斜置如意头压顶装饰板，形成每面三整两破的环状八边形如意头装饰带。其上设压顶板及随瓣枋，然后覆以藻井顶板。传法正宗殿斗八藻井的各类斗栱除与上昂相交的纵向栱外，均用单材栱制成，各组斗栱之间均用斗槽板隐刻出柱头枋，贴络泥道栱、泥道慢栱、散斗和栱眼壁板。所有栱材均

插图 70　传法正宗殿斗八藻井 135 度内转角斗栱

采用弓形不分瓣卷刹手法，各类斗子的斗底歆幽也均呈现出了宋、金时期向内凹曲的古朴线型（参见图版094、097，插图70）。

（8）斗六菱形小藻井及其下部平棊天花板

a. 空间位置与相互关系

该殿斗六菱形小藻井及其下部平棊天花板斜向架设于前坡上平槫底层襻间枋及下平槫二层襻间枋之间，照应主佛坛祭拜行礼区的上方。其构造方法是，先将南北两侧上下平槫襻间枋作为平棊天花的受力依托骨架，再于东西两边及斗六菱形藻井的外角处分别架设纵向算桯枋一条，由此形成平棊天花板的骨架系统，进而在斗六菱形小藻井和平棊构架的东西两侧各设方形平棊天花板2列8块（内边490毫米×490毫米），再在其南北两侧各设长方形平棊天花板3块（内边250毫米×920毫米）。中央斗六菱形小藻井内心长轴2920毫米，短轴长1530毫米，其四角部形成的等腰三角形角蝉，其短边长665毫米，长边长940毫米（参见图版094、102～103，插图71）。

在斗六菱形小藻井的算桯枋与抹角枋之上共设有斗栱20朵，其上设随瓣枋，并覆以菱形天花顶板。

b. 斗六菱形藻井斗栱铺作

该藻井共设有斗栱20朵，包括正身补间斗栱14朵，135°内角斗栱4朵，90°内角斗栱2朵。现分别叙述如下：

插图 71　传法正宗殿菱形斗六藻井

①正身补间斗栱

为六铺作三卷头重栱计心造法，以斗槽板为界，不设斗栱后尾，在斗槽板的外侧贴络泥道栱和两层泥道慢栱，其上设柱头枋一层。在一跳华栱跳头上的瓜子栱也为三层，上承罗汉枋，而二跳华栱跳头上设二层瓜子栱上承罗汉枋，第三跳华栱跳头上设令栱承平棊枋与耍头及衬枋头相交。其上覆以盖斗板及随瓣封边枋。封边枋之上设稍向外倾的随瓣插板及随瓣子程，用以承托藻井顶板。

值得注意的是，这组斗六菱形小藻井斗栱铺作的栱材做法，栱眼形制和耍头样式与金柱间佛龛下的平座铺作做法形制完全相同，应该是出自同一时期、同一组匠师之手。

②135°内角斗栱

其出跳数及构造方法与正身补间斗栱者一致，各跳跳头上横向栱材皆随135°角平行布设且双向斜交，斗栱皆为直栱造，不出斜面，不设斜斗。第一跳跳头上设三层瓜子栱，第二跳跳头上设两层，第三跳跳头上只设相互斜交的令栱，上承平棊枋及上部相关部件，其他细部做法均与正身补间斗栱雷同。

③90°内角斗栱

亦为六铺作三抄重栱计心造法，不用昂。除45°方向的斜角华栱外，各跳跳头上的横栱皆为90°十字相交做法，第一跳上设三层瓜子栱，第二跳上设两层瓜子栱，第三跳上设一层令栱。均用单材直栱造和方形斗子，其余无殊。

（9）小结

综上所述，传法正宗殿小木作平棊藻井的斗栱铺作不仅样式丰富，构造奇特，在我国建筑技术史中，上承唐、宋、辽、金古制，下启元、明、清先河，技术内涵非常深厚，堪称杰作，而且整体构图华美，制作工艺精良，蕴含着极为丰富的古代匠师室内空间设计与建筑装饰艺术成果，在我国建筑装饰艺术史和工程技术史中均占有重要地位，值得我们深入研究与借鉴学习。

3. 山西发现的其他元代"上昂"构造实物

众所周知，早在宋代官书《营造法式·卷四·飞昂》中就对"下昂"及"上昂"的构造做法、宜用位置及其结构异同有过具体规定，并曾明确指出："凡昂之广厚并如材，其下昂施之于外跳，或单栱，或重栱，或偷心，或计心造。上昂施之里跳之上及平座铺作之内，昂背斜尖皆至下斗底外，昂底于跳头斗口内出，其斗口外用靴楔（刻作三卷瓣）。"

据潘谷西、何建中先生调查认为"北方地区这么多唐、辽、金建筑中，迄今所知唯一上昂实例见于山西应县金代所建净土寺正殿藻井内斗栱上，而宋代上昂遗物苏州一地即有三处：其一，玄妙观三清殿内槽斗栱两侧；其二，北塔寺第三层塔心门道顶上小八角藻井斗栱。这两处上昂建造时期略晚于《营造法式》，都是南宋前期之物。最近，我们又发现苏州虎丘云岩寺塔第三层通向塔心室的门道顶上也有和北塔寺相同的藻井和上昂，时间比《营造法式》还早"[1]。此外潘谷西、何建中先生还发现了江南地区南宋及元明时期的若干上昂遗例。但是，长期以来，北方地区金代以后的真实建筑上昂实例却一直没有见于正式刊发的著述之中。

然而，据调查，在山西范围内除本书上述元代传法正宗殿斗八藻井中所采用的小木作双上昂实例

---

[1] 潘谷西、何建中.《营造法式》解读［M］.南京：东南大学出版社，2005：008-010.

外，早在1985年笔者主持大修山西省临汾市土门镇东羊村元代戏台时，就曾发现并详细测绘了其大木构架斗栱铺作上昂结构部件的榫卯做法与细部尺寸。由此证明在金、元时期山西古建筑中的上昂构造使用还是相当普遍的。

临汾市东羊村元代戏台是该村后土庙中的古戏台，也是我国晋南和晋东南地区仅存的六座元代戏台中梁架结构最为复杂，雕造工艺最为精湛的珍贵历史遗存，被称为元杂剧发展史和戏剧建筑史研究的活化石。该戏台创建于元至元二十年（1282），较传法正宗殿早33年，元大德七年（1303）地震严重毁坏，元至正五年（1345）重建。1985年，山西省文物局委托山西省古建所对其施行了重建之后的首次局部落架大修保护工程。

临汾东羊村后土庙元代戏台，坐南朝北，平面正方形，面宽7.47米，进深7.55米，台基高1.75米，台口向前，台口两侧清代曾增建有小八字壁（元代建成之初也曾是一座三面开口的戏台），单檐十字歇山式筒板布瓦屋顶。台口上方使用大额，两边使用黄砂岩小八角弧面石柱，柱身看面雕以压地隐起的缠枝莲化生童子图案。戏台内部设有梁架斗栱三层，由抹角梁、内额、斗栱层层叠造构成斗八藻井（俗称八卦藻井）。其中在第一层内额方井上的斗栱中就使用了大木作双上昂结构。从外观形式上看，上昂只是一根昂头上挑，昂身斜收向内，昂脚叉挑向斗栱中心起杠杆作用的斜置木枋材，但从本质上观察，其结构作用与下昂相反，是专门应用于建筑内部，适用于在较短的出跳距离内，有效提高铺作挑起高度，借以创造室内高敞空间的特殊大木作构造做法。

由于篇幅所限，在此不作展开分析，现附上若干当年实例草图和照片，供各位参考（参见插图72）。

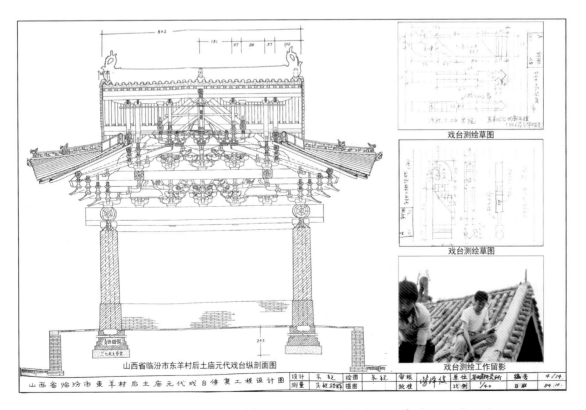

插图72　山西省临汾市东羊村元代戏台上昂构造测绘草图及纵剖面图

（九）建筑装饰装修工艺特征分析

传法正宗殿外观风貌古朴典雅，立面形态稳健秀美，构造做法传承有序，室内空间构成合理，堪称杰作。其建筑装饰装修艺术和相关工程做法也别具特色，主要体现在如下几个方面：

1. 明栿细做与草栿糙做相互结合，有效节省工本费用

为确保殿堂内外的装饰艺术效果，该殿大、小木作均采用了彻上露明造明栿细做施工与草栿糙做施工相结合的建筑装饰装修施工方法。在施工过程中，凡是人眼视线可及部位，均通过锛砍、削割、嵌缝、铇平、打磨、贴络、雕刻、镶嵌以及油饰彩画等细做工艺技术措施，使之符合精细装饰装修要求，但对于人眼不可及的被遮挡部位（如藻井背后、枋木背面及顶面等）则只进行必要的锛砍、削割取平处理。在砖作、瓦作专业施工过程中，也贯彻了砌体内部粗泥糙砌，砌体外表细泥精垒和脊瓦内部填泥糙作，脊瓦外表抹缝细宛的施工营造策略。这样不仅绝不影响殿内外庄严典雅的整体观感效果，而且可以有效节省工本费用，加快施工进度，提高综合效能。

2. 局部镶嵌雕作部件，营造独特艺术氛围

古代匠师通过雕作技艺使得每一缝梁架及不同构架组合审美趣味中心处的驼峰等构件变成了极具审美价值的艺术镶嵌体，从而大大提升了建筑本体的整体美感及艺术气质。比如，该殿梁架中的鹰嘴式驼峰及毡笠式驼峰，在适应结构受力需要的同时，其外观造型又可细分为七、八种形态变化，布设于襻间枋上的隐刻菱形栱，平棊藻井小木作中的蝶翅式翼形栱，斗栱耍头、蝉肚绰幕等构件的艺术样式也丰富多彩，颇为抢眼。通过这类装饰艺术手段使得大殿梁架结构变身成了极富空间美感和鉴赏价值的艺术作品。

3. 巧妙打理构件外形，着意提高观感质量

经系统分析可知，古代匠师在营造传法正宗殿过程中始终贯彻了在不影响建筑结构内在质量的前提下，对利用自然圆木制成的构件实施必要的外观整形处理的建设理念，取得了良好的效果。比如，四椽栿、三椽栿、后乳栿、两侧丁栿等都是利用自然圆木制成的主要承重构件，为取得良好的观感效果，制作构件时采取了铇削抹楞整形以及填缝嵌修补残、底面取平和两颊浑圆等装饰工艺处理，在建造大木构架柱下基础时则巧妙利用碎石瓦碴分层夯筑基础下部，仅顶部看面上覆以浅覆盆式柱顶石的工艺做法，这样既充分满足了柱下承载力要求，又规范统一了各露明柱柱顶石的外观形制。

此外，所有梁额构件均着意制成为两颊浑圆通体饱满的构件形态，所有木枋制成之后也均进行了倒楞处理，小木作藻井天宫楼阁的柱间阑额看面均制成月梁形精装样式，所有大木作露明檐柱不仅柱头体现覆盆式卷刹艺术处理，其柱身更制成为造型独特极具艺术美感的梭柱形态。凡此等等均倾注着古代匠师为有效提升殿内外建筑装饰艺术水准而付出的心血与汗水。

4. 穿插宗教图像纹样，赋能独特文化寓意

值得注意的是，古代匠师对传法正宗殿进行装饰装修设计时，除彩画纹样、四季花卉、吉祥图案之外，还在殿周栱眼壁上、小木作天宫楼阁之内和殿内墙壁及扇面墙上，依据一定的宗教场所塑造目标，布设了佛教壁画，三教人物，神鬼图像，供养弟子等绘画图像，由此使得该殿建筑本体的许多位置均变身成了具有独特文化寓意的信息载体。这种宗教文化内容与装饰装修纹样相互交融又相辅相成

的建筑创作手法，有利于满足特定工程建设目标，值得我们深入研究学习。

5. 精心推敲总体构图，充分展现对称美感

在传法正宗殿的建筑立面形象，大木构架布置及装饰装修施工过程中，古代匠师恰当贯彻了前后对称、左右对称、中心对称及砌体墙面内倾收分，檐口屋脊弧线拱起等创作设计原则，由此展现出了建筑构架前后、左右及四隅对称美，直线与曲线相互融合美，以及建筑外观形态动感美的美美与共杰出成果。而这正是我国古典建筑美学创作的匠心体现和精髓所在。

6. 通体遍妆油饰彩画，烘托庄严艺术氛围

传法正宗殿内檐油饰彩画保存较为完整，具有较高的艺术水平，相关论述详见本书有关章节，在此从略。

7. 殿顶施用五彩琉璃，展现皇家宫殿气象

如前所述，清乾隆二十六年（1761）前的传法正宗殿屋盖瓦顶风貌样式细节现已无从知晓。但乾隆二十六年在知州桂敬顺主持下改换后的五彩琉璃筒板瓦顶和脊饰吻兽，其真实性与完整性均保存良好。

在该殿现存瓦顶中，除底瓦仍然沿用了元明清以来保存的板瓦外，其上部筒瓦、勾头滴水、脊饰瓦件、吻兽脊刹，大多为清乾隆二十六年时的原物，少量为1999年保护维修时添配之物（详见本书上册竣工技术报告）。观其现状，琉璃瓦顶用色基本方法是：正面（南坡）均用黄色，两山面及背面（东、西、北坡）均用孔雀蓝色，其中北坡正中加设黄色斗方一个。琉璃瓦顶雕塑装饰基本方法是：以孔雀蓝色作为各部位脊筒子的底色，按照部位不同、主次有别的高浮雕五彩宝妆缠枝花朵，龙凤呈祥、二龙戏珠、旭日升腾等吉祥图案为主要装饰手段，赋予其专属的文化寓意，体现其特有的皇家气派。为详细表述有关装饰细节，现将各部位琉璃脊饰雕塑内容与用色方法归纳为表16（参见图版104、105，插图73、74、75）。

插图73 传法正宗殿正脊正、背面琉璃雕塑图像

插图 74　传法正宗殿前后坡戗脊内侧琉璃脊饰雕塑图像

插图 75　传法正宗殿两山面屋坡戗脊内侧琉璃脊饰雕塑图像及叉脊、套兽

表16　传法正宗殿殿顶脊饰吻兽雕塑内容及用色方法汇总分析表

构件名称与所在位置			主要雕塑内容	具体用色方法	说明事项
五色高浮雕琉璃正脊	东西两端鸱吻		升龙鸱吻，吞口衔脊，设有背兽，龙身贴饰祥云	孔雀蓝底色，黄色龙身，白色龙牙龙角，黑色眼珠，云朵用杂色	升龙龙首在鸱吻尾部，东西互望，阳龙在东，阴龙在西
	正中脊刹		正中设殿阁三间及题字牌，其上为狮子驮宝珠、宝盖及葫芦宝顶。两侧亦设吞口，其上亦为狮子驮宝珠、宝盖及宝顶状	总体以孔雀蓝色打底色，部分宝珠用黄色。中央大狮子为孔雀蓝色，两侧小狮子用乳白色。祥云及火焰纹等黄蓝两色杂用	三组宝珠之上设铁条盘制的刹杆及如意纹拒雀
	东段脊身	南侧面（正面）	以缠枝花叶衬底，有宝妆牡丹莲荷花4朵，其间穿插有高浮雕龙凤一对，祥云若干	向上飞动，回首相望的凤凰用五彩，花朵用杂色，面向脊刹的降龙以黄色为主，缠枝花草用孔雀绿色脊筒背板用孔雀蓝色	整体构图动感十足，活灵活现，配色协调，巧夺天工
		北侧面（背面）	仍以缠枝花叶衬底，亦设有宝妆牡丹莲荷花4朵，升降行龙一对，祥云若干及旭日升腾浅浮雕图一方	升龙用浅黄色，降龙用深黄色，缠枝花叶用孔雀绿色，脊筒底板用孔雀蓝色，龙鳍、龙角用乳白色，龙眼用黑色，宝相花用杂色	
	西段脊身	南侧面（正面）	以缠枝花叶衬底，有高浮雕宝相花4朵，期间穿插的一对龙凤呈相向互望状，宝相花的样式与东侧者无一朵相同，在龙身四周有祥云环绕	展翅飞动的凤凰用五色，宝相花朵用杂色，行龙身上的鳞片用浅黄色、龙鳍、龙角用乳白色，龙眼用黑色	雕饰内容与东侧正脊身者相同，但总体构图方法、动感取向及所呈现的氛围和意境完全不同
		北侧面（背面）	仍以缠枝花叶衬底，设宝相花5朵，但脊身的一对行龙作相向对行状，且在龙的下部雕有水波花纹及莲荷花叶，脊刹一侧雕有浅浮雕旭日升腾图一方	缠枝花叶用孔雀绿色，宝相花朵及祥云用五彩杂色，行龙一条为浅黄色，另一条为深黄色。水波花纹和龙鳍用乳白色，龙眼用黑色	
	脊顶"八仙"人物及护法天王	东段	设有八仙人物4位及护法天王像一尊，面向前方（南方）	八仙人物采用五色琉璃制成，须弥座用黄色，扣脊瓦用孔雀蓝色	现存实物为1999年依据历史资料所修复
		西段	设有八仙人物4位及护法天王像一尊，面向前方（南方）		
五色高浮雕琉璃戗脊与叉脊	戗脊	正背面屋坡内侧	以浅浮雕缠枝花衬底，穿插有17朵宝妆莲荷花叶及牡丹宝相花等，在脊身上方1/3处雕有降龙一条，脊上端设龙首吞口，下端设行龙戗兽立于祥云之上（脊身浮雕高度及宝妆花朵样式较正脊作降一等处理）	以孔雀蓝色衬底，用五色妆点诸缠枝花朵，以孔雀绿色渲染缠枝花叶，用乳白色点缀龙角、龙鳍，但龙眼珠用黑色	脊坐线道瓦及脊顶扣瓦均用孔雀蓝色，但斜当沟瓦随前坡正身用黄色
		两山面屋坡内侧	共雕有宝妆缠枝花19朵，所有花朵均不重样，浮雕高度及豪华程度亦作降级处理，花丛中不设行龙，戗脊顶部设吞口兽，下部设行龙式戗兽脚踏祥云	仍以孔雀蓝为脊筒底色，缠枝花叶用孔雀绿色，花朵以黄色为主，蓝、绿、灰、白杂间交错使用	整体构图，气韵贯通，活泼有趣，充满生机、绝无雷同呆板之感

构件名称与所在位置		主要雕塑内容	具体用色方法	说明事项
五色高浮雕琉璃戗脊与叉脊	叉脊　殿顶四翼角前端	各叉脊上分别设走兽三只，自前向后分别是坐龙、凤凰、海马。叉脊前端设角神，向下俯瞰。仔角梁尽端设套兽作向上翘起状	四条叉脊均用孔雀蓝琉璃瓦宽装。脊上走兽及角神、套兽随宜施用五色妆饰	所有戗脊和叉脊脊筒下的脊座线道瓦均用孔雀蓝筒瓦宽装。唯前坡当沟瓦用黄色琉璃制成
琉璃勾头滴水	屋盖瓦顶四面檐口处	筒瓦勾头及滴水看面上均为剔地起凸的浅浮雕龙纹	四面屋坡檐口之上均用孔雀蓝琉璃勾头及滴水剪边，其看面浅浮雕行龙亦为孔雀蓝色	各勾头后部均设孔雀蓝色琉璃瓦顶帽，其内钉置瓦钉，防止其日久松动掉落

（十）砖、石、瓦作独特营造技艺分析

总结传法正宗殿的砖、石、瓦作工程施工营造技艺，其基本特征可概括为如下几个方面：

1. 建筑基础：手法古朴，性能可靠

正如本书上册有关论述，传法正宗殿的元代建筑基础是在金代原有建筑基址之上修旧利废，采用碎石瓦碴分层夯筑古法技艺筑造而成的，其中，柱下夯实垫层土碐墩式基础与台基其他部位的台心夯实垫层土又采用了有所不同的针对性工程夯筑工艺做法，由此达到了满足上部不同承载力要求的工程目标。这种既简单古朴又造价低廉的建筑基础营造技法，其柔中带刚的承载体独特性能不可低估，该殿建筑基础负重沿用已700余年，期间曾多次经历地震等外力考验才出现了积累性不均匀下沉现象，2000年经过科学保护与围固补强处理，恢复了其原初的承载性能，至今仍然很好地履行着她的使命。

2. 围护墙体：刚柔相济，坚固耐久

关于传法正宗殿围护墙体的材料选择、砌造技法及构造性能，本书上册曾进行了详细分析与讨论，概而言之有五大特色：一是，墙心选择土坯砌筑，既可与柱网体系形成刚柔相济的结合状态，又便于与内外墙面紧密融合。二是，建筑外侧清水砖墙的内里设有自上而下的肋式砖柱及齿状槎口（外侧保持向内1.5%的墙面收分）可与土坯墙心形成紧密咬合状态，不易出现相互分离及墙面起鼓等常见病害。三是，在柱子周边设有由瓦片、木炭、麻绳等组成的松软围护体和通风排湿通路，可起到预防暗设木柱柱身腐朽的作用。四是，在以土坯墙为砌造主体的墙体内侧分层披抹粗泥、细泥和纸筋砂泥所构成的壁画载体，具有一定的湿气呼吸排放性能，对自然环境四季变化、昼夜温差变化和由此导致的温湿度变化适应性较强。五是，在墙体外立面的柱子分位线上布设了金属襻拉铁页，对外墙面起到了拉结稳固防止外倾的作用。因此历史上虽然发生过多次强震及外力破坏，仅出现了撕拉裂缝与变形错位病害，并无外倾倒塌现象。

3. 台基与月台：适用为本，随宜砌造

如前所述，该殿建筑台基是在金代被烧毁的大殿基础上经过加固重筑而成的。在此过程中匠师们根据大殿建设需求随宜采取了五种不同的营造技术措施：一是柱下基础采用了较为规范强化的分层夯筑碎石瓦碴碐墩式基础。二是，台基、月台、佛坛及殿身外墙下部采用了以夯实土打底的条形砖砌放脚浅基础。三是，台基，月台的台心内部改变为较为粗放，造价低廉的柱下碐墩间杂填土分层夯实做

法。四是，台基和月台的台帮采用了分段内设小肋墙，外表淌白细砌墙，内里掺灰泥糙砌背里墙的工程做法。五是，在台基和月台的外边及踏道的四周，沿用青石扎边传统做法防止人为磕碰损坏。经数百年考验，除因台心夯实密度不足导致局部下沉，台帮墙因冻胀导致局部歪闪外，其他部位结构稳定性尚好。经维修加固现已恢复全面健康状态。

4. 屋盖瓦顶：由多种曲线与曲面构成的建筑艺术美妙华章

屋盖瓦顶是中国古典建筑艺术造型最为丰富多彩的部位。庑殿顶是最高等级的屋盖瓦顶形式。由于古代匠师对传法正宗殿屋盖瓦顶采取了独特的推山技法，导致其东西山面的屋面举折坡度大于前后檐屋面的举折坡度，也使得四条戗脊从橑檐槫交点起逐渐脱离了屋顶的45度分位线，转向山面内侧分段收拢，曲线形聚合，从而形成了别处少有的独特戗脊曲线形态。由此生成了传法正宗殿瓦顶的独特气质和艺术美感（参见图版005～007、014）。

从严格意义上讲，在该殿屋盖瓦顶之上，除正背面及两山面当心间正身椽的檐口为水平线外，没有任何部位是由直线构成的。拿屋盖檐口来看，从当心间正身椽飞向左右两侧均为渐渐升起向上而且同时伸出向外的艺术曲线。屋顶正脊，从正中脊刹向左右两端吻兽逐渐升起相互呼应，也构成了一条两端逐渐向上的优美弧线，瓦顶屋面更是由无数反曲向上的抛物线及艺术曲面所组成，总体上呈现出了持久不变且动感强烈的独特风韵。因此，可以说传法正宗殿的屋盖瓦顶是由多种优美曲线和渐变曲面所构成的建筑艺术交响曲和建筑创作美妙华章。寄托着诸多古代哲匠的创作意念与美学追求。

六　永安寺其他文物建筑构造特征概述

除传法正宗殿外，永安寺现存文物保护对象还有第一进院的山门组合与天王殿（含戏台），第二进院的东西配殿及东西朵殿四种类型六座（组）建筑物与构筑物。现针对其建筑形制、构造方式、榫卯做法、风貌特征等问题逐一分述如下：

（一）山门建筑组合

永安寺山门的主体结构为清代乾隆时期的建筑遗存，2002年曾历经大修工程，瓦顶构件多为修配之物。其建筑形态与构筑方式别具特色，为其他寺院所罕见。这是一组由山门、东西掖门和东西八字影壁共五座建（构）筑物所构成的组合式建筑。它们有共同的正面寺前月台，明间踏道两侧设有颇具有金元风韵的石狮一对，曾几何时尚有寺前古树陪衬左右。面对寺前广场形成了独特的正位气场和庄严的寺庙第一立面形象。这组建筑，由山门明间的中门、东西梢间的旁门及山门两侧的东西掖门共同构成了主次有别，功能不同的门禁疏散体系，既适合庙会等宗教文化活动场合使用，又方便日常情况下僧众往来时通行，可谓功能设计符合仪轨，往来通行各得其所，建筑形态古朴庄严的杰作。

山门面阔五间，进深四椽，单檐两面坡黄绿色琉璃筒板瓦小悬山屋顶，其正面明间及东西梢间分设双开式木制板门。明次间构成独立空间，明间设有后门，其内早先曾设有护法天王尊像。东西梢间的后门为敞开式，故可称之为过道门。山门黄色琉璃瓦屋顶的前后坡上各设有绿色琉璃瓦斗方三个，中间者稍大，两边者略小。山门屋脊为以黄绿色为主基调的浮雕团花做法，正脊中央设有殿阁式脊刹，两端设清式鸱吻。

山门的梁架结构为五架椽屋通檐用两柱的抬梁式形制，柱梁作，不设斗栱，三架梁之上设瓜柱、叉手、丁华抹颏栱承脊檩，前后檐均插以飞檐椽。2002年大修时，曾对该建筑大木构架的榫卯做法进行了详细测绘。这对于深入研究雁北地区清代木作工艺历史具有重要参考价值。因篇幅所限在此不作深入讨论（参见图版106～111）。

山门两侧掖门为砖砌拱形两面坡硬山顶便门，前后檐下均设有砖雕斗栱四朵，其下安设额枋及垂花柱。筒板布瓦顶做法。砖券门一孔，两伏两券，正面券脸雕花，正中安设双开式木制板门。

东西八字影壁设于正面月台的两侧，砖雕须弥座，正面中部镶嵌黄绿相间的团龙琉璃壁心，影壁屋顶为黄色琉璃筒板瓦小悬山样式（参见图版106，插图76、77）。

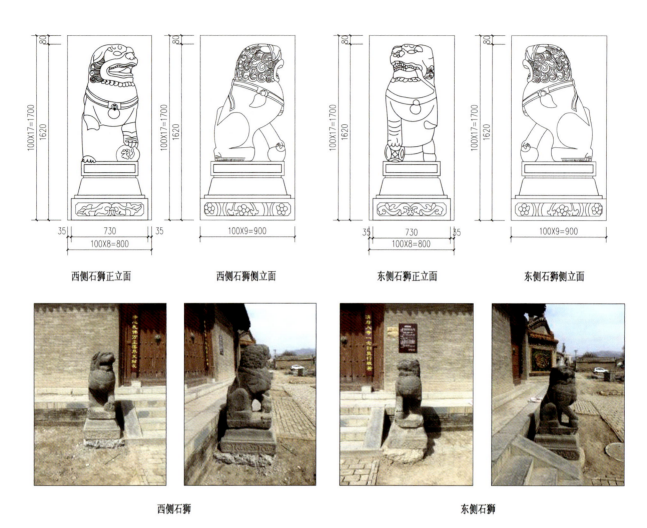

西侧石狮正立面　　　　西侧石狮侧立面　　　　东侧石狮正立面　　　　东侧石狮侧立面

西侧石狮　　　　　　　　　　　　　　　　东侧石狮

插图 76　永安寺山门外金元风韵石狮

插图 77　永安寺山门建筑组合近景

（二）天王殿及其背面倒坐戏台

天王殿元代时称之为大解脱门，本为永安寺中轴线上第二进院的一座护法殿堂兼过殿。清乾隆二十八年重修之后，过了若干年（准确时间待考），后人在天王殿的背面增建了一座中院倒坐戏台，从此使得天王殿变成了一座前殿后台的复合式建筑，具有了安设护法尊像及举行庆典活动的双重使用功能。

天王殿的主体结构是清乾隆二十八年（1763）在元明时期大解脱门的基础上重新修造的，但值得注意的是，在其大木构架中，前后檐各有4根用当地华北落叶松（俗称铁杆木）制成的梭柱应该仍为元代创建时的旧物，因此，其历史文脉源远流长。文物价值较高（参见图版112～114、119，插图78）。经系统调查可知，梭柱造法不仅是永安寺金元时期非常流行的大木作手法，这种古老做法在浑源文庙明代建筑大成殿中仍然沿袭不绝，古风浓郁。

天王殿面阔五间，进深四椽，正背面明次间满装木制隔扇门，其他部位以墙体围护，殿顶为两面坡筒板布瓦小悬山式屋顶，其正脊饰以黏土质高浮雕二龙戏珠及缠枝花朵图案，四条垂脊则仅以高浮雕缠枝花朵饰之。

天王殿的正背面皆设有檐头斗栱、转角处亦设有可适应小悬山构造需求的转角斗栱。斗栱均为七踩三昂（假昂）重栱计心造法。明次间各设补间斗栱3朵，两梢间各设两朵，但转角处另有附角斗栱1朵。斗口宽65毫米，单材高85毫米，足材高120～130毫米，值得注意的是，在制作柱头斗栱时，清代匠师将五架梁首也制成了骑槽压跳的两跳翘（前端插以假昂头）及单材要头，传承了元明时期的传统大木构造做法。但平身科斗栱则后尾平置挑承于金檩下部。此外，天王殿檐头斗栱的所有横栱均采用斜面栱做法，其上用斜散斗，承托内外挑枋，体现了清乾隆时期当地寺庙殿宇所时兴的斗栱样式，值得重视。

天王殿背面的倒坐戏台正对传法正宗殿而建，面阔三间，进深四椽，单檐筒板布瓦卷棚式歇山顶。梁架结构不用斗栱，采用柱梁做法。正面三间及侧面前部均呈敞开式做法，明间台口较大，便于台前看场上的看客三面围观赏戏。

为准确、全面、深入了解晋北地区清代寺庙建筑的大木结构方法及榫卯制作技艺，2002年落架维修保护施工过程中笔者曾对天王殿所有大木构件进行过系统测绘，现逐一绘制成图与诸学友共享（参见图版112～135）。由于篇幅所限，在此不作详细讨论。

插图 78　站在传法正宗殿看钟鼓楼和戏台

（三）东西配殿

永安寺东西配殿各为七间，对称布置，单檐两面坡筒板布瓦硬山式屋顶，六架椽屋前檐插廊通檐用三柱抬梁式构架,不使用斗栱而采用柱梁作小式建筑做法。其具体建造时间目前缺乏准确记载,据清乾隆二十七年(1762)知州桂敬顺《重修永安寺碑记》所言,当时"乃量度旧址,图画今制……寺凡五重……两庑各五楹,文武职官,庆贺班所,鼓楼钟室次其下……",但同时期《浑源州志》所载永安寺图中所绘制的东西配殿却各为七间,应是碑文记载有误。据其构造形制与细部特征分析,其主体结构为乾隆时重建后的历史遗存。

关于东西配殿的使用功能,按知州桂敬顺的记载,当时兼有文武职官与庆贺班所办公驻留的作用,因此碑记中称其为"两庑"并未称为配殿。但据2001年6月笔者等现场调查走访,在当地原住民记忆中,"东配殿分为三个区域,自北向南包括:岳王殿3间、千手观音殿3间、东僧舍1间;西配殿也分为三个部分,自北向南包括:地藏殿3间、北岳殿3间和西僧舍1间。各殿之内均设有神台并塑有神像"。其变化历程及真实情况有待专家进一步考证落实。

在东西配殿的前檐插廊南北尽端,仅南端设有砖砌券洞门,方便行人通往钟鼓楼一层回廊之内。但北侧却不设券洞门,这是什么原因呢?从总平面布置图上分析,不排除在传法正宗殿东西翼殿(亦称朵殿)的外侧墀头墙之前,早先曾建有院墙及便门,由此构成独立小院,所以东西配殿的前廊北端不宜辟设券洞门。

东西配殿的瓦顶虽然采用的是黏土质脊饰瓦件制成,但其正脊和垂脊亦采用了高浮雕宝妆缠枝牡丹花叶打底,其内穿插多组龙飞凤舞、雄狮嬉戏、祥云飘动等具有皇室风范的装饰题材,观其塑造工艺与构图神态,这组雕塑作品与传法正宗殿殿顶琉璃作品一样应出自同一个窑作匠班,均为艺术水准极高的上乘佳品。值得注意的是,在东西配殿的正脊当沟瓦与脊座瓦之间也使用了与传法正宗殿正脊当沟瓦上风貌样式相同的卷云式装饰挂瓦。这种独特手法也进一步证明了以上推断的正确性(参见图版136、137,插图79)。

此外,在东西配殿的南北山花上均采用盘龙、舞凤、雄狮、云朵等瑞兽与祥云作为悬鱼的雕塑题材,用以表达龙凤呈祥、事事如意等美好寓意,这也是它处寺庙建筑中所少见的建筑文化融合现象。

插图79 永安寺东西配殿外景及屋顶脊饰

(四)东西翼殿(朵殿)

永安寺东西翼殿也称东西朵殿,位于传法正宗殿的东西两侧,均为面阔三间,进深四椽的单檐两面坡筒板布瓦硬山顶建筑。其明间东西两缝梁架结构均采用五架椽屋通檐用两柱款式。清乾隆知州桂敬顺在《重修永安寺碑记》中说:"左右为翼殿,塑大士关壮缪像。"由此可知,乾隆二十六年大修时东翼殿是观音殿,而西翼殿是关帝殿。笔者在2001年6月进行永安寺民俗学走访调查时,当地老者将西翼殿称之为老爷殿,他们仍然记得殿内设有神台,其上的"主像为关老爷(关羽)坐像,两侧为关平和周仓立像。"但遗憾的是被采访者记不清东配殿的殿名与殿内塑像情况了,只记得殿内有若干罗汉像。

根据现场观察,东西翼殿都是清乾隆二十六年时利用明以前建筑构件重新翻建的建筑,其中,西翼殿前檐明间的平柱,柱身粗壮,柱头卷刹明显,而且看面斜劈砍作楷头形,这是晋北地区乃至山西大部分区域明代建筑中通用的工艺做法与造型样式。由此可知,这两座翼殿早在元明时期就应存在(参见图版138~144,插图80)。

东西翼殿均采用了前檐使用斗栱而后檐采用柱梁作的构筑方式。但细部做法却不尽相同:

东翼殿明间设斗栱3攒,两次间各设2攒,斗栱均为七踩重栱计心造做法(第一跳三层瓜子栱、第二跳两层瓜子栱),殿内五架梁上设雕花荷叶墩承托三架梁的首尾及金檩和襻间枋构造节点,三架梁上设瓜柱、合榻、叉手、连接牵枋、丁华抹颏栱等承托脊檩。其构造手法仍然具有当地明式构架遗韵,然而其檐头斗栱已然纯属清代中期所流行的构造样式。

西翼殿斗栱用材与东翼殿略同,虽然亦采用明间3攒斗栱,次间2攒斗栱布置方法,但其明间正中的平身科斗栱制成当时较为流行的如意斗栱,使用了45°斜栱,此外其梁架构造细部做法也显现出了更多当地清代建筑所流行的风韵。由此分析,东西翼殿应该是在确定了大的建设目标后,责成不同营造匠班施造的作品。

东西翼殿的门窗装修,其样式做法基本一致,明间均安设六抹头斜交棂子隔扇门四扇,两次间各安装四抹头斜交棂子隔扇窗两扇。仍然保留了清乾隆时的样式。此外,这两座殿宇的屋顶脊饰做法及风貌样式与东西配殿者大致雷同,只是在高浮雕缠枝花脊饰纹样中并没有穿插龙凤纹题材。

(五)清代民国以来消失的建(构)筑物

综合清乾隆二十七年知州桂敬顺《重修永安寺碑记》及《浑源州志》永安寺图等历史资料分析,由于战乱焚拆等原因,清末民国以来永安寺已消失的建(构)筑物主要有:永安寺第三进院的铁佛舍

插图80 永安寺东、西翼殿外景

（金元时期的法堂）及其前面的东西配殿，永安寺护法殿院与大雄殿院的东偏院区域（当时已被民居院落所占用），永安寺广场前的四柱三楼木结构佑黎保国牌坊及亲保善林牌坊。此外还有许多损毁无存的碑碣经幢等金石文物和寺僧日常使用的禅堂、客堂、方丈用房、僧舍用房、寺内藏经等，今后对其原貌状况及文物价值的深入研究应依靠系统全面的考古学调查工作及诸位专家里手的共同努力，方可逐一破解谜团有所突破。

参考文献

1. 李诚.营造法式[M].上海:商务印书馆,1933.

2. 张荣德.浑源州志[M].刻本.1661（清顺治十八年）.

3. 桂敬顺.浑源州志[M].刻本.1763（清乾隆二十八年）重镌.

4. 陈学锋，白明星.三晋石刻大全：大同市浑源县卷[M].太原：三晋出版社，2013.

5. 薄音湖，于默颖.明代蒙古汉籍史料汇编:第6辑 卢龙塞略 九边考 三云筹俎考[M].呼和浩特：内蒙古大学出版社，2009.

6. 梁思成.营造法式注释：卷上[M].北京：中国建筑工业出版社，1983.

7. 陈明达.营造法式大木作制度研究：上集：2版[M].北京：文物出版社，1993.

8. 宿白.浑源古建筑调查简报[R]//雁北文物勘查团报告.1951.2.

9. 潘谷西,何建中.《营造法式》解读[M].南京:东南大学出版社,2005.

10. 郭黛姮.中国古代建筑史:第3卷 宋、辽、金、西夏建筑:2版[M].北京：中国建筑工业出版社，2009.

11. 吕舟.佛光寺东大殿建筑勘察研究报告[R].北京：文物出版社，2021.

12. 晋宏逵.故宫营建六百年[M].北京：中华书局.2020.

13. 柴泽俊.山西几处重要古建筑实例[M]//柴泽俊.柴泽俊古建筑文集.北京：文物出版社，1996：148–179.

14. 白志宇.善化寺大雄宝殿脊槫增长构造与《营造法式》制度之比较[J]//北京《古建园林技术》杂志社.古建园林技术.北京，2005（02）.

15. 余卓群.建筑视觉造型[M].重庆:重庆大学出版社,1992.

16. 魏闽编.历史建筑保护和修复全过程:从柏林到上海[M].南京:东南大学出版社，2011.

17. 张建德.永安禅寺：恒山脚下的水陆道场[M].北京：文物出版社，2019.

18. 吴锐.古建筑营造尺度真值复原研究刍议[M]//山西省古建筑保护研究所.山西文物建筑保护研究文集.北京：中国建筑工业出版社，2011:21–26（原载于《文物季刊》1989年第2期）.

19. 吴锐,常学文等.浑源永安寺修缮保护工程竣工报告及竣工技术报告[R].山西省恒山风景区管委会，浑源县文物局，山西省古建筑保护研究所,2006.

20. 永安寺修缮保护工程技术组.永安寺修缮保护工程技术档案[A].1999.5–2005.5.

21. 吴锐.永安寺保护修缮工程施工日记；永安寺文物建筑补充勘察测绘草图与记录[Z].浑源，1999.7–2005.5.

彩画艺术研究

七　永安寺建筑彩画概述

（一）现存彩画与绘制年代

1. 传法正宗殿彩画

永安寺建筑彩画以传法正宗殿风土彩画为代表，主体属旋子彩画体系。传法正宗殿外檐彩画原迹尚存，但多已漫漶。内檐彩画可以根据所处空间分为3个组成部分，同造像、壁画形成了良好的匹配关系（插图81、82）。第一部分施于当心间八角和六角两座藻井，并饰有古韵犹存的佛光纹及龙纹。在当心间扇面墙原绘壁画中，亦含佛光纹。第2部分施于藻井下方的隔架壁板两侧，当以水陆画四圣中的

插图81　传法正宗殿内檐彩画与
壁画的匹配（面向东壁）

插图82　传法正宗殿内檐彩画与
壁画的匹配（面向西壁）

十方佛坐像与26佛立像合为36尊，体现出明清三十五佛题材的流行。在隔架壁板下方，原塑三佛造像亦属四圣范畴。第3部分施于殿内其他木构件，包括风土彩画和木纹做法两种类型。前者分高、中、低三等，其用金减省、含义弱化，与遍布金饰的壁画相比显得主次分明。

永安寺现存元至元《永安禅寺铭》虽然有"彩绘大殿"之说，但殿内元代彩画早已无存。前辈学人宿白先生亦根据传法正宗殿彩画鲜艳的色彩，推测其"都是乾隆以后所重绘"[1]。目前传法正宗殿内檐彩画尚可见到清晰的叠压痕迹，从而展现出多次重绘的经历。整体来看，多数上下两层纹饰有别（插图83，1~3），少数则在原作基础上进行了修补（插图83，4）。如按清代彩画惯例，以顺治到雍正（1644~1735）为早期、乾隆到嘉庆（1736~1820）为中期、道光至宣统（1821~1911）为晚期，则传法正宗殿内檐的表层彩画主体呈现出清代中期风土彩画风格，并保留了一定的明代晚期特征。将外檐残存彩画与内檐对比尚可看出，二者于同期绘制的可能性较大。

传法正宗殿彩画与壁画相仿，均采用对画方式绘制，且两队画工的设计理念呈现出显著差异。整体看来，同侧彩画与壁画具有较为明显的相似性。东侧画工追求丰富多彩的装饰效果，并对细节颇为关注。西侧画工虽然在纹饰、色彩的运用上相对收敛，但对图像秩序更加重视。因此，两队画工应当同时参与了两类匠作实践。这样看来，彩画绘制的具体时间亦可以壁画为参照。根据传法正宗殿壁画整体新绘于清乾隆时期的结论推测（详见壁画部分），殿内彩画主体很可能于同期完成。

2. 其他各殿彩画

除正殿之外，永安寺山门、天王殿、朵殿主体均绘风土彩画，且属旋子彩画体系。根据各殿彩画与正殿彩画的相似性及陈旧程度推测，其主体亦可能绘于清乾隆时期，部分或许稍晚完成。山门内

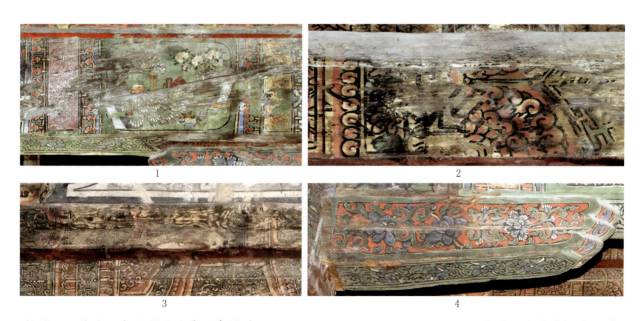

插图83　传法正宗殿彩画的叠压痕迹（1 Ea1W★、2 Ed1E★；3 WgSE、4 Ec1W位置，编号见插图100）
图片来源：北京工业大学郑丽夏拍摄，以下标★号者均由郑丽夏拍摄

---

[1] 宿白. 浑源古建筑调查简报[G]//雁北文物勘查团报告. 北京：中央人民政府文化部文物局，1951：106.

外檐彩画现已参考原迹重绘并作旧。参考前檐西次间、西梢间彩画旧照分析，山门外檐金、青、绿、红诸色并用，属高等级彩画类型（插图84）。其构图方式与传法正宗殿有较多相近之处，纹饰丰富多样，包括龙、凤、狮、蝶，以及夔龙、锦纹等。

天王殿外檐彩画多已漫漶，内檐斗栱及栱垫板尚有少量彩画遗存。参考外檐彩画旧照来看，天王殿与传法正宗殿彩画在构图、纹饰、色彩等方面均具有一定的相似性。根据二者的构图特征推测，天王殿彩画可能由正殿东侧的画工团队完成[1]（插图85）。天王殿外檐栱垫板绘龙纹，内檐则降为夔龙。内檐斗栱及栱垫板彩画与正殿相比，受官式彩画的影响更加明显（见插图87，2）。其斗栱未施纹饰，栱垫板取红地，整体关系与传法正宗殿天宫楼阁做法类似（见插图165）。

传法正宗殿东西朵殿外檐彩画同样模糊不清，内檐则以东朵殿为典型。其风格同正殿相近，等级划分明确，但精细度略显不足（插图86）。根据正殿与东朵殿斗栱、梁枋纹饰的比较分析，

插图84　永安寺山门彩画旧照
图片来源：吴锐提供

插图85　永安寺天王殿彩画旧照
图片来源：吴锐提供

插图86　传法正宗殿东朵殿彩画★

后者可能出自正殿西侧画工之手。朵殿内外檐栱垫板均绘龙纹，斗栱及栱垫板彩画与天王殿相比，具有更为明显的风土彩画特征（插图87）。同时，朵殿无藻井、天花之设，其明间脊桁于枋心式构图中套嵌包袱的做法在明清山西同类彩画中较为常见，亦多施于脊部桁檩（插图88）。

---

[1]　清代作为僧正司的圆觉寺内，释迦塔塔心室彩画与传法正宗殿彩画风格相近。根据其特征分析，可能亦为传法正宗殿东侧画工所绘。

插图87 永安寺现存栱垫板彩画比较（1传法正宗殿东朵殿、2天王殿）

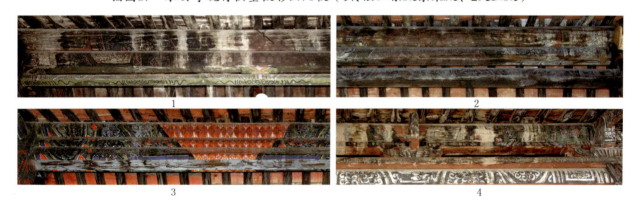

插图88 明清山西地区脊部桁檩枋心套嵌包袱彩画构图（1传法正宗殿东朵殿、2代县城隍庙寝殿反搭包袱、3繁峙秘密寺文殊殿、4定襄龙宫圣母庙前殿正搭包袱）

（二）永安寺彩画的价值体现

1. 与官式彩画有别的风土彩画

浑源永安寺现存彩画主体属于清代中期典型的晋系风土彩画。风土彩画作为一种与官式彩画相对应、与风土建筑相适应的彩画类型，通常体系完整、脉络清晰、传承稳定，具有明显的地域和时代特征，且受到方言分区的影响。在中国北方地区，属于汉语方言的晋语区同官话区相对，包括8个片区[1]。浑源县属晋北五台片，涵盖山西忻州、朔州周边各县，以及陕北部分地区。同时，浑源州明清时期均属大同府，由此亦与大包片，即山西大同、内蒙古包头一带联系起来。

永安寺风土彩画因属性差异而与官式彩画大相径庭。清代的官方营造多属雅文化范畴，乃帝王官僚生活中礼制思想的表达。其理性色彩较强，具有权威、严肃、仪式化特征，表现出逻辑、封闭和静态属性。此类营建多数强调协作性而限制个人的创造力，以确保在满足较高质量要求的同时，得以快速、大量的生产。与清代官式建筑相适应，清式彩画也在雅文化主导，以及斗口制及起扎谱子等工艺的促进作用下，更趋"标准化"和"可预见性"[2]。从开间、单体到院落、建筑群，清式彩画对类

---

[1] 包括并州片、吕梁片、上党片、五台片、大包片、张呼片、邯新片、志延片，涵盖山西大部地区，以及河北、河南、内蒙古、陕西部分地区，见中国社会科学院语言研究所，中国社会科学院民族学与人类学研究所，香港城市大学语言资讯科学研究中心，编. 中国语言地图集：第2版 汉语方言卷[M]. 北京：商务印书馆，2012：B1–13、92–102.

[2] 雷德侯. 万物：中国艺术中的模件化和规模化生产[M]. 张总，钟晓青，陈芳，等，译. 北京：生活·读书·新知三联书店，2005：70–73.

插图91　传法正宗殿东西两侧中等级彩画比较（1 EgNW★；2 WgNE位置）

似。东侧画工依旧追求繁丽的装饰效果，注重单一构件的均衡、美观，以及纹饰的丰富性。西侧画工则由建筑构造出发，强调结构的整体逻辑，以及装饰的简繁差异。如东侧天宫楼阁斗栱彩画在上下、左右相邻位置以双色交替，与东侧壁画背景相仿。同时，斗栱色彩的设置与其构造无关，东壁17幅图像的布局亦未考虑与开间的协调。西侧天宫楼阁斗栱色彩的组织则与建筑构造相适应，将转角铺作统一为青栱。西壁16幅图像的布局亦与山面的3开间相适应，分别设置5、6、5幅。此外，壁画中明王所乘之龙，以及锦纹、边饰等亦与同侧彩画中的相应纹饰类似（插图89）。

　　两队画工差异显著的设计理念亦使东西两侧彩画不甚统一，分别体现在等级、构图、纹饰、画法等方面（插图90、91）。就等级而言，两队画工在分工前应对中央参礼空间的彩画等级进行了整体协调。分工之后，则分别对壁画周匝空间的彩画等级做出自主安排，由此造成了中轴线两侧若干东西对称构件彩画的等级差异（见插图100）。整体而言，东侧彩画在花团锦簇、富丽堂皇的设计思想影响下，较多采用中等级。西侧则将关注程度较低的构件彩画降为低等级，从而形成逻辑清晰、简繁有序的三级划分。就构图而言，丁栿、阑额构图在东侧均以其自身的均衡为出发点，未与关联性构件产生呼应；西侧则分别针对与之交接的驼峰和附角斗进行了调整。

八 传法正宗殿彩画的空间构成与图像源流

（一）两座藻井的彩画构成

1. 唐辽以降的镜花组合

镜花即铜镜与莲花的组合，唐代法门寺地宫后室顶部的镜花组合应为辽宋同类做法之先声（插图92，1）。其藻井背板墨书发愿文记有："弟子崔庆可从宝帐将迎释迦牟尼佛真身，心中一切愿速得成就……一切先世父母……难苦解脱哉……愿我诸愿早成就，济渡诸众……大唐咸通十二年（871）……造此宝帐镜花"[1]。由此可见，彼时已将镜花组合视为一种通行做法。在元代以后的晋北地区，诸如浑源永安寺传法正宗殿藻井、应县净土寺大雄宝殿藻井等彩画中，类似做法仍在延续（见插图93；插图96，1）。

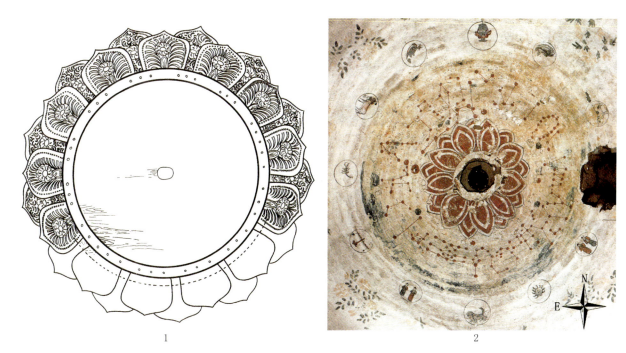

插图92　唐辽时期的镜花组合（1[唐咸通十二年/871]陕西扶风法门寺地宫后室藻井；2[辽天庆六年/1116]河北宣化张世卿墓后室顶部壁画）
图片来源：1陕西省考古研究院，等．编著．法门寺考古发掘报告：197；2河北省文物研究所，编著．宣化辽墓：1974~1993年考古发掘报告：彩版67．

---

[1] 陕西省考古研究院，等．编著．法门寺考古发掘报告[M]．北京：文物出版社，2007：195．

镜花组合可以视为佛教教义的综合表达。明镜在佛教中被视为正法和智慧的象征。如《大乘密严经》有"审量一切法，如称如明镜"[1]；《大乘本生心地观经》言"转异熟识得此智慧，如大圆镜现诸色像。如是如来镜智之中，能现众生诸善恶业，以是因缘，此智名为大圆镜智"[2]。莲花自盛唐之后，伴随着系列密教典籍的译解，更与各类曼荼罗密不可分。唐善无畏译《大日经》将铜镜比作月轮，与莲花共同构成了观想时曼荼罗的核心："八叶从意生，莲华极严丽；圆满月轮中，无垢犹净镜"[3]。辽觉苑《大日经义释演密钞》更将前述文字释为"圆镜漫荼罗"[4]。故而镜花组合，特别是铜镜本身，遂演化为一种具有重要象征意义的法器。

在开元三大士等大德所译准提仪轨中，均有设坛修法使用铜镜之说。如不空、金刚智、地婆诃罗分别译出的3版《准提陀罗尼经》；善无畏译《七俱胝独部法》等[5]。至辽代，《显密圆通成佛心要集》则进一步发挥，对于铜镜的功用给出"密藏之中今此镜坛最为要妙，总摄一切诸坛"[6]的至高评价。在辽属西京道、治所在大同府的河北宣化下八里墓群中，铜镜现于墓室天顶，集诸坛于一身的镜坛与莲花相结合，辅以外围宿曜，在表达密教信仰之余，亦呈现出鲜明的世俗化特征（插图92，2）。永安寺传法正宗殿八角井与之同构的镜花组合中，莲瓣的表达仍存辽代遗风。

2. 藻井彩画的构成与差异

（1）八角井彩画的早期遗风

传法正宗殿重要性突出的八角井设在当心间南北上平槫之间，其顶部彩画整体分为内、中、外3层。彩画纹饰虽经清代重绘，但颇具古风，从侧面印证了永安寺始建于金、重建于金元之交的悠久历史（插图93）。八角井内层以唐辽通行的镜花组合为核心。其中明镜以彩画取代实物，莲瓣重重相叠，较早期更显繁密。就画法而言，明镜中央贴金，周边施晕色，不仅使其重要性得以彰显，而且突出了镜面的光亮与洁净[7]。莲瓣取玉做，保留了更为清丽的白色边缘。就色彩

插图93 传法正宗殿八角井彩画★

[1] 〔唐〕释不空，译. 大乘密严经[G]//大正新修大藏经刊行会，编. 大正新修大藏经：第16册. 东京：大藏出版株式会社，1988：766.

[2] 〔唐〕释般若，译. 大乘本生心地观经//大正新修大藏经：第3册：298.

[3] 〔唐〕释善无畏、释一行，译. 大毗卢遮那成佛神变加持经//大正新修大藏经：第18册：40.

[4] 〔辽〕释觉苑. 大日经义释演密钞[G]//卍续藏经：第37册. 台北：新文丰出版公司，1994：158.

[5] 《七俱胝独部法》与《显密圆通成佛心要集》之准提仪轨存在明显关联。此外，唐菩提流志译《不空胃索神变真言经》内，将镜花组合用于佛像底座的记载，亦为镜坛概念的体现。

[6] 〔辽〕释道殿，集. 显密圆通成佛心要集//大正新修大藏经：第46册：995.

[7] 明镜中心可能原有梵文，经多次重缮后，目前已无从辨识。

而言，则明镜金绿互衬，莲瓣以红色匹配，通过补色形成较强的对比。

藻井内层与中层之间以一道佛光纹相隔。佛光纹在晋北地区辽金风格的彩画中遗存较多，如应县佛宫寺释迦塔藻井阳马、大同下华严寺薄伽教藏殿平棊等，另见于大同善化寺大雄宝殿平棊贴所绘明代彩画。传法正宗殿当心间原扇面墙所绘佛、菩萨头光亦含此类纹饰，其中佛像头光内外3重、菩萨2重，均以朝向相反的弧线来体现流转的光华。藻井佛光纹可能为突出诸尊地位而降为1重，虽然失去了层叠的效果，但其线条柔和舒畅，古韵犹存。作为辅助性纹饰，此处佛光纹仅取冷色，以青绿交替，不显喧宾夺主。

八角井中层以首尾相接的双龙为主体，空地皆以云纹填补。其龙身拉长，龙尾与后肢相互穿插，同殿内四椽栿枋心行龙相比更接近早期形象，可能较大程度上保留了创建时的原迹（见插图150）。在同处浑源的圆觉寺塔门楣金代砖雕中，亦可见到类似形象（插图94）。永安寺藻井龙纹和云纹目前均以金色与青地匹配，龙之火焰、须发、爪牙以红、绿、白点缀，色彩组织华丽而醒目。中层与外层之间以一道沥粉金线相隔，金线两侧均做行粉，使其更显宽大。

藻井外层遍铺蔓藤花卉，其"波状"[1]骨架清晰可辨。花卉为牡丹与石榴头的组合，在明代颇为流行，尚有唐宋之际海石榴花之遗韵。蔓藤花卉的组织与藻井的八边造型相适应，具有强烈的韵律感。其骨架每边波峰、波谷各一组，由细密而平行的多重枝条构成。穿插于其间的花卉分为两类，盛开者绘于各边转角，红白相间、向心而设；待放者绘于各边中央，均取红色、离心而置。其地色用青，同中层统一。密布于花卉周边的绿叶间，局部添有鲜亮的红芽。八角井与斗栱衔接处增加了一列与宋代"佛道帐"之"山花蕉叶"构成相仿的如意头，其色彩红、青、绿相间，均做晕色。

（2）六角井彩画的明代传承

传法正宗殿六角井设在当心间南向上平槫和下平槫之间，与八角井毗邻。其顶部彩画整体趋简，以突出八角井的核心地位。彩画略去了镜花组合，分内、外两层，与八角井之中、外两层呼应

插图94　浑源圆觉寺塔门楣金代龙纹★

---

[1]　郭黛姮. 中国古代建筑史：第3卷[M]. 北京：中国建筑工业出版社，2009：739.

插图95 传法正宗殿六角井彩画★

（插图95）。其纹饰整体呈明代风格，经重绘后，边缘多取清代通行的烟琢墨做法。

六角井内层为明代常见的升降龙，俗称"二龙戏珠"，空地仍以云纹填补。两座藻井诸龙均为四爪，且龙口一张一合，呈现出二者之间的关联。与同类纹饰相比，六角井龙头虽然有所增大，但须发聚于脑后，明代特征更为显著（插图96）。值得注意的是，升降龙不仅前后爪相触，而且鳞片、背鳍、尾端、肘毛画法均大相径庭。究其原因，可能为体现升龙"飞龙在天"与降龙"或跃在渊"之间的区别。同时，亦可能出于相应画工对此类细节的不同把握。为对八角井加以衬托，六角井龙、云均以色彩表现，地色仍然用青。

六角井内、外层之间以一道佛光纹相隔，为适应藻井的六边造型而整体采用四合如意头边缘的样式。此

插图96 明清升降龙比较（1[明代风格]应县净土寺大雄宝殿藻井、2[明]大同善化寺大雄宝殿藻井、3[明]五台显通寺大文殊殿法磬；4[清]北京福佑寺大雄宝殿天花）

处佛光纹仍取1重，同八角井单位图案相比显著缩短且细密如鳞，更具程式化特征。其色彩则偏重装饰性，在青绿两色基础上特意增加了暖色。

藻井外层为图案化的团花卷草，构成与彩画中的岔角花相仿，不似八角井内的蔓藤花卉细密。中部团花为西番莲与石榴头的组合，石榴头硕大且附带莲座，犹存元明遗风。团花卷草色彩青、绿、红、黄4色兼施，其地色降为绿色，以间色衬托内层作为正色的青色。面积较大的绿地，亦对八角井蔓藤花卉的青地形成衬托。

（二）藻井下方的隔架壁板彩画

1. 明清三十五佛的流行

明代北方地区的佛寺建筑中，三十五佛的设置较为流行，在官式建筑中尤为常见[1]。如果按照明代佛教发展的不同阶段，以洪武至宣德为早期（1368～1435）、正统至正德为中期（1436～1521）、嘉靖之后为晚期（1522～1644）[2]，则三十五佛的设置在明代中晚期殿、塔藻井的天宫楼阁周边尤为多见。此系列佛像一般含36尊，始于第1尊释迦牟尼佛、止于第36尊法界藏身阿弥陀佛[3]。至于诸尊手印，则存在较大的差异。至清代，永安寺传法正宗殿、五台显通寺大雄宝殿[4]内檐隔架壁板彩画同样绘有三十五佛图像，可能出自明代同类设计的影响。

在明代北京地区，藻井天宫楼阁周边设置三十五佛的实例以智化寺如来殿为典型。智化寺属敕赐寺院，建于明正统九年（1444），从建筑格局到神系构建均与明初最高佛教管理机构僧录司所在地南京天界寺一脉相承。寺院中轴线上最高等级建筑如来殿内，中尊毗卢佛上方设有藻井，其周匝匹配天宫楼阁32座，内安佛像（插图97，1）。参考旧照可知，四向中央楼阁前部另置抱厦，复杂程度显然高于周边。如中央抱厦各增佛像一尊[5]，则其总数即为36尊。山西地区的洪洞广胜上寺飞虹塔亦为一例[6]。按现存建塔碑记载，飞虹塔重建于明正德十年至嘉靖六年（1515～1527）。此塔从位于中轴线上的布局，到以琉璃为材质的做法，均直追明成祖于永乐十年（1412）敕建的金陵大报恩寺塔。飞虹塔

[1] 就晋北地区的佛塔而言，典型者如五台塔院寺释迦文佛真身舍利宝塔，即作为五台山标志物的大白塔，在明嘉靖、万历年间均有修造。此塔须弥座与覆钵之间绕有一圈覆莲，共36瓣，每瓣一佛居中，其左右匹配胁侍、飞天各一身。佛顶上方各安神牌一块，其上刻有诸尊名号。通过比较可知，塔院寺释迦文佛真身舍利宝塔三十五佛之名号与明宣德六年（1431）《诸佛菩萨妙相名号经咒》之《三十五佛名经》所列大同小异，按礼敬佛塔时的右绕之法顺时针排列。然而经过历代的多次重修，其手印已与《三十五佛名经》所附版画图像形成了较大差异。

[2] 何孝荣. 明代北京佛教寺院修建研究[M]. 天津：南开大学出版社，2007：148.

[3] 其名号分别为：1释迦牟尼佛、2金刚不坏佛、3宝光佛、4龙尊王佛、5精进军佛、6精进喜佛、7宝火佛、8宝月光佛、9现无愚佛、10宝月佛、11无垢佛、12离垢佛、13勇施佛、14清净佛、15清净施佛、16娑留那佛、17水天佛、18坚德佛、19栴檀功德佛、20无量掬光佛、21光德佛、22无忧德佛、23那罗延佛、24功德花佛、25莲花光游戏神通佛、26财功德佛、27德念佛、28善名称功德佛、29红炎帝幢王佛、30善游步功德佛、31斗战胜佛、32善游步佛、33周匝庄严功德佛、34宝花游步佛、35宝莲花善住娑罗树王佛、36法界藏身阿弥陀佛，见国家图书馆本. 诸佛菩萨妙相名号经咒[M]. 北京：中国藏学出版社，2011：254-271.

[4] 在清代重修的显通寺大雄宝殿内，三十五佛图像绘于周匝分布的隔架壁板。此系列诸尊手印虽然与上述《三十五佛名经》图像差异显著，但与清乾隆时期成书的《诸佛菩萨圣像赞》之《三十五佛》图像趋同，当绘于清中期以后。

[5] 智化寺纵横两轴的核心建筑如来殿和藏殿在造像配置上具有明显的相似性。横轴藏殿内，转轮藏顶部毗卢佛上方同样设置藻井，其底层方井的四向斜板每边上下两层均绘佛像，上层1尊居中、下层8尊分列，亦为36尊。

[6] 飞虹塔前身"平阳广胜塔"声名显赫，为《诸佛菩萨妙相名号经咒》之《舍利灵牙宝塔名号》所列15座阿育王舍利塔之一。金陵大报恩寺塔之前身即"金陵长干塔"（文中"干"字误为"安"字），同属15座阿育王塔之一。

插图97　明代匹配天宫楼阁的藻井（1智化寺如来殿藻井旧照；2广胜上寺飞虹塔藻井）

图片来源：1芝加哥大学林伟正提供。

平面呈八边形，塔心室中央释迦佛上方设藻井三层（插图97，2）。第一层置平座，其上周匝安天宫楼阁24座，每面平座中央另增八字形天梯1座。每座楼阁、天梯均安佛像一尊，共计32尊。同时，飞虹塔首层外檐四维方位上部中央各置楼阁1座，其内各安佛像一尊。由此遂通过内外檐结合的做法，构成了完整的36尊。

　　就晋北地区而言，则以大同善化寺大雄宝殿及与之同构的永安寺传法正宗殿为代表。善化寺在明正统十年（1445）曾获英宗颁赐藏经一部[1]。明代中期寺内设有僧纲司，为大同府僧众的管理机构，其所辖即含浑源州僧正司。善化寺大雄宝殿与永安寺传法正宗殿相仿，仅在当心间设置藻井，藻井下方亦为毗卢佛（插图98，1）。藻井底层方井斗栱之上的四向斜板均绘佛像，合计26尊，为明代中、晚期风格，与殿内彩画约略同期。大雄宝殿壁画虽然重绘于清代早期，但明代特征突出，可能原先与彩画进行过一体化设计。殿内西壁绘佛像5尊，东壁原有壁画业已损毁，具体内容学界尚无定论[2]，笔者认为可能亦为佛像5尊[3]。这样看来，善化寺大雄宝殿很可能存在三十五佛的整体设置，并以26佛与十方佛合为36尊。此外，应县净土寺大雄宝殿藻井周边天宫楼阁与背板彩画佛像的匹配同永安寺如出一辙，亦当出自明代设计（插图98，2）。

[1]　善化寺在明代后期又经历了两次重修。同时，据清乾隆五年（1740）《重新善化寺碑记》记载，山面壁画应绘于康熙四十七年至五十五年间（1708～1716），见张兵，白雪峰. 大同善化寺[J]. 文史月刊，2016（7）：57-64.

[2]　柴泽俊认为可能是"七处九会"图，见柴泽俊，编著. 山西寺观壁画：147.

[3]　在灵石资寿寺水陆殿内，东西两壁壁画虽然经过清代重修，但应未脱离成化十八年（1482/资寿寺水陆殿内檐现存"岩大明成化十六年……重建"题记。根据正德十一年《建水陆殿碑记》所述，水陆画为此后第三年绘制）的初始设计。其东壁壁画目前虽已损毁，但参考西壁推测，两壁上部应各绘5尊佛像，由此构成十方佛。

1　　　　　　　　　　　　　　　　2

插图98　晋北地区匹配三十五佛的藻井（1大同善化寺大雄宝殿藻井；2应县净土寺大雄宝殿藻井）

2. 彩画与壁画的衔接

永安寺传法正宗殿内，表达特定含义的彩画与壁画衔接，集中设置在隔架壁板两侧。此部分彩画内容均为佛像，不仅部分属于水陆画中的正位神范畴，而且与明清时期的流行做法相关联，从而颇具代表性。彩画佛像绘于当心间藻井下方，形成对中尊的强调与衬托。同时，亦通过造像、壁画、彩画的结合，完成了佛国世界的整体塑造。

传法正宗殿隔架壁板设在中轴线东西两侧的四椽栿与三椽栿之间，其正面各安一组天宫楼阁。每组天宫楼阁均由3座楼阁和其间的3座连廊构成，每座建筑均设3开间，合计18间。东侧隔架壁板正面依楼阁与连廊的开间做出划分（插图99，1）。其北端栿头之下，与连廊对应的3开间目前空缺。用于承托隔架壁板的水平向木框现与栿头相接，表明此处或原本留空，抑或沿栿头下皮安板。但即使安板，亦无足够空间绘制佛像。南端与楼阁对应的3开间内，北向过窄、南向局部与栿头结合，故而未绘佛像。除此之外，各间均绘佛像，且根据开间比例绘作立像。此处佛像共计13尊，诸尊足踏莲叶，手印变化较为丰富。佛像周边有五色云环绕，相邻者头光绿黄交替、外框青绿交替，呈现出鲜明的韵律感。隔架壁板背面无楼阁之设，亦未做相应分隔，南北两端栿头之下同样未绘佛像（插图99，2）。栿头之间绘佛像5尊，并根据构件比例绘为坐像。诸尊手印各异，周边同样以五色云环绕。相邻各尊头光绿黄交替，并增加了黄绿交替的身光。西侧隔架壁板正、背两面彩画均已漫漶，但所绘内容应与东侧隔架壁板相对应。

通过上述分析推测，传法正宗殿东西两侧隔架壁板正面应绘立像26尊，背面应绘坐像10尊，合计36尊[1]。36尊之数，恰好与明清流行的三十五佛联系起来。因为永安寺画工应当同时参与了壁画和彩画两类匠作，且壁画在水陆画基础上纳入了其他元素，所以隔架壁板彩画也可能进行了类似的变通处

---

[1] 吴锐先生虽然提供了系列照片，但隔架壁板正面26佛有半数缺失，残留的佛像亦有部分手印漫漶，故而其图像渊源暂时难以考证。同时，背面十方佛现缺西向的后5尊，《水陆道场神鬼图像》则缺前5尊（右1），致使两组图像的交叉对比无法实现。

插图99　传法正宗殿东侧与壁画衔接的彩画（1 Ea1W/Ea2W之间；2 Ea1E/Ea2E之间）

理。其背面所绘10佛坐像恐对水陆画第1组正位神中的十方佛[1]进行了强调。在此基础上，亦可能整体通过三十五佛的引入表达"十方三世一切诸佛"的概念。值得注意的是，善化寺大雄宝殿亦当以藻井彩画中的26佛与壁画中的10佛合为36尊。结合善化寺和永安寺三十五佛的引入，及其府属之僧纲司和州属之僧正司的地位来看，二者或许均源自官式营建体系作用下的通行设置。永安寺诸佛之所以未依明代惯例采用周匝环绕的格局，当出于元代遗构的限制。

（三）殿内其他主要构件彩画

1. 山西地区的同类风土彩画

在山西、河北、河南、内蒙古、陕西一带明清时期的晋系风土彩画中，与传法正宗殿彩画密切相关者包括晋北五台片、晋北及晋东大包片的下五彩，以及晋中并州片的一绿细画[2]。此外，山西境内的晋西吕梁片、晋东南上党片，乃至主体属中原官话区的晋西南尚有大量同类彩画遗存，均属旋子彩画体系，常见于内檐和廊内（表17[3]）。此类彩画往往在明代同类彩画的作用下金饰减省，以古朴、素雅为特征，对各类流行元素的引入较为有限。

---

[1]　十方佛并非必然与水陆法会相关。在同期实物中，作为敕赐寺院的北京法海寺建于明正统四年（1439），其大雄宝殿东西两壁中央同样各绘佛像5尊，合为十方佛。参考法海寺铸于明正统十二年（1447）铜钟铭文中的"十方如来名号"推测，十方佛当与东、南、西、北、东北、东南、西南、西北、上、下十方相对应。

[2]　陈捷，张昕. 五台山汉藏佛寺彩画研究[M]. 南京：东南大学出版社，2015：18–59.

[3]　晋北五台片与永安寺彩画风格相近的实物尚包括浑源圆觉寺释迦塔塔心室、浑源大云寺大雄宝殿内檐、浑源律吕神祠正殿内檐、繁峙秘密寺大雄宝殿内檐彩画等。晋中并州片的太谷净信寺毗卢殿、灵石资寿寺水陆殿，则以同类彩画与殿内水陆画相匹配。

表17　现存明清时期旋子类纪年晋系风土彩画参考

	寺院	位置	风格与纪年
五台片	代县城隍庙	寝殿内檐	明晚期，现存"峕大明万历二十九年（1601）重修"题记
	应县净土寺	大雄宝殿内檐	明晚期，现存"维大明崇祯七年…至九年（1634～1636）……重修"题记
	定襄龙宫圣母庙	前殿内檐	清早期，现存"峕大清康熙三十四年岁次乙亥（1695）……新建"题记
	五台显通寺	大文殊殿内檐	清中期，清乾隆十一年（1746）重建[1]
大包片	大同下华严寺	薄伽教藏殿壁藏	明晚期，明崇祯五年（1632）[2]
并州片	太原晋祠唐叔虞祠	正殿内檐	清中、晚期，现存"大清乾隆三十六年（1771）……重修……道光廿三年（1843）重修"题记
	太原晋祠关帝庙	正殿内檐	清中期，现存"大清乾隆六十年岁次乙卯（1795）……重建"题记
	介休后土庙	护法殿外檐	清晚期，现存"大清道光十五年岁次乙未（1835）……重建"题记
	太谷净信寺	三佛殿配殿廊内	约清晚期，神龛现存"大清咸丰甲寅（1854）桃月穀旦谨献"匾额
	榆次城隍庙	大殿廊内	清晚期，现存"光绪十六年（1890）三月十五日重修"题记[3]
吕梁片	隰县小西天	大雄宝殿内檐	清早期，现存"顺治十三年（1656）修补"题记
上党片	沁县洪教院	正殿、前殿内檐	清早期，现存"峕大清康熙四十年（1701）……仝立"、"峕大清康熙伍拾伍年（1716）……"题记
	沁县洪教院	过殿内檐	清中期，现存"大清乾隆三十三年（1768）……重建"题记
	屯留南送渡关帝庙	正殿内檐	约清晚期，现存"嘉庆十二年（1807）……穀旦立"匾额

2. 其他主要构件的彩画特征

传法正宗殿属于明清州人举办水陆法会的场所，殿内壁画因对修斋仪轨的恭谨尊奉而具有重要的范式意义，与之匹配的彩画则通过各处叠压痕迹展现出此殿因持续使用而不断修造的历程。永安寺长久以来着力标榜"正宗"，清代康乾年间在寺院修造由僧人主导转为官员倡导的背景下，显系官方认可的重要寺院。然而，寺内彩画却并未刻意向官式彩画靠拢，其原因很可能与所聘画工的地域传承有关。

除藻井和隔架壁板外，传法正宗殿主要木构件彩画整体分为风土彩画和木纹做法两种类型，以前者为基础，后者仅绘于续角梁（插图100）。风土彩画包含3个等级，主要通过材料的成本、工艺的简繁和色彩的丰富性体现。高等级彩画至少用青、绿、红、黄4色；中等级取绿、章丹、黄3色；低等级用章丹、黄2色，黄色主要作为晕色出现。在同一等级内，彩画的纹饰和色彩亦简繁有别。

传法正宗殿梁栿、阑额、槫枋等主要构件的彩画以枋心式构图为基础，但普遍进行多段式划分，

---

[1]　侯文正. 五台山志[M]. 太原：山西人民出版社，2003：192.

[2]　刘翔宇. 大同华严寺及薄伽教藏殿建筑研究[D]. 天津：天津大学建筑学院，2015：181-188.

[3]　王哲士，主编. 小西天志[M]. 太原：山西人民出版社，2004：31.

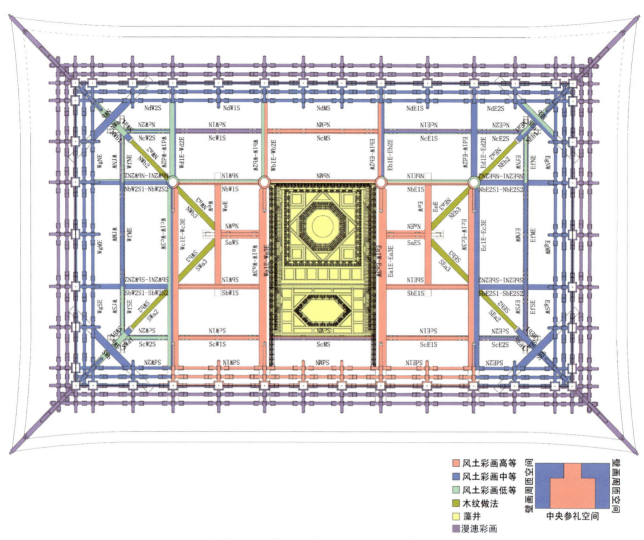

图例：
- 风土彩画高等
- 风土彩画中等
- 风土彩画低等
- 木纹做法
- 藻井
- 漫漶彩画

中央参礼空间

插图100　传法正宗殿彩画分类示意图

（等级示意中，系列构件交叠时以主要构件为基础。编号命名中，Ea1E即东向底层第1根构件东侧，SbE1S即南向东次间第2根构件南侧，余者以此类推。梁枋以底面表达主要看面彩画等级，如同一位置自下而上有3根主要构件，则将底面每侧分为3份，靠中部表示下层、靠端部表示上层）

底图来源：《永安寺保护修缮工程勘测成果》。

部分构图组织和元素组合尚存宋元遗风。彩画整体由细密均匀的锦状纹饰构成，与清代中、晚期官式彩画重点突出的设计思想差异显著。彩画纹饰类型有限、样式繁多，且未刻意追求含义的表达。其找头边缘以圆形为基础，旋花路数、瓣数均较旋子彩画偏多。盒子、枋心纹饰以别子锦、团花卷草为代表。其他构件的纹饰亦均布如锦，与主要构件趋同。彩画的色彩与壁画相仿而整体偏暖，尤以中、低等级为典型，由此与偏重冷色的清代官式彩画形成对比。同时，彩画地仗较薄、多施晕色，呈现出明代工艺的传承（插图101）。至清代晚期，山西地区的风土彩画仍然较多以泼油灰[1]直接衬地，相应降低了地仗的制作成本。

---

[1] 泼油灰的主要成分类似官式油满，主要材料为石灰和面粉。据吴锐先生考证，传法正宗殿彩画另有少量纸地仗做法，且四椽栿纸地仗局部曾有起皱现象。

1   2

插图101　传法正宗殿薄地仗做法（1 Ea2E；2 Wa1E位置）

（四）小结

永安寺彩画遗存以建于元延祐二年（1315），作为正殿的传法正宗殿内檐彩画为代表。其主体应绘于清乾隆时期，呈现出清代中期风土彩画风格。殿内彩画清晰的叠压痕迹，则展现出该殿持续使用、多次重绘的经历。

传法正宗殿现存彩画虽然绘于清代，但与殿内壁画及原塑造像类似，仍然较多地体现出早期风格的影响。其中八角藻井彩画尚存唐辽镜花组合的遗风，从而与早期信仰及宗教仪轨联系起来。风土彩画与木纹做法的相间使用留有宋代"杂间装"的痕迹，部分构图组织、元素组合、色彩配置仍具宋元余韵，藻井绘塑结合的龙纹亦较大程度上保存了创建时的原迹。同时，传法正宗殿彩画在纹饰、色彩、工艺等方面，尚留有较多的明代特征。

传法正宗殿内檐彩画可依所处空间分为3个组成部分，与壁画及原有造像形成了良好的匹配关系。第一部分施于当心间两座藻井，其中古韵犹存的佛光纹亦见于当心间扇面墙原绘壁画。第2部分施于藻井下方的隔架壁板两侧，所绘佛像同其下三佛造像呼应，并体现出明清三十五佛题材的流行。第3部分施于殿内其他木构件表面，主体属风土彩画范畴，可归入旋子彩画体系。彩画分为高、中、低三个等级，整体较为朴素，以金饰的减省和含义的弱化对遍布金饰的壁画形成了有效的烘托。

九　传法正宗殿彩画的构图方式及纹饰分析

（一）两类空间梁枋彩画构图

传法正宗殿内檐梁枋彩画的构图方式通常与其空间位置和彩画等级密切相关。同一构件两侧的看面常处在不同空间内，等级、构图亦有所变化。中央参礼空间以4根四椽栿和2根乳栿为重点，另含三椽栿、平梁（太平梁）、上平槫等。此类构件与其使用功能相适应，多数采用色彩丰富、变化多样的高等级彩画。壁画周匝空间以12段阑额和4根丁栿为重点，另含抹角栿、下平槫等。其彩画距离中央造像稍远，相应以中、低等级为主体，色彩的使用亦不甚丰富。整体看来，中轴线两侧对称构件的彩画构图与等级相仿，其差异性会伴随着参礼者对构件关注程度的降低而逐渐增大。

1. 梁栿类构件彩画构图

（1）四椽栿彩画构图

正殿进深方向的梁栿中，尺寸硕大、颇为醒目的4根四椽栿在中央参礼空间的6个看面均取高等级。梢间处于壁画周匝空间的2看面，则被画工巧妙的降为中等级。此类重要性突出的构件表面，高、中等级大体相仿，均与同期流行做法一致，采用枋心居中的三段式构图。

就引人注目的高等级彩画而言，两队画工应对中轴线两侧相互对称的四椽栿构图，以及中轴线一侧相向设置的四椽栿构图进行了充分的协调。首先，东西对称的当心间2看面最为华丽（见插图99，1），

插图102　传法正宗殿东西两侧高、中等级四椽栿彩画构图比较（1 Ec1W、2 Wc1E；3 Ec1E、4 Wc1W位置）

两次间4看面略有简化（插图102，1~2）。各开间构图方式类似，枋心长度与彩画长度的比例在1/2左右[1]。这一比例与明中期以前官式彩画的相关比例接近[2]，可能保留了永安寺在明代作为僧正司时期的传承。其次，东次间和西次间内，相向设置的四椽栿彩画在构图和样式上均趋于一致，整体呈现出严整、协调的视觉感受。

就背离中央的中等级彩画而言，同高等级彩画相比，两队画工做出了更多的自主安排，从而使中轴线两侧相互对称的2看面显得更加灵活。虽然二者构图方式大同小异，但不同元素的比例关系和组织方式均具有较大的自由度（插图102，3~4）。

（2）三椽栿彩画构图

传法正宗殿四椽栿上方的4根三椽栿在当心间的2看面因天宫楼阁的遮挡而未绘彩画，余者等级划分大体与四椽栿相仿。中央参礼空间的4个看面均取高等级，壁画周匝空间的2看面中，东侧仍取中等级，西侧则被进一步降为低等级。三椽栿位置较高、重要性降低，高、中等级均采用更具地方性的多段式构图。

就高等级彩画而言，中轴线两侧相互对称的三椽栿构图不尽相同，中轴线一侧相向设置的三椽栿构图则趋于统一。两次间构图组织的差异，分别体现出两队画工对均衡美观与结构逻辑的不同偏好。东次间相向设置的2看面（Ec2W、Ea2E）中，西侧相对独立，东侧因与丁栿交接而增加了系列构件。二者段落划分较为均衡，东侧中央枋心两侧的盒子与两组斗栱无明确对应关系（插图103，1）。由此推测，画工在设计时可能以相对独立的西侧构件为基础。西次间相向设置的2看面（Wa2W、Wc2E）中，西侧段落的划分显然与两组斗栱上下对应（插图103，2）。因之，画工在设计时当以构造复杂的西侧构件为基础。

插图103　传法正宗殿东西两侧各等级三椽栿彩画构图比较（1 Ec2W、2 Wc2E；3 Ec2E、4 Wc2W★位置）

---

[1]　四椽栿、乳栿等构件头、尾断面尺寸大都不等，部分差异较大。有鉴于此，画工往往会对彩画的构图和纹饰进行相应调整，感谢吴锐先生的详细说明。

[2]　陈薇. 建筑彩画[M]//潘谷西. 中国古代建筑史：第4卷. 北京：中国建筑工业出版社，2001：475-479.

就中、低等级彩画而言，中轴线两侧东西对称的2看面构图大相径庭。在两丁栿之间的一段，东侧仅做三段式划分（插图103，3），西侧依旧考虑了同中部斗栱的对应关系（插图103，4）。值得注意的是，东西两侧斗栱之间的枋件构图分别采用完整形式和纵向破半两种做法。前者着眼于各类元素的完整和美观，后者则使相应元素的尺度与三椽栿彩画形成整体协调。

（3）平梁（太平梁）与枋件构图的关联

正殿4根平梁与太平梁中，前者设在当心间三椽栿之上，后者设在次间中央，其中当心间2看面同样未绘彩画。其余6个看面均处于中央参礼空间内部，其彩画亦相应取高等级。因为次间两侧三椽栿之上的缴背、平梁与上平槫、枋件在视觉上存在呼应关系，所以两队画工均将中央参礼空间内上平槫、枋件的2看面纳入其中，进行了一体化设计。由此表明与构件类型相比，画工普遍对视觉感受更为重视。平梁（太平梁）、枋件位置较三椽栿更高，彩画构图则三段式与多段式兼施。

传法正宗殿中轴线两侧相互对称的平梁（太平梁）和枋件构图大相径庭。中轴线一侧相向设置的平梁（太平梁）和枋件，则因设计思想的差异而在对应关系上有所区别。整体来看，东次间偏重局部构造，相关构件随中央太平梁的设置一分为二，各自组织构图。首先，中央太平梁西面与西侧三椽栿上方平梁（EeW、Ea3E）相向设置，二者构图方式趋同，均取枋心居中的三段式（插图104，1、3）。其次，东侧上平槫及其下方枋件同中央缴背及太平梁东面（Ec3W、EeE）相向设置，两组构件构图方式趋同，枋、梁均取盒子居中的多段式（插图104，5）。

西次间偏重整体构架，在完整开间内组织构图，并将中央太平梁分离出去。首先，构图方式趋同的两组构件转为相向设置的东侧缴背及平梁，以及西侧上平槫及枋件（Wa3W、Wc3E），梁、枋均取找头居中的多段式（插图104，4、6）。这样的处理，亦与二者下方相向设置的三椽栿和四椽栿构图特征形成呼应。其次，中央太平梁本身的东西两面（WeE、WeW）构图方式趋同（插图104，2）。此处彩画仍取三段式构图，但枋心中央特意套嵌了盒子，可能为与其上方蜀柱形成关联。在清代山西各地的同类彩画中，相关做法亦较为流行（插图105）。

插图104　传法正宗殿东西两侧高等级缴背、平梁（太平梁）与上平槫、枋件彩画构图比较
（1 EeW★、2 WeE；3 Ea3E、4 Wa3W；5 Ec3W、6 Wc3E位置）

插图105　清代山西风土彩画中枋心套嵌盒子的构图组织（1繁峙秘密寺文殊殿；2太原窦大夫祠正殿神龛）

（4）乳栿、丁栿、抹角栿彩画构图

传法正宗殿进深方向的梁栿中，与4根四椽栿相对的乳栿及其上部劄牵在中央参礼空间的2看面取高等级，以衬托重要性仅次于三佛造像的观音画像。在壁画周匝空间乳栿、劄牵的6看面则降为中、低等级。中轴线两侧相比，西侧显然以低等级居多。因为乳栿与四椽栿存在交接关系，所以各等级乳栿、劄牵构图随四椽栿而趋于统一，多数采用枋心居中的三段式构图，但枋心与彩画长度比例的伸缩范围较大（插图106）。两侧乳栿相比，东侧依旧变化较多。如东梢间相对独立的乳栿看面即取盒子居中的多段式构图，且未与其上方蜀柱产生呼应（见插图106，3）。西侧彩画构图虽然多与建筑构造相适应，但在四椽栿、乳栿三段式构图的整体安排下，后者亦未针对蜀柱进行调整。乳栿上方的缴背在东西两侧较为统一，普遍采用枋心居中的三段式构图。

殿内开间方向的梁栿中，梢间4根丁栿及其上部劄牵均处于壁画周匝空间。其中7个看面整体取中等级，仅西侧北面1根劄牵降为低等级（见插图107，4）。丁栿与驼峰交接，且不受四椽栿的影响，所以此处未取三段式，而采用多段式构图。在中轴线东西两侧，相互对称的丁栿构图大相径庭。在正脊南北两侧，相向设置的丁栿构图则大体趋同。东侧同样体现出画工对多样、均衡的偏好。彩画多数以盒子居中，但东南丁栿南看面转为枋心居中（SbE2S1）。同时，盒子的位置整体处在构件中部，未与其上方驼峰产生呼应，由此使两侧枋心长短相近（插图107，1、3）。西侧丁栿构图则具有偏重构造、简繁有序的特征。彩画普遍将找头与箍头的组合置于驼峰下方，由此使两侧枋心长短不一、简繁有别（插图107，2、4）。开间方向劄牵与进深方向同类构件尺寸相仿，大多仍用三段式，以枋心居中，仅

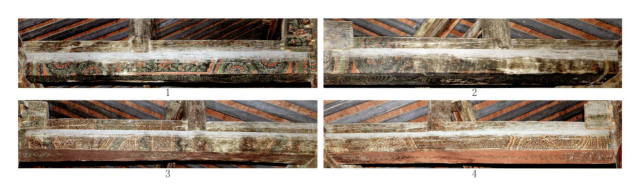

插图106　传法正宗殿东西两侧各等级乳栿彩画构图比较（1 Eb1W、2 Wb1E；3 Ed1E、4 Wd1W位置）

东北劄牵北看面转为找头居中（见插图107，3）。

　　传法正宗殿四角4根抹角栿与丁栿临近，同样处于壁画周匝空间，其正面彩画均取中等级。抹角栿相对独立，且与驼峰交接，构图仍取多段式。殿内中轴线两侧相互对称的抹角栿构图大同小异，正脊两侧相向设置的抹角栿构图则更趋统一。首先，4根抹角栿正面均以盒子居中，与驼峰形成对应关系。其次，两队画工对盒子、枋心比例关系的处理不尽相同。东侧偏重构图的均衡，其抹角栿中央盒子较为舒展，两侧枋心随之拉长（插图108，1）。西侧强调构件的组织，在抹角栿与算桯枋相接处特意设置箍头，由此使两侧枋心显著缩短（插图108，2）。抹角栿背面所受关注较少，彩画相应趋简，但除东侧北向1根外仍取中等级。东侧构图同样变化较多，其北向简化为枋心居中的三段式，不再考虑同驼峰的对应；南向仍用三段式，但枋心并未居中。西侧更加统一，均取枋心居中的三段式。

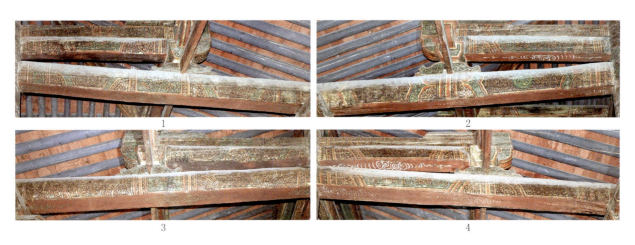

插图107　传法正宗殿东西两侧丁栿、劄牵彩画构图比较（1 NbE2S1、2 NbW2S1；3 NbE2N1、4 NbW2N1位置）

插图108　传法正宗殿东西两侧抹角栿彩画构图比较（1 SEa；2 SWa位置）

2. 阑额类构件彩画构图
（1）阑额彩画构图

表18　传法正宗殿阑额彩画构图类型与施用位置

类型	位置	类型	位置	类型	位置
I	SdMN；NdE1S、NdW1S	III	EgMW、SdE2N、NdE2S	V	SdW2N、NdW2S
II	NdMS	IV	WgME；EgSW、EgNW；SdE1N、SdW1N	VI	WgSE、WgNE

传法正宗殿环状分布的16段阑额均取枋心式构图，其中处于中央参礼空间的南向3段取高等级、北向1段降为中等级；处于壁画周匝空间的12段均取中等级。就彩画的枋心式构图而言，宋代主要受到构件高度的控制，清代官式彩画主要受到构件长度的制约。传法正宗殿阑额彩画的构图方式则较为特殊，与同类梁栿构图相仿，整体多依明清彩画惯例，按构件长度划分为3段。然而，此处并未采用枋心居中的三段式构图，而以枋心或横向拉长的盒子为主体，通过找头、箍头的添加，在每段之内做出进一步划分。此类多段式构图尚见于晋北五台地区与永安寺约略同期的风土彩画（插图109，1～2）。至清代晚期山西地区的同类彩画中，仍可见到类似做法的延续（插图109，3～4）。

整体看来，传法正宗殿阑额彩画的构图类型可以分为6种（插图110、插图111、表18）。在中轴线东西两侧相互对称的阑额中，两队画工对重要性较高的次间构图进行了较多协调。至梢间及两山，阑额构图则各具特色。在前后檐相向设置的阑额中，当心间和次间受到参礼者关注程度的影响而在彩画等级和构图方式上有所区别，梢间及山面两侧则更趋统一。值得注意的是，传法正宗殿梢间设有附角斗，可能承袭了晋北地区辽金时期的同类做法，典型者如善化寺大雄宝殿、三圣殿，以及上华严寺大雄宝殿等。两队画工针对这一特殊构造进行的构图组织，则呈现出差异显著的设计理念。

通过对传法正宗殿阑额彩画的分析推测，两队画工在分工前应对彩画的基本构图和比例关系进行了整体协调，以未做特殊处理的类型Ⅰ～Ⅳ为典型，主要体现在3个方面。首先，此类阑额多数分作3段，少数增为4段。其次，分3段者中央和两端通常以盒子与枋心匹配（Ⅲ、Ⅳ），个别统一为纹饰不同的枋心（Ⅱ）。分4段者在通行的三段式构图基础上，将找头与箍头的组合置于中央，从而将枋心分成两段（Ⅰ）。最后，如将阑额依长度分为21份，则各段大致7份且相对均衡，枋心或盒子约占3～4份，找头、箍头等约占3～4份。位于中部两端的箍头，以及部分方形盒子时常同时参与中央与两端的

插图109 清代山西风土彩画的多段式构图
（1五台显通寺千钵文殊殿、2显通寺大文殊殿；3大同上华严寺大雄宝殿、4介休后土庙献楼）

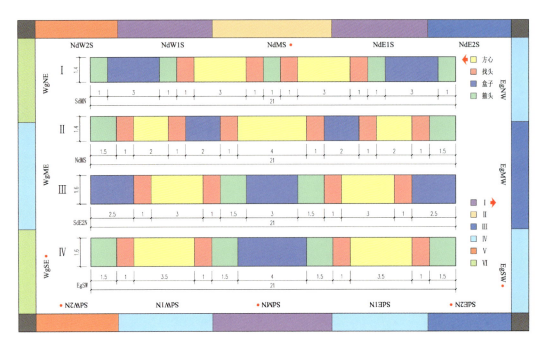

插图110 传法正宗殿阑额彩画构图类型及比例关系示意

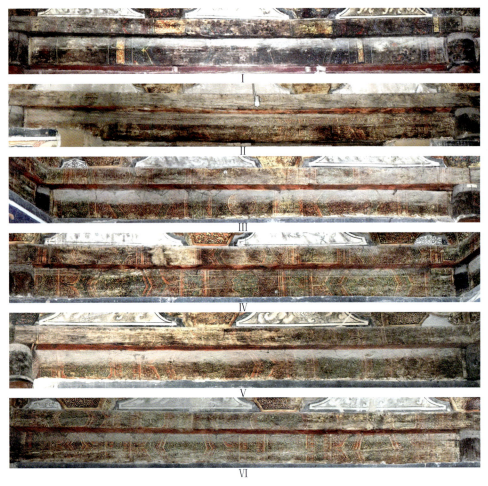

插图111 传法正宗殿阑额彩画6种构图类型典型实物比较
（Ⅰ SdMN；Ⅱ NdMS；Ⅲ SdE2N；Ⅳ EgSW；Ⅴ SdW2N；Ⅵ WgSE位置）

构图组织。因之，枋心或盒子长度与彩画长度的整体比例大体在1/2.5到1/1.5之间[1]。

两队画工在分工后的自主安排主要体现在梢间和两山，尤其在与附角斗有关的构件中。将中轴线两侧相互对称的阑额彩画加以对比，可以明显看出东侧画工乃从局部出发，着眼于阑额本身各组成部分的均衡与美观。如主要施于东侧阑额的类型Ⅲ、Ⅳ均以盒子居中，在构成元素和比例关系上进行了适当调整，于相邻构件交替布置。在设有附角斗的梢间阑额内，画工延续了当心间和次间的设计思想，并未考虑彩画元素与栌斗位置的对应（见插图111，Ⅲ、Ⅳ）。西侧画工则由整体出发，充分体现出阑额构图与关联性构件的呼应关系。如类型Ⅴ、Ⅵ悉数施于西侧转角处，同样在相邻构件交替布置（见插图111，Ⅴ、Ⅵ）。两种构图均以柱头铺作栌斗至附角栌斗间的一段为主体，分别以枋心、盒子居中。同时，又将附角栌斗至转角铺作栌斗间的一小段独立出来，增设枋心。其合理性仅在同关联性构件结合时方能体现。若单从阑额彩画本身来看，则其构成元素左右各异，所增枋心亦偏于局促。

（2）普柏枋彩画构图

传法正宗殿普柏枋彩画的等级同阑额相适应。其多段式构图的组织与阑额构图相关联，其段落的划分通常与柱头或补间铺作之栌斗形成呼应。在普柏枋彩画的构图组织中，各类元素与栌斗对应的做法早在宋元时期便已司空见惯（插图112）。此类元素包括盒子、找头、箍头的前身，且以盒子为典型，当源自早期加固交接节点的金属构件。至清代中、晚期，山西地区同类彩画中仍可见到平板枋相关元素与坐斗、荷叶墩等构件的对应关系（插图113）。

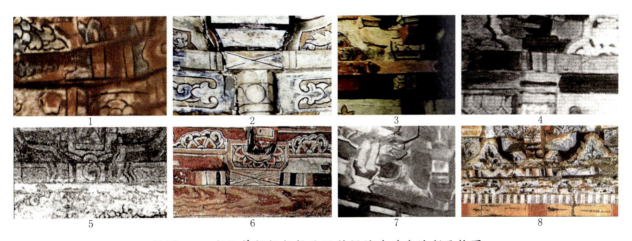

插图112 宋元普柏枋与柱头及补间栌斗对应的彩画构图

（1[宋]禹县赵大翁墓、2[金]汾阳北郊M5、3[宋]壶关下好牢墓葬、4[宋]天水王家新窑王氏墓；5[元]济南埠东村墓葬、6[金]长子小关村墓葬、7[金]闻喜下阳墓葬、8[宋]新安李村M1）

图片来源：1宿白. 白沙宋墓[M]. 北京：文物出版社，2002：图版7；2马昇. 中国出土壁画全集：第2册[M]. 北京：科学出版社，2012：181；3王进先. 山西壶关下好牢宋墓[J]. 文物，2002（5）：46；4甘肃省文物考古研究所. 甘肃天水市王家新窑宋代雕砖墓[J]. 考古，2002（11）：图版5；5刘善沂，王惠明. 济南市历城区宋元壁画墓[J]. 文物，2005（11）：61；6长治市博物馆. 山西长子县小关村金代纪年壁画墓[J]. 文物，2008（10）：63；7闻喜县博物馆. 山西闻喜下阳宋金时期墓[J]. 文物，1990（5）：88；8宿白. 中国美术全集：绘画编12[M]. 北京：文物出版社，1989：139.

[1] 朵殿与其建筑等级相适应，额枋彩画构图与正殿相比呈现出明显的简化趋势，主要体现在减少分段数、拉长枋心或盒子等方面。

1　　　　　　　　　　　　　　　　2

插图113　清代山西风土彩画中的平板枋、桁檩构图（1灵石资寿寺药师殿；2太谷净信寺三佛殿配殿）

　　传法正宗殿普柏枋彩画的构图组织中，两队画工的合作与分工分别体现在两个方面。就整体协调而言，其一，高等级普柏枋部分构图方式与当心间高等级阑额趋同（见插图90；插图111，Ⅰ）。中等级一般同构件比例相应而分为6段，枋心与盒子的长度亦较阑额有所增加。其二，如阑额以盒子居中，则普柏枋多数以枋心居中，反之亦然。因此，各间普柏枋中央多绘枋心，少用盒子，相邻各段相互交替[1]。

　　就自主安排而言，首先，两队画工在构图设计中，均将上下相邻的普柏枋与阑额进行了整体协调。东侧梢间沿用局部均衡的方式，仍未考虑彩画元素与补间栌斗的对应关系（见插图111，Ⅲ、Ⅳ）。西侧梢间随附角斗调整的阑额之上，普柏枋构图同样进行了针对性的变化（见插图111，Ⅴ、Ⅵ）。其次，各间端部与柱头栌斗对应的元素较为统一，东侧多用盒子，西侧多用枋心。后者同构造节点无关的枋心出现于此，多少淡化了彩画构图中的结构含义。

　　（3）素枋彩画构图

　　传法正宗殿斗栱之间的算桯枋、罗汉枋、柱头枋、承椽枋彩画等级与阑额趋同，仅局部有所降低。殿内系列素枋中，算桯枋在视觉感受上与普柏枋相近，其段落划分多同与之交接的两侧散斗，抑或中央齐心斗相关联。在宋元彩画中，撩檐枋、算桯枋类似构图已较为常见，但与散斗或齐心斗对应的元素沿袭了早期金属构件的意向，一般不包括枋心的前身（插图114）。清代中、晚期山西地区同类彩画中，桁檩位置仍可见到类似构图（插图115、见插图113）。

　　将中轴线两侧算桯枋彩画构图加以对比，可以看出东侧画工对画面丰富与局部协调的追求。东侧高等级算桯枋构图均与当心间高等级阑额趋同，由此形成同开间算桯枋与普柏枋或阑额构图的上下呼应（见插图90，1；插图111，Ⅰ）。中等级算桯枋彩画一般以箍头与散斗对应，各斗栱两散斗之间北向多绘枋心，南向多绘盒子。相邻斗栱间一般设置枋心，其比例受斗栱间距影响，部分进一步增长，个别间距偏长者将枋心一分为二。在梢间彩画中，因阑额、普柏枋构图未与补间栌斗形成对应，故二者居中元素与算桯枋上下错位（见插图91，1）。同东侧相比，西侧画工更加偏重简繁分化与整体性把控。其算桯枋彩画构图更为统一，除当心间高等级彩画外，不同等级普遍以箍头与散斗对应。各斗栱两散斗间算桯枋设盒子，相邻斗栱间绘枋心（见插图90，2；插图91，2）。因为阑额盒子居中者较多，且梢间构图随附角斗进行了调整，所以算桯枋与阑额、普柏枋构图多数存在上下呼应关系。

　　在相邻斗栱间，罗汉枋、柱头枋、承椽枋的构图组织同样呈现出两队画工设计思想的差异。罗汉枋与

---

[1]　同正殿相比，朵殿平板枋彩画的构图亦有简化趋势。

插图114　宋元撩檐枋或算桯枋与散斗、齐心斗对应的彩画构图

（1[宋]五彩遍装图样、2[元]长治南郊墓葬、3[金]甘泉柳河湾墓葬、4[元]屯留康庄M3；5[元]济南郭店镇墓葬、6[宋]禹县赵大翁墓、7[宋]定州静志寺塔基地宫、8[宋]安阳小南海墓葬）

图片来源：1故宫博物院. 营造法式：故宫藏钞本[M]. 北京：紫禁城出版社，2009：第34卷；2朱晓芳，王进先. 山西长治市南郊元代壁画墓[J]. 考古，1996（6）：图版8；3尹申平. 中国出土壁画全集：第7册[M]. 北京：科学出版社，2012：445；4山西省考古研究所，长治市文物旅游局，长治市博物馆，等. 山西屯留县康庄工业园区元代壁画墓[J]. 考古，2009（12）：图版16；5郑同修. 中国出土壁画全集：第4册[M]. 北京：科学出版社，2012：140；6宿白. 白沙宋墓：图版2；7曹凯，韩立森. 中国出土壁画全集：第1册[M]. 北京：科学出版社，2012：118；8李明德，郭艺田. 安阳小南海宋代壁画墓[J]. 中原文物，1993（2）：76.

插图115　清代山西风土彩画中的挑檐桁、拽枋、正心枋构图
（1[金构]浑源大云寺大雄宝殿；2太谷净信寺毗卢殿）

柱头枋在东侧变化较多，高等级3根构件或均以枋心居中，或其中1根转为盒子。中等级多数采用枋心居中的三段式构图，但其中1或2根一般会转为海墁式构图，同开间亦常有变化。西侧更趋统一，高等级除当心间外仅西次间有一处变化（见插图90，2）。此处罗汉枋将找头与箍头的组合居中、枋心置于两侧，浑源大云寺大雄宝殿柱头枋亦有类似做法（见插图115，1）。至于中等级，则3根构件普遍枋心居中。就承橼枋而言，东西两侧相同等级的彩画构图中，西侧箍头与散斗的对应关系显然更为明确（插图116）[1]。

---

[1]　朵殿仅南立面设置斗栱。此立面外檐彩画漫漶严重，内檐则因背离参礼者视线而普遍采用中等级。斗栱之间系列构件中，正心桁与额枋、平板枋彩画存在较为明显的呼应关系。拽枋、正心枋则趋于简化，乃至仅做攒退。北立面虽无斗栱之设，但内檐与参礼者视线相迎，彩画也相应提升为高等级。正心桁与其下枋件构图整体趋繁，分别以居中的枋心，以及找头与箍头的组合相互交替。

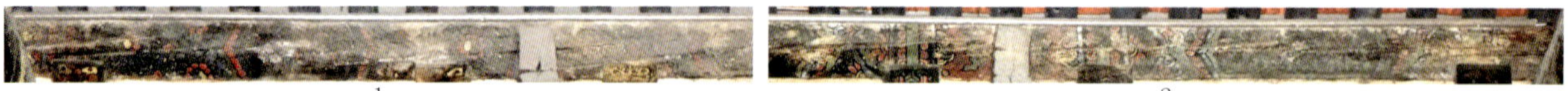

插图116 传法正宗殿东西两侧高等级承橼枋彩画构图比较（1 SdE1N；2 SdW1N位置）

插图117 传法正宗殿东西两侧脊槫、枋件（随槫枋、襻间枋）彩画构图比较（1 SaES★；2 SaWS★位置）

3. 槫枋类构件彩画构图

（1）脊槫彩画构图

传法正宗殿当心间设有藻井，故而仅两次间脊槫彩画露明。脊槫不仅处在中央参礼空间，而且位于正脊之下，具有重要的象征意义，4看面彩画亦均取高等级。此处脊槫较短，除西侧北向看面将找头与箍头的组合居中外，均采用枋心居中的三段式构图。在脊槫下部，中轴线两侧相互对称的3根枋件构图略有差别，系列枋件本身南北两面的构图则更趋统一。东西两侧构图组织的差异，进一步体现出两队画工繁简有别的设计思想。东侧枋件中，两根取三段式构图，一根将找头与箍头的组合居中、枋心分置两侧，同西侧系列素枋的高等级做法相近。同时，采用多段式构图的一根在南侧位置最高，在北侧位置最低（插图117，1）。西侧枋件整体趋简，统一取三段式构图（插图117，2）。

（2）上平槫彩画构图

正殿环状分布，且采用枋心式构图的上平槫及其下方枋件中，处在中央参礼空间的9个看面均取高等级。处在壁画周匝空间的4看面，则相应降为中、低等级。在壁画周匝空间，东西次间和梢间上平槫在等级设置上的差异，表明两队画工对次间的协调更加重视。具体而言，开间方向的东西两次间上平槫均统一为低等级，以衬托当心间与原绘观音像匹配的高等级彩画。进深方向的东西两梢间上平槫分别取中、低等级，呈现出更加灵活的组织。

高等级上平槫及其下方枋件彩画通常取多段式构图。在中轴线两侧相互对称的系列构件中，两队画工仅对重要性较高的扇面墙上方一组进行了较多的协调，进一步表明其对视觉感受的重视优于构件类型（插图118，1～2）。在正脊南北两侧相向设置的上平槫及枋件中，彩画构图区别较大，类似相应阑额在当心间和次间的构图差异（插图118，3～4）。就正脊南向系列构件本身而言，则其南北两面更趋一致，仅细部略有差异。将中轴线两侧枋件构图加以对比，则呈现出两队画工对纹饰变化与简繁秩序的不同追求。如次间与太平梁相交的上平槫下方，4根枋件中的3根均与斗栱衔接。此3根构件在东侧普遍随斗栱一分为二，各自组织三段式构图。与之相对，西侧上平槫下方随槫枋则悉数简化为海墁式构图。

中、低等级上平槫及其下方枋件彩画三段式与多段式兼施。在中轴线两侧，相互对称的系列构件构图差异较大。东西两侧上平槫相比，前者构图整体趋繁。在开间方向，东侧上平槫及上方两枋的构图方式与同向高等级彩画相近。下方两枋则简化为三段式，枋心长度随之增加（插图119，1）。西侧上平槫进一步简化为三段式，随槫枋则沿用了同侧高等级彩画的海墁式构图（插图119，2）。在进深方向，东西两侧上平槫构图均与同向高等级彩画相近，枋件依旧简化为三段式（插图119，3～4，见插图104，5～6）。

（3）下平槫彩画构图

正殿环状分布的下平槫及其下方枋件彩画虽然部分漫漶，但根据殿内彩画的整体组织推测，处在中央参礼空间的8个看面应取高等级；处在壁画周匝空间的24个看面当取中、低等级。在壁画周匝空间进深方向，中轴线两侧中央一间系列构件重要性突出，彩画均取中等级。至于殿内四角的次要看面，两侧彩画则局部降为低等级，其等级划分亦较为自由。就系列构件的构图组织而言，各等级较长构件和较短构件通常分别取多段式和三段式。但总体看来，当心间藻井边缘、殿内四角，以及靠近檐下斗栱的次要看面构图相对灵活。在较长构件内，中、低等级亦有三段式的简化做法；在较短构件中，则增加了多段式、套嵌图形等变化。

插图118　传法正宗殿东西两侧高等级上平槫、枋件构图比较
（1 NbE1S、2 NbW1S；3 SbE1N、4 SbW1N位置）

插图119　传法正宗殿东西两侧中、低等级上平槫、枋件构图比较
（1 NbE1N★、2 NbW1N★；3 Ec3E、4 Wc3W位置）

　　高等级下平槫及其下方枋件通常采用多段式构图，其组织方式较为多样。就次间而言，无论中轴线两侧相互对称的系列构件，抑或正脊南向各构件本身的南北两面均存在明显差异。此处襻间枋表面隐刻有翼形栱，属于元代常见做法。将中轴线两侧主要看面的襻间枋构图加以对比，则呈现出两队画工对此类节点的不同态度。东侧彩画构图并未对翼形栱进行充分考虑（插图120，1）。翼形栱较为突兀的插入找头之间，其长度对襻间枋找头长度，以及上下相邻槫、枋彩画中关联性元素的长度影响有限。西侧则将翼形栱与彩画构图有机结合起来（插图120，2）。翼形栱被作为盒子内的套嵌图形设置在两箍头之间，其长度对襻间枋盒子长度，以及上下相邻构件关联性元素的长度均有明显的控制作用。

　　中、低等级下平槫及其下方枋件彩画三段式与多段式兼施。在进深方向，中央一间主要看面构图在中轴线两侧仍然差异显著。就其中隐刻翼形栱的襻间枋而言，东西两侧依旧延续了高等级彩画的构图特征。东侧翼形栱同样对彩画构图影响较小（插图121，1）。翼形栱置于枋心套嵌图形之上，套嵌图形本身横向拉伸，以团花卷草为饰，同枋心锦纹形成对比。翼形栱纹饰则与套嵌图形趋同，显得可有可无[1]。与之相对，西侧同样设在枋心内的翼形栱则颇为醒目（插图121，2）。翼形栱整体作为套嵌图形出现，并通过所绘卷草纹浮于枋心锦纹之上。事实上，两侧画工对三椽栿端部相关节点的处理也不尽相同，且与翼形栱彩画的构思如出一辙。西侧画工同东侧相比，对砍削部分显然进行了更加充分、有序的调整（插图121，3～6）。

插图120　传法正宗殿东西两侧高等级下平槫、枋件构图比较（1 ScE1N、2 ScW1N位置）

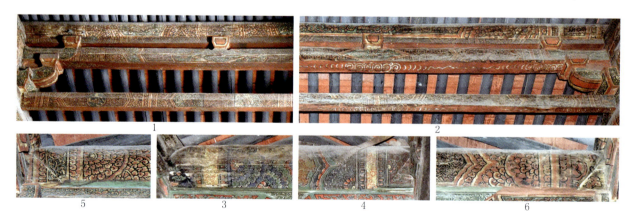

插图121　传法正宗殿东西两侧中等级下平槫、枋件构图及相关节点比较
（1～2 EfMW★、WfME；3～4 Ea2E、Wa2W；5～6 Ec2E★、Wc2W位置）

---

[1]　此处翼形栱尚通过清晰的边缘加以衬托。在东侧开间方向的主要看面，置于枋心内的翼形栱则未绘边缘，近乎消融于枋间（NcE1S）。

（二）梁枋彩画的典型纹饰

1. 彩画元素的组织方式

传法正宗殿梁栿、阑额、槫枋等主要水平构件彩画中，端部和中部找头、箍头、盒子3种典型元素的组合不尽相同。就构件端部而言，找头与箍头组合的雏形在宋、金时期业已出现（插图122，1～2）。元代盒子的增加，最终促成了3种元素的完整组合（插图122，3～4）。清代中、晚期山西地区同类风土彩画中，构件端部元素的组织方式主要包括两类。其一延续早期做法而仅设找头和箍头（插图123，1～2），其二则为3种典型元素的组合（插图123，3～4）。

永安寺正殿梁枋彩画中，端部元素的组织方式同样分为两类，差别仍在于盒子的有无（插图124）。受到多段式构图的影响，找头往往长度有限。找头旋花的组织方式以半整两破、1/4旋花和一整两破式为典型。同类风土彩画找头常见的多整多破式组合，抑或多路花瓣叠加的做法在此均较为罕见。正殿端部元素的基本特征包括两点，与同类风土彩画大体相近。首先，同开间梁枋彩画的关联性元素不强调上下对齐，各类元素的组合方式亦不求统一（见插图90、插图91、插图117、插图118）。

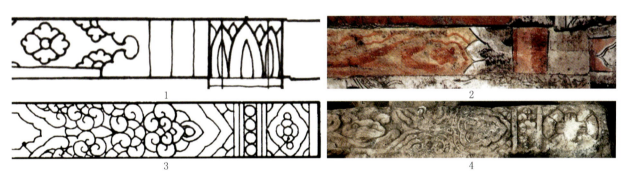

插图122　宋至元构件端部两种与三种元素的组合

（1[宋]禹县白沙M2、2[金]长子小关村墓葬；3[元]北京出土木构、4[元]涿州科举门）

图片来源：1宿白. 白沙宋墓：75；2长治市博物馆. 山西长子县小关村金代纪年壁画墓[J]. 文物，2008（10）：64；3王仲杰. 试论元明清三代官式彩画的渊源关系[G]//于倬云. 紫禁城建筑研究与保护：故宫博物院建院70周年回顾. 北京：紫禁城出版社，1995：165；4北京科举匾额博物馆藏。

插图123　清代山西风土彩画构件端部的两种元素组合

（1太谷净信寺三佛殿配殿、2繁峙秘密寺大雄宝殿；3灵石资寿寺水陆殿、4太原晋祠唐叔虞祠正殿）

插图124　传法正宗殿构件端部的两种元素组合（1 Ec2W、2 SbW1N；3 SaES★、4 SaWS★位置）

插图125　宋至元构件中部两种与三种元素的组合

（1[金]繁峙南关墓葬、2[元]涿州科举门；3[宋]禹县赵大翁墓、4[元]章丘龙山镇墓葬）
图片来源：1马昇.中国出土壁画全集：第2册：168；2北京科举匾额博物馆藏；3宿白.白沙宋墓：图版7；4郑同修.中国出土壁画全集：第4册：210.

　　其次，找头、箍头、盒子、枋心纹饰样式较多，相邻盒子与枋心往往以锦、花相间布置。在中轴线两侧，同类元素的组合往往存在差异。

　　就构件中部而言，宋元时期除仅取单一元素外，2至3种元素的组合已较为常见（插图125，见插图112、插图114）。清代山西地区同类风土彩画中，构件中部元素的组织方式主要包括3类。第一类为找头本身的组合，另两类分别沿用了早期找头与箍头的组合，以及3种典型元素的组合[1]（见插图113；插图109，1）。找头本身的组合以一整四破式旋花为典型，自明代晚期至清代，在晋北乃至北方地区均有广泛运用（插图126，1~2）。此外，尚有少量两破式旋花的组合（插图126，3~4）。

　　永安寺正殿梁枋彩画中，中部元素的组织方式同样分为3类，分别为1、2、3种元素的组合（插图127）。找头本身的组合同样以一整四破式旋花为典型，亦出现了个别两破式旋花的组合（见插图118，3）。整体看来，中部元素的基本特征与端部类似，中轴线两侧同类元素的组合方式亦存在微差。

---

[1]　构件端部与中部元素另有部分特殊组织方式，此处不一一列举。

插图126 明清晋北及北方地区构件中部的两种元素组合（1[明]五台显通寺铜殿、2[清]门头沟天仙圣母庙正殿；3[清]定襄龙宫圣母庙前殿、4[清]门头沟天仙圣母庙正殿）

插图127 传法正宗殿构件中部的3种元素组合（1 SbE1S；2 SbW1N；3 Wc2E位置）

2. 找头各类元素纹饰特征

（1）找头主要纹饰源流

清代旋子彩画体系内，找头旋花一般认为由宋代角叶中的两瓣如意头发展而来（插图128，1）。从宋代到清代，随着彩画构图由高度控制演为长度控制，两瓣如意头逐渐由纵列的整破如意头转为横列的整破旋花。宋代以降，整破如意头逐渐分离，由花瓣状向团花状过渡的实物较为常见（插图128，2）。在永安寺彩画中，少量找头仍留有整破如意头组合的痕迹（插图128，3）。清代和玺彩画体系内，找头圭线光一般认为由宋代角叶中的三瓣如意头发展而来（插图128，4）。清代圭线光仍呈花瓣状，且保持了早期花瓣的数量和纵列的一整两破式组合，其变化主要体现在花瓣的样式。经过较大程度的简化，圭线光同如意头相比，与莲瓣更为接近。在永安寺彩画中，个别找头则将早期遗存中的花瓣状纵列如意头（插图128，5），以及清代和玺彩画常见的直线莲瓣结合起来（插图128，6）。值得注意的是，此类特殊找头多见于中轴线东侧，进一步体现出相关画工对纹饰丰富性的追求。

永安寺花瓣状如意头与直线莲瓣组成的复合找头中，两类元素虽然在样式上大相径庭，但二者

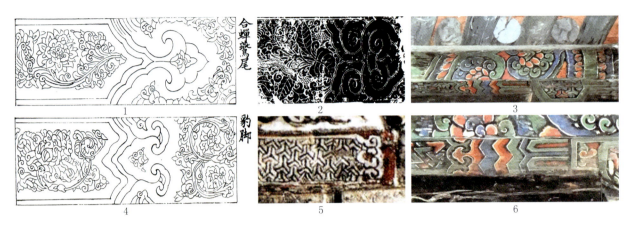

插图128　角叶分类发展及其与传法正宗殿特殊找头的联系

（1[宋]两瓣如意头图样/合蝉燕尾、2[元]芮城下段村创建玄逸观碑刻纹饰横置、3 SbE1S位置；4[宋]三瓣如意头图样/豹脚、5[金]屯留宋村墓葬、6 SbE1N位置）

图片来源：1/4故宫博物院. 营造法式：故宫藏钞本[M]. 北京：紫禁城出版社，2009：第33卷；2山西省考古研究所. 山西碑碣[M]. 太原：山西人民出版社，1997：286；5山西省考古研究所，长治市博物馆. 山西屯留宋村金代壁画墓[J]. 文物，2008（8）：57.

均演自如意头，属于同源纹饰。在构件端部，两类花瓣构成的复合形式在宋、金时期业已出现（插图129，1）。元代与找头横向扩展的需求相适应，此类复合形式主要向两个方向发展，分别成为旋子与和玺彩画找头的前身，其影响亦悉数体现在永安寺彩画中。第一种在横列如意头与枋心之间增加样式有别的纵列花瓣，由此保持了纹饰类型的统一（插图129，2）。清代旋子彩画找头同样以横列旋花为主体，并在整破旋花之间增设单路瓣、双路瓣、金道冠等纵向排列的同源纹饰。永安寺多数找头的构成逻辑同旋子彩画相仿，但纵列花瓣的位置仍处在旋花与枋心之间。第二种在两种纵列花瓣之间增加补充纹饰，使找头纹饰的类型更加丰富（插图129，3）。清代和玺彩画找头虽然仅含一种纵列的圭线光，但在圭线光与枋心之间补充了升降龙、西番莲等纹饰。在山西清代早期的彩画实物中，尚有将上述两种做法相互结合的找头形式（插图129，4），永安寺部分找头亦有类似处理（见插图133，6）。

　　上述两类复合形式的源流分析表明，清代旋子彩画体系中，找头纹饰主要基于横列和纵列同源的花与瓣。和玺彩画体系中，找头则由1～2种纵列花瓣与补充纹饰构成。这样看来，永安寺花瓣状如意头与直线莲瓣组成的复合找头虽然在样式上与和玺彩画有类似之处，但其组织逻辑更接近旋子彩画（见插图128，6）。同时，直线莲瓣的样式（另见插图107，1丁栿端部副箍头）当非出自和玺彩画的直接影响。因为此类纹饰虽然流行于清代中、晚期，但自宋至明均可见到（插图130）。

　　在清代中、晚期的旋子彩画中，如意头的渊源使团花状旋花呈现出明确的朝向。其头路瓣卷曲的方向，二、三路瓣的排列方式与尾瓣处理，以及旋眼的样式均承袭了两瓣如意头的方向（插图131，见插图128，1）。同时，整破旋花的方向差异也得以反映如意头尖端逆向的组合方式。然而，永安寺及同类彩画却出现了较多整旋花面向枋心的做法，与两瓣如意头中的整如意头朝向相逆。参考元明彩画可知，彼时横列的旋花尚与纵列的如意头存在较多联系，故而逆向做法较少。清代中、晚期相关风土彩画中的旋花已由花瓣状转为团花状。无论团花状旋花的方向如何，均不会影响其圆形边缘及整破相间的组合方式。随着其内在逻辑的失传，逆向做法自然会有所增加。

插图129　找头两类复合形式及二者结合的做法
（1[金]济南大官庄M1、2[元]永济永乐宫三清殿、3[元]永乐宫重阳殿；4[清]隰县小西天大雄宝殿）
图片来源：1郑同修. 中国出土壁画全集：第4册：89.

插图130　清代和玺彩画找头与历代莲瓣样式（1[清]福佑寺后殿内檐、2[清]承德殊像寺会乘殿；3[宋]
定州静志寺塔基地宫、4[元]章丘龙山镇墓葬、5[明]五台显通寺铜殿柱顶横置）
图片来源：3曹凯，韩立森. 中国出土壁画全集：第1册：116；4郑同修. 中国出土壁画全集：第4册：205.

（2）找头旋花纹饰特征

与起扎谱子工艺规范下的旋子彩画不同，传法正宗殿找头旋花样式颇多，其复杂程度通常因等级而异，具有鲜明的地方特征。在兼具重要性和代表性的4根四椽栿表面，画工根据参礼者的关注程度对高等级彩画进一步划分，由此形成复杂程度由高到低的3种类型，分别绘于当心间2看面、两次间4看面和梢间2看面。构件端部旋花的基本特征包括以下3点。首先，整破旋花样式大体趋同，其中有朝向者端部的整花或半花时常与旋子彩画相逆。无朝向者多绕圆心排列，组织方式更为灵活。其次，头路瓣外围增加了宽窄不一的边缘，往往在圆形基础上有所变化。复杂者由一圈细密的如意头构成，简单者仅设一至数段曲线。最后，旋花通常路数、瓣数较多，与构件高度相适应，多者可达7路。各路花瓣大小不一，其排列方式及其与旋眼的匹配关系变化较多，花瓣和旋眼的样式也不尽相同。部分添加抱瓣的做法，以及旋眼中石榴头或如意头与莲座的组合尚具明代传承。与端部相比，中部旋花在典型的一整四

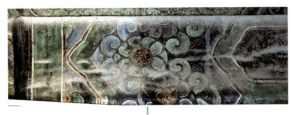

插图131 清代中、晚期旋子彩画找头的团花状旋花
（1承德普宁寺北俱卢洲喜相逢；2北京广福观三清殿一整两破）

破式组合内，中央整花不仅在朝向上不求统一，而且少数甚至转换为团花卷草（见插图104，4、6）[1]。

永安寺找头旋花中，端部以半整两破式最为常见，其完整形式近于喜相逢或一整两破，高长比在1/1.5左右，具有一定的早期特征。此类找头以四椽栿在当心间的看面为代表（插图132，1～2）。就朝向而言，东西两侧旋眼均与旋子彩画相逆，但其做法有合理之处。因为在半整两破的组织方式中，如果半花的旋眼背离枋心，则石榴头会被箍头遮挡，无法完整呈现。就色彩而言，整破旋花之间，以及各路花瓣之间青绿交替，仅三路瓣转为红色。旋眼黄色石榴头端部以红色点缀，具有明代遗风。就画法而言，旋花边缘于双墨线内涂黄，形成类似金线的效果。各路花瓣一般取烟琢墨平涂，体现等级的红色部分多施烟琢墨攒退。部分特殊花瓣边缘点白、内部绘出细丝，或与同期流行的拆垛、拨金技法相关。与当心间相比，四椽栿同属高等级范畴的次间看面有所简化。旋花的路数虽然随着枋心两端团花卷草的减省而增加，但红色花瓣的数量显然有减无增（插图132，3～4）。

将当心间两侧四椽栿找头旋花加以比较，可以看出二者从整体构成到细部画法均有区别（见插图132，1～2）。在边缘部分，两侧均由如意头构成，但西侧如意头之间增加了系列黄色宝珠。在半花部分，两侧均由卷瓣、牡丹花瓣、西番莲瓣、双卷瓣4路构成，其样式则东侧圆润而西侧细瘦。两侧旋眼与旋花的整体比例，以及莲座与石榴头的局部比例也存在明显差异。通过两侧旋花的比较，尚可看出东侧画工的画风更为自由。其半花头路瓣绕圆心排列，二、三路瓣上下对称，排列方式为同旋眼匹配而与旋子彩画相反。西侧各路花瓣均上下对称，头路瓣的卷曲方式亦与旋子彩画一致。东侧破花变化更大，其3路与4路纹饰互换，且另增一路牡丹花瓣。将次间两侧四椽栿找头旋花加以对比，则其朝向、边缘、路数、样式、排列、比例均呈现出更为显著的差异（见插图132，3～4）。同时，两侧花瓣类型又增加了巴达马、莲瓣，乃至太极图案，充分显示出民间画工对纹饰丰富性的追求。

构件端部的1/4旋花找头以阑额、丁栿为代表，后者整体趋简。此类找头中，高等级旋花的色彩及画法与半整两破式大同小异（插图133，1～4）。中、低等级旋花不做色彩交替，画法基于烟琢墨攒退，以章丹、黄两色的变化增加层次感。其中行粉的减省，尚留有明代遗风。在边缘部分，阑额旋花仍有类似金线的画法（插图133，5～6），丁栿则将此细节略去（插图133，7～8）。中轴线两侧对称构件中，此类找头依旧各具特色。首先，东侧旋花边缘除如意头做法外多绘作单段平直曲线，部分近于直线；西侧则以多段弧度较大的曲线为代表，两侧的差异甚至反映在当心间同一阑额两侧（见插图133，1～2）。其次，次间阑额中，东侧旋花路数与当心间一致、三路西番莲瓣以黄衬青、旋眼设红色莲座（见插图133，3）。西侧减少一路花瓣、未设西番莲瓣、旋眼无朝向且周边以红色莲瓣环绕（见

---

[1] 朵殿另有将旋花转换为西瓜的做法，同民居装饰更为接近。

插图132　传法正宗殿当心间、次间东西两侧四椽栿半整两破式旋花纹饰比较
（1 Ea1W、2 Wa1E；3 Ea1E、4 Wa1W位置）

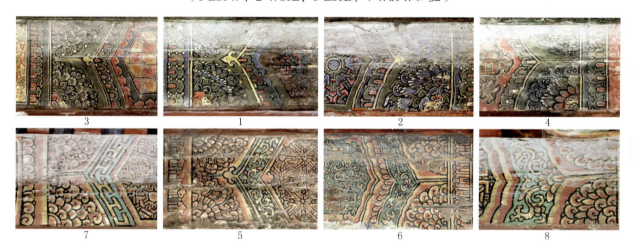

插图133　传法正宗殿东西两侧1/4旋花找头纹饰比较
（1～2 SdMN、SdMN★；3～4 SdE1N、SdW1N；5～6 NdE2S、NdW2S★；7～8 SbE2N1★、SbW2N1★位置）

插图133，4）。凡此种种，与次间东西两侧四椽栿旋花的差异如出一辙（见插图132，3～4）。两侧相比亦可看出，东侧旋花整体趋繁。在阑额两朵破花之间，东侧多数会添加一枚如意头。在中等级阑额彩画中，东侧旋花边缘时常会加入少量绿色。

（3）旋花边缘及相关纹饰

永安寺正殿及朵殿内，构件端部半整两破式旋花的组织方式近于喜相逢，但半花覆于破花之上。一整两破式则整、破旋花多数各设一道较宽的边缘。二者之间往往形如相互穿插的纵列如意头，其中部及上下两端常以尺寸较小的云头或如意头加以点缀（插图134，1～2）。在构件中部，典型的一整四破式旋花中，整破旋花之间亦与端部同构（插图134，3～4）。此类特殊的边缘样式在明清时期晋北地区的风土彩画中较为常见（插图135），可能与明代整破旋花之间的纵列如意头有关（插图136，1）。

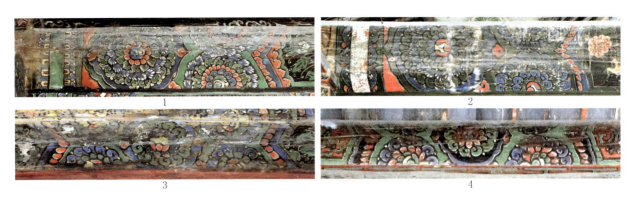

插图134 永安寺典型的一整两破及一整四破式旋花（1 SbE1N、2东朵殿★；3 NbE1S★、4 Wc3E位置）

插图135 明清晋北地区整破旋花间的穿插如意头状边缘
（1[明]代县城隍庙寝殿、2[明]朔州崇福寺观音殿；3[清]定襄龙宫圣母庙前殿、4[清]浑源圆觉寺塔心室）

插图136 明代整破旋花间的纵列如意头及其源流（1[明]北京智化寺如来殿；2[宋]定州静志寺塔基地宫斗栱、3[元]济南千佛山墓葬檐柱、4[明]北京花市清真寺礼拜殿）
图片来源：2曹凯，韩立森. 中国出土壁画全集：第1册：116；3郑同修. 中国出土壁画全集：第4册：199.

相关纹饰与两瓣如意头同源（见插图128，1），其相互穿插、呈现立体效果的做法在宋元时期的二方连续组合中业已出现（插图136，2～3）。至明代，其直线化的同源纹饰仍然运用较广（插图136，4）。

岔口线和枋心头同样与旋花边缘密切相关，前者处在岔口与楞线之间，后者位于枋心线端部。二者样式的变化，显示出彩画构图中找头重要性的逐渐弱化。在明代早、中期，彩画构图延续宋代传承而以找头为主导，彼时流行的空枋心做法亦使枋心不甚突出。作为找头与枋心的交界线，岔口线以找头旋花为基础，形成对找头呈外弧、对枋心呈内弧的形式（插图137，1）。枋心头虽属枋心范畴，但大多仍相对枋心而呈内弧。在明代晚期，岔口线变化不大，部分枋心头则随着枋心重要性的增加，开始由内弧转为外弧。同时，一些枋心头还引入了同样源于两瓣如意头的复杂样式（插图137，2）。

清代早、中期山西风土彩画中，部分弧线逆向的岔口线和枋心头当出自明代晚期的传承（插图137，3～4）。另一部分依旧沿用了明代早、中期弧线同向的岔口线和枋心头（见插图129，4）。永安寺彩画中的枋心头通常与岔口线弧线同向，多由数段曲线构成，其弧度在中轴线西侧尤为明显。枋心头样式较多，除演自两瓣如意头的系列纹饰外，尚有纵列如意头做法，甚至整个枋心线均由二方连续的如意头构成。明清时期的两瓣如意头类枋心头中，居中的如意头尖端往往背离枋心（见插图137，2～4；插图133，4、6、8）。与之相对，东侧居中者则多数面向枋心而设（见插图133，3、5）。中轴线两侧对称构件的其他细部画法亦不尽相同。如东次间阑额中，如意头组成的枋心线内侧另增一道枋心线（见插图133，3），西次间则将岔口线略去（见插图133，4）。

传法正宗殿找头除作为主体的横列旋花外，主要元素还包括样式有别的纵列花瓣，以及与角叶演化无关的补充纹饰。在彩画中，主要起到调整构图比例、丰富纹饰类型的作用。纵列花瓣通常绘于旋花与枋心之间的岔口内，同旋花边缘毗邻。其简繁程度与旋花相适应，样式以莲瓣、西番莲为基础，另有巴达马、如意头等变化。补充纹饰高等级见于岔口与楞线之间（见插图132，1～2）。中等级东侧位置不定；西侧多绘于旋花与岔口之间，同和玺彩画的构成更为相近（见插图133，6、8）。其类型包括团花卷草、卷草、丁字锦等，少数亦绘作巴达马。丁字锦类可能与明代晚期至清代中期北方地区风土彩画中流行的包袱边纹饰相关，在清代晚期晋北地区的风土彩画中仍可见到（插图138，见插图109，3）。

（4）找头纹饰的色彩组织

永安寺色彩丰富的高等级彩画整体青绿相间，重要位置以红色点缀，其色彩的运用尚具明代旋子彩画遗风。红色的等级含义在《明会典》内有明确反映："洪武三年（1370），令寺观庵院除殿宇、梁栋、门牖、神座、案卓许用红色外，其余僧道自居房舍并不许起造斗栱、彩画梁栋及借用红色什物、床榻、椅卓。"[1]青绿大色中，青色通常重要性较高，当与青为正色、绿为间色的属性相关，清代官式彩画亦"以青色为重"[2]。

同旋子彩画相比，永安寺彩画等级的差异、构图的变化和元素类型的增加使找头纹饰难以进行标准化的色彩配置。在高等级彩画中，与找头旋花密切相关的各类元素可以根据其在色彩组织中的重要性分为两大类别，第一类规律性较强、具有整体控制作用。第二类趋于多样，呈现出更大的开放性。以典型的半整两破式旋花为例，第一类包括半花边缘、破花边缘、岔口、楞线4类元素，多数以青、

[1] 〔明〕徐溥，等. 明会典，卷59[G]//永瑢，纪昀，等. 景印文渊阁四库全书. 影印本. 台北：台湾商务印书馆，1986.
[2] 王璞子. 工程做法注释[M]. 北京：中国建筑工业出版社，1995：42.

插图139 传法正宗殿当心间东西两侧四椽栿箍头团花卷草纹饰比较（1/3 Ea1W；2/4 Wa1E位置）

插图140 传法正宗殿东西两侧构件箍头同类纹饰比较
（1～2 Ec1W、Wc1E；3～4 SdMN、SdMN★；5～6 SdE2N★、SdW2N★；7～8 SbE1S★、SbW1S★位置）

插图141 莲瓣端部的如意头形象及如意头的逆向组织（1[唐]五台佛光寺东大殿柱础、2[清]北京北海九龙壁须弥座；3[清]北京福佑寺山门须弥座、4[明]南京明孝陵神功圣德碑楼须弥座）

插图142 箍头波状卷草的关联纹饰（1北京宁郡王府正殿吉祥草纵置、2五台显通寺大文殊殿找头纵置；3~4北京花市清真寺礼拜殿贯套箍头；5浑源圆觉寺塔心室墙边纵置）

（2）盒子

永安寺彩画中，盒子与枋心的重要性几乎相当，尤以横向拉长的盒子为典型，其高长比的差异由此显著增大。部分盒子与箍头构成类似，两侧亦增加了纵列纹饰。旋子彩画活盒子一般在曲线构成的菱形边缘内组织各类纹饰，其周边另设岔角。永安寺多数盒子虽然不设岔角，但部分与上述活盒子构成相仿，同样在矩形内套嵌有圆形及各类衍生图形（插图143）。此类盒子一般以套嵌纹饰为重点，后者边缘复杂者仍会增设如意头或巴达马。旋子彩画及永安寺盒子均含博古、异兽、写生花、团花卷草等纹饰。以此为基础，传法正宗殿又增加了大量别子锦和少量云纹，并以各类几何、植物纹饰为代表，高、中等级多施绿地（插图144）。盒子周边多数绘有一道类似楞线的边缘，部分亦增设如意头，同样有尖端逆向的两种做法。此边缘高等级多用绿色，施烟琢墨平涂；中、低等级多用攒退。在中轴线东西两侧的对称构件中，部分盒子纹饰类型与枋心趋同（插图145）。两侧盒子在纹饰、色彩、画法等方面同样存在差异。

盒子几何纹饰以锦纹为代表，在山西同类风土彩画中的运用十分广泛。永安寺及同期风土彩画中，相应锦纹的类型和画法呈现出较为明显的复杂性和多样化特征。此类锦纹以别子锦为典型，另有万字锦等做法，较多采用直线形式。别子锦的组织主要包括三角形、四边形、六边形、八边形本身的穿插，以及各类多边形和圆形的穿插。其高长比通常在1/1左右，图案单元具有明显的程式化特征。整体来看，当图案单元构成复杂时重复率较低，反之则重复率增加。在梁栿等重要位置，不仅图案单元构成复杂，而且局部还会匹配夔龙、夔凤、仙鹤、寿字、福字、团花等纹饰，由此增加了图案的吉祥含义（插图146，1~2；见插图127，3）。在同期北方地区彩画的相关锦纹中，类似做法亦较为常见（插图146，3~4）。别子锦高等级多以青、绿、红、黄4色或青、绿、红3色交替，画法以烟琢墨平涂为典型，重点位置亦做攒退。中等级往往无色彩交替，纹饰多施烟琢墨攒退而不用行粉。万字锦与曲水类有别，并未突出表现纹饰的立体感。典型者万字以白线描边，东侧以平涂为主，西侧局部攒退（见插图143，1~2）。

盒子植物纹饰在山西风土彩画中同样运用广泛，亦具有显著的多样化特征。永安寺盒子内植物纹饰的类型主要包括图案化的团花卷草，以及偏重写实的写生花，以前者为代表，通过软画法与各类锦

插图143　传法正宗殿东西两侧对称构件盒子套嵌做法比较（1 SdE1N、2 SdW1N；3 EgSW★、4 WgSE★位置）

纹形成对比。盒子团花卷草与箍头同类纹饰相比，更接近花草并重的做法（见插图144，5～6；插图145，1）。其骨架仍以波状卷草为基础，虽然简化乃至略去了早期翻卷的叶片，但枝条蔓生，尽可能布满画面，从而呈现出繁密如织、近于锦纹的特点。盒子团花的排布相当于箍头整破交替团花的四方连续组合，在类型、细节等方面则更加多样（见插图139）。一些团花下部以卷草勾勒出花瓶的形象（见插图144，5），尚有明代流行纹饰的遗韵（插图147）。就色彩而言，高等级团花卷草多以青花绿草或红花绿草与绿地匹配，两种绿色时常深浅有别，以利对比，其画法多取烟琢墨平涂。中、低等级团花卷草的画法与箍头同类纹饰大同小异。

　　永安寺盒子彩画中，写生花、博古、异兽常作为重要纹饰施于套嵌图形内部。其内容相对丰富，注重吉祥含义的表达，但往往与佛教无关，普遍适用于其他彩画类型。写生花多施于高等级彩画，与

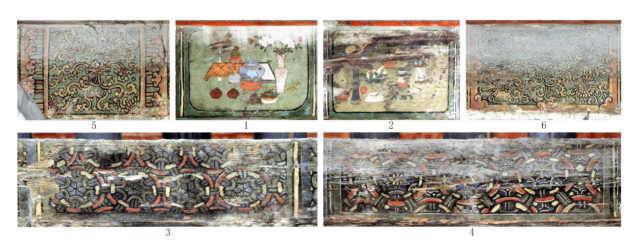

插图144　传法正宗殿东西两侧盒子纹饰比较
（1～2 Ea1W、Wa1E；3～4 SdMN★、SdMN★；5～6 SdE2N、SdW2N★位置）

插图145　传法正宗殿东西两侧对称构件盒子与枋心同类纹饰比较
（1～2 Ea2E、Wa2W；3～4 EgMW★、WgME★位置）

插图146　传法正宗殿次间东西两侧四椽栿盒子别子锦与同类纹饰比较
（1 Ec1W、2 Wc1E位置；3应县净土寺大雄宝殿、4北京花市清真寺礼拜殿）

清代晚期的折枝花相比枝干更显柔和，且程式化特征不甚显著（见插图143，1～2）。其类型包括莲花、牡丹、菊花等，花头的重要性较枝干有所增加。此类纹饰更加接近实物，不同种类的花、叶亦特征分明。写生花的色彩同样近于实物，多与绿地匹配。其叶片深浅不一，花头一般作染。博古在中轴线东侧中等级套嵌图形内以福、寿等图案化的文字表达，通过绿地对黄色纹饰加以衬托（见插图143，3）。在当心间两侧四椽栿最为复杂的高等级彩画中，则于整个盒子内设置各类器物、花果，其间穿插琴棋书画等内容，色彩也更加丰富（见插图144，1～2）。异兽常施于中等级彩画，以状如麒麟者为典型，时常通过身侧火焰显示神异，多数仍取绿地（见插图143，4）。少数套嵌图形内部异兽用章丹地，外部则以绿地岔角花取代锦纹。

（3）枋心

传法正宗殿彩画中，枋心纹饰与盒子相近而趋繁，同样有系列套嵌做法。套嵌图形一般仅取一幅，居中设置（插图148，1～4）。少数较长枋心内，尚有多幅并置的特殊做法（插图148，5）。在晋北地区风土彩画中，亦可见到类似组织（插图149）。此外，殿内另有部分横向拉伸、比例近于枋心的套嵌图形（插图148，6；见插图119，1）。类似变化亦见于朵殿平板枋（见插图86），同枋心中央套嵌较长盒子的做法有相似之处（见插图104，2）。枋心纹饰类型在盒子基础上有所增加，包括典

插图147 明代与花瓶匹配的团花卷草（1北京智化寺如来殿；2 五台显通寺铜殿）

型的几何、植物纹饰，以及龙纹、夔龙、博古、异兽、云纹等。在套嵌做法中，锦纹多数作为衬地；少数施于套嵌图形，且后者基本集中在东侧，由此呈现出两侧画工的风格差异。枋心周边的部分枋心头、枋心线增设如意头，包括尖端逆向的两种做法，其样式、画法亦较盒子趋繁。作为枋心边缘的楞线，高等级多以绿色平涂，重要位置转为红色攒退；中、低等级一般取章丹色、多用攒退。

插图148 传法正宗殿东西两侧枋心套嵌做法比较
（1～2 NdE1S、WgME★；3～4 EfMW★、NdW2S1；5～6 Ec2E★、WgSE★位置）

龙不仅是地位和威严的象征，而且属于护持佛法的八部众之一。传法正宗殿重要性突出的4根四椽栿枋心即绘有系列行龙，其复杂程度由高到低分为3类，前两类均属高等级。第1类绘于当心间两侧，与波状卷草组织的蔓藤花卉相匹配[1]（插图150，1～2）。龙穿于花间的做法从宋《营造法式》压阑石图样、宋代石刻遗存[2]、永乐宫三清殿外檐元代木雕，到晋北明代彩画枋心屡见不鲜，大多呈现出波

[1] 当心间二龙各配一珠，其中央设置卯口，可能曾经悬挂宝幡。与之相比，次间、梢间二龙仅配一珠。
[2] 河南省文物考古研究所. 北宋皇陵[M]. 郑州：中州古籍出版社，1997：214.

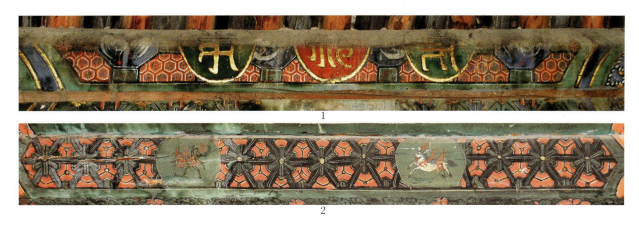

插图149 清代晋北地区枋心多幅套嵌图形并置做法（1～2繁峙秘密寺文殊殿）

插图150 传法正宗殿当心间、次间、梢间东西两侧四橡栿方心行龙比较
（1～2 Ea1W、Wa1E；3～4 Ec1W、Wc1E；5～6 Ec1E、Wc1W位置）

状骨架对行龙姿态的整体控制（插图151，1）。永安寺行龙的波状骨架大体分为3段，以波峰居中。在整体形态上，其肢体伸张、强健有力，且昂首瞋目、须发飞扬、五爪圆撑如轮，周身火焰缠绕，近于明末至清初官式彩画及其影响下的行龙样式（插图151，3～4、见插图109，2）。在细节处理上，两侧行龙肘毛均短粗如针，与晋北同期行龙样式相近（插图151，2）。同时，东侧行龙头部硕大、龙口大张、膊旁火焰柔和；西侧行龙头部较小、龙口微合、膊旁火焰曲折，各具特色。两侧宝珠的大小、样式亦差异显著。蔓藤花卉以牡丹为主体，画法介于写生花和团花卷草之间，在中轴线两侧均花团锦簇、繁密如织。两侧相比，则东侧更注重枝干的表达，西侧则于繁茂的绿叶间添加红芽。就色彩而言，两侧行龙整体均取黄鳞、绿腹、红焰；蔓藤花卉红花、绿叶，以较为少见的青地与红色楞线匹配。行龙鳞片悉数绘出，攒退做法较多；花卉、叶片亦深浅各异。

后两类行龙分别绘于东西次间和梢间，均与遍布枋心的云纹匹配，且较第1类趋简。龙行于云间的做法见载于宋《营造法式》五彩遍装："如方、桁之类全用龙、凤、走、飞者，则遍地以云纹补

插图151   明清北方地区彩画枋心行龙比较（1[明]大同善化寺大雄宝殿、2[清]定襄龙宫圣母庙前殿；3[明]北京承恩寺天王殿、4[明末清初]五台塔院寺大慈延寿殿）

空"[1]，在明清彩画中亦较为多见。第2类高等级行龙的样式与当心间相近，东侧龙口大张、西侧龙口微张，宝珠的区别更加明显（插图150，3～4）。云纹在中轴线两侧均遍地铺衬如锦，少数凝结成点。二者相比，东侧多聚为四合云状，并朝四向伸展；西侧多取散云，以不同样式的云片进行四方连续组合。两侧行龙周身火焰的色彩较为特殊，均由通行的红色转为青色；云纹则分红、青、绿3色，以黑地及绿色楞线匹配。行龙和云纹仍然多施攒退。第3类中等级行龙须发均聚于脑后，更具明代特征（插图150，5～6）。中轴线东侧龙头更为硕大，龙爪随等级降为四爪；西侧龙头缩小，仍绘五爪。两侧云纹均有所简化，样式更趋自由。行龙和云纹色彩基于黄色和章丹两色，以绿地及章丹色楞线匹配。龙鳞除完整绘出者外，东侧局部简化为斜线网格形式；西侧简化为数道排布紧凑的短曲线。行龙画法以平涂为主，云纹仍施攒退。

枋心典型的其他4组纹饰中，首先，几何纹饰仍以各类别子锦为代表，高等级多以4色或3色交替（插图152）。另有少量宋锦类纹饰，局部同样匹配万字、寿字等，色彩和画法均无固定模式（见插图90，阑额）。其次，植物纹饰以团花卷草和蔓藤花卉为代表，均取波状骨架。团花卷草在较长枋心内通常采用二方连续组合，其中团花往往随骨架的起落而朝向有别（插图153，1～2）。在较短枋心内，部分与盒子类似而取四方连续组合，亦有增加花瓶的做法（插图153，3～4）。高等级团花卷草多以青花或红花与红地或绿地匹配。蔓藤花卉常见于高等级彩画，其骨架通常由细密、平行的黄色曲线构成，较长枋心内的花卉亦朝向有别。此类纹饰多以青、绿、红、黄等花卉与黑地匹配，并增设较多绿叶，部分同样添加红芽，尤以西侧居多（插图153，5～6）。再次，夔龙、博古、异兽、写生花常见于中等级套嵌图形内，其中卷草化的夔龙通常取降龙形式。此类图像除写生花外，多以黄色纹饰与绿地或章丹地匹配。最后，云纹多施于中、低等级彩画，大体分为四合云状和散云两类，组织方式与次间、梢间四椽栿枋心云纹相仿。

[1]   故宫博物院. 营造法式：故宫藏钞本[M]. 北京：紫禁城出版社，2009：第14卷.

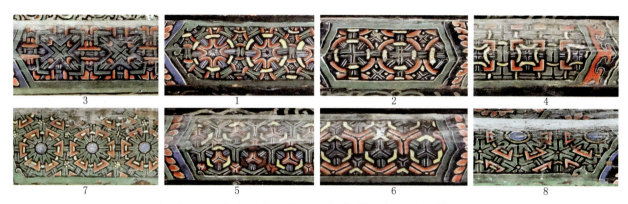

插图152 传法正宗殿东西两侧高等级枋心别子锦比较
（1～2 SbE1N、SbW1N；3～4 Ec2W、SbW1N；5～6 SbE1N、ScW1N；7～8 Ea2E、WeE★位置）

插图153 传法正宗殿东西两侧枋心植物纹饰比较
（1～2 SaES★、SbW1N；3～4 EgSW★、WgNE★；5～6 SbE1N、Wa3W位置）

（三）其他构件的彩画做法

1. 矩形表面彩画做法

（1）平棊彩画

传法正宗殿平棊布于当心间两藻井周边，分为矩形及与之同构的三角形两类。其中八角井周边共安矩形平棊27块、三角形平棊12块；六角井周边安矩形平棊22块、三角形平棊4块。因平棊彩画原迹所剩无几[1]且位置多有更动，故此处暂不做方位及对比分析。典型的矩形平棊周边，同支条对应的平棊贴刷绿，与内侧红色的井口线通过补色加以对比。平棊本身由圆光和岔角两部分构成，分别以蔓藤花卉和云纹为饰。圆光与岔角之间以一道圆光线相隔，色彩主体用绿；其粉线居中或在外，部分施晕色。

永安寺平棊圆光蔓藤花卉的样式大体分为两类。第一类与八角井外层同类纹饰相仿，整体以中央团花为核心，由波状骨架组织，通过细密的多重枝条将花卉分为相间排列的两组（插图154，2）。其中盛开者向心而设，待放者离心而置，分别勾勒出正、倒两个三角形。花卉周边的绿叶间局部添加红芽，与黑地相匹配。第二类构成与第一类相仿，但更接近写生花，且特别突出了枝条主干及其膨大而卷曲的端部（插图154，1）。在明代同类纹饰中，波状骨架亦有与之接近的两种样式（插图154，4、3）。黑地写生花做法在明代天花彩画中也较为常见，典型者如大同善化寺大雄宝殿、应县净土寺大

[1] 旧照见李玉明，主编. 山西古建筑通览[M]. 太原：山西人民出版社，2001：87.

插图154　传法正宗殿矩形平棊两类蔓藤花卉与明代同类纹饰比较
（1～2传法正宗殿平棊★；3～4五台显通寺铜殿绦环板）

雄宝殿、灵石资寿寺药师殿等。永安寺平棊岔角云纹呈四合云状，与枋心四合云相仿，同样朝四向伸展。就色彩而言，中央与四向云片复杂者分取4色，相互交替；简单者仅以冷色与暖色相间。平棊岔角均取绿地，云纹施玉做。

三角形平棊相当于在矩形平棊基础上，将圆光扩大至整个构件。此类平棊仍以两类蔓藤花卉为饰，骨架亦含有差异显著的两种样式。其花卉包括牡丹、莲花、西番莲等，盛开者靠近各角，待放者布于中央及两锐角尖端，均面向藻井设置。参考枋心同类纹饰推测（见插图150，1～2），东侧可能更接近写生花，注重枝干的表达（插图155，1、3）；西侧枝条可能较为细密，并局部添加红芽（插图155，2、4）。

（2）柱头、柱身上部彩画

传法正宗殿共设檐柱16根、内柱4根、蜀柱9根[1]。多数柱头（柱身上部）看面虽有弧度，但大体呈矩形。明清时期归于旋子彩画体系的风土彩画中，柱头（柱身上部）构图往往参照与之交接水平构件的数量和位置，分为多寡不一的数段（插图156）。永安寺柱头（柱身上部）彩画的构图方式和等级设置亦与周边的主要水平构件相适应，柱身普遍红油[2]。其中檐柱柱头与阑额交接，彩画始于柱顶，止于阑额下皮，构成类似纵置的盒子。目前柱头彩画漫漶较为严重，现存者根据所处空间分为高、低两个等级。高等级主体绘别子锦，与阑额箍头的团花卷草形成对比（见插图90），其上下两端亦增加了与箍头两侧类似的莲瓣。中轴线两侧柱头相比，别子锦边缘东侧仅一道行粉（插图157，1、3），

---

[1]　殿内西梢间三椽栿与上平槫之间的一根蜀柱当为后加。
[2]　殿内天宫楼阁柱身与其统一，同样刷红。

西侧则施两道（插图157，2、4），莲瓣细部亦存在微差。低等级别子锦样式趋简，近于宋代琐子。

内柱柱身上部与梁枋交接，彩画始于柱顶，止于乳栿下皮，多随三椽栿上皮和四椽栿上皮分为3段。彩画构成类似纵置后，系列箍头与盒子的组合。殿内4根内柱均跨越两类空间，其周边水平构件的彩画等级变化较大，柱身上部各看面彩画构成也随之趋繁。仅西北向一根内柱，柱身上部彩画就被划分为3个等级。与此同时，部分次要看面不同等级彩画的衔接颇显突兀，甚至各段高、低等级相混（插图158，1～2）。整体而言，高等级"箍头"纹饰与其在梁枋彩画中的简化类型趋同，相当于中部死箍头与两侧卷瓣的组合。中轴线两侧相

插图155　传法正宗殿东西两侧三角形平棊彩画
（1～2八角井周边平棊★；3～4六角井周边平棊★）

比，东侧箍头的色彩更显华丽。东西两侧中部与两端"盒子"的纹饰相对统一，分别施团花卷草和锦

插图156　明清风土彩画柱身上部的分段构图（1[明]五台显通寺铜殿、2[明代风格]太原太山龙泉寺圆殿；3[清]定襄龙宫圣母庙前殿、4[清]太谷净信寺毗卢殿）

插图157　传法正宗殿东西两侧檐柱柱头彩画比较
（1 SdMN/SdE1N、2 SdMN/SdW1N；3 SdE1N/SdE2N★、4 SdW1N/SdW2N★之间）

插图158　传法正宗殿东西两侧内柱柱身上部彩画比较
（1 Ec1W/Ed1W★、2 Wc1E/Wd1E；3 Ec1E/Ed1E★、4 Wc1W/Wd1W★之间）

纹，锦纹类型则上下有别。中、低等级"箍头"纹饰与高等级大体相近，少数进一步简化。"盒子"纹饰依旧体现出两队画工设计思想的差异。东侧偏重均衡与多样，其纹饰较为统一，中部与两端各施锦纹与云纹，部分下端转为团花卷草，锦纹样式有所简化（插图158，3）。西侧偏重结构与逻辑，部分看面构图因交接构件的影响而分段较多，纹饰类型在复杂化的同时，大体保持了云、锦相间的秩序（插图158，4）。

　　传法正宗殿蜀柱主要设在4根平梁（太平梁）和4根乳栿上方，均与缴背交接。平梁（太平梁）上方蜀柱除藻井遮挡的2看面外遍施彩画，其构成同样近于纵置箍头与盒子的组合，因处于中央参礼空间而均取高等级。蜀柱箍头纹饰与内柱相仿，柱底箍头上皮与缴背上皮对应；盒子绘锦纹，色彩变化较为丰富。中轴线两侧蜀柱相比，东侧纹饰仍然较为丰富。其柱底箍头与两侧缴背箍头纹饰有别，且在下端另增一道光华（见插图104，1、3；插图161，1、3）。西侧柱底箍头则与缴背箍头纹饰趋同，亦无其他纹饰的增加（见插图104，2、4；插图161，2、4）。乳栿上方蜀柱的彩画构成与平梁（太平梁）上方蜀柱相仿，除当心间处在中央参礼空间的2看面取高等级外，处在壁画周匝空间的看面均降为低等级。不同等级蜀柱的纹饰类型趋同，箍头两侧由内柱之卷瓣调整为莲瓣，盒子仍绘锦纹（见插图

插图159　传法正宗殿东西两侧构件端部（梁、槫、枋端头/出头）正面彩画比较（1～2 Ea1W★、Wa1E★四椽栿；3～4 Ec1E★、Wc1W★四椽栿；5～6 Ec2E★、Wc2W★三椽栿；7～8 Ec3W、Wc3E★槫枋）

插图160　传法正宗殿东西两侧构件端部侧面彩画比较
（1～2 SbE2S1/SbE2N1、SbW2S1/SbW2N1丁栿尾；3～4 SbE1S/SbE1N★、SbW1S/SbW1N上平槫下方襻间枋端）

106）。中轴线两侧相比，西侧显然更强调柱底籍头与缴背的对应关系，为此而在下端增设一道光华[1]。

（3）梁、槫、枋端部（或称端头/出头）

传法正宗殿梁栿、槫枋端部多呈矩形，通常分正、侧、底3类看面，彩画等级一般与所处空间及周边构件的彩画相匹配。各看面的彩画构成多与盒子相近，边缘随形设置。其纹饰类型和复杂程度因相应看面的尺寸而异，部分底面有所简化，乃至将纹饰略去。就中轴线东西两侧而言，对称构件在等级、构图、纹饰、色彩等方面均各具特色。

高等级彩画中，端部正面纹饰以团花卷草居多，另有蔓藤花卉、锦纹、云纹等，通常以黑地或红地与绿色边缘相匹配。彩画边缘与其他构件交接处往往取开放形式，做法以烟琢墨平涂为主（插图159，1～2、7～8）。中、低等级同样多施团花卷草，另有卷草、锦纹、云纹等。中等级彩画多取绿地，与章丹色边缘匹配。彩画边缘施攒退或平涂，多数不做行粉（插图159，3～6）。

与西侧相比，东侧画工对纹饰丰富性的追求充分体现在端部侧面的系列兽面中（插图160）。兽面为清代晋北地区彩画较为流行的纹饰类型，可能与异兽之谐音"益寿"相仿，由此构成了一种特殊的吉祥图案。施于侧面时，部分与底面相接，从而更具连贯性。在高等级彩画中，兽面青、绿、红、黄诸色并用，颇显突出。在中等级彩画中则局部作染，以添加立体效果。

2. 带形表面彩画做法

（1）叉手与大角梁

叉手和大角梁均属斜向构件，其看面呈现出同主要水平构件相近的带形（或称长条形）特征。在永安寺内，二者彩画亦有类似水平构件的处理。传法正宗殿叉手置于平梁（太平梁）上方，仅太平梁上方两根施绘。叉手均处在中央参礼空间内，4个看面相应取高等级。两侧叉手均采用枋心居中的三段式构图，枋心亦统一做锦纹。然而中轴线两侧相比，对称看面的纹饰和色彩仍有明显差异。东侧叉手东西两面彩画变化较大，与其下方太平梁做法相仿（插图161，1、3）。西侧叉手东西两面彩画整体趋同，亦与其下方太平梁做法类似（插图161，2、4）。

传法正宗殿大角梁布于殿内四角，其后尾端部与下平槫下方枋件交接、中部与抹角栿上方驼峰交接。大角梁后尾均处在壁画周匝空间内，其正面主体部分虽然不甚引人注目，但东侧3个看面仍取中等级，仅1个看面降为低等级。至于西侧的4个看面，则悉数采用低等级。大角梁端部相对独立，且更靠近重要性突出的四椽栿，故而两侧8个看面均采用中等级。

正殿大角梁主体部分的构图方式在中轴线两侧差异较大，但均未考虑同驼峰的对应关系。东侧大角梁变化颇多，就中等级而言，相向设置的2看面（SEb1、NEb1）构图趋同，采用找头居中的多段式（插图162，1）。其枋心绘团花卷草，同端部纹饰形成呼应。另一看面（SEa1）转为枋心居中的三段式，枋心虽然设在抹角栿后部几乎无人关注的位置，但仍然添加了套嵌图形（插图162，3）。低等级看面（NEa1）构图方式与前述2看面类似，但找头旋花的组织方式有所变化，枋心纹饰亦转为锦纹。西侧整体趋简且变化不大，均采用枋心居中的三段式，枋心亦统一为锦纹（插图162，2、4）。大角梁端部正面在中轴线两侧均绘团花卷草，但东侧色彩更为丰富。其侧面东侧绘兽面，北向较南向精致；

---

[1] 东朵殿瓜柱两端所增为直线莲瓣。

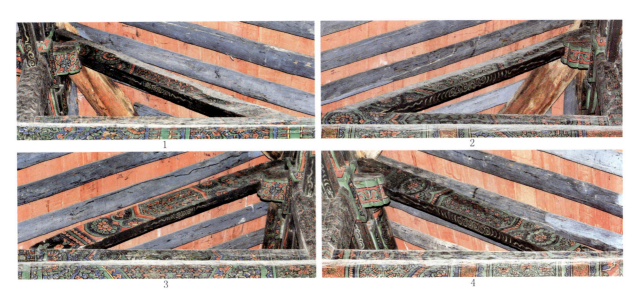

插图161　传法正宗殿东西两侧叉手彩画比较（1～2 EeW★、WeE★；3～4 EeE★、WeW★位置）

插图162　传法正宗殿东西两侧大角梁彩画比较（1～2 NEb1★、NWb1★位置；3～4 SEa1★、SWa1★横置）

西侧绘锦纹，纹饰类型亦有所变化。

（2）梁底与枋底

传法正宗殿梁栿、槫枋底面均呈带状。因为此类构件两侧看面彩画时常等级有别，所以不便使用三裹栿形式。其底面纹饰通常相对独立，主要分为3类，基于简繁有别、波状骨架的二方连续图案，分别与主要看面彩画形成匹配。

前两类均以卷草为基础。第1类为团花卷草，主要施于重要性显著的四椽栿（插图163，1～2）。其色彩素淡且基于冷色，对不同等级的正面彩画形成了良好的衬托。彩画整体用绿地，边缘及卷草转为二绿。团花以二青与白色匹配，部分作为骨架的枝条以黄色点缀。东西两侧相比，无论骨架的组织方式，抑或团花的朝向及样式均存在显著差异。第2类为略去团花及枝条的卷草，主要施于三椽栿、平梁（太平梁）和进深方向的槫下枋件（插图163，3～4）。其色彩关系与第1类相仿，东西两侧依旧样式有别。

第3类为卷草衍生的抽象纹饰，广泛分布于乳栿、丁栿、抹角栿、劄牵、素枋、槫下枋件等处（插图163，5～6、8）。此类纹饰并非遍铺，通常共绘3组，分置于中央及两端。其主体仍为二方连续图案，至端部呈水纹状，东侧部分卷草转为云纹（插图163，7）。相关纹饰分别以二绿或黄色与黑地或土红地匹配，少数略去纹饰，仅刷地色。整体而言，黑地多与高等级彩画匹配，土红地多与中、低等级彩画匹配。在东西两侧对称构件中，此类纹饰时常出现分组（见插图106，3～4）、样式（见插图107）、地色（见插图118，1～2）等方面的差异。

（3）小木构件

传法正宗殿天宫楼阁尺寸较小，主体仅做刷饰，其中带形表面构件主要基于青绿两色。在明代相关图像和实物中，表面呈带形的挑檐桁、平板枋、额枋常以绿、青、绿交替。明宣德三年（1428）宫廷画家商喜所绘《真禅内印顿证虚凝法界金刚智经》附图即为一例（插图164，1）。具有明代特征的大同下华严寺薄伽教藏殿壁藏彩画虽然部分绘出纹饰，但上、下檐撩风槫均刷绿，平座普柏枋和阑额同样青、绿交替（插图164，2）。

传法正宗殿天宫楼阁开间方向，东西两侧撩檐枋、普柏枋、阑额均以绿、青、绿交替，或许承袭了明代流行的设色规律（插图165）。同时，撩檐枋、普柏枋底面均刷红，亦与薄伽教藏殿壁藏做法相近。值得注意的是，东侧天宫楼阁系列素枋色彩的变化趋于复杂，在檐下和平座斗栱间均以青绿两色交替。西侧居于高处的檐下素枋普遍刷绿，更为引人注目的平座素枋则青绿交替，且色彩交替的方式亦与东侧有别。

在天宫楼阁进深方向，飞椽和檐椽椽身同样呈带形。其尺寸较小而数量颇多，主体以青绿两色刷饰，在红色连檐、瓦口、望板等构件的衬托下格外醒目。具体而言，东西两侧圆形的檐椽整体刷绿。方形的飞椽椽身底面和飞头刷青，两侧转为红色。此类设置或为清代官式彩画红帮绿底做法的简化，在清代山西同类彩画中运用较多，但椽底多数刷绿，与天宫楼阁大角梁、子角梁做法类似。

3. 特殊表面彩画做法

（1）斗栱彩画

山西元代以来的旋子类彩画中，斗栱遍绘纹饰的做法较为常见，与明清官式彩画的简化处理大相径庭（插图166）。此类彩画的色调多数整体偏冷抑或偏暖，少数如大同下华严寺薄伽教藏殿者则冷暖相间。传法正宗殿斗栱彩画以檐下斗栱为代表，共计42朵，同样遍绘纹饰，其等级普遍与周边水平构件相适应。斗栱多数看面虽然不甚规则，但彩画纹饰大体与盒子、枋心相近，边缘则随形设置。在中轴线东西两侧，相互对称的斗栱在等级、纹饰、色彩等方面均存在较多差异。

插图163 传法正宗殿东西两侧梁底、枋底彩画比较（1~2 Ec1W/Ec1E、Wc1E/Wc1W；3~4 Ec2W/Ec2E、Wc2E/Wc2W；5~6 SbE1S/SbE1N、SbW1S/SbW1N；7~8 NbE2S1/NbE2N1、NbW2S1/NbW2N1位置）

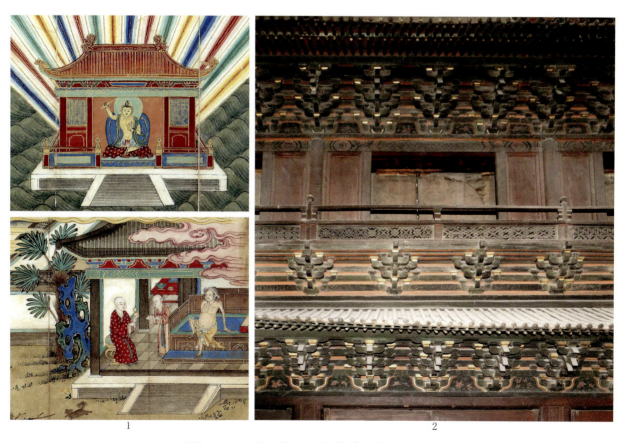

插图164 明代图像与小木作带形构件色彩
（1《真禅内印顿证虚凝法界金刚智经》附图；2[辽构]大同下华严寺薄伽教藏殿壁藏）
图片来源：1台北故宫博物院藏。

插图165 传法正宗殿东西两侧天宫楼阁彩画比较（1 Ea1W；2 Wa1E位置）

　　中央参礼空间檐下东西两侧高等级斗、栱纹饰趋于一致，分别基于各类别子锦和团花卷草，正、侧两面基本统一；栱眼刷红。栱之侧面多与底面衔接，仅慢栱中部一段不易施绘的底面刷黑，部分添加卷草纹。东西两侧斗栱的色彩组织则差异显著。东侧斗之边缘统一用绿，栱之色彩变化较多，整体冷暖相间（插图167，1）。其中泥道栱与其上慢栱地色和边缘分别以红绿、青绿匹配；华栱上方的瓜子栱和慢栱大体与之交替，分别以青绿、红青匹配。第一、二跳华栱以绿青、红绿匹配，令栱则以绿青匹配。西侧色彩组织大为简化，斗、栱边缘普遍以青、绿匹配，各栱均用红地，色彩整体偏暖（插图167，2）。在相邻看面，栱之红地增加了明度的变化，或为宋代同类做法的延续[1]。就相邻斗栱的色彩组织而言，除当心间局部调整外，两侧总体变化有限。在高、中等级彩画分界处，则东侧相对突兀，西侧过渡平缓（插图167，3~4）。此外，两侧要头纹饰有别，分别采用兽面和锦纹。

　　壁画周匝空间檐下中等级斗栱色彩简化，纹饰类型增加而样式趋简，包括团花卷草、卷草、别子锦、云纹等；栱眼和慢栱中部不易施绘的底面均刷土红。与高等级有别，中等级东西两侧斗栱的纹饰组织大相径庭。东侧依旧变化较多，正、侧两面多有差异，同圆觉寺塔心室斗栱彩画颇为相近（插图168，1、3；见插图166，

插图166 山西旋子类彩画斗栱遍绘纹饰做法
（1[元]永济永乐宫三清殿、2[清]太谷净信寺毗卢殿；3[清]太原晋祠圣母殿、4[清]浑源圆觉寺塔心室）

[1] 如解绿结华装。

插图167　传法正宗殿东西两侧檐下高等级斗栱彩画比较
（1～2 SdE1N、SdW1N位置；3～4 SdE1N/SdE2N、SdW1N/SdW2N之间）

4）。其柱头、补间铺作各斗普遍取低等级。纹饰则栌斗施团花卷草，余者正、侧两面在花草、锦纹、云纹三类纹饰中选择一类或两类。栱之正、侧两面多数分别取中、低等级。正面普遍绘团花卷草，侧面多绘锦纹，少数转为云纹。要头由兽面简化为锦纹或云纹。转角铺作、当心间斗栱，以及高、中等级分界处斗栱在等级和纹饰组织上略有差异。西侧仍然变化有限，斗、栱整体延续了高等级彩画中锦纹和花草的配置，正、侧两面大同小异，与东朵殿斗栱彩画同构（插图168，2、4，见插图86）。其斗、栱分别取低等级和中等级，栱之正面仍绘团花卷草，侧面多数简化为卷草或云纹。柱头、补间与转角铺作无显著差异。

传法正宗殿其他斗栱彩画与檐下做法大体相仿，部分有所简化。就高等级而言，丁栿上方东西两侧斗、栱分别绘锦纹和花草，要头统一用锦纹（见插图160，1～2）。斗、栱边缘均用绿，栱之正面取红地。两侧相比，东侧栱、枋衔接处下部仅刷红，西侧则以纹饰填补，区别颇为明显。同时，东侧栱之侧面仍有色彩变化。东西两侧襻间斗栱纹饰及栱之地色同样略有变化（插图169，1～2、见插图117、插图118）。就中等级而言，两侧做法愈发灵活。丁栿上方栌斗纹饰基于卷草，但东侧部分栌斗将纹饰略去；尺寸较小的升亦无纹饰（见插图103，3～4）。栱之正面多绘团花卷草或卷草，以绿地匹配。襻间斗栱端部东侧纹饰略多，西侧色彩略繁（插图169，3～4），最简单者两侧斗栱均无纹饰（见插图119，1～2）。

藻井周边小木作斗栱仍做刷饰，其中斗均刷黄，栱则青绿交替，边缘以浅色勾勒[1]。中轴线两侧天宫楼阁中，檐下斗栱与平座斗栱上下相对布置。两侧平座斗栱的彩画较为统一，依旧青绿交替；檐下斗栱略有变化，反映出两队画工对美观和秩序的不同追求。东侧画工将整组小木构件视为均衡的画面，其檐下斗栱不仅横向青绿交替，而且纵向亦与平座斗栱青绿交替。在东侧壁画中，作为背景的火焰亦在上下、左右图像间以红黄二色交替。因为北侧两组楼阁斗栱的数量为偶数，所以其柱头铺作的用色并未统一（见插图165，1）。西侧画工对构造更加注重，其转角铺作统一用青栱。这就使北侧两组楼阁当心间补间铺作色彩一致，且檐下与平座上下相对的部分斗栱亦色彩一致（见插图165，2）。

---

[1]　通过吴锐先生提供的系列照片可以看出，目前小木作斗栱、栱眼壁彩画存在明显的叠压痕迹，且上下两层色彩有别。此外，少量斗件在黄色表层之下似可见残存金饰，表明此前可能有贴金做法。

（2）槫头与驼峰

传法正宗殿四椽栿和三椽栿下方两端分设槫头两组，各看面均呈不规则形（见插图81、插图82、插图99）。四椽栿下方北向槫头为乳栿后尾，南向为柱头铺作要头后尾，其样式较为复杂，端部呈蝉肚状。三椽栿下方北向槫头为劄牵后尾，南向与驼峰上部栌斗交接，其尺寸较小，样式亦趋于简化。就主要看面（即正面）而言，两类槫头在中央参礼空间各含12个，均取高等级；在壁画周匝空间各含4个，均取中等级。

高等级各组槫头正面做法较为一致，均绘团花卷草，以青花绿草与红地及绿色边缘匹配（插图170，1～2、5～6）。各

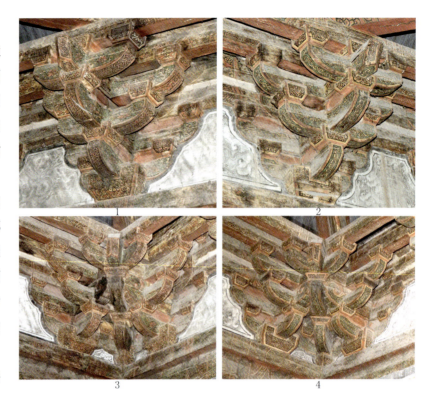

插图168　传法正宗殿东西两侧檐下中等级斗栱彩画比较
（1～2 EgNW、WgNE★；3～4 NE、NW位置）

组侧面仍取高等级，多绘云纹，色彩设置与正面相仿。就底面而言，四椽栿下方槫头在东西两侧差异较大。东侧与四椽栿底面趋同，突出了两类构件的整体性（见插图170，1、插图102，1）。西侧与槫头正面趋同，强调了两类构件的独立性（见插图170，2、插图102，2）。中等级各组槫头正面均绘团花卷草，以暖色纹饰与绿地匹配。侧面以云纹为基础，但东西及南北两侧均有较大区别。在四椽栿和三椽栿下方，东侧北向槫头侧面均取低等级（插图170，3）；南向分别取无纹饰和高等级做法（插图170，7）。西侧北向槫头分别取高等级和低等级（插图170，4）；南向则取高等级和无纹饰做法（插图170，8）。南向两侧槫头高等级和无纹饰做法的对应关系，尤其显示出两队画工设计思想的差异。

殿内驼峰可以根据所处位置分为4类，前两类分置于四椽栿与三椽栿之间，以及三椽栿与上平槫之间。二者均呈鹰嘴状，其中前者尺寸较小，后者明显增大。两类驼峰在中央参礼空间内，除当心间

插图169　传法正宗殿东西两侧襻间高、中等级斗栱彩画比较
（1～2 NaEN、NaWN★；3～4 NbE1S★、NbW1S★端部）

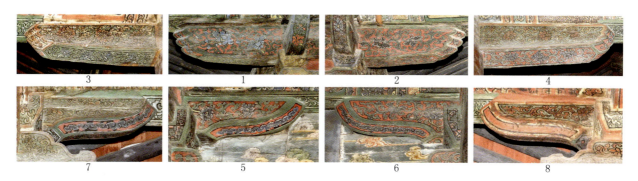

插图170　传法正宗殿东西两侧楂头彩画比较

（1～2 Ea1W★、Wa1E；3～4 Ec1E、Wc1W四椽栿下方；5～6 Ea2E、Wa2W；7～8 Ec2E、Wc2W三椽栿下方）

受天宫楼阁遮挡外，其余4个看面均取高等级。在壁画周匝空间内，各2看面相应取中等级。后两类分置于丁栿与劄牵之间，以及抹角栿与大角梁之间，造型与第1类相近。两类驼峰均处在壁画周匝空间内，前者8个看面和后者4个主要看面皆取中等级。第4类驼峰背面属于关注度较低的次要看面，除西南角外均降为低等级。

各类驼峰彩画在中轴线东西两侧均有差异。整体看来，西侧体系化特征更为显著。就高等级而言，第1类驼峰东侧仅绘卷草、西侧增绘团花，两侧均以绿草与红地及绿色边缘匹配（插图171，1～2）。第2类驼峰位置较高，在东西两侧虽然均绘团花卷草，但样式和色彩则大相径庭（插图171，3～4）。东侧以青花黄草与绿地及绿色边缘匹配，西侧则以红花绿草与绿地及青色边缘匹配。就中等级而言，前两类东西两侧均绘团花卷草，以暖色纹饰与绿地匹配（见插图160，3～4）。其中东侧边缘特别强调了驼峰与上部枋件的交接关系。第3类东侧绘团花卷草，西侧简化为卷草（见插图107）。第4类两侧均绘团花卷草，其中西侧边缘强调了驼峰与大角梁的交接关系（见插图108）。

（3）栱眼壁图像

明清时期的官式彩画中，看面大体呈梯形的栱垫板多用红地（见插图164，1）。传法正宗殿天宫楼阁木构栱眼壁即施红地，边缘则转为章丹色（见插图165）。同时，永安寺天王殿栱垫板亦施红地（见插图87，2）。山西地区同类中、低等级彩画中，栱垫板边缘时常随形做子母线，纹饰以写生花为主，仅以黑、白双色表现。高等级多绘龙纹，以色彩表达。永安寺朵殿内檐栱垫板即绘龙纹，其用色亦较为丰富（见插图87，1）。

传法正宗殿栱眼壁与各殿山面象眼、山花图像相仿，当属壁画范畴，但一般由彩画工匠绘制。此殿外檐栱眼壁图像多已漫漶，但隐约可以看出正、背两面所绘为诸佛坐像，以色彩表现，恐与隔架壁板相应，重申了"十方三世一切诸佛"的概念[1]。现存栱眼壁佛像同隔架壁板背面所绘佛像较为相近，但其手印未详，难以进一步分析。外檐两山及内檐栱眼壁则简化为龙纹，以黑、白双色表现。两类图像边缘，均随形做子母线。与朵殿内檐相比，正殿内檐栱眼壁等级有所下降，似乎不甚合理。究其原因，如果正殿与朵殿彩画的完成时间一致，可能在于二者所处位置的差异。正殿栱眼壁主要处于壁画周匝空间，故其色彩刻意简化，以衬托作为重点的壁画。同时，栱眼壁边缘的子母线亦与壁画边

[1] 青龙寺腰殿栱眼壁同样绘有趺坐佛像，孙博亦持类似观点，见李淞，主编. 山西寺观壁画新证[M]. 北京：北京大学出版社，2011：133.

插图171 传法正宗殿东西两侧高等级驼峰彩画比较（1～2 Ea1E、Wa1W；3～4 Ea2E、Wa2W★上方）

缘统一（见插图80、插图81）。与之相对，朵殿仅前檐设斗栱，故其栱垫板彩画趋繁，以示强调。如果正殿与朵殿彩画的完成时间不同，则朵殿彩画可能年代稍晚，从而体现出更为华丽的时代风尚。此外，正殿附角斗之间的栱眼壁尺寸较小，其纹饰相应简化为各类云纹（见插图168，3～4）。

传法正宗殿栱眼壁龙纹以各类升龙和降龙为主体，相邻栱眼壁在类型和样式上多有交替（插图172）。诸龙在云雾中若隐若现，其周边匹配火焰、宝珠等，较六角井所绘升降龙更为生动（见插图95）。中轴线两侧龙纹的差异同中等级四椽栿枋心行龙相仿（见插图150，5～6）。东侧普遍绘四爪，其龙头硕大、龙口大张，与圆觉寺塔心室栱眼壁龙纹颇为相近（插图173，1～2）。西侧普遍绘五爪，龙头较小、龙口微合。就鳞片的表达而言，东侧画法较多，包括斜线网格、并排曲线等，西侧则以后

插图172 传法正宗殿东西两侧栱眼壁图像比较（1～2 EgSW★、WgSE★；3～4 SdE2N★、SdW2N★位置）

插图173 晋北地区龙纹画法（1～2浑源圆觉寺塔心室栱眼壁；3～4定襄龙宫圣母庙前殿壁画）

者为基础。在晋北地区相应壁画中，多种画法并存者亦较为常见，龙宫圣母庙壁画即为一例（插图
173，3～4）。其差异可能出自对画的两队画工，抑或同队不同画工之手。

（四）小结

　　永安寺正殿所绘风土彩画体现出较强的感性色彩，同清代中期更具理性色彩的官式彩画形成了鲜
明对比。与单体建筑中等级较为统一的官式彩画不同，传法正宗殿的设计者主要根据参礼者的关注程
度对彩画等级进行了区域划分。外檐彩画中，前檐、后檐、山面分别设置为高、中、低三等。内檐亦
相应划分为两类空间，分别以不同等级的彩画相匹配。在凸字形的中央参礼空间，主要以色彩丰富、
变化多样的高等级彩画来衬托作为核心的立体造像及北向硕大的观音画像。在对置的L形壁画周匝空
间内，则以更加朴素的中、低等级彩画来凸显同为平面图像的壁画。整体看来，传法正宗殿各类构件
彩画的构图分段较多、比例相对自由，未受同期官式旋子彩画三段式构图和三停规定的限制。其纹饰
均布如锦、类型有限而样式颇多，与重点突出、类型多样的官式彩画差异显著。同时，彩画色彩整体
偏暖，尤以壁画周匝空间为甚，亦与偏重冷色的官式彩画有别。

　　传法正宗殿内檐彩画和壁画均采用对画方式绘制，且中轴线两侧的彩画无论整体组织抑或细部构
成，均与同侧壁画具有类似特征。由此可见，两队画工应当同时参与了壁画和彩画这两类匠作实践。
对比东西两侧彩画可以看出，其整体设计显然通过有效的协调，做到了既重点突出，又和而不同。在
作为核心的中央参礼空间，两侧彩画趋于协调，有效凸显了仪式空间的统一性。与之相对，壁画周匝

空间则各具特色，体现出竞争机制所导致的差异性。整体看来，两队画工的设计理念差异显著，在彩画的等级、构图、纹饰、画法等方面均有体现。东侧画工追求丰富多彩的装饰效果，并对单一构件表面彩画纹饰的均衡、美观颇为关注。西侧画工虽然在纹饰、色彩的运用上相对收敛，但由建筑构造出发，更加强调构图组织对结构逻辑的遵从与表达，以及装饰的差异化配置。

永安寺彩画早期做法的传承、同造像和壁画的匹配、基于关注程度的等级划分，以及对画方式的运用使之在同类遗存中具有突出的价值。彩画与建筑空间相适应的等级划分，以及施工过程中两个团队（或一个团队中的两个分队）的分工合作与相互竞争，反映出清代北方地区风土建筑中具有代表性的营造制度及相应特征。由此视角切入，我们可以欣喜地看到，学界通常视为单一整体的彩画作品，实际上往往包含着更加丰富的层理与内涵。尤其在富有活力的风土匠作中，此类特征显得尤为突出。于此，在同一建筑的同类匠作中，设计理念可以迥然不同。意图摆脱基底介质的束缚、颇具艺术特征的装饰手法，与遵从构造逻辑、侧重差异化表达的绘制观念可以在同一空间内协调共存、相映成趣。凡此种种，均显著提升了永安寺彩画的研究价值，为建筑遗产与建筑艺术相关研究提供了新的思路，也为遗产保护与研究中，民间匠帮流派、技艺、传承，乃至竞争机制等研究提供了新的视角。

彩色图版

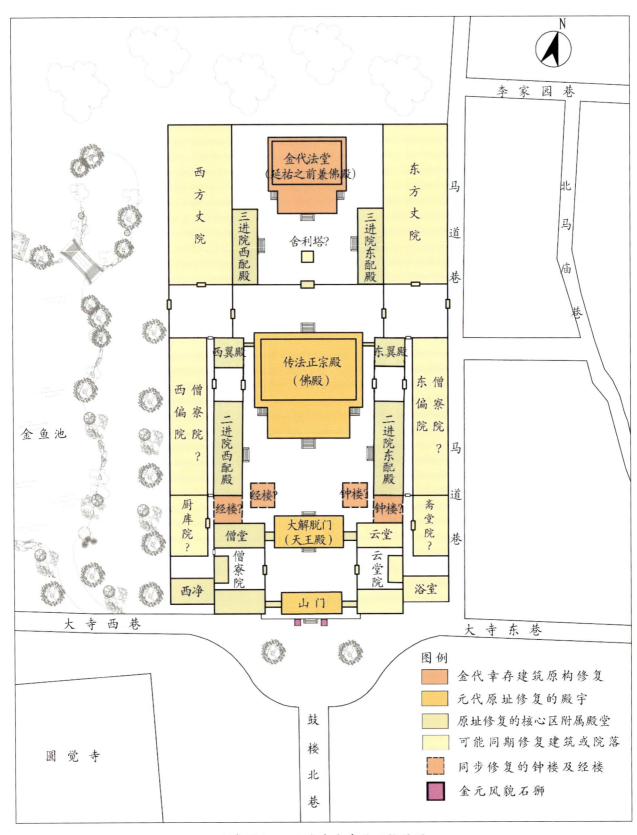

彩色图版3 元代永安寺平面格局图

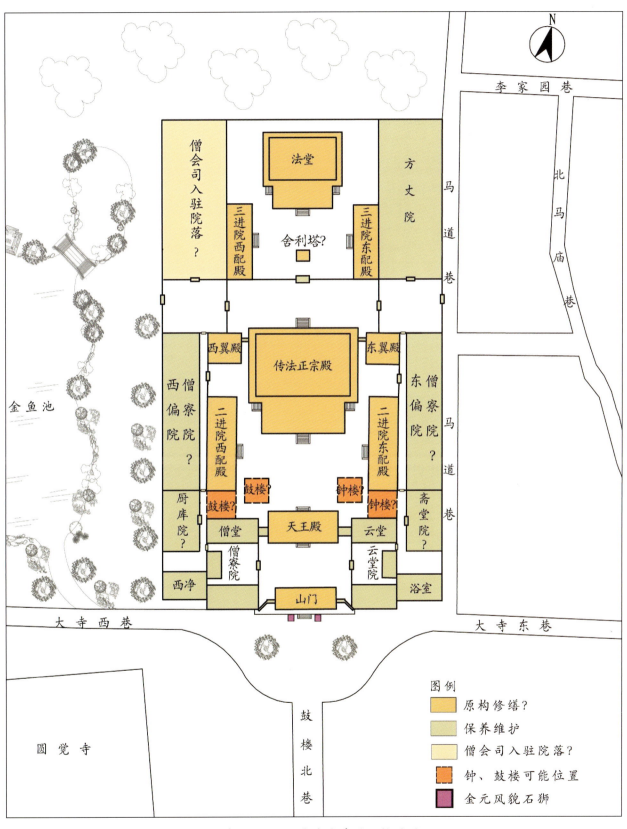

彩色图版4 明代永安寺平面格局图

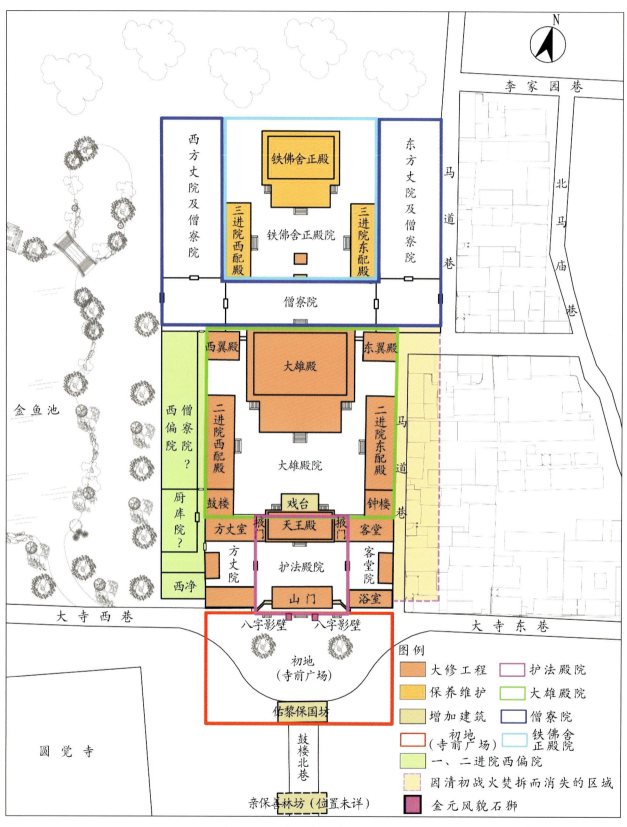

李家园巷

马道巷

北马庙巷

西方丈院及僧寮院

东方丈院及僧寮院

铁佛舍正殿

三进院西配殿

三进院东配殿

铁佛舍正殿院

僧寮院

西翼殿

大雄殿

东翼殿

金鱼池

西偏院

僧寮院？

二进院西配殿

大雄殿院

二进院东配殿

厨库院？

马道巷

鼓楼

戏台

钟楼

方丈室

天王殿

客堂

方丈院

护法殿院

客堂院

西净

山门

浴室

大寺西巷

八字影壁

八字影壁

大寺东巷

初地
（寺前广场）

图例

佐黎保国坊

圆觉寺

鼓楼北巷

亲保善林坊（位置未详）

图例	
大修工程	护法殿院
保养维护	大雄殿院
增加建筑	僧寮院
初地（寺前广场）	铁佛舍正殿院
一、二进院西偏院	
因清初战火焚拆而消失的区域	
金元风貌石狮	

彩色图版5　清代永安寺平面格局图

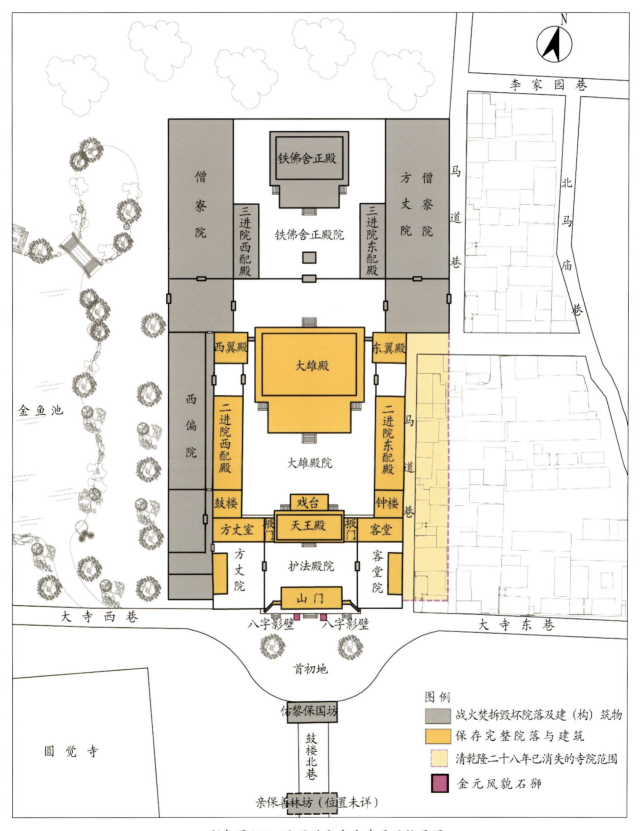

N

李家园巷

北马庙巷

铁佛舍正殿

僧寮院

方丈院

僧寮院

马道巷

三进院西配殿

三进院东配殿

铁佛舍正殿院

西偏院

西翼殿

大雄殿

东翼殿

金鱼池

二进院西配殿

大雄殿院

二进院东配殿

马道巷

鼓楼

戏台

钟楼

方丈室

掖门

天王殿

掖门

客堂

方丈院

护法殿院

客堂院

山门

大寺西巷

八字影壁

八字影壁

大寺东巷

首初地

佑黎保国坊

圆觉寺

鼓楼北巷

亲保善林坊（位置未详）

图例

战火焚拆毁坏院落及建（构）筑物

保存完整院落与建筑

清乾隆二十八年已消失的寺院范围

金元风貌石狮

彩色图版6 民国时期永安寺平面格局图

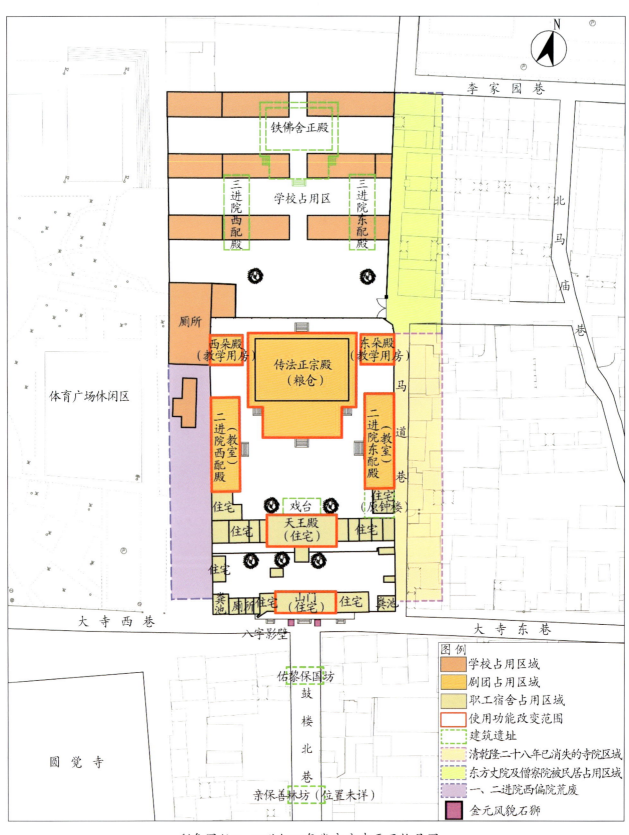

彩色图版7　20世纪80年代永安寺平面格局图

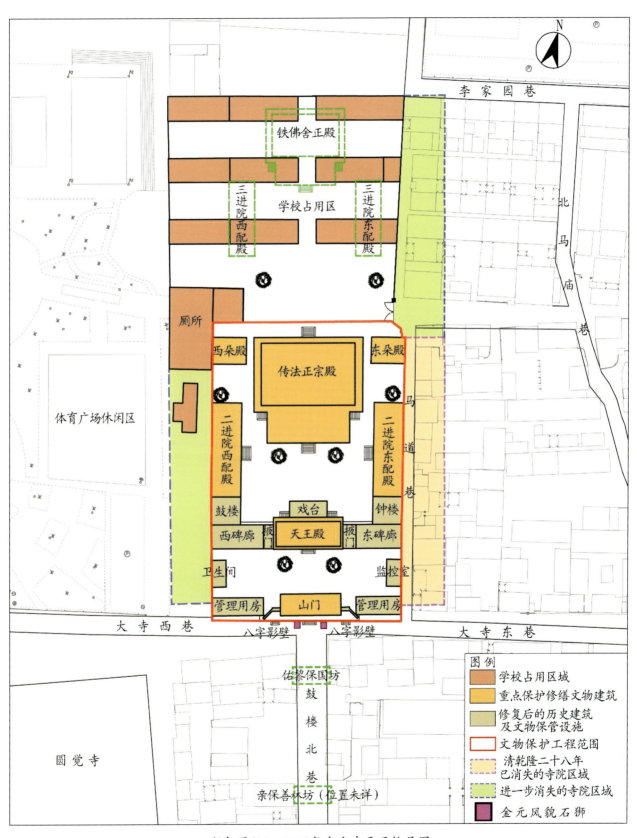

N

李家园巷

铁佛舍正殿

学校占用区

三进院西配殿
三进院东配殿

厕所

体育广场休闲区

西朵殿
传法正宗殿
东朵殿

二进院西配殿
二进院东配殿

马道巷

鼓楼
戏台
钟楼

西碑廊
天王殿
东碑廊

卫生间
监控室

管理用房
山门
管理用房

大寺西巷
八字影壁
八字影壁
大寺东巷

佑黎保国坊

圆觉寺

鼓楼北巷

亲保善林坊（位置未详）

图例

学校占用区域

重点保护修缮文物建筑

修复后的历史建筑
及文物保管设施

文物保护工程范围

清乾隆二十八年
已消失的寺院区域

进一步消失的寺院区域

金元风貌石狮

彩色图版8　2005年永安寺平面格局图

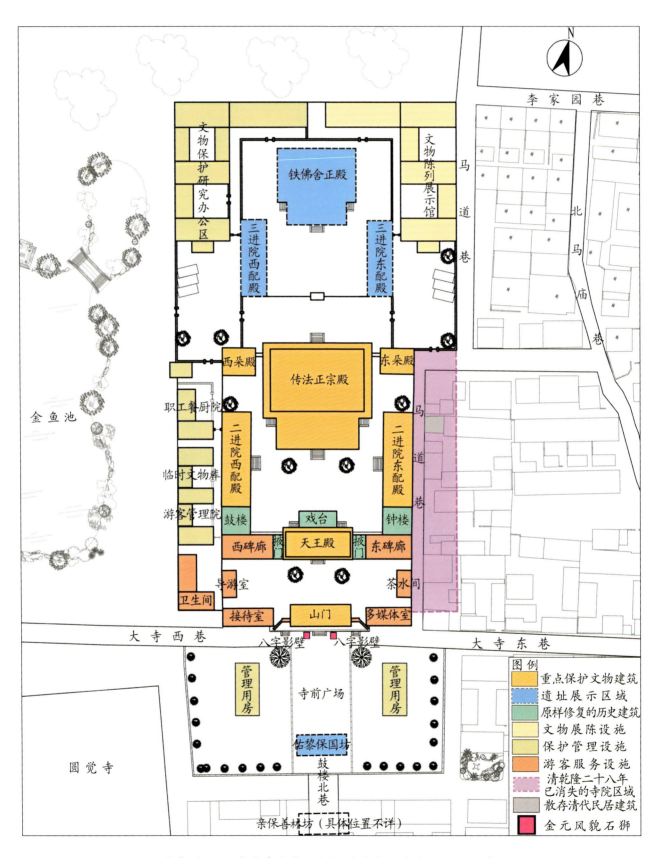

李家园巷

北马庙巷

马道巷

文物保护研究办公区

铁佛舍正殿

文物陈列展示馆

三进院西配殿

三进院东配殿

金鱼池

西朵殿

传法正宗殿

东朵殿

职工餐厨院

二进院西配殿

二进院东配殿

马道巷

临时文物瘴

鼓楼

戏台

钟楼

游客管理院

西碑廊

天王殿

东碑廊

导游室

茶水间

卫生间

接待室

山门

多媒体室

大寺西巷

八字影壁

八字影壁

大寺东巷

管理用房

寺前广场

管理用房

圆觉寺

怙黎保国坊

鼓楼北巷

亲保善林坊（具体位置不详）

图例

重点保护文物建筑
遗址展示区域
原样修复的历史建筑
文物展陈设施
保护管理设施
游客服务设施
清乾隆二十八年已消失的寺院区域
散存清代民居建筑
金元风貌石狮

彩色图版9　永安寺文物保护规划总平面图（2021-2040）

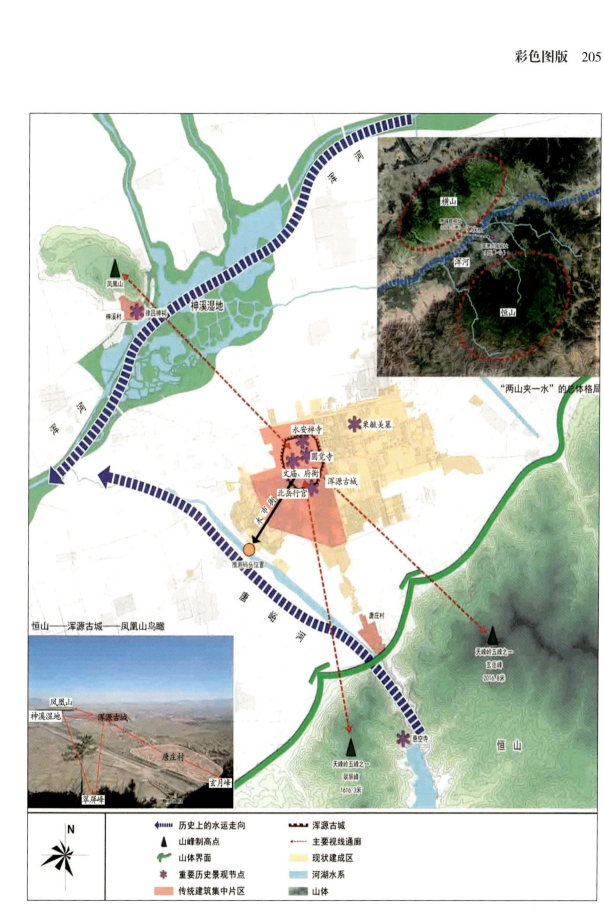

彩色图版10　永安寺建筑群选址位置与规划朝向分析图

注：本图节选自中国城市规划设计院——山西省浑源历史文化名城保护规划

（2014-2035）浑源古城山水格局及环境示意图

实测图、分析图与竣工图

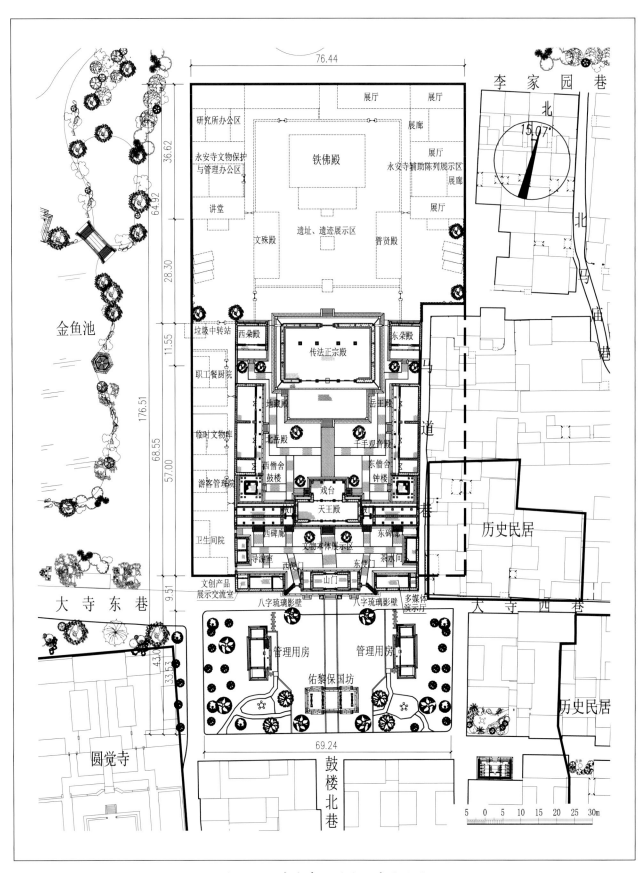

图版002　永安寺及周边环境平面图

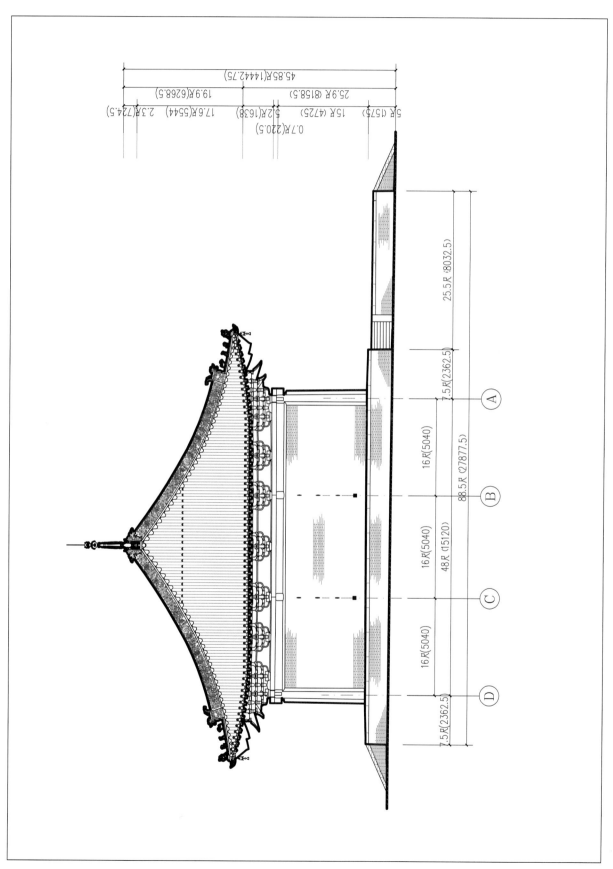

图版007　传法正宗殿初始设计营造尺度分析图（西侧立面图）

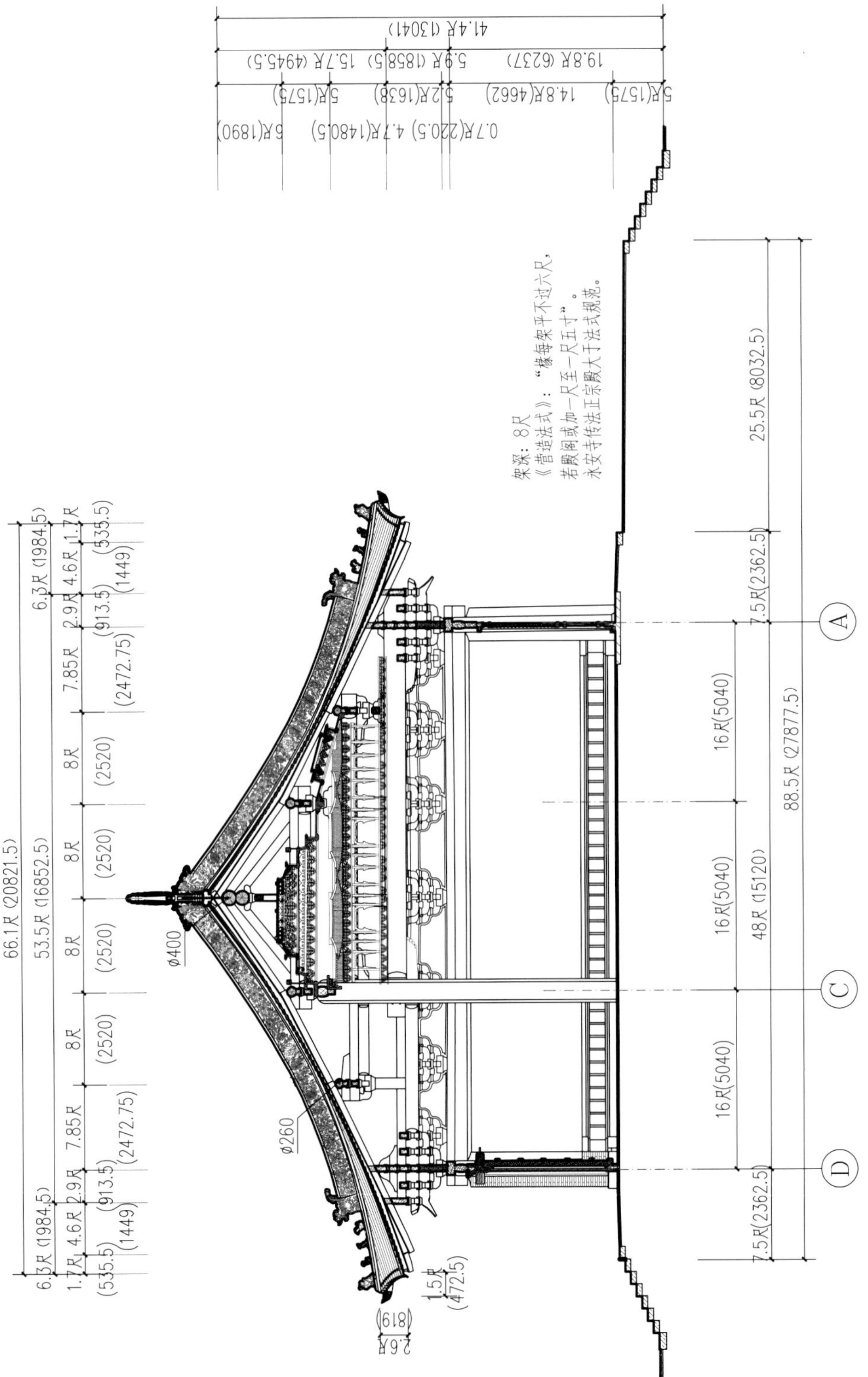

架深：8尺
《营造法式》："椽每架平不过六尺"。
若殿阁则或加一只至一只五寸。
永安寺传法正宗殿大于法式规范。

图版008　传法正宗殿初始设计营造尺度分析图（当心间东缝横剖视图）

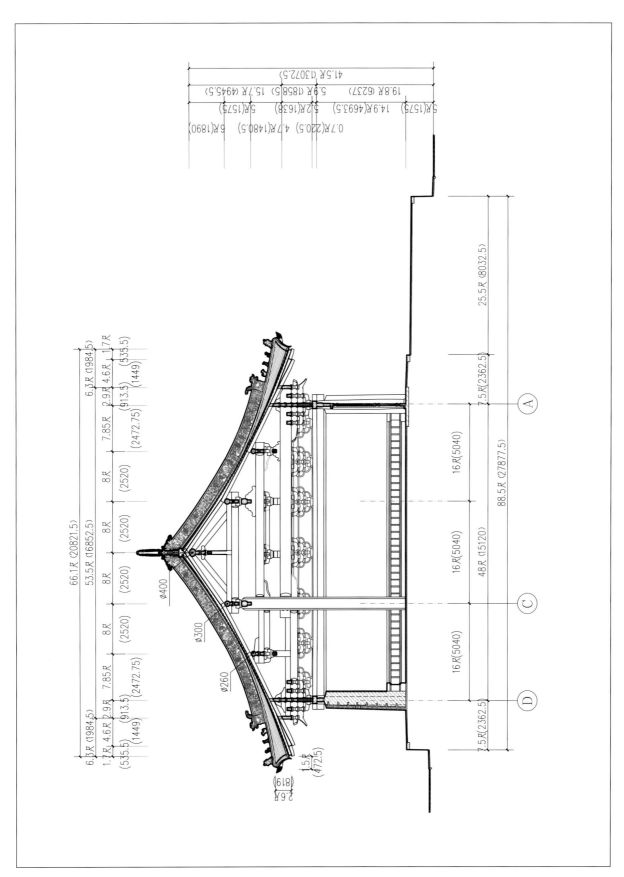

图版009 传法正宗殿初始设计营造尺度分析图（东次间东缝横剖视图）

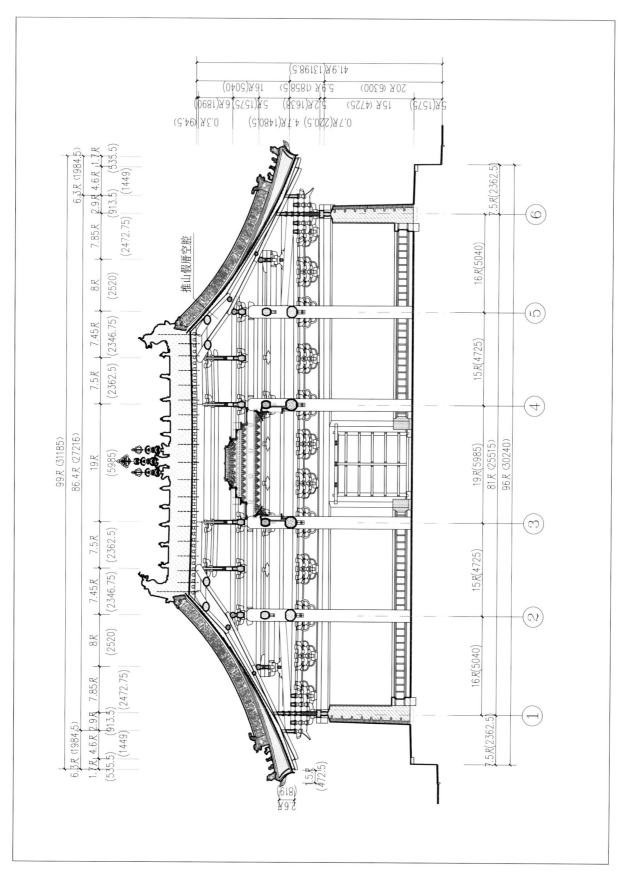

图版012　传法正宗殿初始设计营造尺度分析图（当心间纵剖视图——后视）

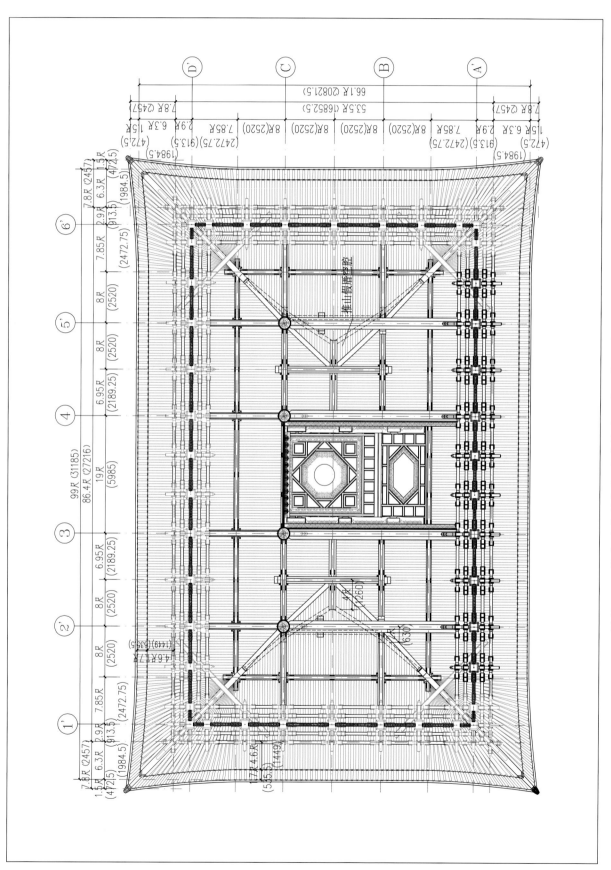

图版013　传法正宗殿初始设计营造尺度分析图（梁架仰视图）

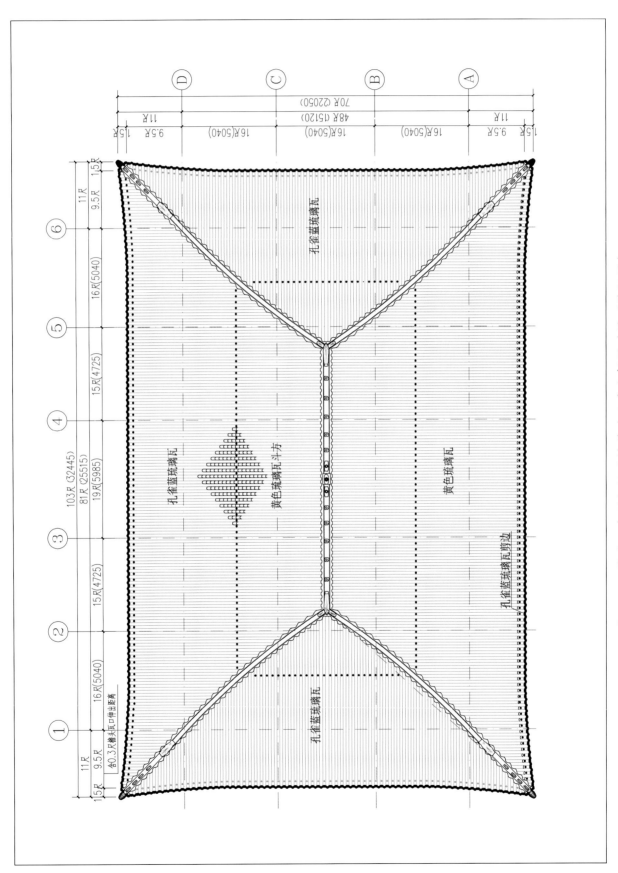

图版014　传法正宗殿初始设计营造尺度分析图（屋顶俯视图）

三　传法正宗殿斗栱大样图及构件榫卯图

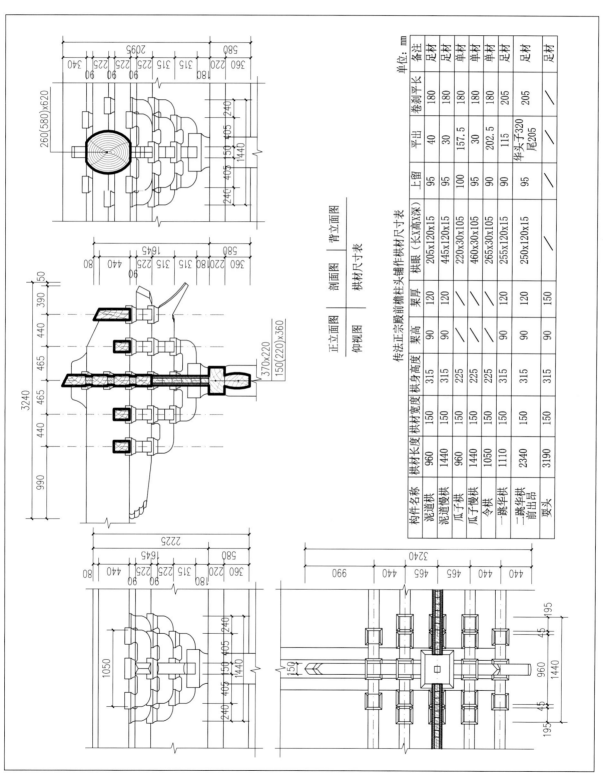

正立面图	剖面图
仰视图	栱材尺寸表

背立面图

传法正宗殿前檐柱头铺作栱材尺寸表

单位: mm

构件名称	栱材长度	栱材宽度	栱身高度	栔高	栔厚	栱眼（长X高X深）	上留	平出	卷刹平长	备注
泥道栱	960	150	315	90	120	205x120x15	95	40	180	足材
泥道慢栱	1440	150	315	90	120	445x120x15	95	30	180	足材
瓜子栱	960	150	225	／	／	220x30x105	100	157.5	180	单材
瓜子慢栱	1440	150	225	／	／	460x30x105	95	30	180	单材
令栱	1050	150	225	／	／	265x30x105	90	202.5	180	单材
一跳华栱	1110	150	315	90	120	255x120x15	90	115	205	足材
二跳华栱前出昂	2340	150	315	90	120	250x120x15	95	华头子320 尾205	205	足材
耍头	3190	150	315	90	150	／	／	／	／	足材

图版015　传法正宗殿前檐柱头铺作大样图

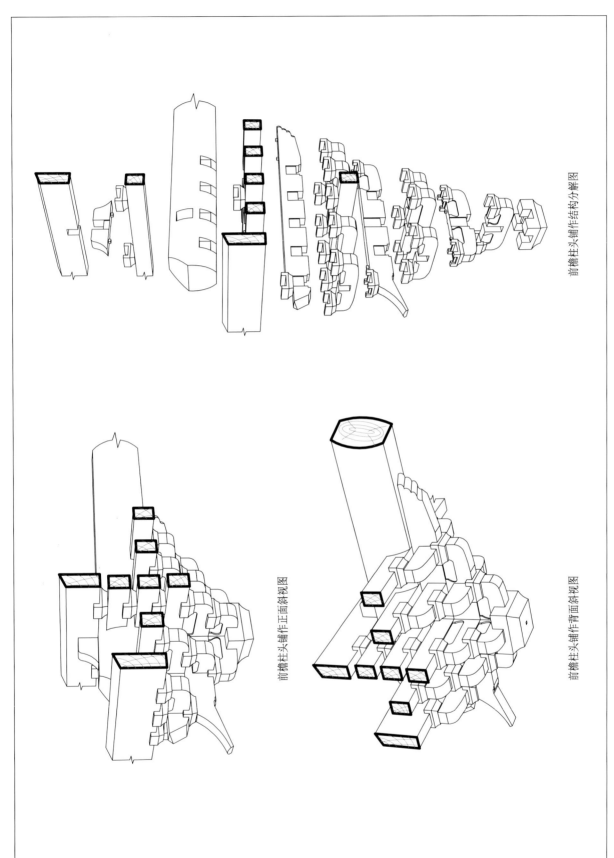

前檐柱头铺作结构分解图

前檐柱头铺作正面斜视图

前檐柱头铺作背面斜视图

图版016 传法正宗殿前檐柱头铺作构件榫卯结构关系图

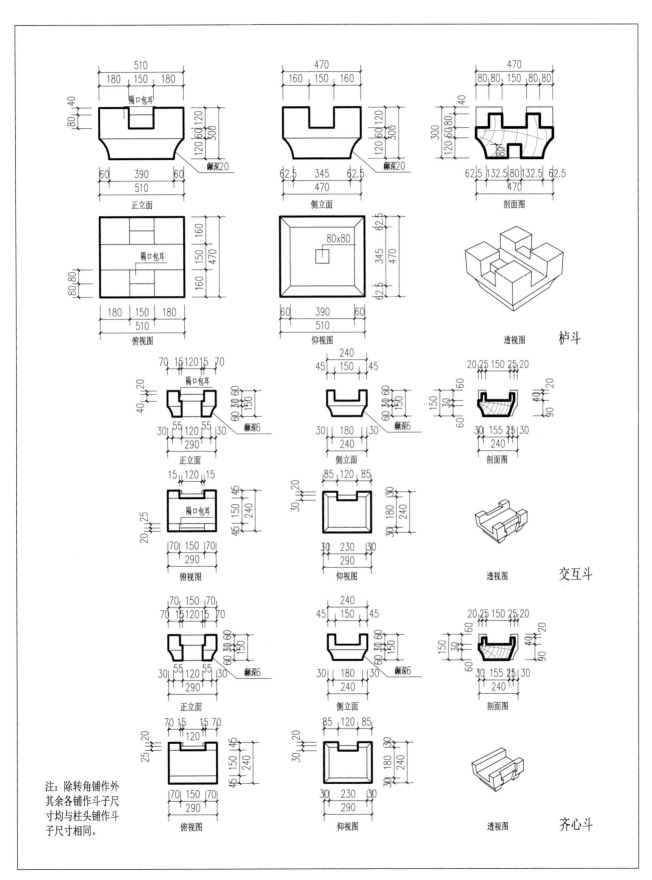

图版017 传法正宗殿前檐柱头铺作斗子构件图（一）

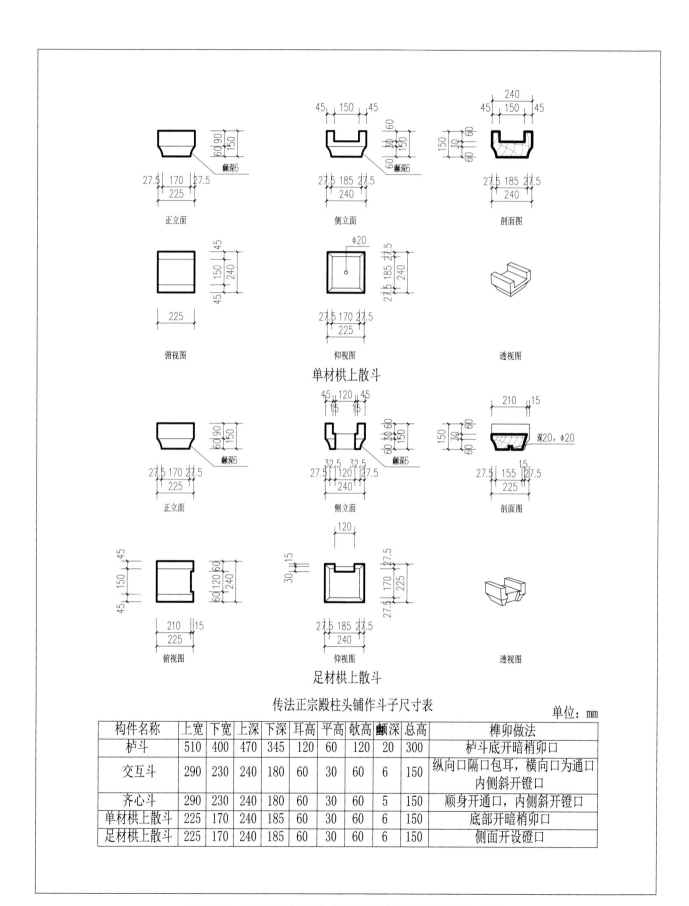

传法正宗殿柱头铺作斗子尺寸表

单位：mm

构件名称	上宽	下宽	上深	下深	耳高	平高	欹高	颟深	总高	榫卯做法
栌斗	510	400	470	345	120	60	120	20	300	栌斗底开暗梢卯口
交互斗	290	230	240	180	60	30	60	6	150	纵向口隔口包耳，横向口为通口内侧斜开镫口
齐心斗	290	230	240	180	60	30	60	5	150	顺身开通口，内侧斜开镫口
单材栱上散斗	225	170	240	185	60	30	60	6	150	底部开暗梢卯口
足材栱上散斗	225	170	240	185	60	30	60	6	150	侧面开设镫口

图版018　传法正宗殿前檐柱头铺作斗子构件图（二）

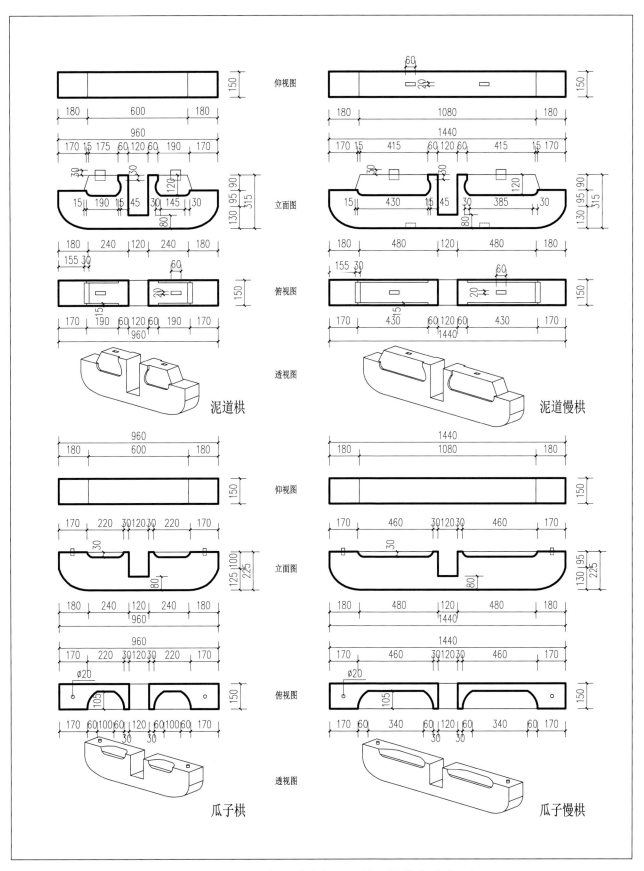

图版019　传法正宗殿前檐柱头铺作栱材构件图（一）

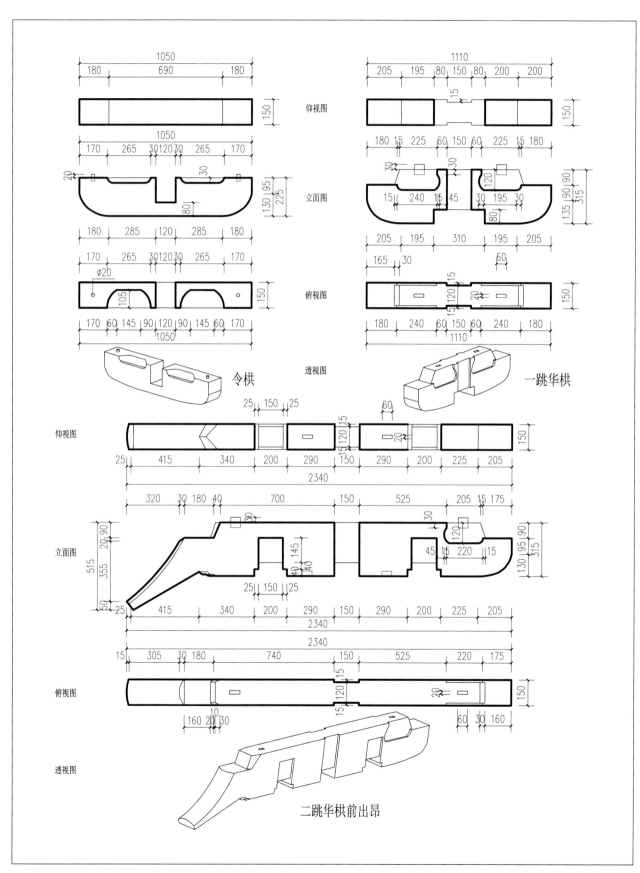

令栱

一跳华栱

二跳华栱前出昂

图版020　传法正宗殿前檐柱头铺作栱材构件图（二）

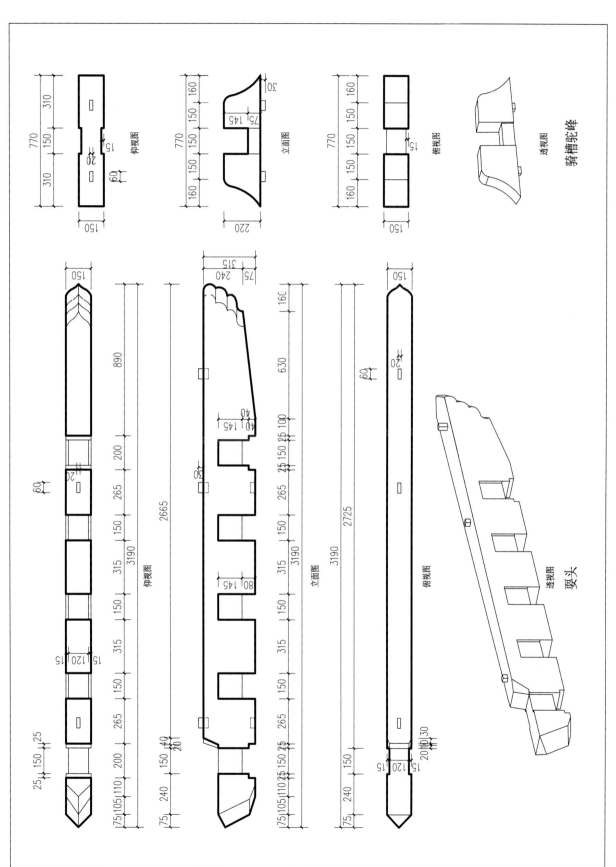

图版021 传法正宗殿前檐柱头铺作栱材构件图（三）

骑槽驼峰

耍头

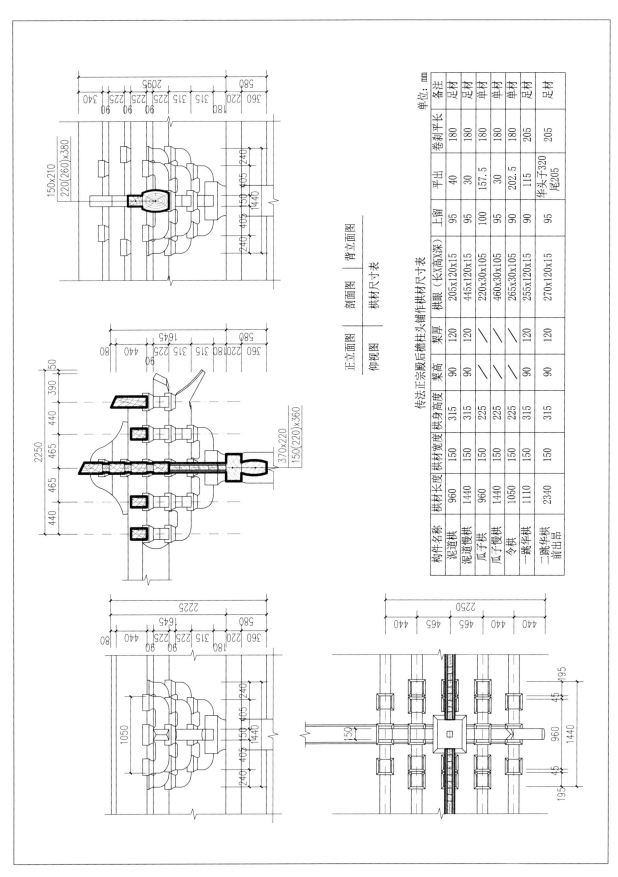

| 正立面图 | 剖面图 |
| 仰视图 | 背立面图 |

拱材尺寸表

传法正宗殿后檐柱头铺作拱材尺寸表

单位：mm

构件名称	拱材长度	拱材宽度	拱身高度	栔高	栔厚	拱眼（长X高X深）	上留	平出	卷刹平长	备注
泥道拱	960	150	315	90	120	205x120x15	95	40	180	足材
泥道慢拱	1440	150	315	90	120	445x120x15	95	30	180	足材
瓜子拱	960	150	225	/	/	220x30x105	100	157.5	180	单材
瓜子慢拱	1440	150	225	/	/	460x30x105	95	30	180	单材
令拱	1050	150	225	/	/	265x30x105	90	202.5	180	单材
一跳华拱	1110	150	315	90	120	255x120x15	90	115	205	足材
二跳华拱前出昂	2340	150	315	90	120	270x120x15	95	华头子320尾205	205	足材

图版022　传法正宗殿后檐柱头铺作大样图

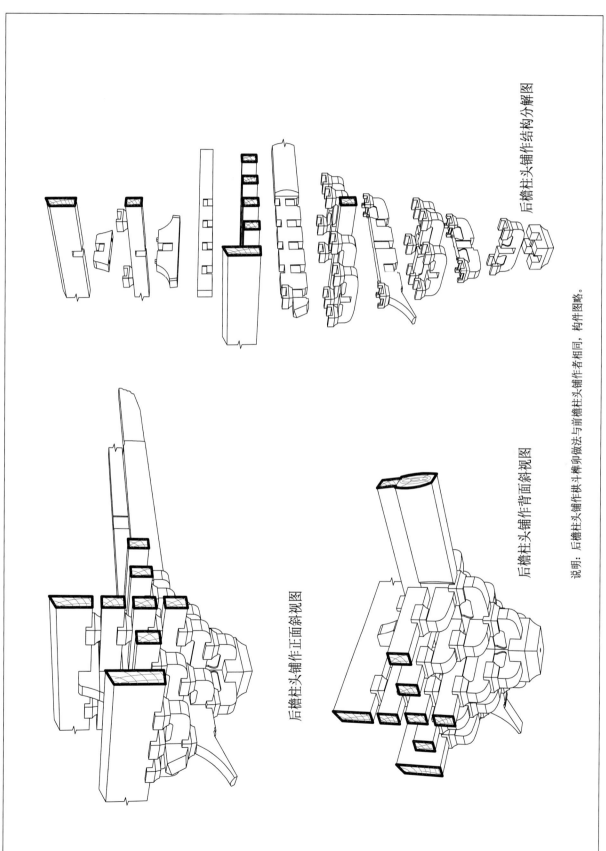

后檐柱头铺作结构分解图

后檐柱头铺作背面斜视图

后檐柱头铺作正面斜视图

说明：后檐柱头铺作斗栱斗榫卯做法与前檐柱头铺作者相同，构件图略。

图版023 传法正宗殿后檐柱头铺作构件榫卯结构关系图

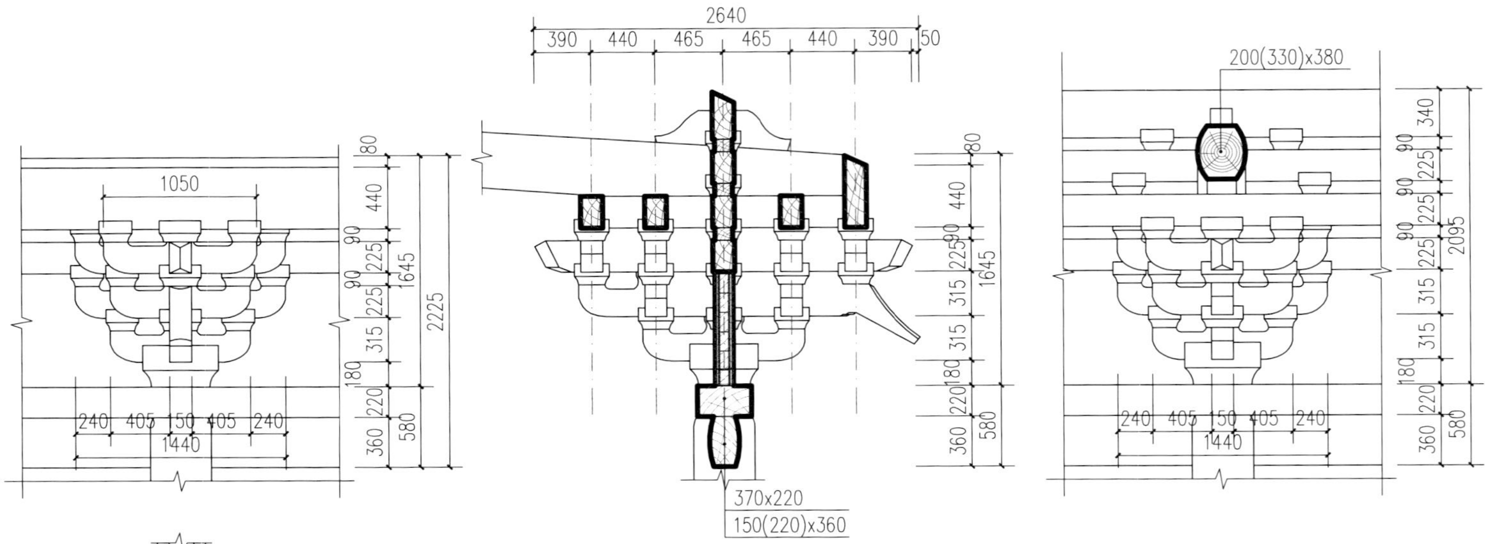

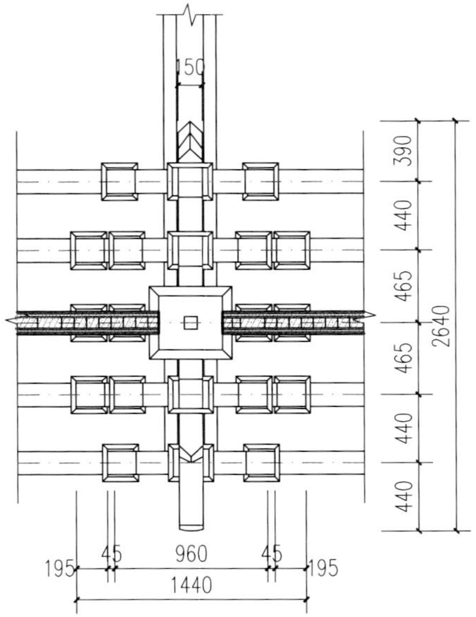

正立面图 | 剖面图 | 背立面图
仰视图 | 拱材尺寸表

传法正宗殿山面柱头铺作拱材尺寸表

单位: mm

构件名称	拱材长度	拱材宽度	拱身高度	栔高	栔厚	拱眼（长x高x深）	上留	平出	卷刹平长	备注
泥道拱	960	150	315	90	120	205x120x15	95	40	180	足材
泥道慢拱	1440	150	315	90	120	445x120x15	95	30	180	足材
瓜子拱	960	150	225	/	/	220x30x105	100	157.5	180	单材
瓜子慢拱	1440	150	225	/	/	460x30x105	95	30	180	单材
令拱	1050	150	225	90	/	265x30x105	90	202.5	180	单材
一跳华拱	1110	150	315	90	120	255x120x15	90	115	205	足材
二跳华拱前出昂	2340	150	315	90	120	270x120x15	95	华头子320 尾205	205	足材
耍头	3190	150	315	90	150	/	/	/	/	足材

图版024　传法正宗殿山面柱头铺作大样图

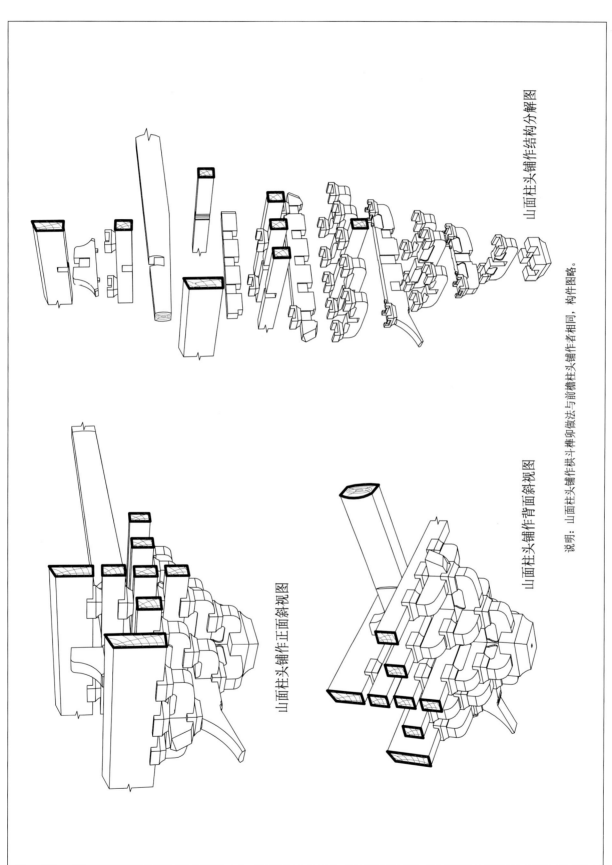

山面柱头铺作结构分解图

山面柱头铺作背面斜视图

山面柱头铺作正面斜视图

说明：山面柱头铺作斗栱榫卯做法与前檐柱头铺作者相同，构件图略。

图版025　传法正宗殿山面柱头铺作构件榫卯结构关系图

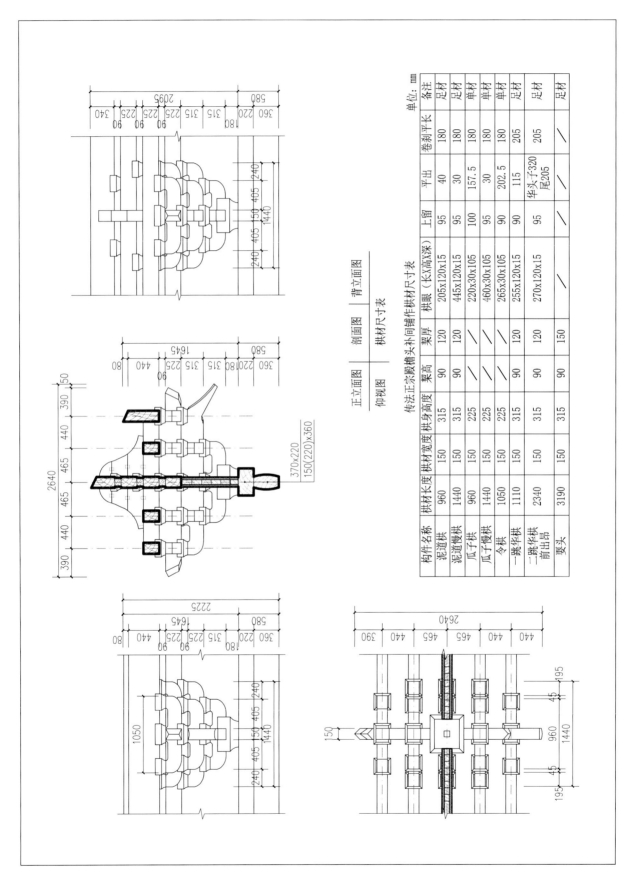

传法正宗殿檐头补间铺作拱材尺寸表

单位：mm

构件名称	拱材长度	拱材宽度	拱身高度	栔高	栔厚	拱眼（长×高×深）	上留	平出	卷刹平长	备注
泥道拱	960	150	315	90	120	205x120x15	95	40	180	足材
泥道慢拱	1440	150	315	90	120	445x120x15	95	30	180	足材
瓜子拱	960	150	225	/	/	220x30x105	100	157.5	180	单材
瓜子慢拱	1440	150	225	/	/	460x30x105	95	30	180	单材
令拱	1050	150	225	/	/	265x30x105	90	202.5	180	单材
一跳华拱	1110	150	315	90	120	255x120x15	90	115	205	足材
一跳华拱前出昂	2340	150	315	90	120	270x120x15	95	华头子320 尾205	205	足材
耍头	3190	150	315	90	150	/	/	/	/	足材

图版026　传法正宗殿檐头补间铺作大样图

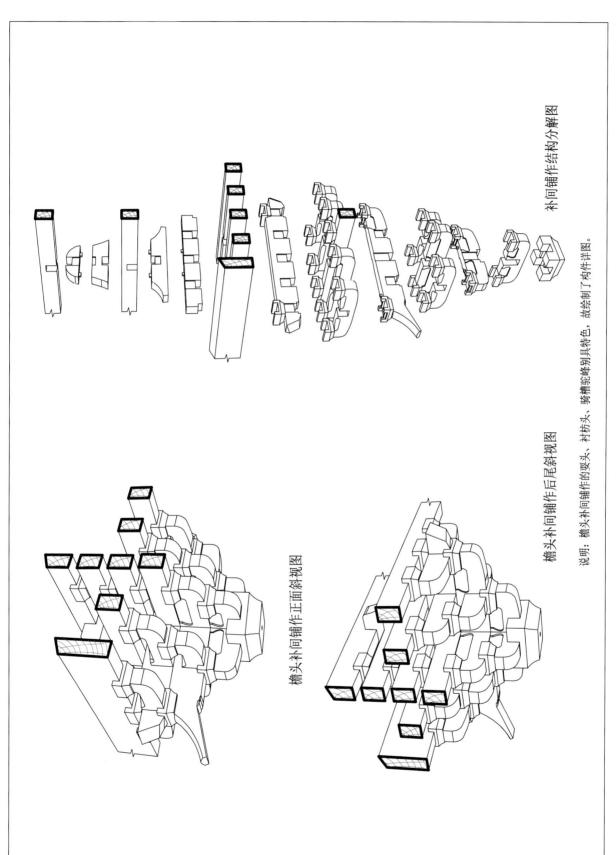

补间铺作结构分解图

檐头补间铺作后尾斜视图

檐头补间铺作正面斜视图

说明：檐头补间铺作的耍头、衬枋头、骑槽驼峰别具特色，故绘制了构件详图。

图版027　传法正宗殿檐头补间铺作构件榫卯结构关系图

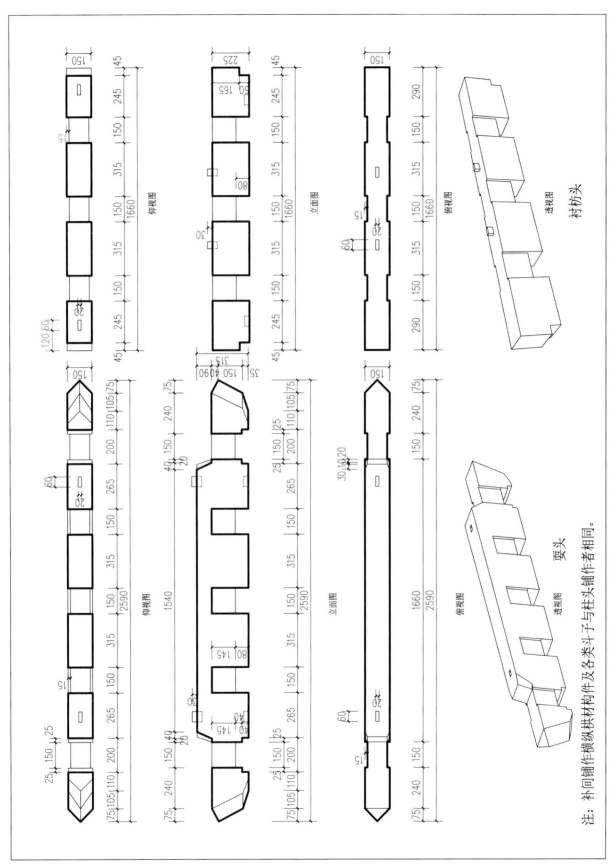

注：补间铺作横纵拱材构件及各类子柱斗子与柱头铺作者相同。

图版028　传法正宗殿补间铺作拱材构件图（一）

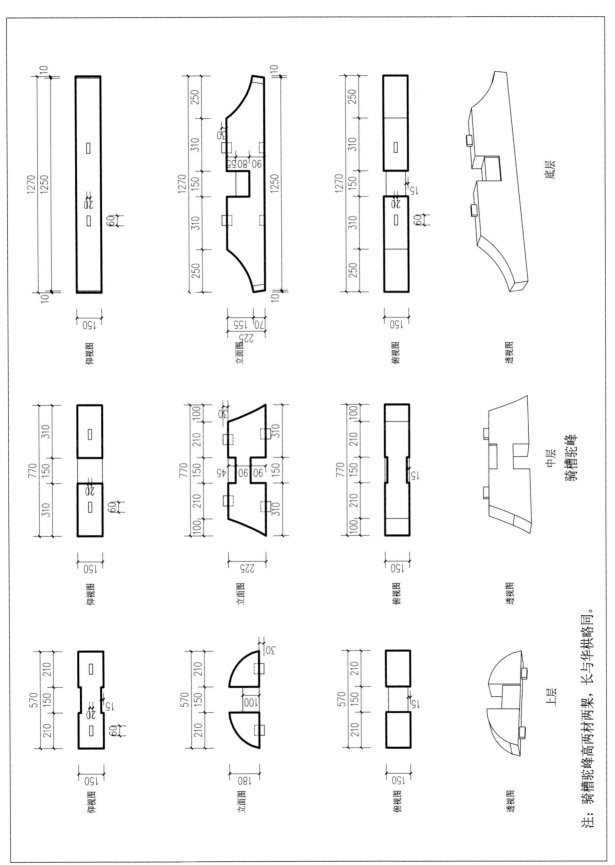

图版029　传法正宗殿补间铺作栱材构件图（二）

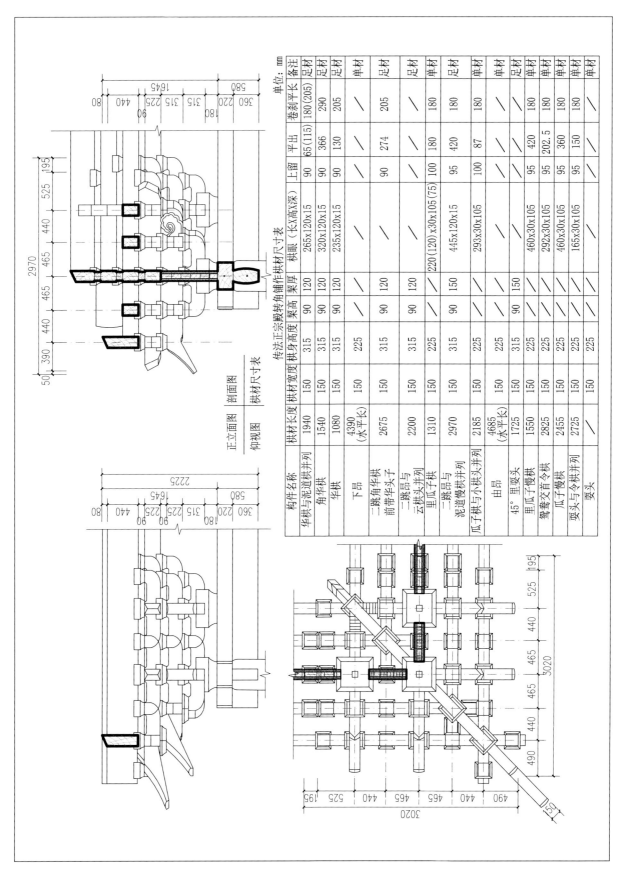

正立面图　剖面图

仰视图　拱材尺寸表

传法正宗殿转角铺作拱材尺寸表

单位：mm

构件名称	拱材长度	拱材宽度	拱身高度	栔高	栔厚	拱眼（长x高x深）	上留	平出	卷刹平长	备注
华拱与泥道拱并列	1940	150	315	90	120	265x120x15	90	65(115)	180(205)	足材
角华拱	1540	150	315	90	120	320x120x15	90	366	290	足材
华拱	1080	150	315	90	120	235x120x15	90	130	205	足材
下昂	4390(水平长)	150	225	/	/	/	/	/	/	单材
二跳角华拱前带华头子	2675	150	315	90	120	/	90	274	205	足材
二跳昂与云拱头并列	2200	150	315	90	120	/	/	/	/	足材
里瓜子拱	1310	150	225	/	/	220(120)x30x105(75)	100	180	180	单材
二跳昂与泥道慢拱并列	2970	150	315	90	150	445x120x15	95	420	180	足材
瓜子拱与小拱头并列	2185	150	225	/	/	293x30x105	100	87	180	单材
由昂	4685(水平长)	150	225	/	/	/	/	/	/	单材
45°里耍头	1725	150	315	90	150	/	95	420	/	足材
里瓜子慢拱	1550	150	225	/	/	460x30x105	95	202.5	180	单材
鸳鸯交首令拱	2825	150	225	/	/	292x30x105	95	360	180	单材
瓜子令拱	2455	150	225	/	/	460x30x105	95	150	180	单材
耍头与令拱并列	2725	150	225	/	/	165x30x105	95	/	/	单材
耍头	/	150	225	/	/	/	/	/	/	单材

图版030　传法正宗殿转角铺作大样图

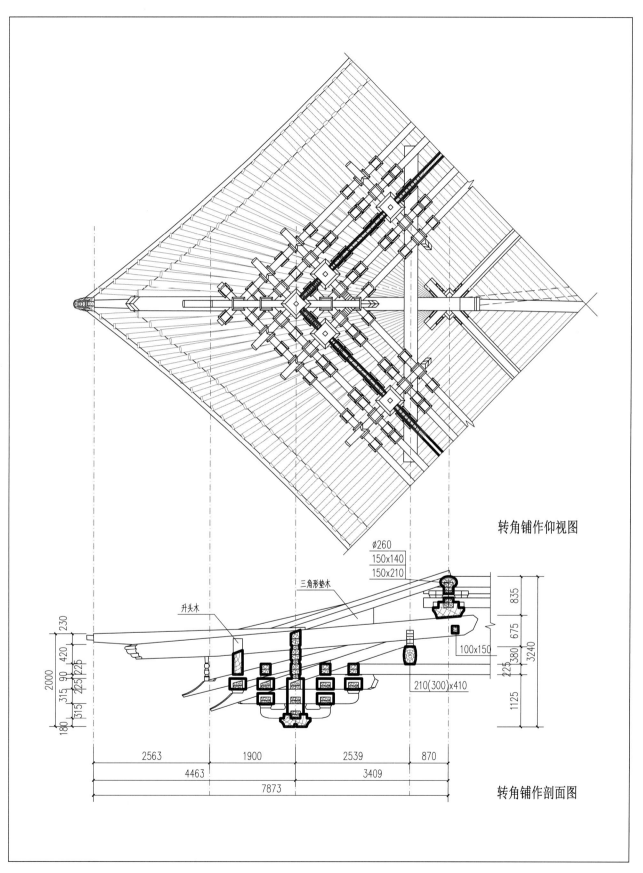

转角铺作仰视图

ø260
150x140
150x210

三角形垫木

升头木

100x150

210(300)x410

转角铺作剖面图

图版031 传法正宗殿转角铺作仰视图及剖视图

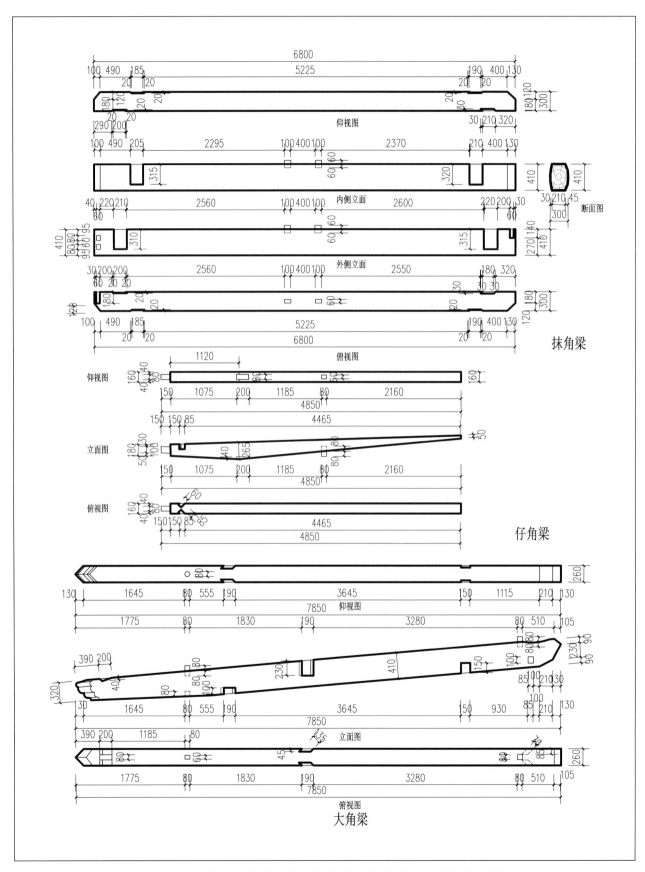

图版032 传法正宗殿西南角抹角梁、大角梁及仔角梁构件图

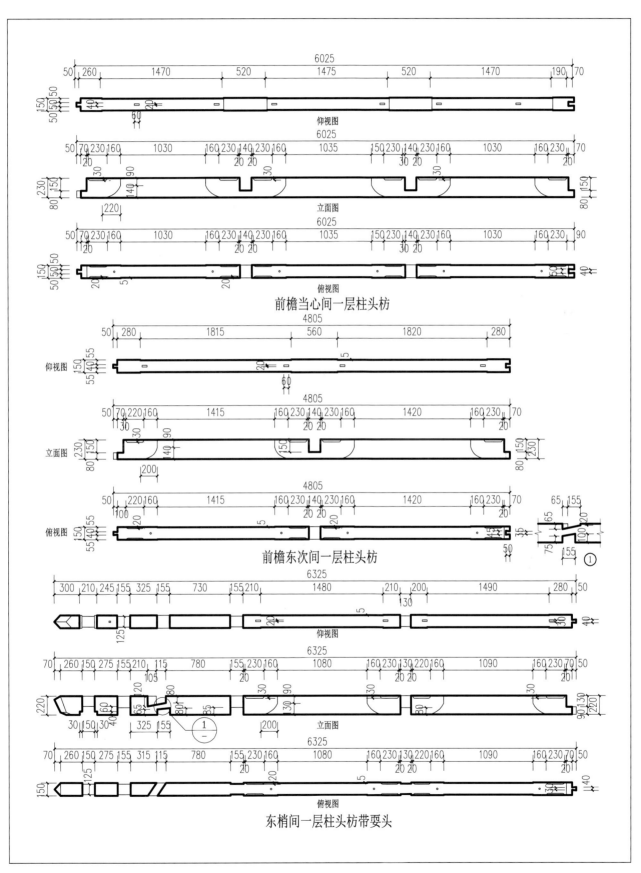

前檐当心间一层柱头枋

前檐东次间一层柱头枋

东梢间一层柱头枋带耍头

图版033　传法正宗殿一层柱头枋构件图

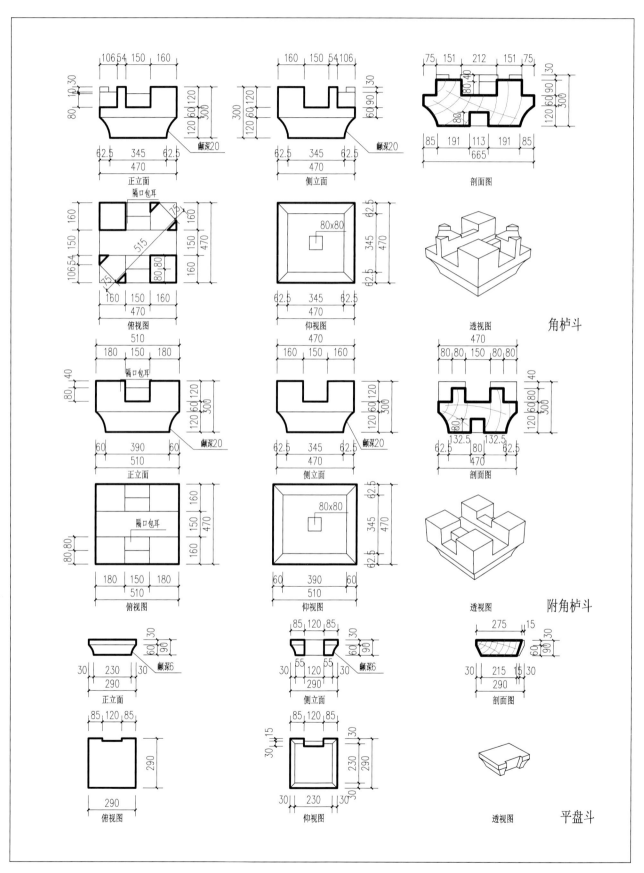

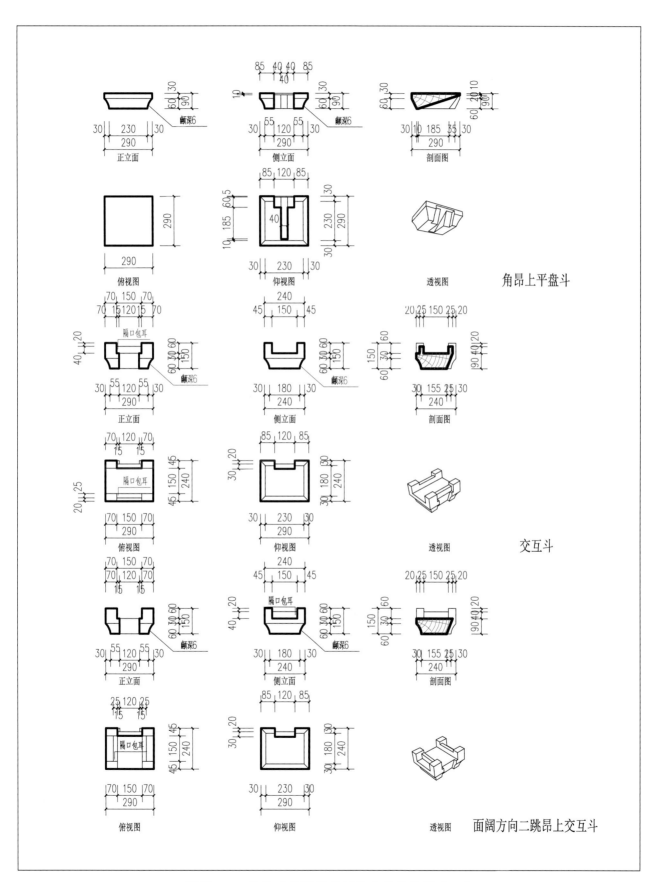

正立面　侧立面　剖面图

俯视图　仰视图　透视图　角昂上平盘斗

正立面　侧立面　剖面图

俯视图　仰视图　透视图　交互斗

正立面　侧立面　剖面图

俯视图　仰视图　透视图　面阔方向二跳昂上交互斗

图版035　传法正宗殿转角铺作斗子构件图（二）

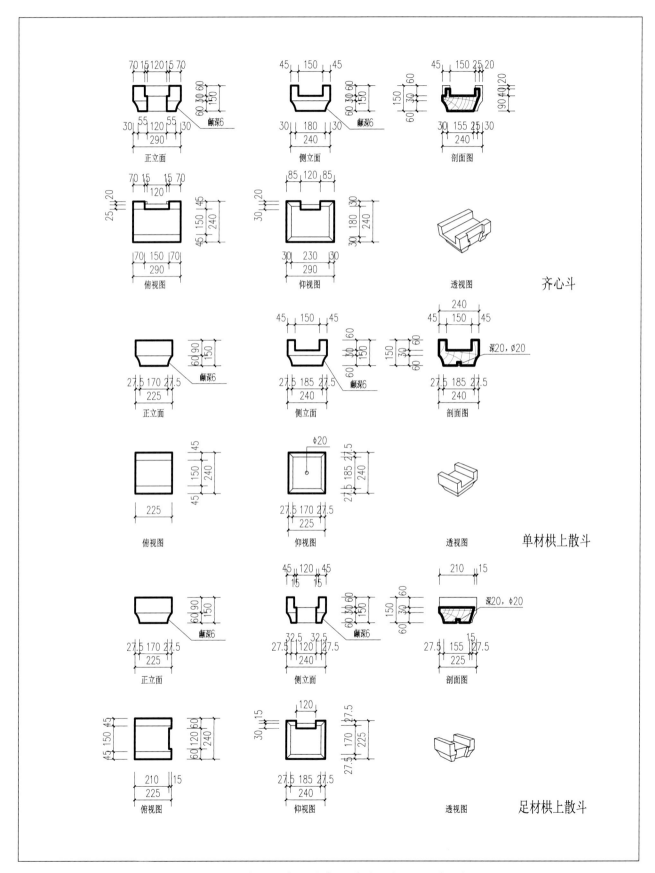

正立面　　　侧立面　　　剖面图

俯视图　　　仰视图　　　透视图　　　齐心斗

正立面　　　侧立面　　　剖面图

俯视图　　　仰视图　　　透视图　　　单材栱上散斗

正立面　　　侧立面　　　剖面图

俯视图　　　仰视图　　　透视图　　　足材栱上散斗

图版036　传法正宗殿转角铺作斗子构件图（三）

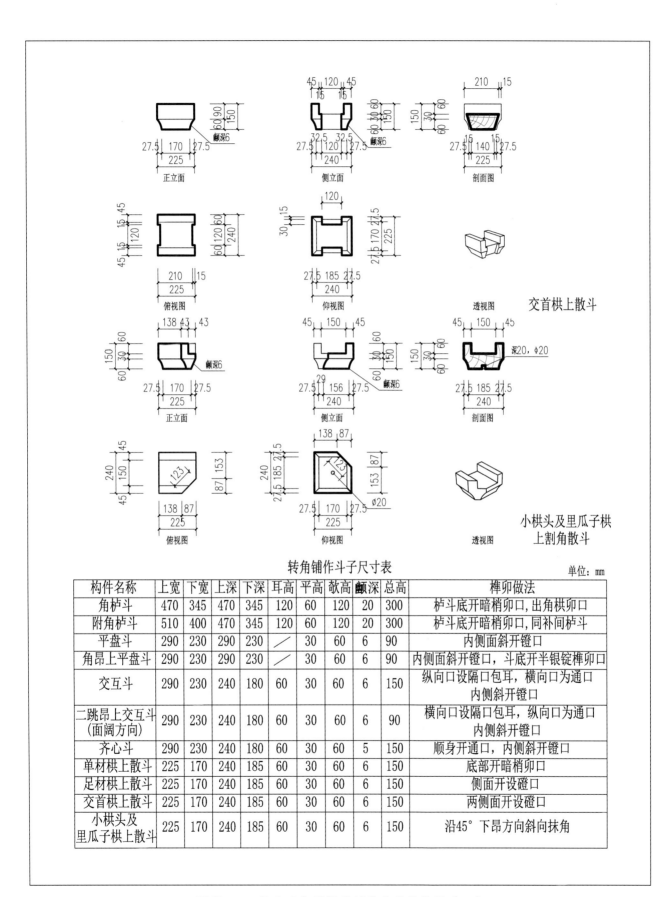

转角铺作斗子尺寸表

单位：mm

构件名称	上宽	下宽	上深	下深	耳高	平高	歁高	歁深	总高	榫卯做法
角栌斗	470	345	470	345	120	60	120	20	300	栌斗底开暗梢卯口，出角栱卯口
附角栌斗	510	400	470	345	120	60	120	20	300	栌斗底开暗梢卯口，同补间栌斗
平盘斗	290	230	290	230	／	30	60	6	90	内侧面斜开镫口
角昂上平盘斗	290	230	290	230	／	30	60	6	90	内侧面斜开镫口，斗底开半银锭榫卯口
交互斗	290	230	240	180	60	30	60	6	150	纵向口设隔口包耳，横向口为通口 内侧斜开镫口
二跳昂上交互斗 （面阔方向）	290	230	240	180	60	30	60	6	90	横向口设隔口包耳，纵向口为通口 内侧斜开镫口
齐心斗	290	230	240	180	60	30	60	5	150	顺身开通口，内侧斜开镫口
单材栱上散斗	225	170	240	185	60	30	60	6	150	底部开暗梢卯口
足材栱上散斗	225	170	240	185	60	30	60	6	150	侧面开设镫口
交首栱上散斗	225	170	240	185	60	30	60	6	150	两侧面开设镫口
小栱头及 里瓜子栱上散斗	225	170	240	185	60	30	60	6	150	沿45°下昂方向斜向抹角

图版037　传法正宗殿转角铺作斗子构件图（四）

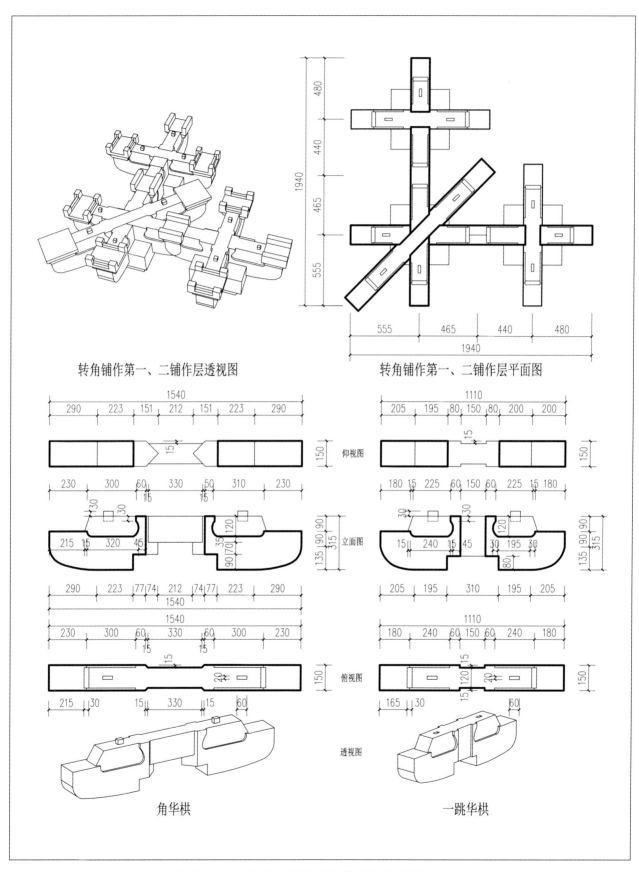

转角铺作第一、二铺作层透视图

转角铺作第一、二铺作层平面图

角华栱

一跳华栱

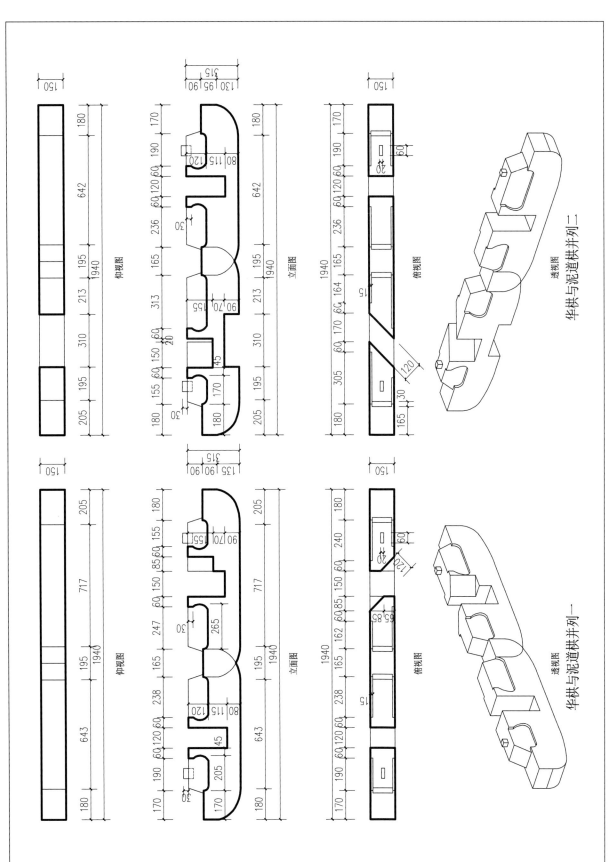

图版039　传法正宗殿转角铺作栱材构件图（二）

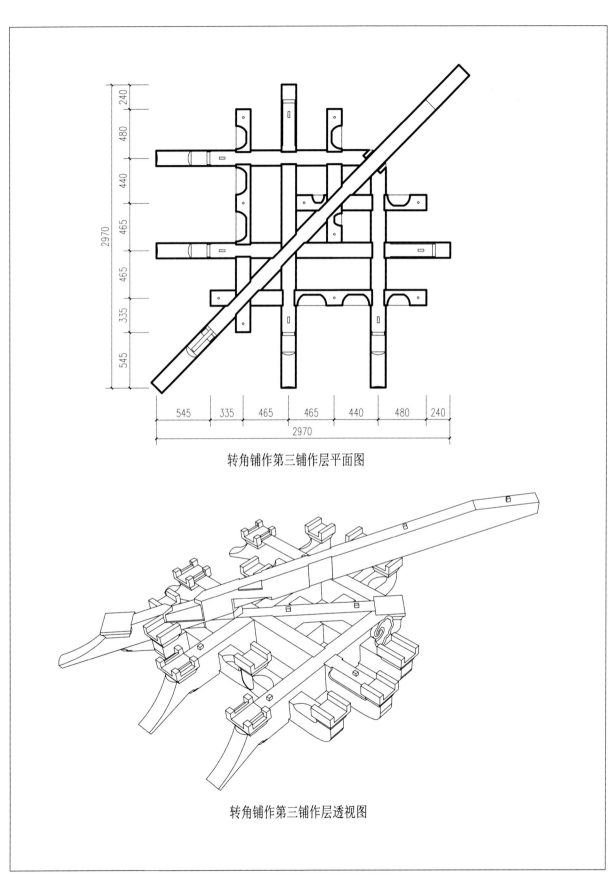

转角铺作第三铺作层平面图

转角铺作第三铺作层透视图

图版040　传法正宗殿转角铺作栱材构件图（三）

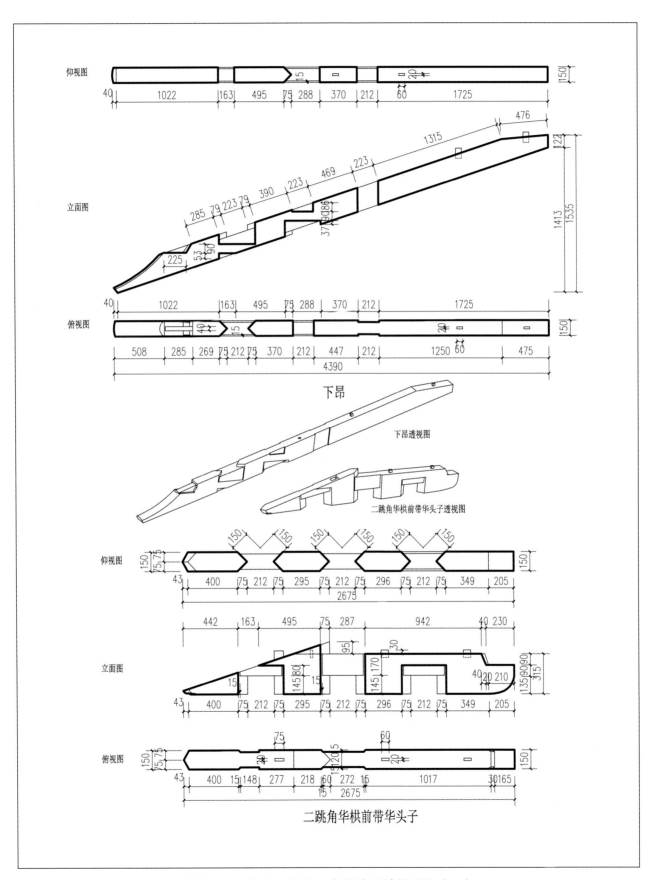

下昂

下昂透视图

二跳角华栱前带华头子透视图

二跳角华栱前带华头子

图版041　传法正宗殿转角铺作栱材构件图（四）

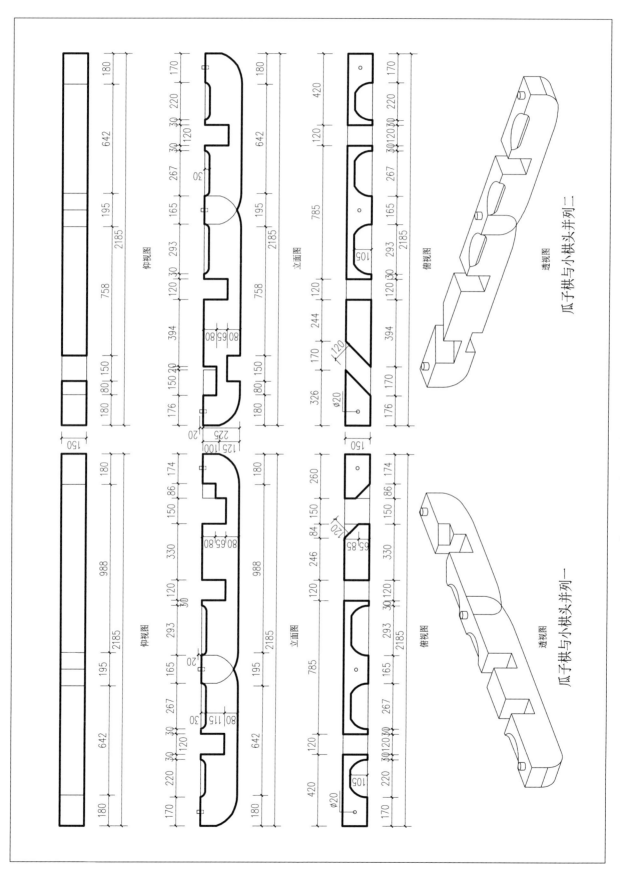

图版042 传法正宗殿转角铺作拱材构件图（五）

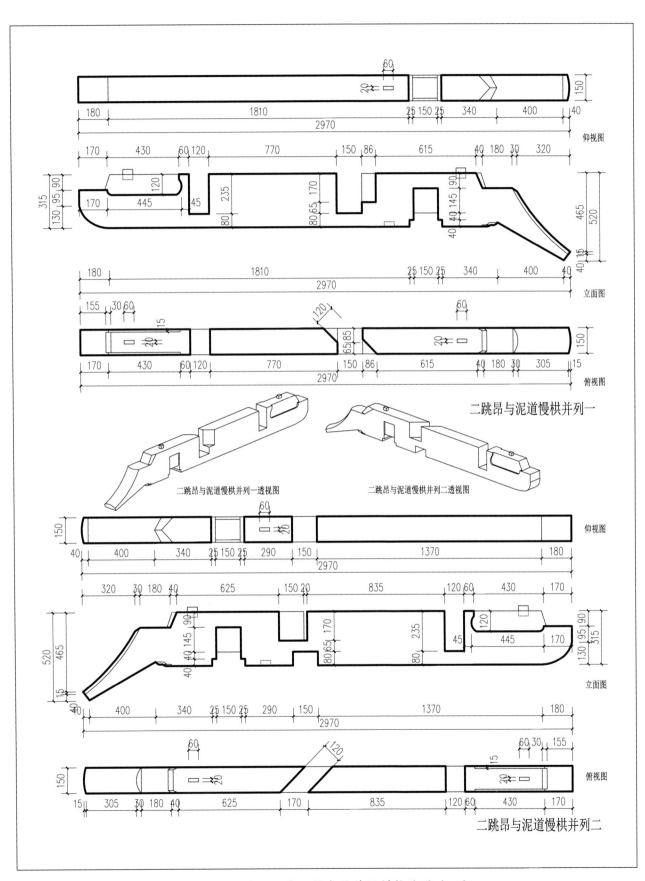

二跳昂与泥道慢栱并列一

二跳昂与泥道慢栱并列一透视图　　　二跳昂与泥道慢栱并列二透视图

二跳昂与泥道慢栱并列二

图版043　传法正宗殿转角铺作栱材构件图（六）

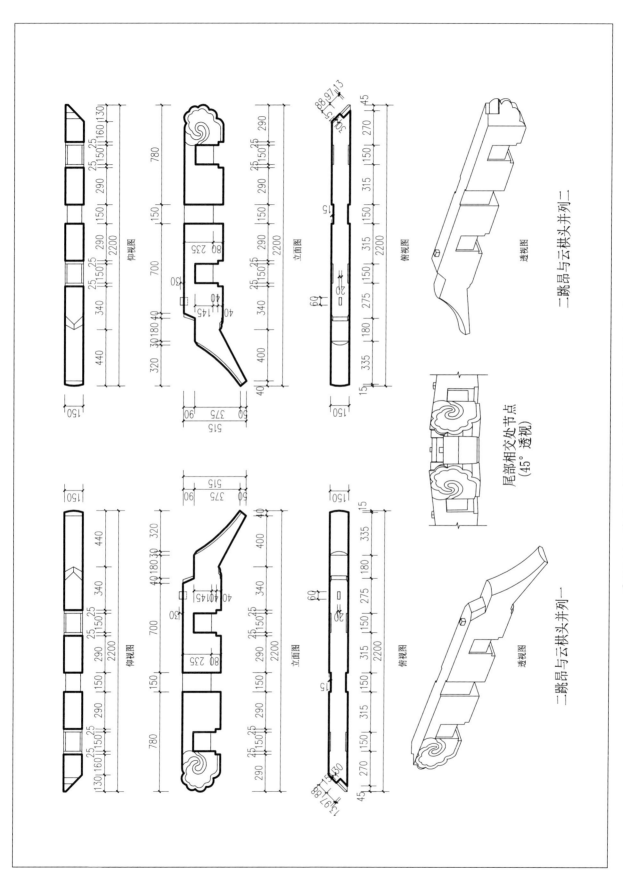

图版044　传法正宗殿转角铺作棋材构件图（七）

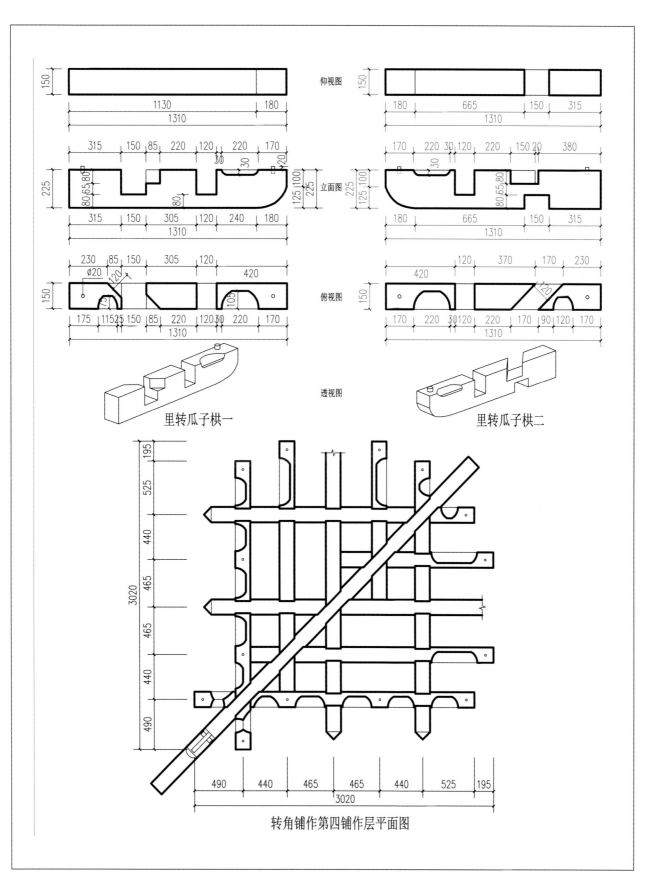

里转瓜子栱一

里转瓜子栱二

转角铺作第四铺作层平面图

图版045 传法正宗殿转角铺作栱材构件图（八）

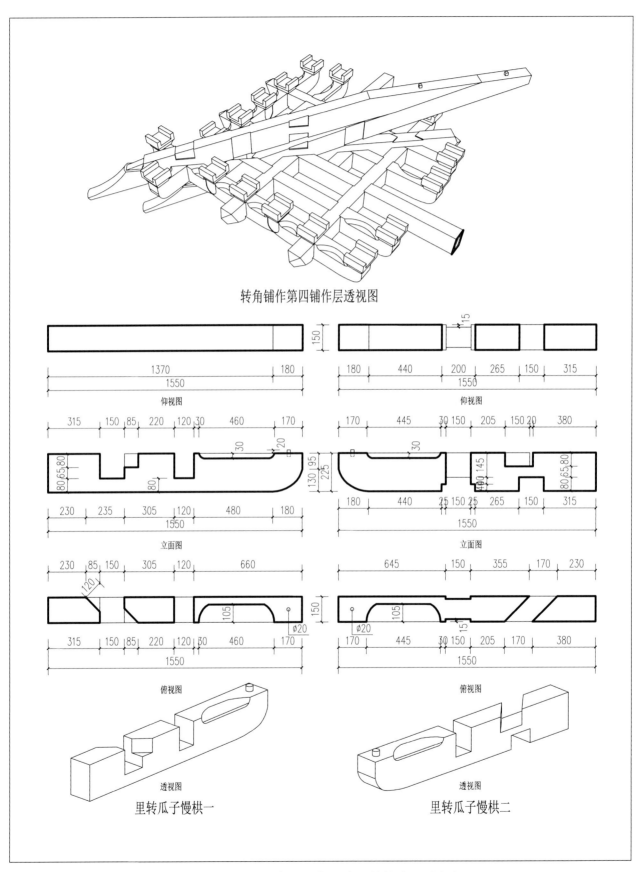

转角铺作第四铺作层透视图

仰视图

仰视图

立面图

立面图

俯视图

俯视图

透视图

透视图

里转瓜子慢栱一

里转瓜子慢栱二

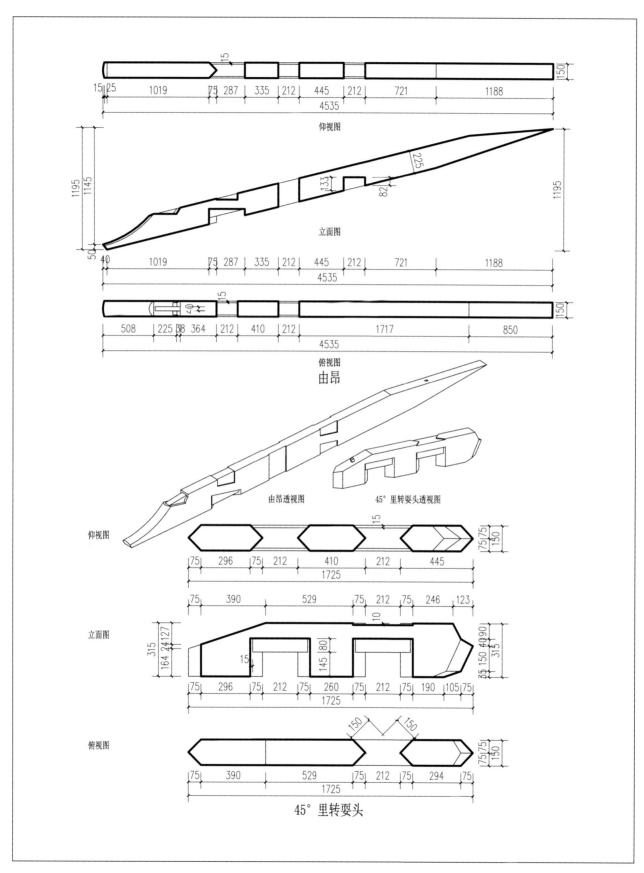

图版047　传法正宗殿转角铺作栱材构件图（十）

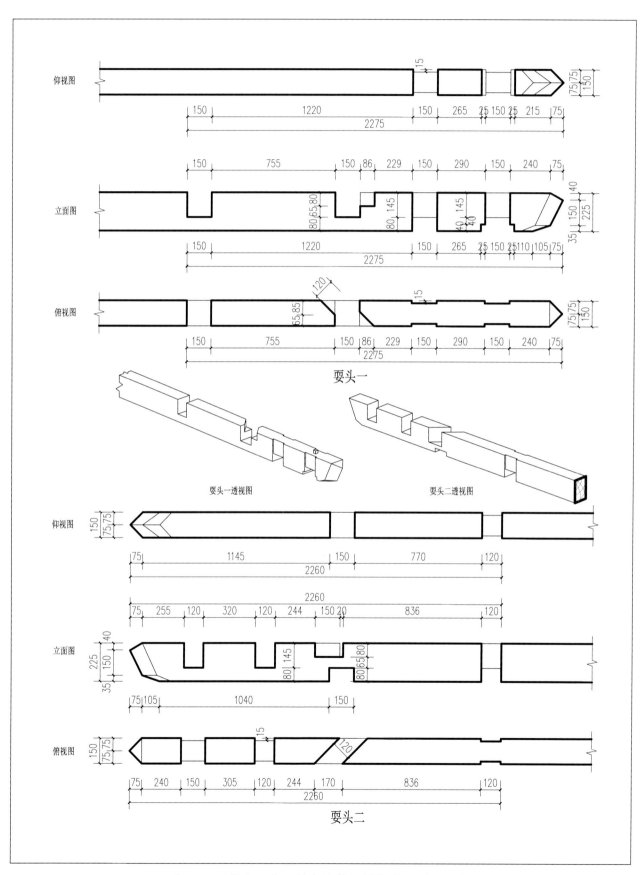

仰视图

立面图

俯视图

耍头一

耍头一透视图　　　耍头二透视图

仰视图

立面图

俯视图

耍头二

图版050　传法正宗殿转角铺作栱材构件图（十三）

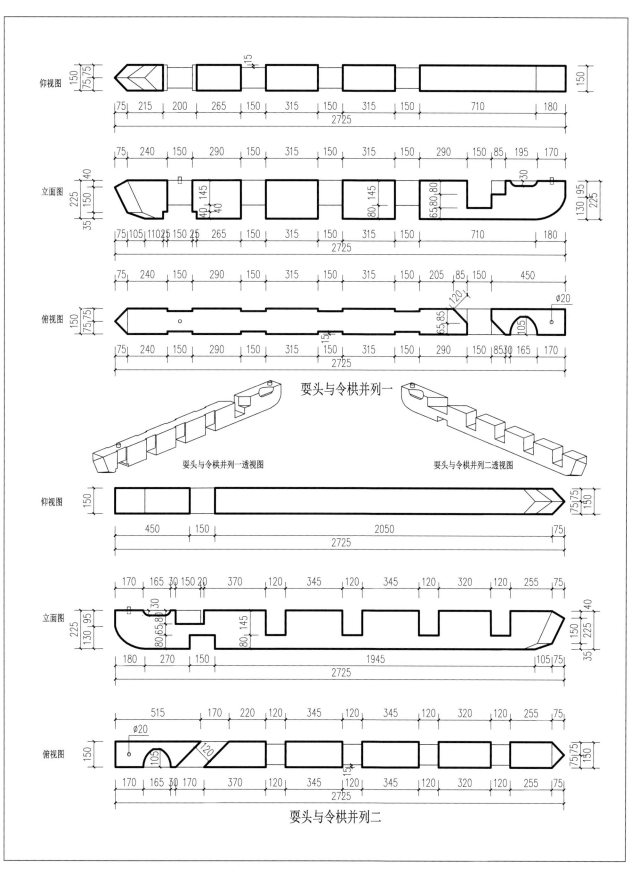

要头与令栱并列一

要头与令栱并列一透视图　　　　　要头与令栱并列二透视图

要头与令栱并列二

图版051　传法正宗殿转角铺作栱材构件图（十四）

四　传法正宗殿梁架节点大样图及构件榫卯图

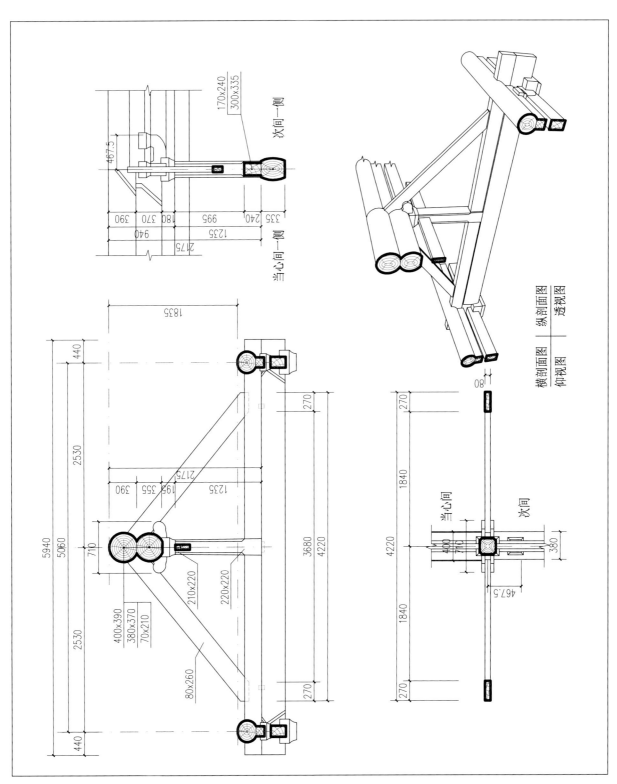

图版052　传法正宗殿当心间东缝平梁上部梁架节点大样图

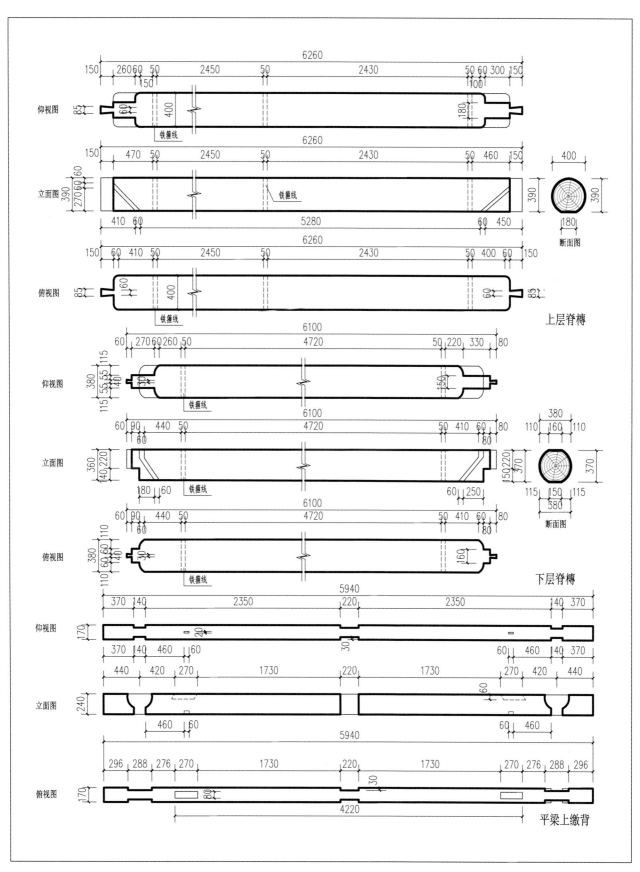

图版053　传法正宗殿当心间东缝平梁上缴背与脊槫构件图

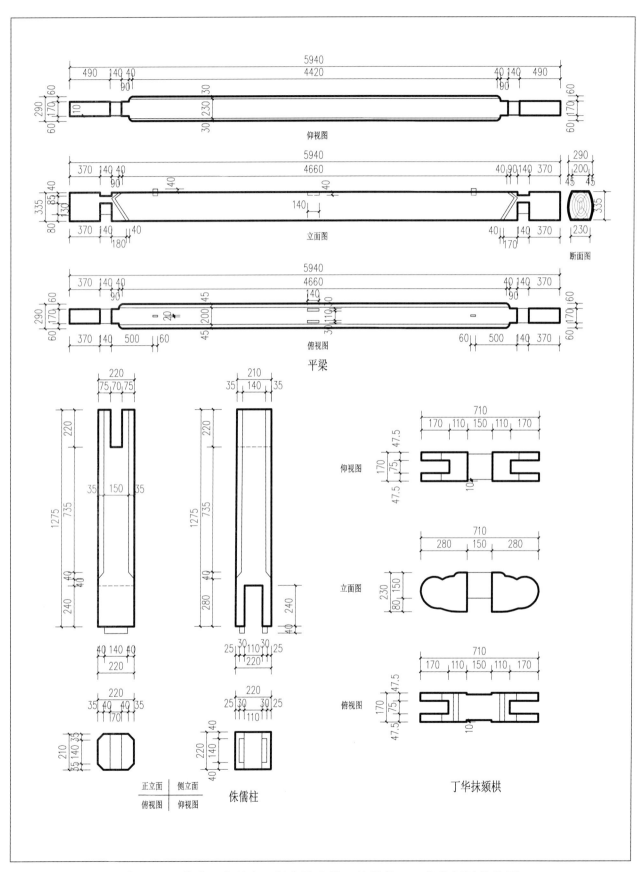

仰视图

立面图

断面图

俯视图

平梁

正立面 侧立面
俯视图 仰视图

侏儒柱

仰视图

立面图

俯视图

丁华抹颏栱

图版054 传法正宗殿当心间东缝平梁、侏儒柱、丁华抹颏栱构件图

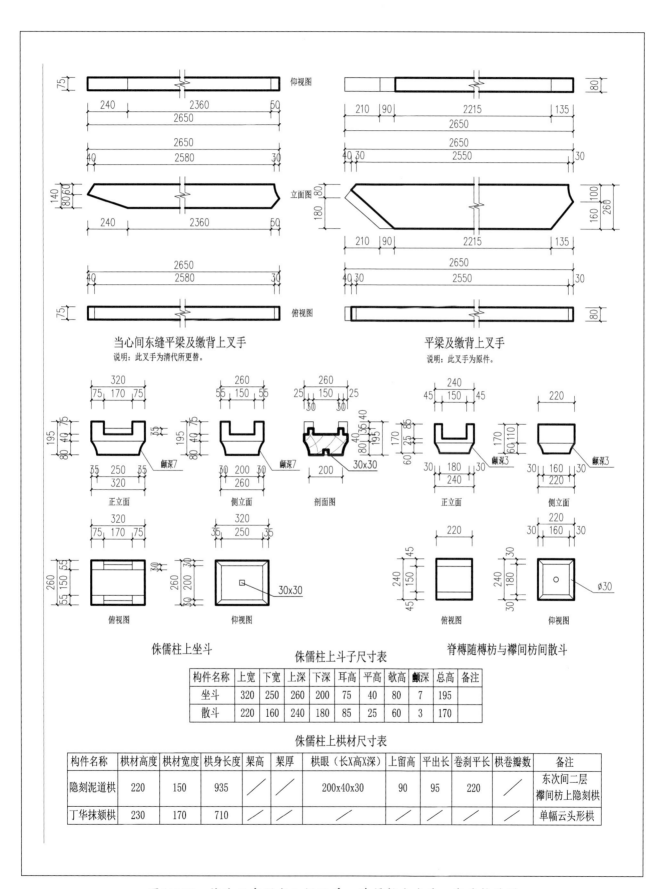

当心间东缝平梁及缴背上叉手
说明：此叉手为清代所更替。

平梁及缴背上叉手
说明：此叉手为原件。

侏儒柱上坐斗

侏儒柱上斗子尺寸表

脊槫随槫枋与襻间枋间散斗

正立面　侧立面　剖面图　正立面　侧立面

俯视图　仰视图　俯视图　仰视图

侏儒柱上斗子尺寸表

构件名称	上宽	下宽	上深	下深	耳高	平高	欹高	颛深	总高	备注
坐斗	320	250	260	200	75	40	80	7	195	
散斗	220	160	240	180	85	25	60	3	170	

侏儒柱上栱材尺寸表

构件名称	栱材高度	栱材宽度	栱身长度	栔高	栔厚	栱眼（长X高X深）	上留高	平出长	卷刹平长	栱卷瓣数	备注
隐刻泥道栱	220	150	935	/	/	200x40x30	90	95	220	/	东次间二层襻间枋上隐刻栱
丁华抹颏栱	230	170	710	/	/	/	/	/	/	/	单幅云头形栱

图版055　传法正宗殿当心间叉手、侏儒柱上坐斗、散斗构件图

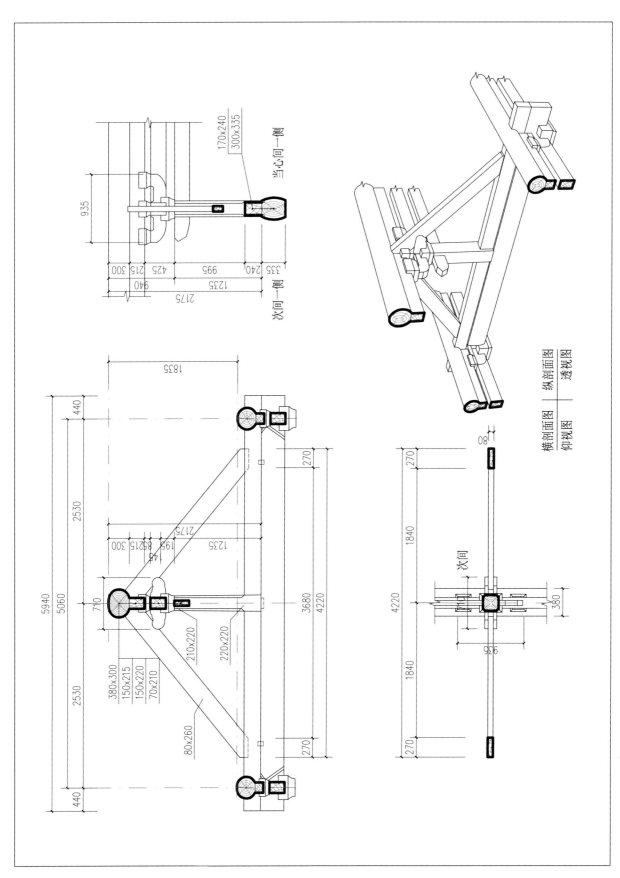

图版056 传法正宗殿东次间东缝平梁上部梁架节点大样图

横剖面图 | 纵剖面图

仰视图 | 透视图

当心间一侧

次间一侧

次间

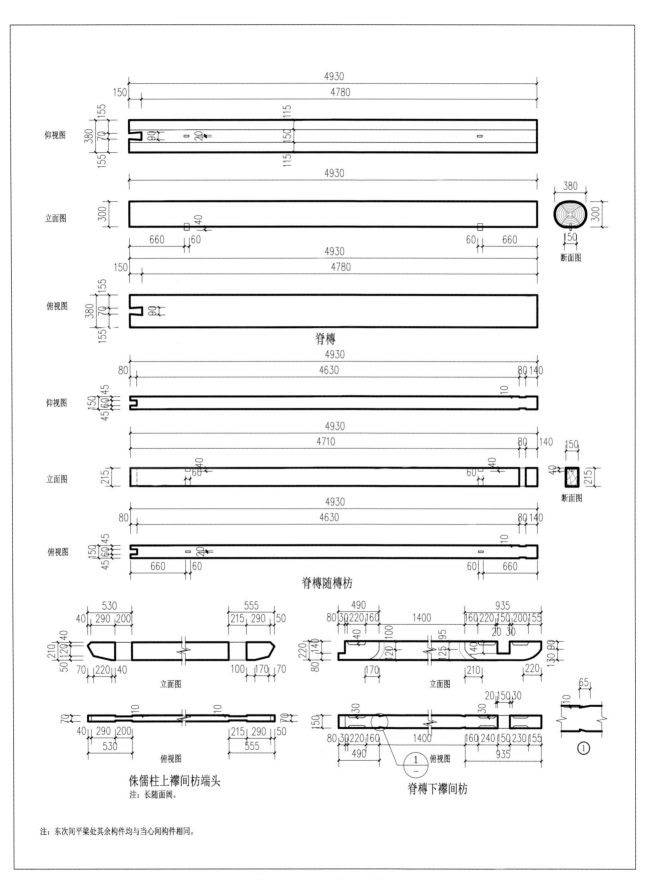

脊榑

脊榑随榑枋

侏儒柱上襻间枋端头
注：长随面阔。

脊榑下襻间枋

注：东次间平梁处其余构件均与当心间构件相同。

图版057　传法正宗殿东次间脊榑、随榑枋、襻间枋构件图

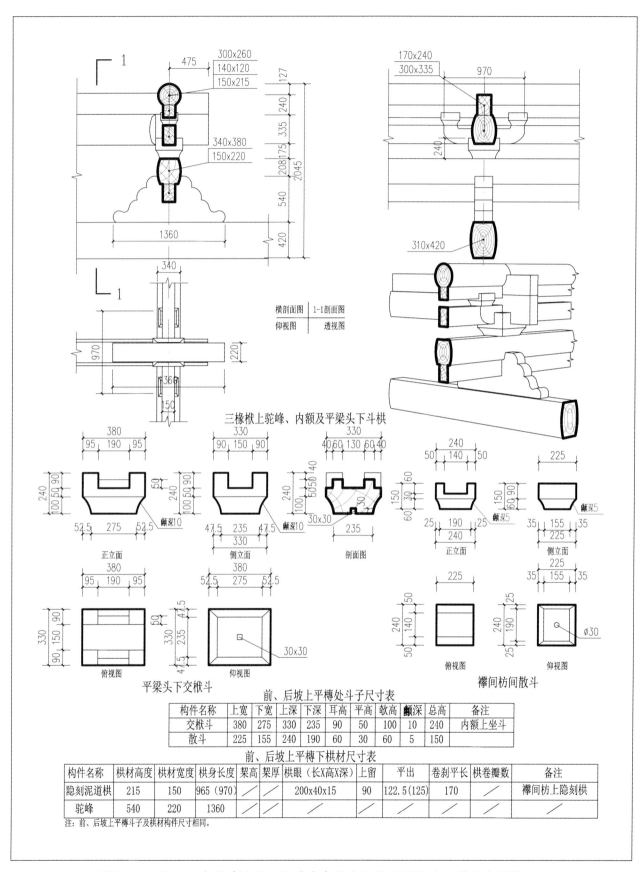

三椽栿上驼峰、内额及平梁头下斗栱

平梁头下交栿斗

襻间枋间散斗

前、后坡上平槫处斗子尺寸表

构件名称	上宽	下宽	上深	下深	耳高	平高	欹高	颛深	总高	备注
交栿斗	380	275	330	235	90	50	100	10	240	内额上坐斗
散斗	225	155	240	190	60	30	60	5	150	

前、后坡上平槫下栱材尺寸表

构件名称	栱材高度	栱材宽度	栱身长度	栔高	栔厚	栱眼（长X高X深）	上留	平出	卷刹平长	栱卷瓣数	备注
隐刻泥道栱	215	150	965（970）	/	/	200x40x15	90	122.5（125）	170	/	襻间枋上隐刻栱
驼峰	540	220	1360	/	/					/	

注：前、后坡上平槫斗子及栱材构件尺寸相同。

图版058　传法正宗殿前坡当心间前城东缝上平槫下襻间斗栱节点大样图

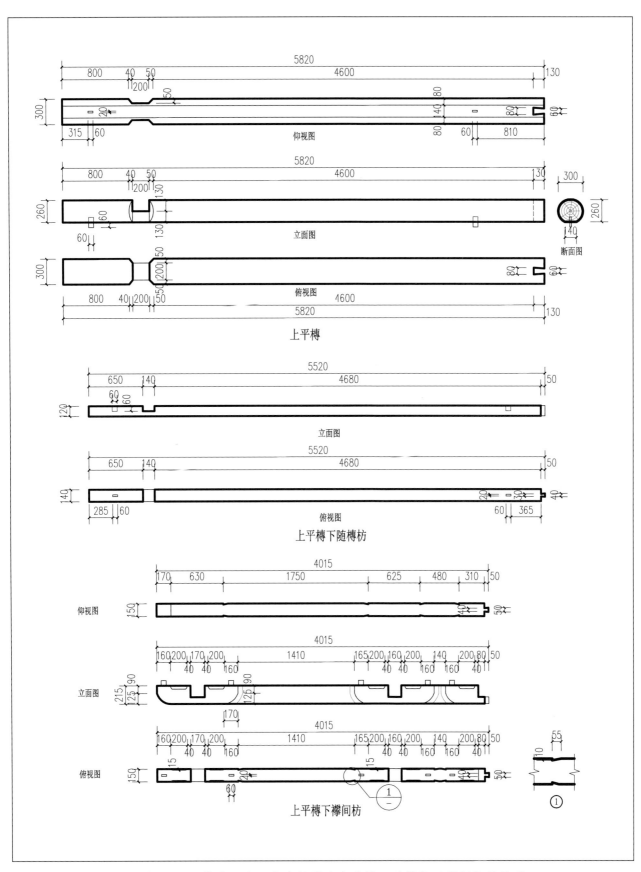

图版059　传法正宗殿东次间前坡上平槫、随槫枋及襻间枋构件图

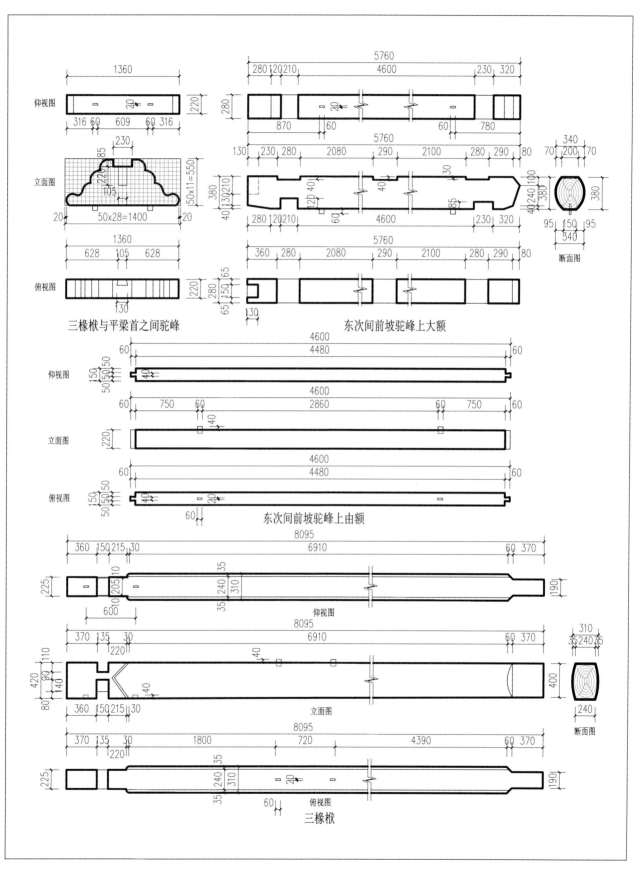

图版060 传法正宗殿当心间东缝与东次间前坡上平槫下驼峰、大额、由额及三椽栿构件图

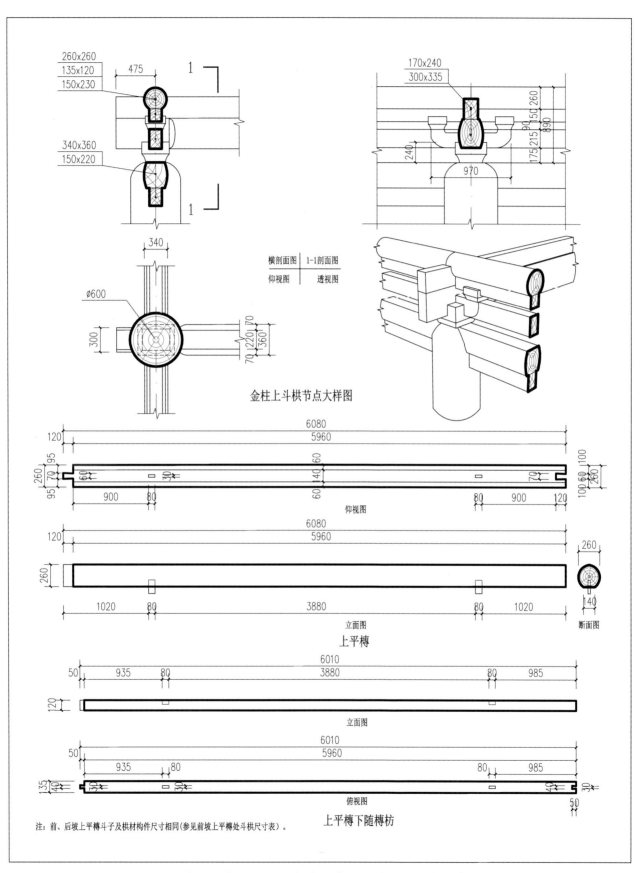

横剖面图 | 1-1剖面图
仰视图 | 透视图

金柱上斗栱节点大样图

上平槫

上平槫下随槫枋

注：前、后坡上平槫斗子及栱材构件尺寸相同(参见前坡上平槫处斗栱尺寸表)。

图版061 传法正宗殿当心间东缝后坡上平槫下襻间斗栱节点大样图

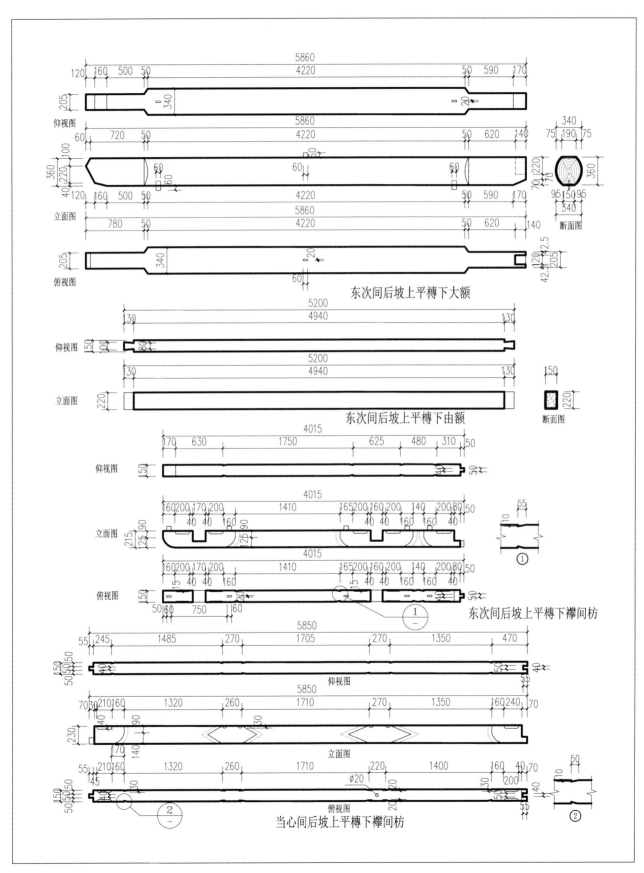

东次间后坡上平槫下大额

东次间后坡上平槫下由额

东次间后坡上平槫下襻间枋

当心间后坡上平槫下襻间枋

图版062 传法正宗殿当心间与东次间后坡上平槫下大额、由额及襻间枋构件图

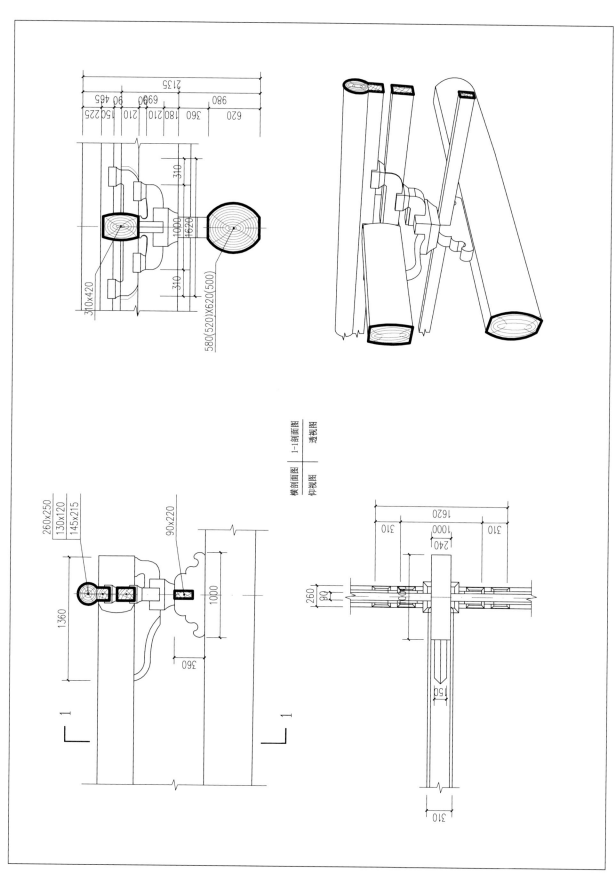

横剖面图　1-1剖面图
仰视图　透视图

图版063　传法正宗殿当心间东缝前坡下平槫下构造节点大样图

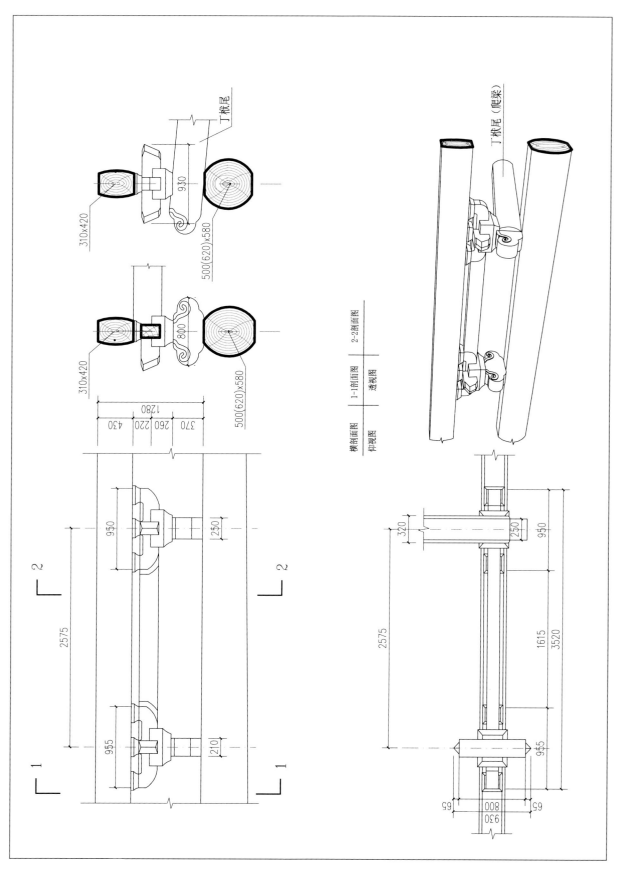

图版068 传法正宗殿东次间东边缝四椽栿与三椽栿之间顺栿串及斗栱节点大样图

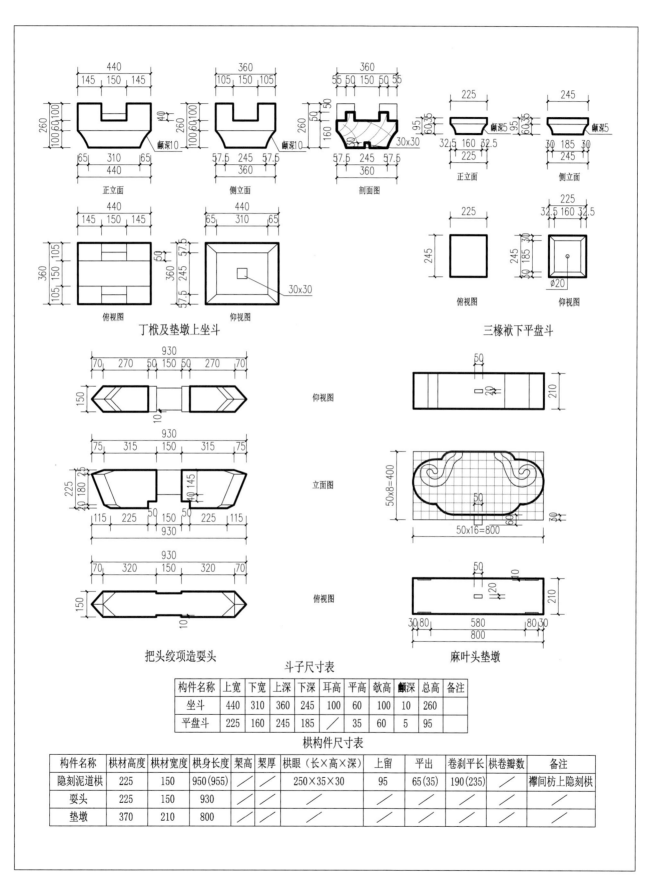

丁栿及垫墩上坐斗

三椽栿下平盘斗

把头绞项造耍头

麻叶头垫墩

斗子尺寸表

构件名称	上宽	下宽	上深	下深	耳高	平高	欹高	䫌深	总高	备注
坐斗	440	310	360	245	100	60	100	10	260	
平盘斗	225	160	245	185	/	35	60	5	95	

栱构件尺寸表

构件名称	栱材高度	栱材宽度	栱身长度	栔高	栔厚	栱眼（长×高×深）	上留	平出	卷刹平长	栱卷瓣数	备注
隐刻泥道栱	225	150	950(955)	/	/	250×35×30	95	65(35)	190(235)	/	襻间枋上隐刻栱
耍头	225	150	930	/	/	/	/	/	/	/	/
垫墩	370	210	800	/	/	/	/	/	/	/	/

图版069 传法正宗殿东次间东边缝四椽栿与三椽栿之间顺栿串及襻间斗栱节点构件图

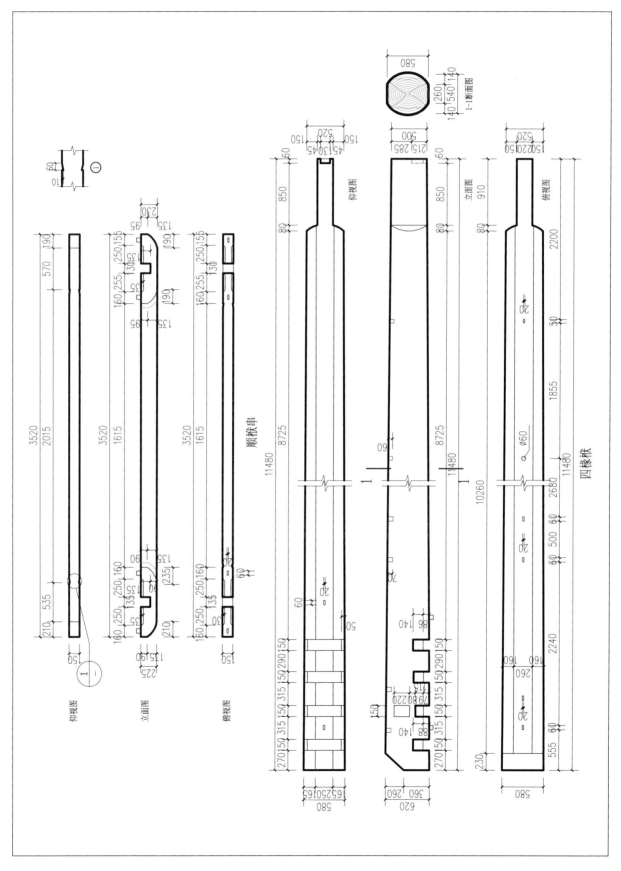

图版070　传法正宗殿东次间东缝四椽栿及其上部顺栿串构件图

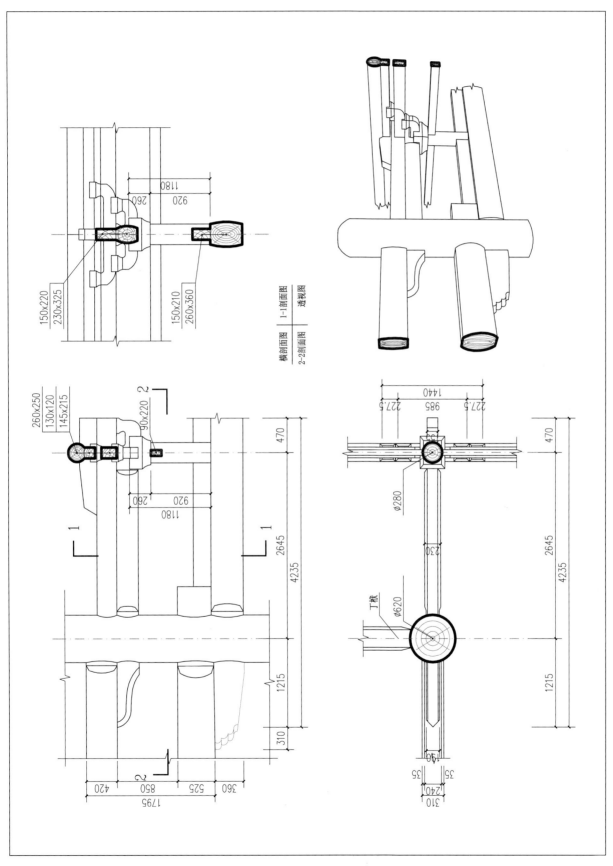

图版071　传法正宗殿东次间东缝后乳栿上劄牵端部斗拱节点大样图

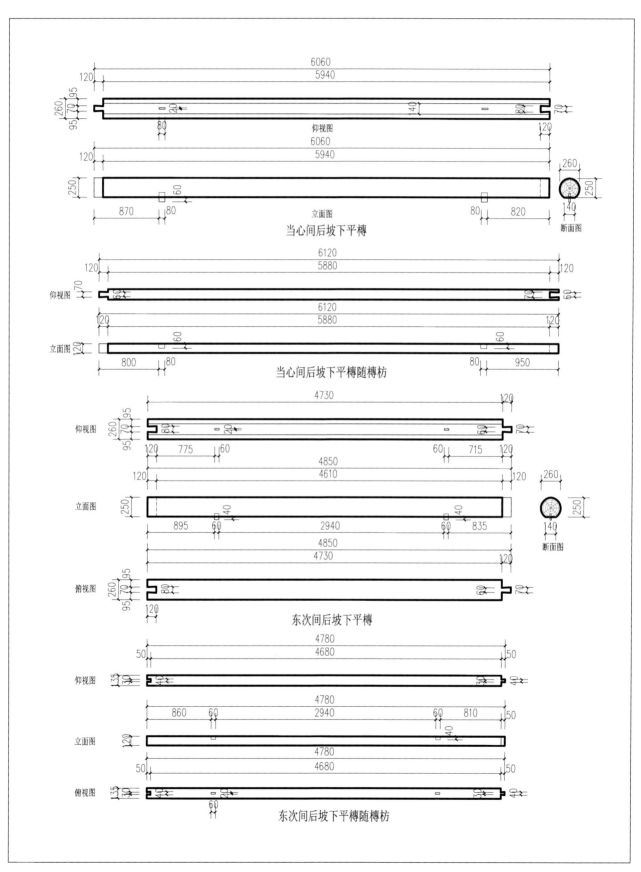

仰视图
当心间后坡下平榑

立面图
断面图

当心间后坡下平榑随榑枋

仰视图
立面图
东次间后坡下平榑
断面图

仰视图
立面图
俯视图
东次间后坡下平榑随榑枋

图版072　传法正宗殿当心间与东次间后坡下平榑及随榑枋构件图

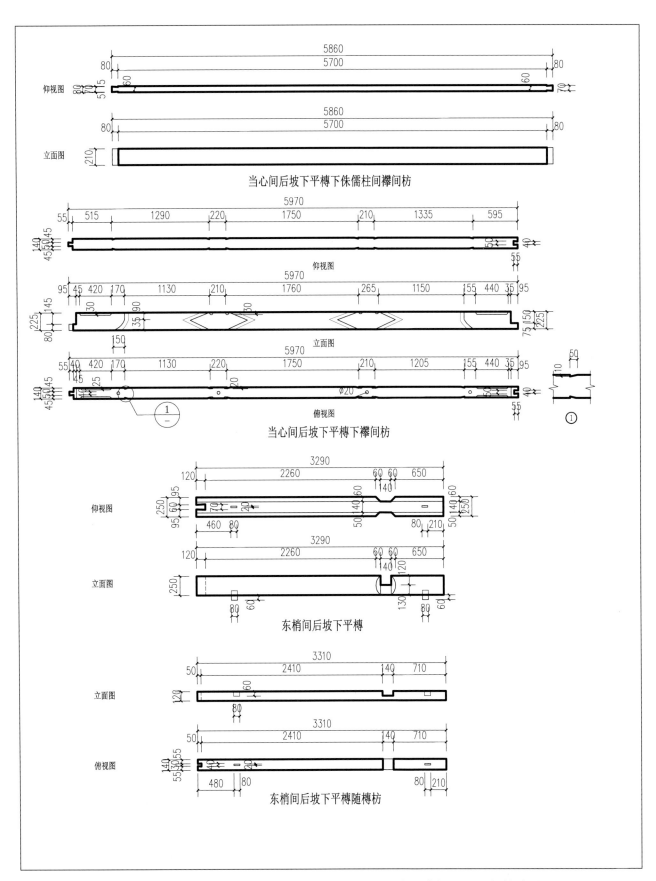

当心间后坡下平槫下侏儒柱间襻间枋

当心间后坡下平槫下襻间枋

东梢间后坡下平槫

东梢间后坡下平槫随槫枋

图版073　传法正宗殿当心间与东梢间后坡下平槫随槫枋、襻间枋构件图

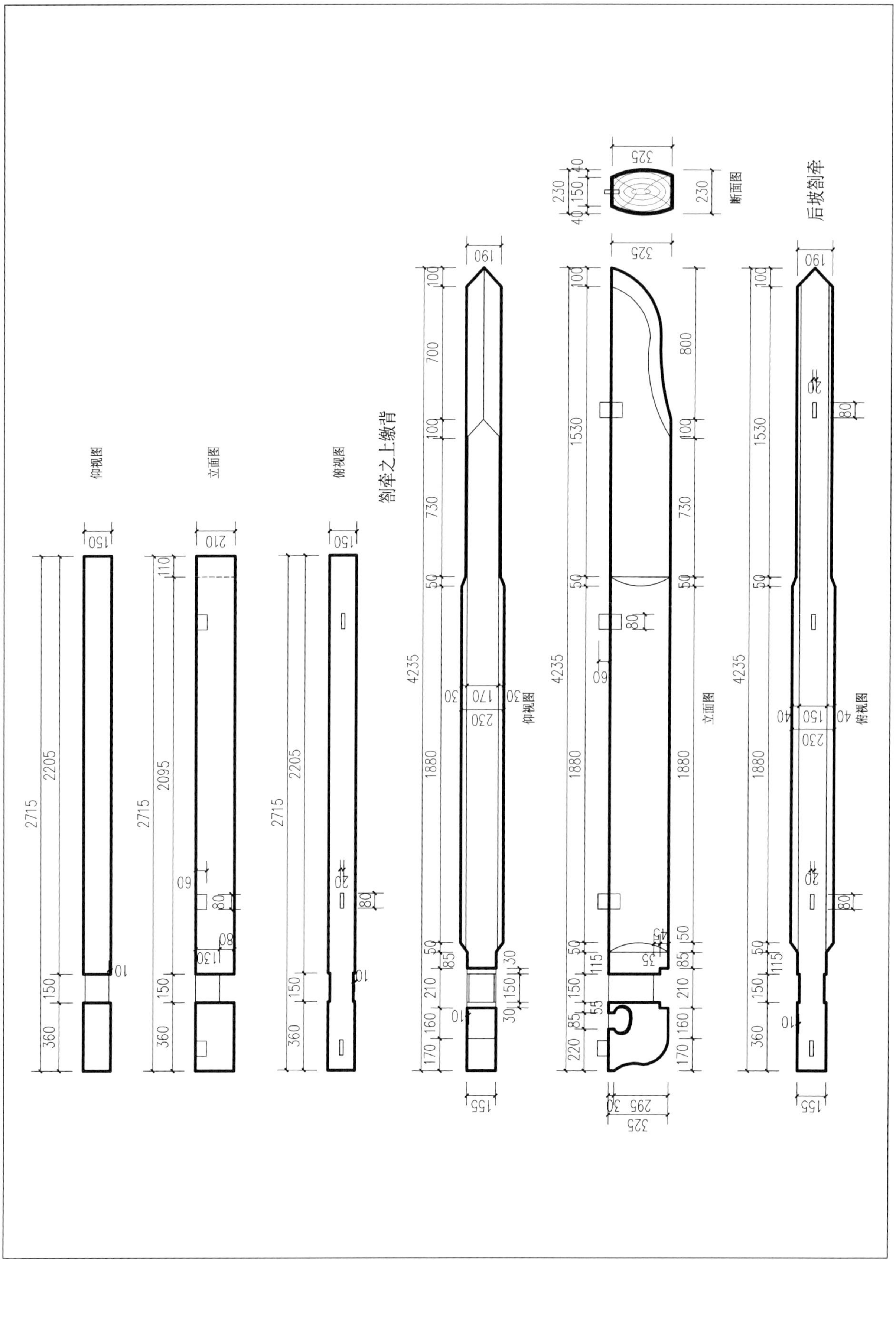

图版074　传法正宗殿当心间东缝后坡劄牵及劄牵上缴背构件图

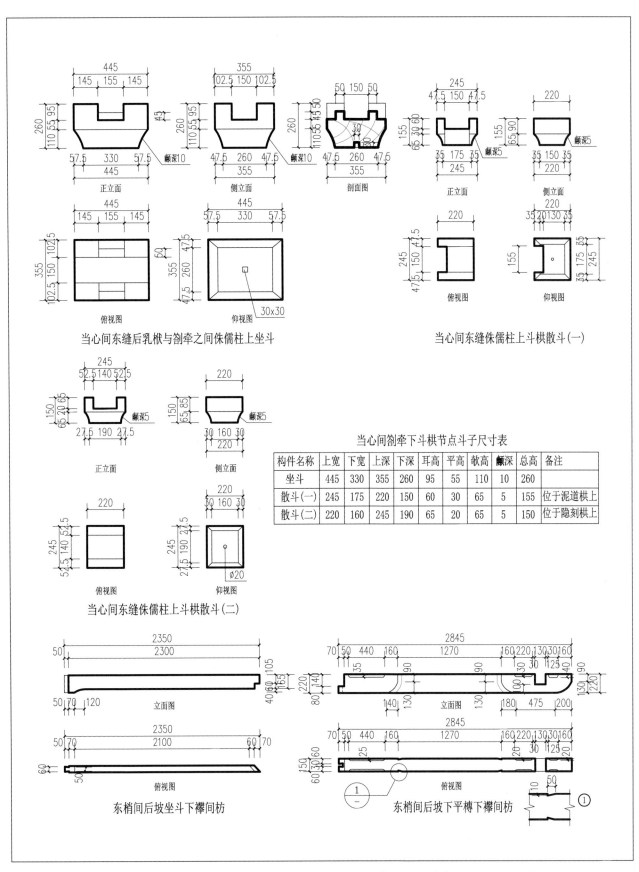

当心间东缝后乳栿与劄牵之间侏儒柱上坐斗

当心间东缝侏儒柱上斗栱散斗(一)

当心间东缝侏儒柱上斗栱散斗(二)

当心间劄牵下斗栱节点斗子尺寸表

构件名称	上宽	下宽	上深	下深	耳高	平高	欹高	顬深	总高	备注
坐斗	445	330	355	260	95	55	110	10	260	
散斗(一)	245	175	220	150	60	30	65	5	155	位于泥道栱上
散斗(二)	220	160	245	190	65	20	65	5	150	位于隐刻栱上

东梢间后坡坐斗下襻间枋

东梢间后坡下平槫下襻间枋

图版075　传法正宗殿当心间后坡下平槫襻间铺作斗子与东梢间襻间枋构件图

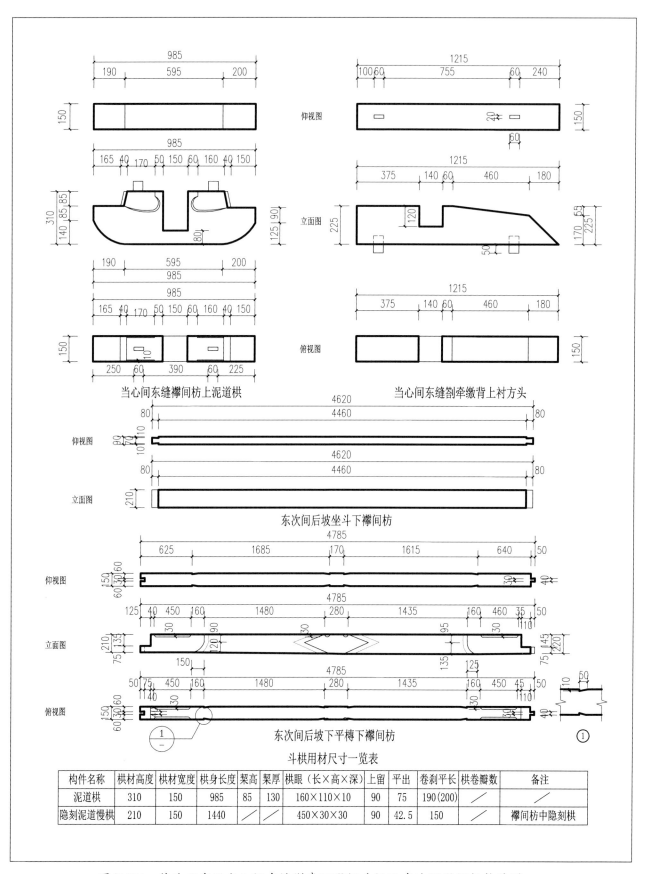

斗栱用材尺寸一览表

构件名称	栱材高度	栱材宽度	栱身长度	栔高	栔厚	栱眼（长×高×深）	上留	平出	卷刹平长	栱卷瓣数	备注
泥道栱	310	150	985	85	130	160×110×10	90	75	190(200)	／	／
隐刻泥道慢栱	210	150	1440	／	／	450×30×30	90	42.5	150	／	襻间枋中隐刻栱

图版076　传法正宗殿当心间东缝劄牵下襻间斗栱及东次间襻间枋构件图

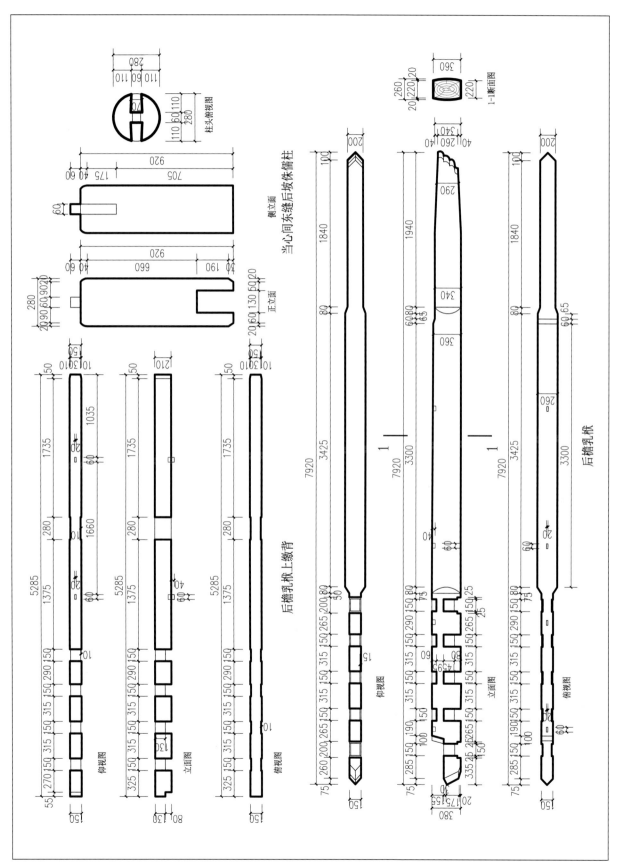

图版077　传法正宗殿当心间东缝后檐乳栿及乳栿上缴背、柱、偶柱构件图

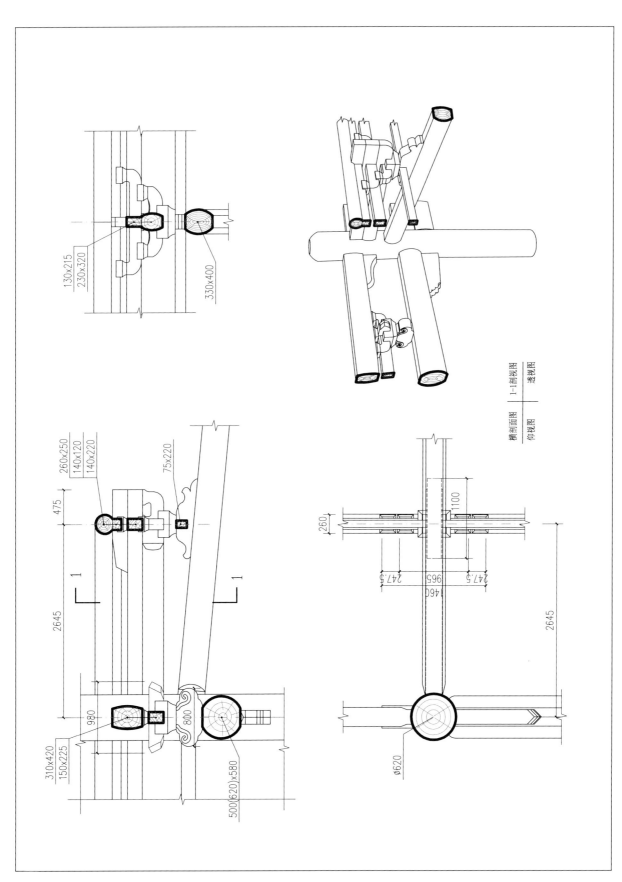

图版078　传法正宗殿东山北侧丁栿及上部劄牵构造节点大样图

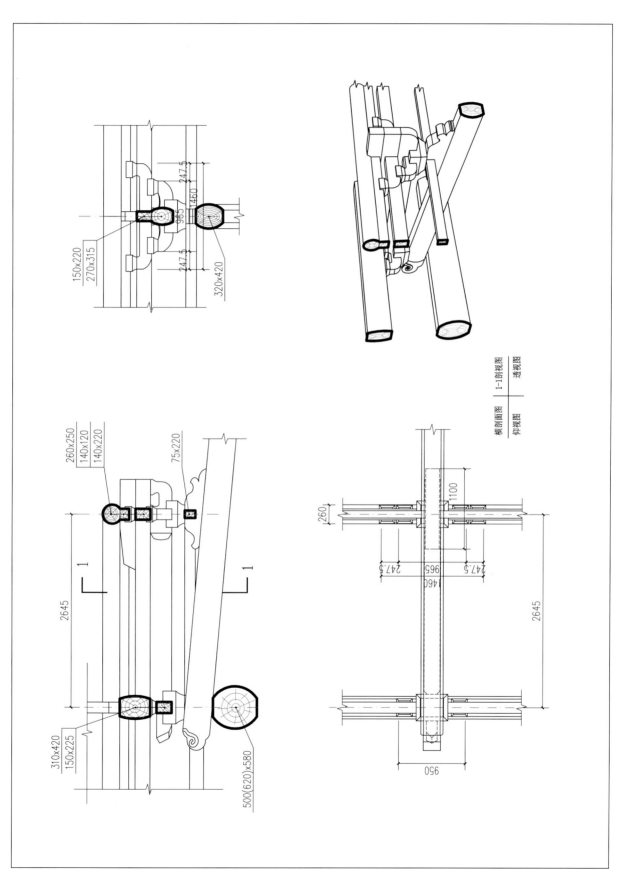

图版079　传法正宗殿东山南侧丁栿及上部劄牵构造节点大样图

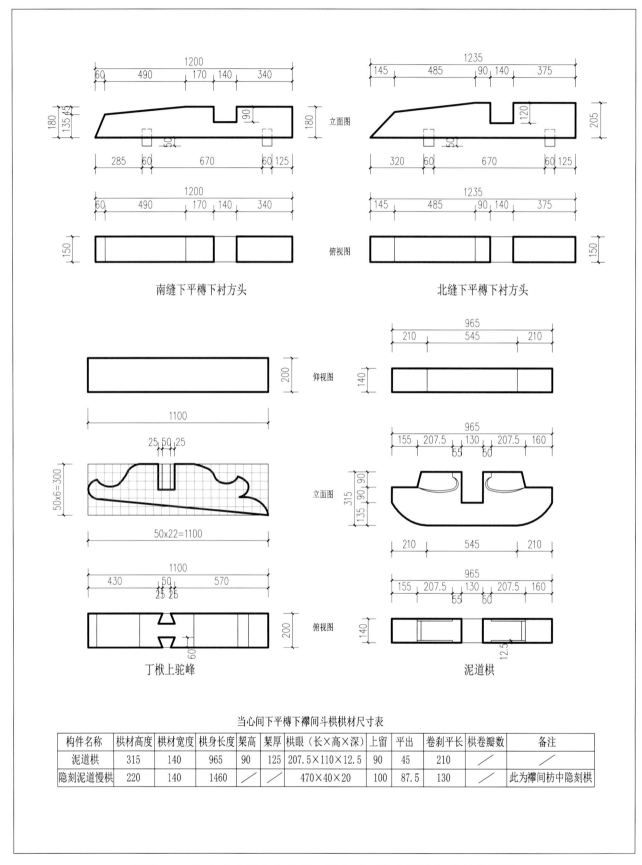

南缝下平槫下衬方头　　　　北缝下平槫下衬方头

丁栿上驼峰　　　　泥道栱

当心间下平槫下襻间斗栱栱材尺寸表

构件名称	栱材高度	栱材宽度	栱身长度	栔高	栔厚	栱眼（长×高×深）	上留	平出	卷刹平长	栱卷瓣数	备注
泥道栱	315	140	965	90	125	207.5×110×12.5	90	45	210	／	／
隐刻泥道慢栱	220	140	1460	／	／	470×40×20	100	87.5	130	／	此为襻间枋中隐刻栱

图版084　传法正宗殿东山面当心间南缝丁栿上驼峰与斗栱构件图

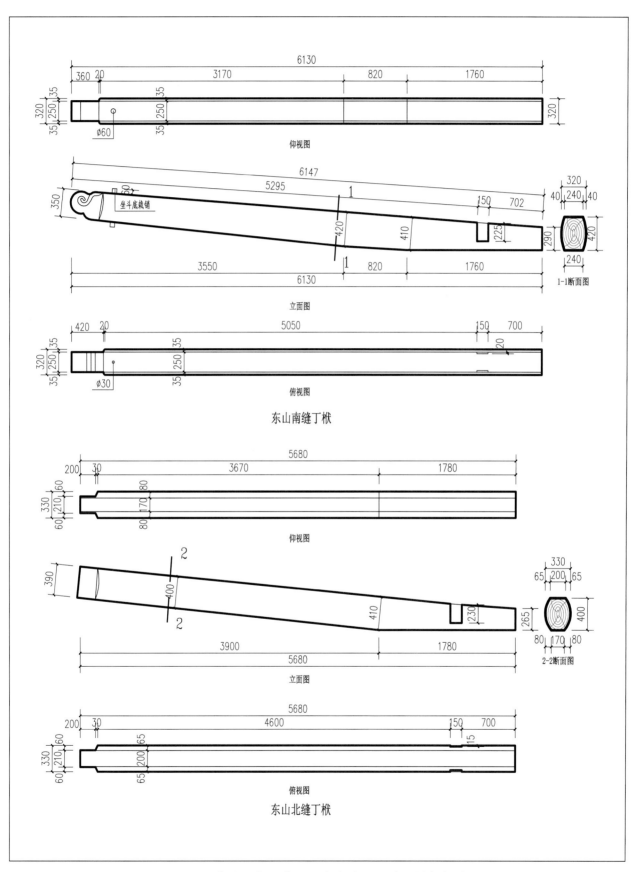

图版085　传法正宗殿东山面南北缝丁栿（爬梁）构件图

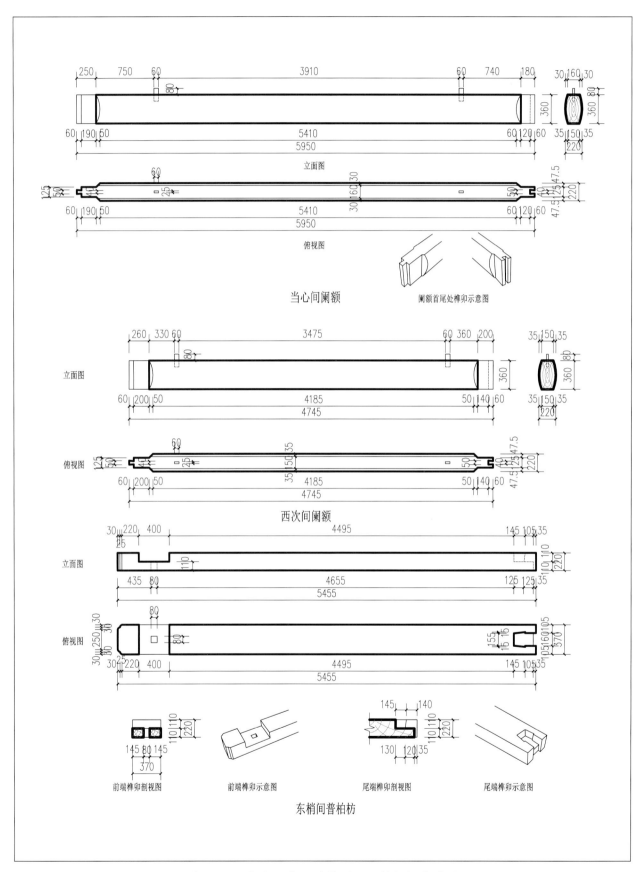

当心间阑额

阑额首尾处榫卯示意图

西次间阑额

东梢间普柏枋

前端榫卯剖视图　　前端榫卯示意图　　尾端榫卯剖视图　　尾端榫卯示意图

图版086　传法正宗殿前檐阑额及普柏枋构件图

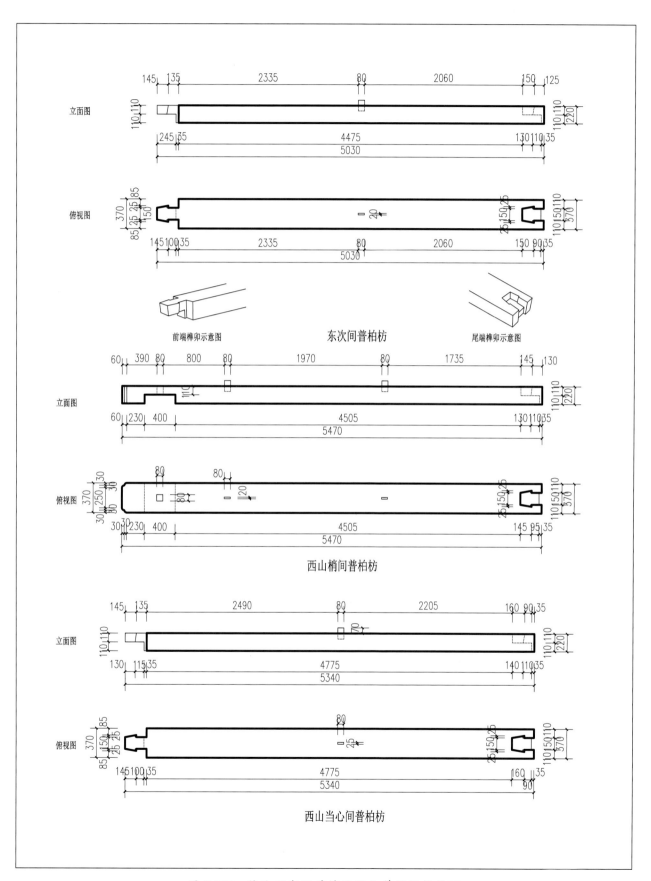

前端榫卯示意图　　　　东次间普柏枋　　　　尾端榫卯示意图

西山梢间普柏枋

西山当心间普柏枋

图版087　传法正宗殿前檐及西山普柏枋构件图

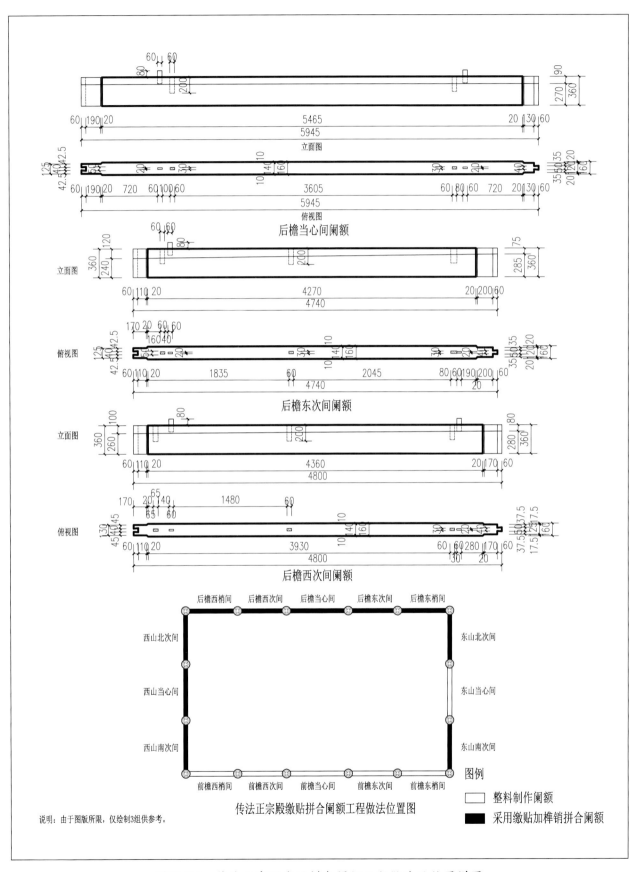

说明：由于图版所限，仅绘制3组供参考。

后檐当心间阑额

后檐东次间阑额

后檐西次间阑额

传法正宗殿缴贴拼合阑额工程做法位置图

图例

☐ 整料制作阑额

■ 采用缴贴加榫销拼合阑额

图版088　传法正宗殿缴贴拼合阑额工程做法及位置详图

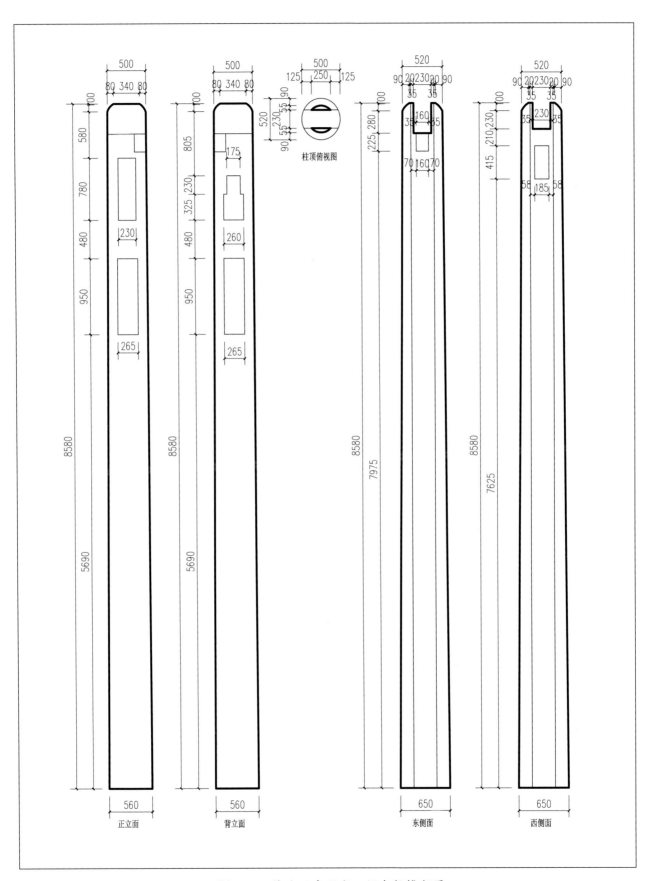

柱顶俯视图

正立面

背立面

东侧面

西侧面

图版089 传法正宗殿当心间金柱榫卯图

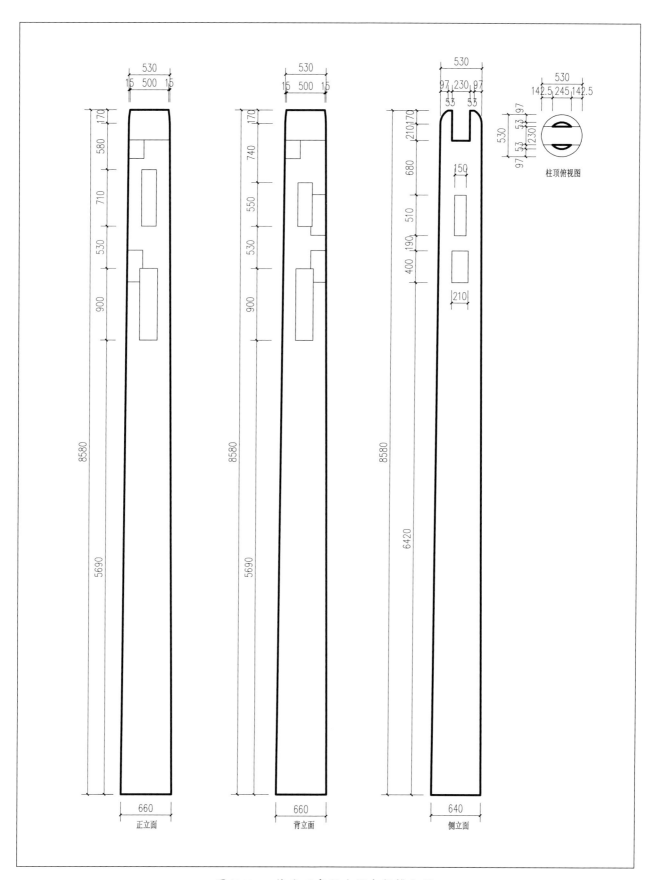

图版090　传法正宗殿次间金柱榫卯图

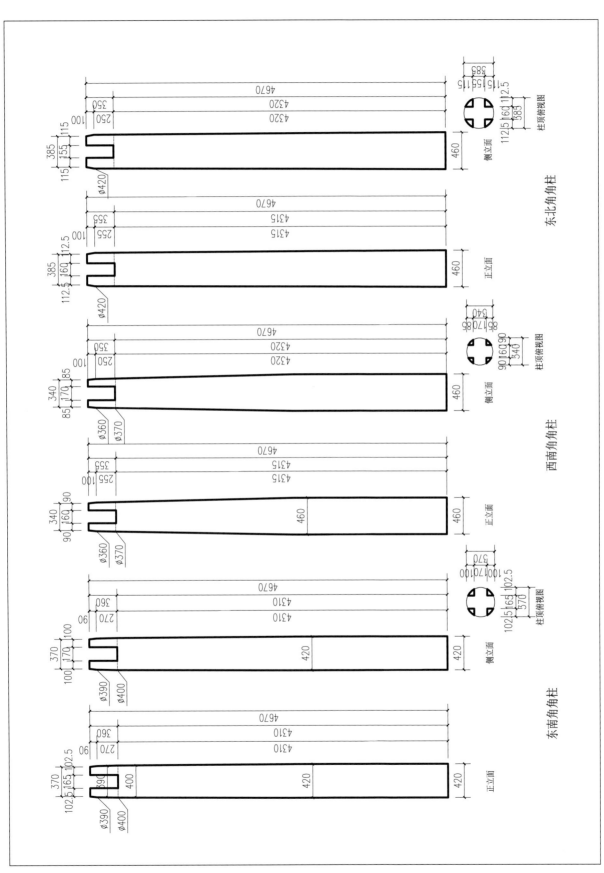

图版091　传法正宗殿东南、西南、东北角柱构件图

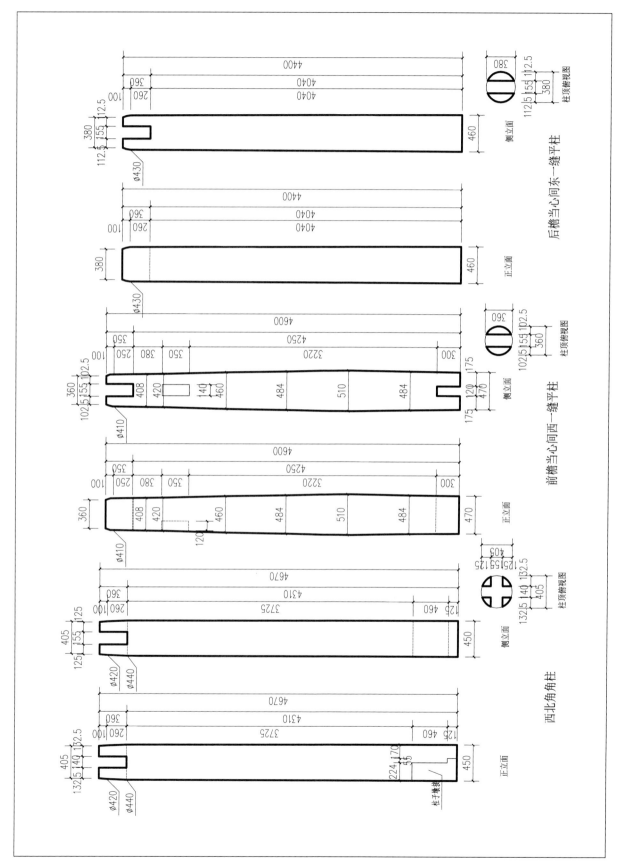

图版092　传法正宗殿西北角柱及墙内暗柱样卯图

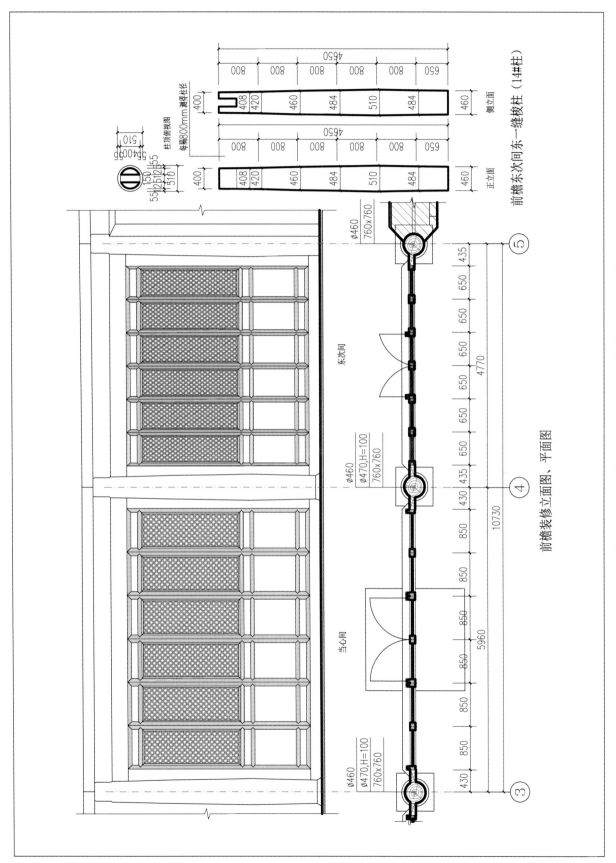

图版093 传法正宗殿前檐当心间、东次间装修与梭柱形制图

五 传法正宗殿平棊藻井大样图

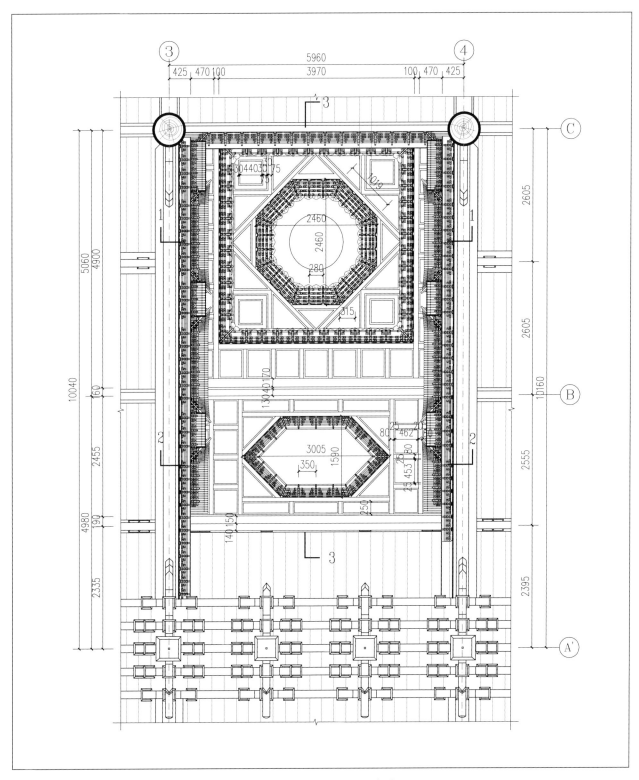

图版094 传法正宗殿当心间平棊藻井仰视图

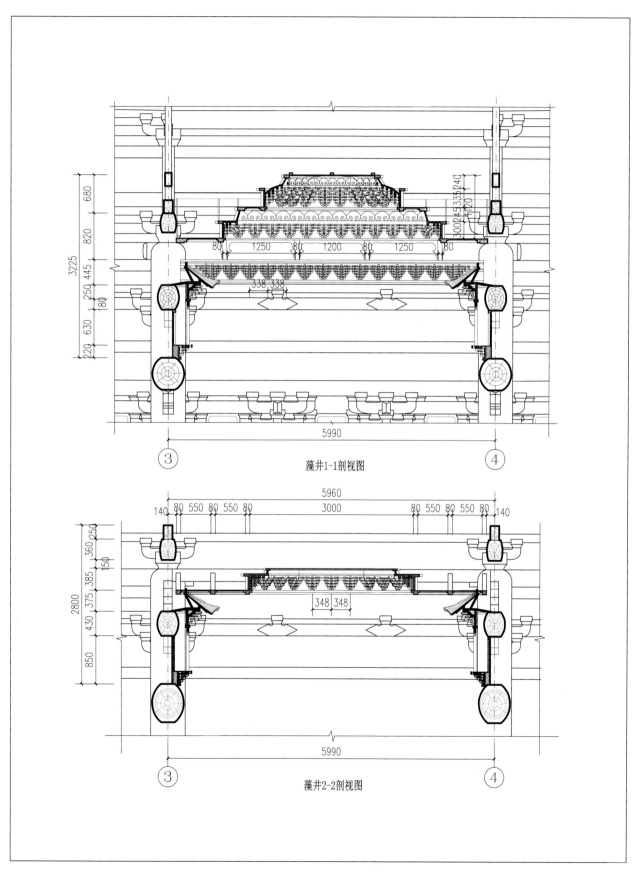

藻井1-1剖视图

藻井2-2剖视图

图版095　传法正宗殿当心间平棊藻井纵剖视图

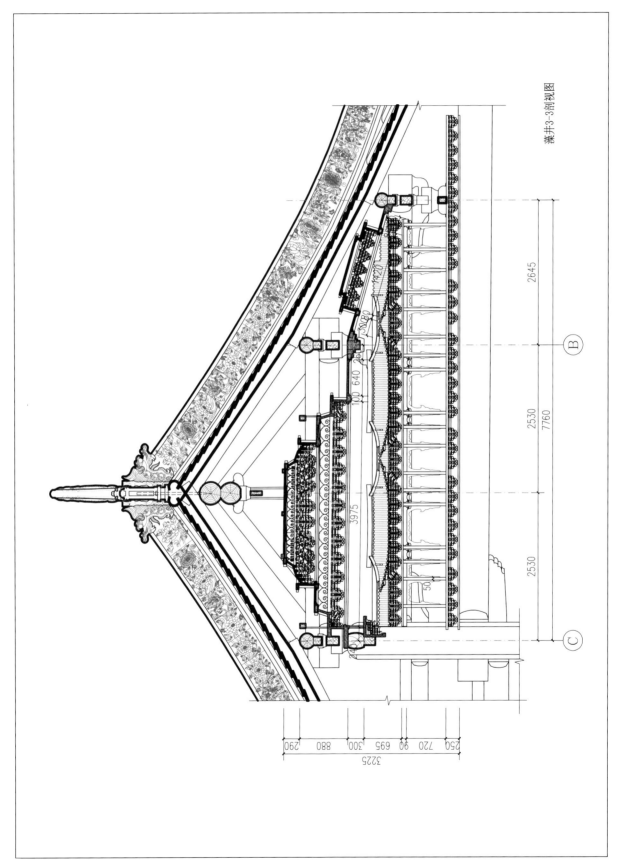

图版096 传法正宗殿当心间平棊藻井横剖视图

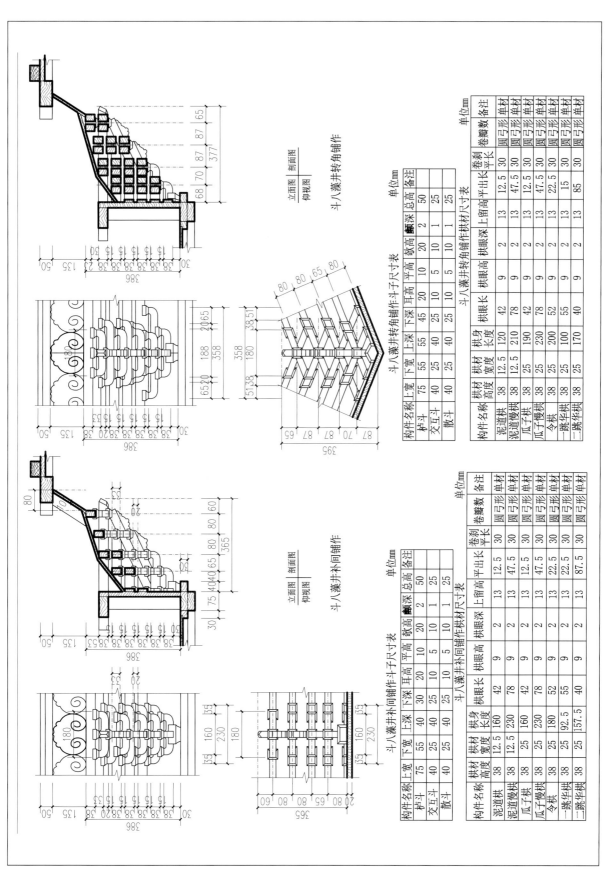

图版097　传法正宗殿斗八藻井斗栱详图

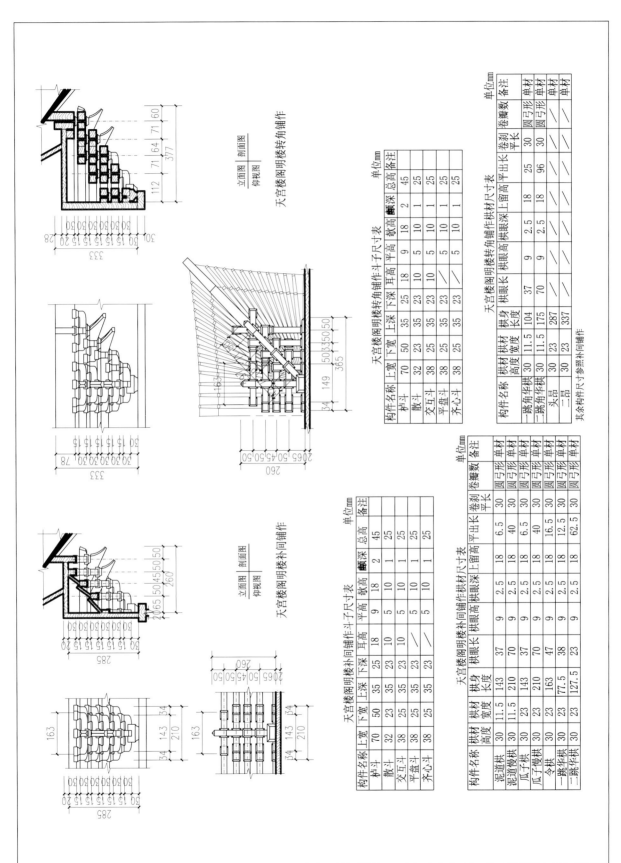

天宫阁明楼转角铺作

天宫阁明楼补间铺作

天宫阁明楼转角铺作斗子尺寸表　单位:mm

构件名称	上宽	下宽	上深	下深	耳高	平高	欹高	颐深	总高	备注
栌斗	70	50	35	25	18	9	18	2	45	
散斗	32	23	35	23	10	5	10	1	25	
交互斗	38	25	35	23	10	5	10	1	25	
平盘斗	38	25	35	23	/	5	10	1	25	
齐心斗	38	25	35	23	/	5	10	1	25	

天宫阁明楼转角铺作栱材尺寸表　单位:mm

构件名称	栱材高度	栱材宽度	栱身长度	栱眼长	栱根长	栱眼高	上留高	栱眼深	平出长	卷杀平长	卷瓣数	备注
一跳角华栱	30	11.5	104	37	/	9	2.5	18	25	/	圆弓形	单材
二跳角华栱	30	11.5	175	70	/	9	2.5	18	96	/	圆弓形	单材
头品	30	23	287	/	/	/	/	/	/	/	/	单材
二品	30	23	337	/	/	/	/	/	/	/	/	单材

其余构件尺寸参照补间铺作

天宫阁明楼补间铺作斗子尺寸表　单位:mm

构件名称	上宽	下宽	上深	下深	耳高	平高	欹高	颐深	总高	备注
栌斗	70	50	35	25	18	9	18	2	45	
散斗	32	23	35	23	10	5	10	1	25	
交互斗	38	25	35	23	10	5	10	1	25	
平盘斗	38	25	35	23	/	5	10	1	25	
齐心斗	38	25	35	23	/	5	10	1	25	

天宫阁明楼补间铺作栱材尺寸表　单位:mm

构件名称	栱材高度	栱材宽度	栱身长度	栱眼长	栱根长	栱眼高	上留高	栱眼深	平出长	卷杀平长	卷瓣数	备注
泥道拱	30	11.5	143	37		9	2.5	18	6.5	30	圆弓形	单材
泥道慢拱	30	11.5	210	70		9	2.5	18	40	30	圆弓形	单材
瓜子拱	30	23	143	37		9	2.5	18	6.5	30	圆弓形	单材
瓜子慢拱	30	23	210	70		9	2.5	18	40	30	圆弓形	单材
令拱	30	23	163	47		9	2.5	18	16.5	30	圆弓形	单材
一跳华拱	30	23	77.5	38		9	2.5	18	12.5	30	圆弓形	单材
二跳华拱	30	23	127.5	23		9	2.5	18	62.5	30	圆弓形	单材

立面图　剖面图
仰视图

图版100　传法正宗殿天宫楼阁明楼斗栱详图

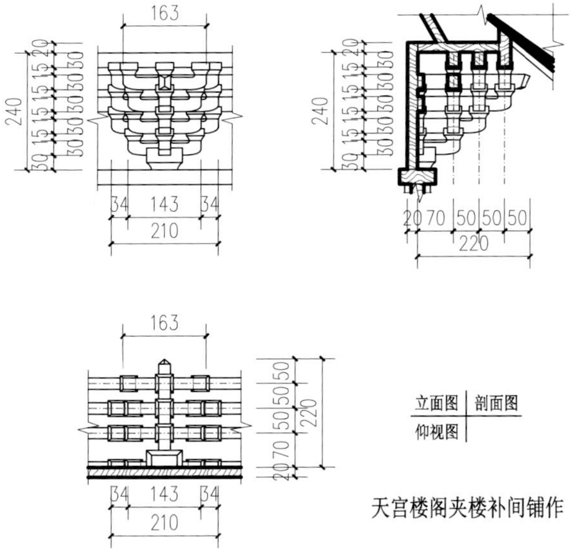
立面图
剖面图
仰视图

天宫楼阁夹楼补间铺作

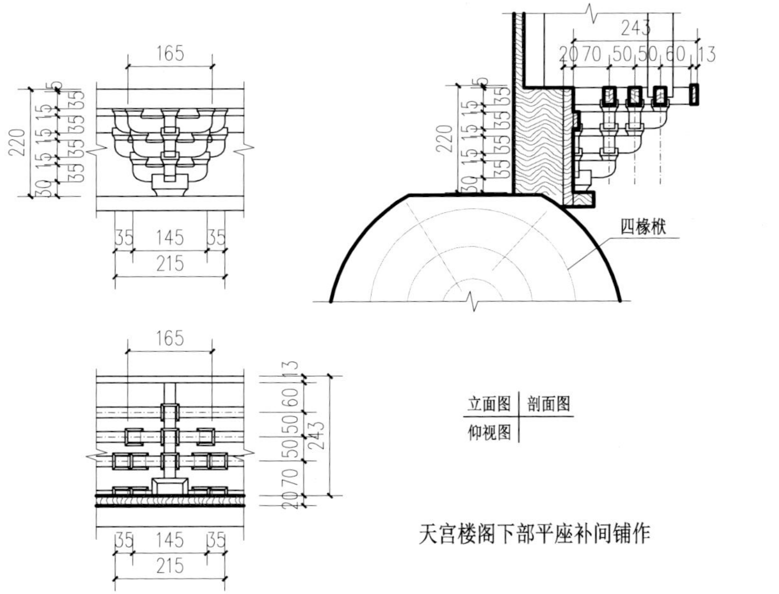
四椽栿
立面图
剖面图
仰视图

天宫楼阁下部平座补间铺作

天宫楼阁夹楼斗子尺寸表　单位mm

构件名称	上宽	下宽	上深	下深	耳高	平高	欹高	䫜深	总高	备注
栌斗	70	50	35	25	18	9	18	2	45	
散斗	32	23	35	23	10	5	10	1	25	
交互斗	38	25	35	23	10	5	10	1	25	
齐心斗	38	25	35	23	10	5	10	1	25	

天宫楼阁下部平座斗子尺寸表　单位mm

构件名称	上宽	下宽	上深	下深	耳高	平高	欹高	䫜深	总高	备注
栌斗	70	50	35	25	15	15	15	2	45	
散斗	35	25	35	25	10	5	10	1	25	
交互斗	35	25	35	25	10	5	10	1	25	

天宫楼阁夹楼栱材尺寸表　单位mm

构件名称	栱材高度	栱材宽度	栱身长度	栱眼长	栱眼高	栱眼深	上留高	平出长	卷刹平长	卷瓣数	备注
泥道栱	30	11.5	143	37	7	2.5	18	6.5	30	圆弓形	单材
泥道慢栱	30	11.5	210	70	7	2.5	18	40	30	圆弓形	单材
瓜子栱	30	23	143	37	7	2.5	18	6.5	30	圆弓形	单材
瓜子慢栱	30	23	210	70	7	2.5	18	40	30	圆弓形	单材
一跳华栱	30	23	82.5	41	7	2.5	18	17.5	30	圆弓形	单材
二跳华栱	30	23	132.5	23	7	2.5	18	67.5	30	圆弓形	单材
三跳华栱	30	23	182.5	23	7	2.5	18	117.5	30	圆弓形	单材
令栱	30	23	163	47	7	2.5	18	16.5	30	圆弓形	单材

天宫楼阁下部平座栱材尺寸表　单位mm

构件名称	栱材高度	栱材宽度	栱身长度	栱眼长	栱眼高	栱眼深	上留高	平出长	卷刹平长	卷瓣数	备注
泥道栱	35	11	145	35	7	2	15	12.5	25	圆弓形	单材
泥道慢栱	35	11	215	70	7	2	15	47.5	25	圆弓形	单材
瓜子栱	35	22	145	35	7	2	15	12.5	25	圆弓形	单材
瓜子慢栱	35	22	215	70	7	2	15	47.5	25	圆弓形	单材
一跳华栱	35	22	82.5	／	／	／	15	22.5	25	圆弓形	单材
二跳华栱	35	22	132.5	／	／	／	15	72.5	25	圆弓形	单材
三跳华栱	35	22	182.5	／	／	／	15	117.5	25	圆弓形	单材
令栱	35	22	165	47	7	2	15	22.5	25	圆弓形	单材

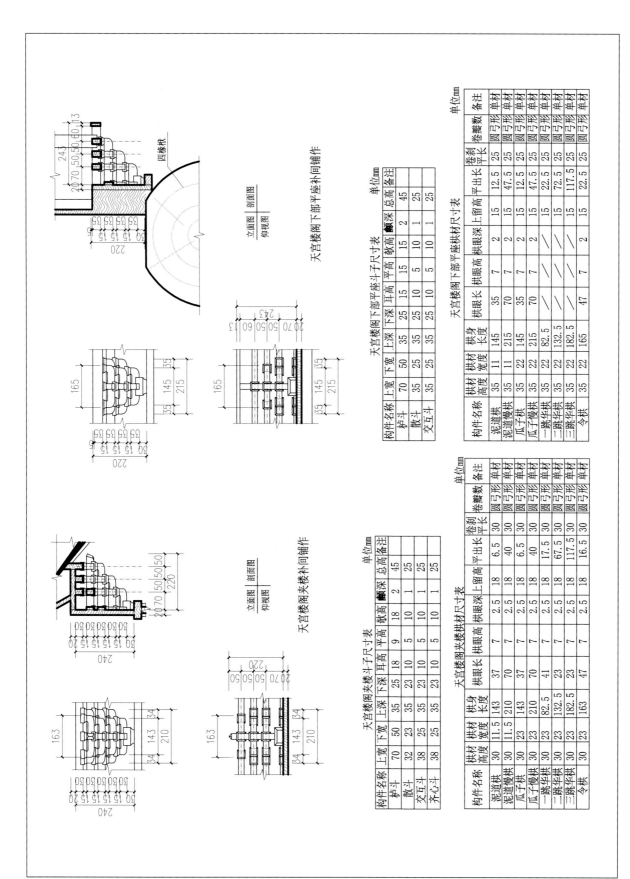

图版101　传法正宗殿天宫楼阁夹楼及下部平座斗栱详图

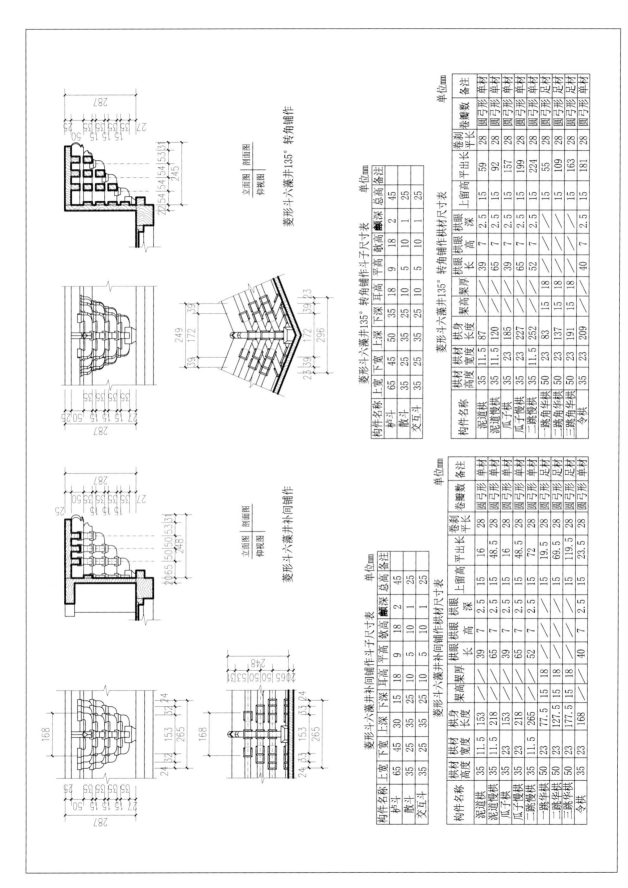

菱形斗六藻井135°转角铺作斗子尺寸表　单位:mm

构件名称	上宽	下宽	上深	下深	耳高	平高	敲高	顱深	总高
栌斗	65	45	35	25	18	9	18	2	45
散斗	35	25	35	25	10	5	10	1	25
交互斗	35	25	35	25	10	5	10	1	25

菱形斗六藻井135°转角铺作栱材尺寸表　单位:mm

构件名称	拱材高度	拱材宽度	拱身长度	梁高栔高梁厚	拱眼长	拱眼高	拱眼深	上留高	平出长平	卷刹平长	卷瓣数	备注
泥道拱	35	11.5	87	/	39	7	2.5	15	59	28	圆弓形	单材
泥道慢拱	35	11.5	120	/	65	7	2.5	15	92	28	圆弓形	单材
瓜子拱	35	23	185	/	39	7	2.5	15	157	28	圆弓形	单材
瓜子慢拱	35	23	227	/	65	7	2.5	15	199	28	圆弓形	单材
二跳慢拱	35	11.5	252	/	52	7	2.5	15	224	28	圆弓形	单材
一跳角华拱	50	23	83	15			15	55	28	圆弓形	足材
二跳角华拱	50	23	137	15			15	109	28	圆弓形	足材
三跳角华拱	50	23	191	15			15	163	28	圆弓形	足材
令拱	35	23	209	/	40	7	2.5	15	181	28	圆弓形	单材

菱形斗六藻井补间铺作斗子尺寸表　单位:mm

构件名称	上宽	下宽	上深	下深	耳高	平高	敲高	顱深	总高
栌斗	65	45	30	15	18	9	18	2	45
散斗	35	25	35	25	10	5	10	1	25
交互斗	35	25	35	25	10	5	10	1	25

菱形斗六藻井补间铺作栱材尺寸表　单位:mm

构件名称	拱材高度	拱材宽度	拱身长度	梁高栔高梁厚	拱眼长	拱眼高	拱眼深	上留高	平出长	卷刹平长	卷瓣数	备注
泥道拱	35	11.5	153	/	39	7	2.5	15	16	28	圆弓形	单材
泥道慢拱	35	11.5	218	/	65	7	2.5	15	48.5	28	圆弓形	单材
瓜子拱	35	23	153	/	39	7	2.5	15	16	28	圆弓形	单材
瓜子慢拱	35	23	218	/	65	7	2.5	15	48.5	28	圆弓形	单材
二跳慢拱	35	11.5	265	/	52	7	2.5	15	72	28	圆弓形	单材
一跳华拱	50	23	77.5	15			15	19.5	28	圆弓形	足材
二跳华拱	50	23	127.5	15			15	69.5	28	圆弓形	足材
三跳华拱	50	23	177.5	15			15	119.5	28	圆弓形	足材
令拱	35	23	168	/	40	7	2.5	15	23.5	28	圆弓形	单材

菱形斗六藻井135°转角铺作

立面图　剖面图／仰视图

菱形斗六藻井补间铺作

立面图　剖面图／仰视图

图版102　传法正宗殿斗六藻井斗栱详图（一）

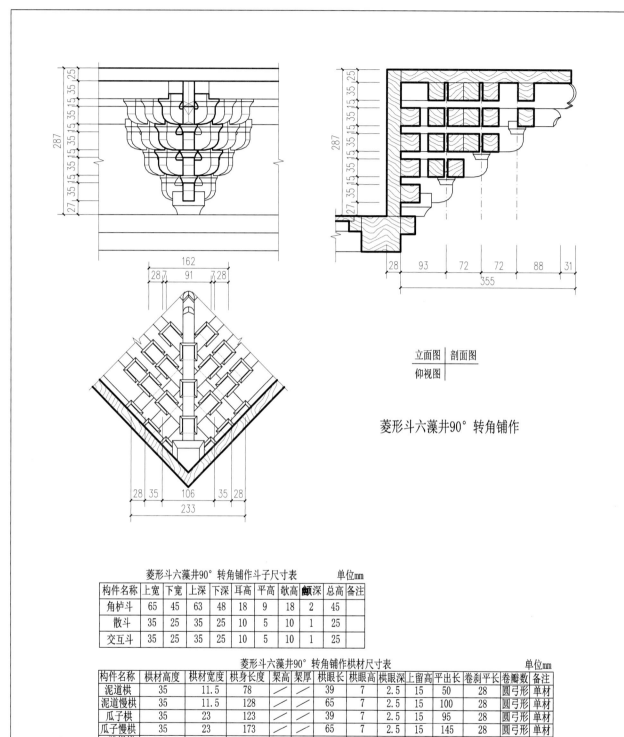

立面图 | 剖面图
仰视图 |

菱形斗六藻井90°转角铺作

菱形斗六藻井90°转角铺作斗子尺寸表　　　单位mm

构件名称	上宽	下宽	上深	下深	耳高	平高	歘高	顄深	顄深	总高	备注
角栌斗	65	45	63	48	18	9		18	2	45	
散斗	35	25	35	25	10	5		10	1	25	
交互斗	35	25	35	25	10	5		10	1	25	

菱形斗六藻井90°转角铺作栱材尺寸表　　　单位mm

构件名称	栱材高度	栱材宽度	栱身长度	絜高	絜厚	栱眼长	栱眼高	栱眼深	上留高	平出长	卷刹平长	卷瓣数	备注
泥道栱	35	11.5	78	/	/	39	7	2.5	15	50	28	圆弓形	单材
泥道慢栱	35	11.5	128	/	/	65	7	2.5	15	100	28	圆弓形	单材
瓜子栱	35	23	123	/	/	39	7	2.5	15	95	28	圆弓形	单材
瓜子慢栱	35	23	173	/	/	65	7	2.5	15	145	28	圆弓形	单材
二跳慢栱	35	23	213	/	/	52	7	2.5	15	185	28	圆弓形	单材
一跳华栱	50	23	106	15	18	/	/	/	15	78	28	圆弓形	足材
二跳华栱	50	23	177	15	18	/	/	/	15	149	28	圆弓形	足材
三跳华栱	50	23	249	15	18	/	/	/	15	221	28	圆弓形	足材
令栱	35	23	213	/	/	40	7	2.5	15	185	28	圆弓形	单材

图版103　传法正宗殿斗六藻井斗栱详图（二）

六　传法正宗殿脊饰、砖瓦大样图

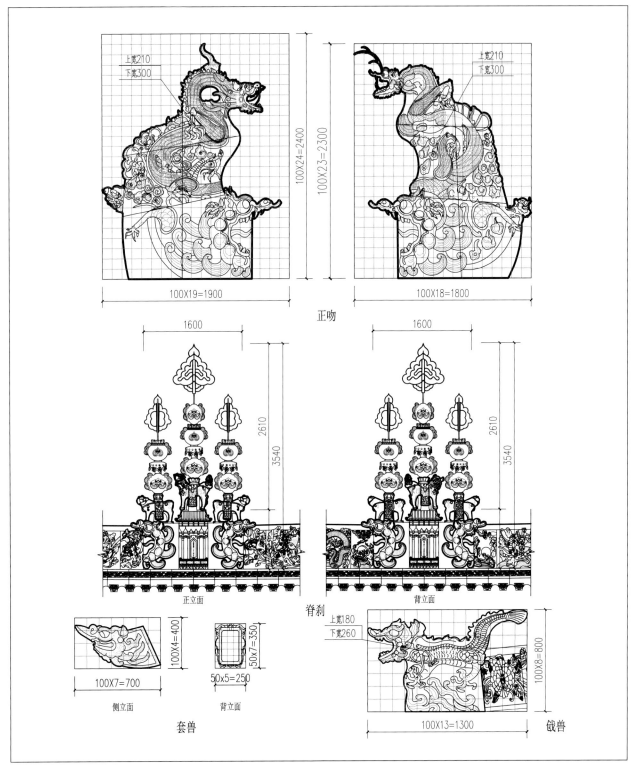

图版104　传法正宗殿脊刹、鸱吻、戗兽、套兽大样图

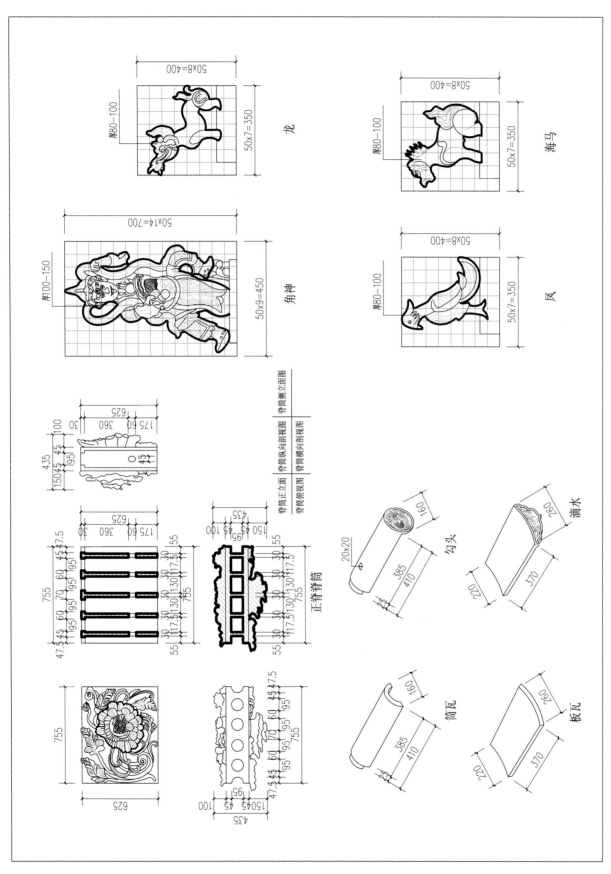

龙

海马

凤

角神

脊筒正立面 脊筒纵向剖视图 脊筒侧立面图
脊筒俯视图 脊筒横向剖视图

正脊脊筒

勾头

滴水

筒瓦

板瓦

图版105　传法正宗殿殿顶脊筒子、瓦件及角神、走兽大样图

七 山门及构件榫卯图

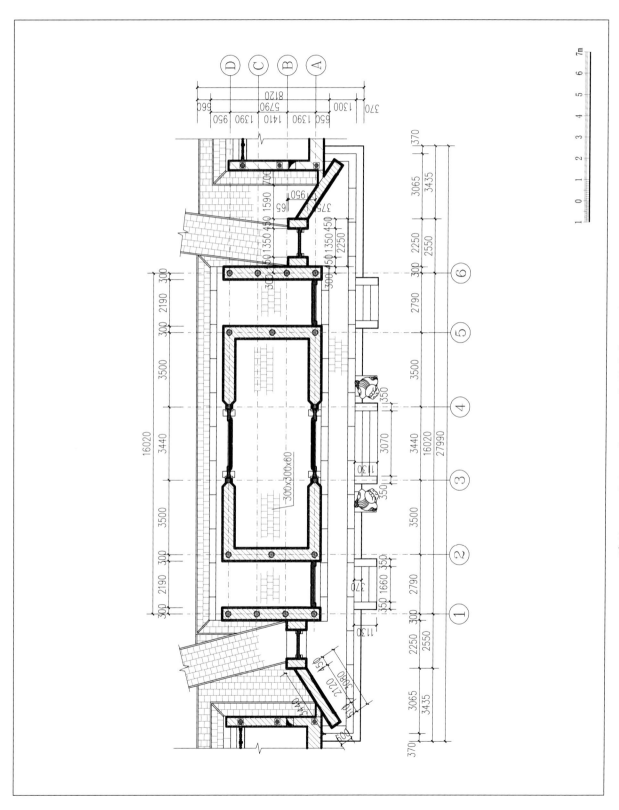

图版106 山门、腋门、八字影壁建筑组合平面图

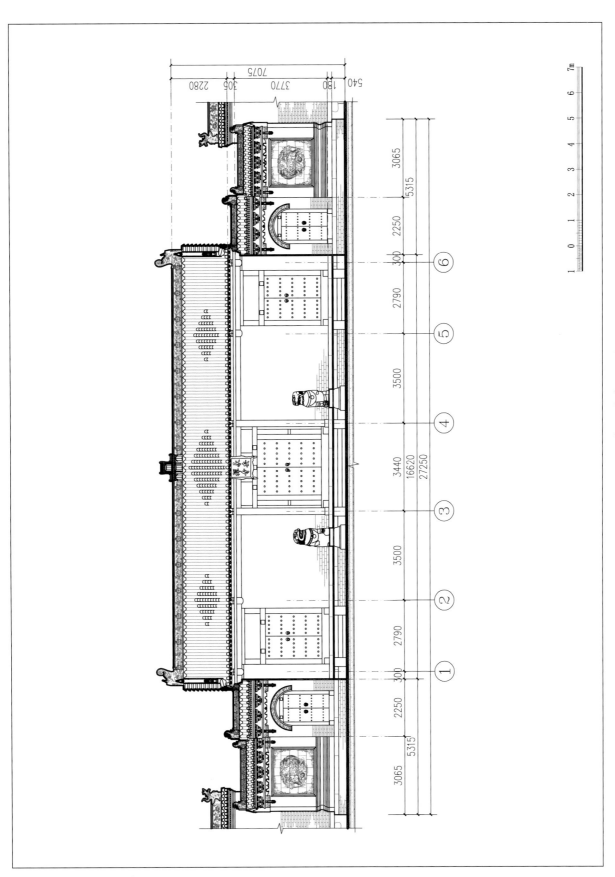

图版107 山门、腋门、八字影壁建筑组合正立面图

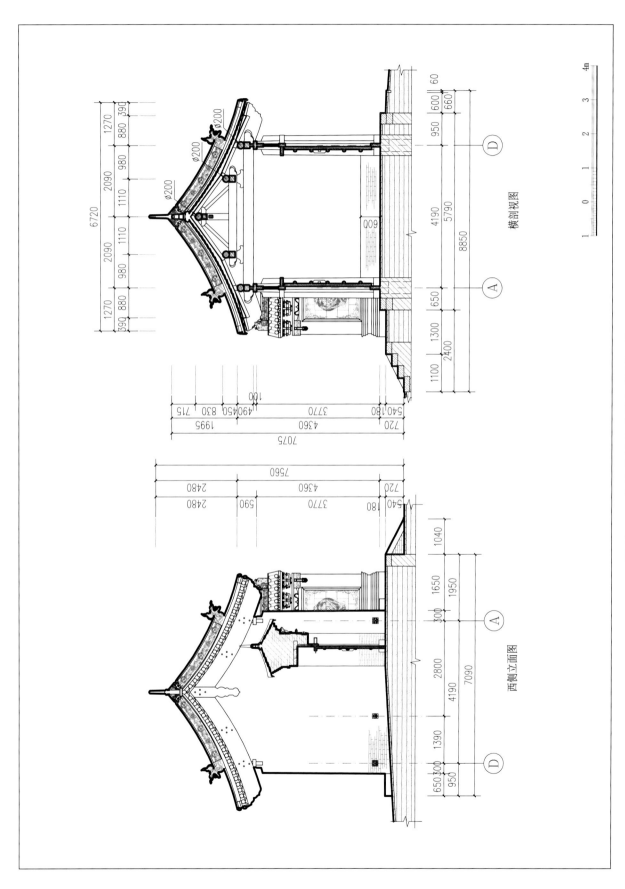

图版108　山门西侧立面图与横剖视图

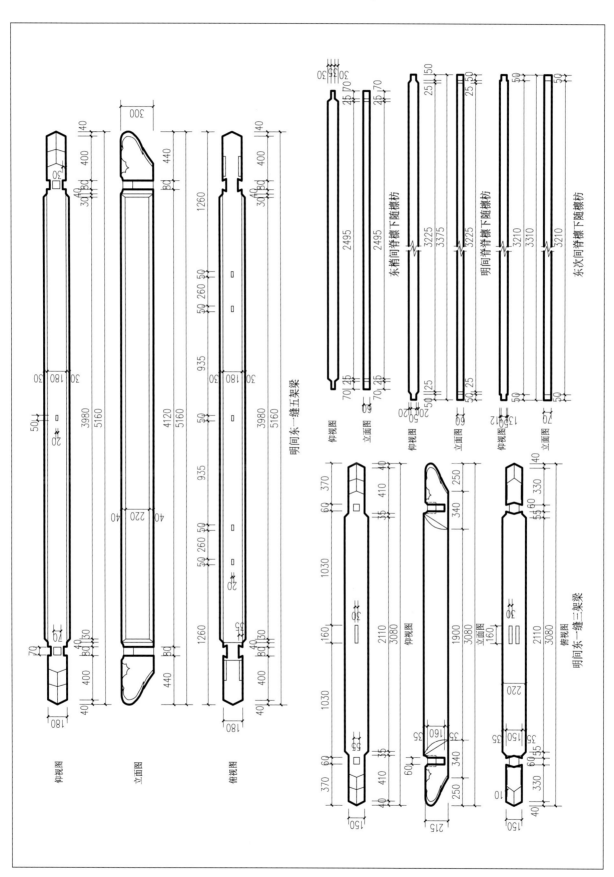

图版109 山门三架梁、五架梁及脊檩下随檩枋构件图

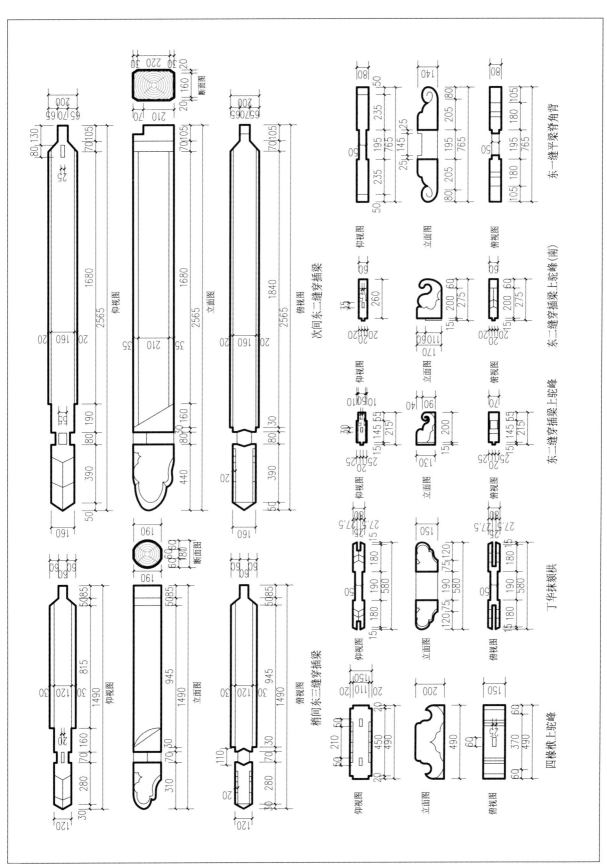

图版110　山门墙内穿插梁及艺术构件样卯图

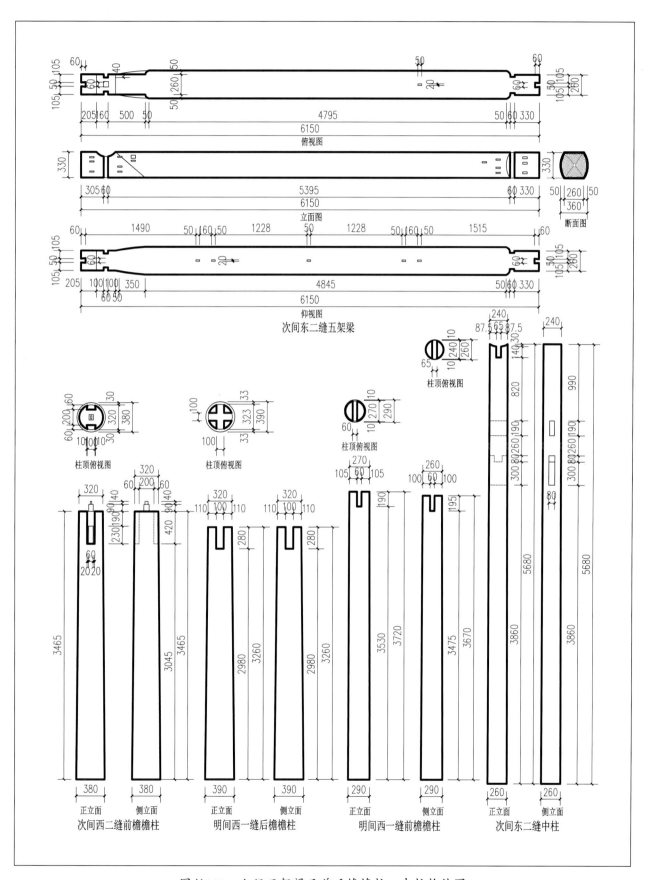

俯视图

立面图

断面图

仰视图

次间东二缝五架梁

柱顶俯视图

柱顶俯视图

柱顶俯视图

柱顶俯视图

正立面　侧立面
次间西二缝前檐檐柱

正立面　侧立面
明间西一缝后檐檐柱

正立面　侧立面
明间西一缝前檐檐柱

正立面　侧立面
次间东二缝中柱

图版111　山门五架梁及前后檐檐柱、中柱构件图

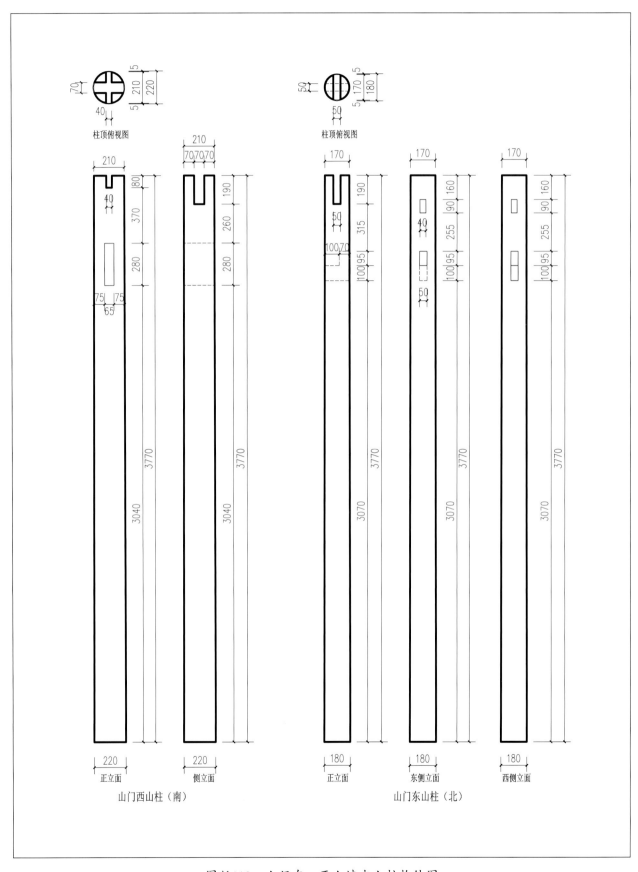

图版112　山门东、西山墙内山柱构件图

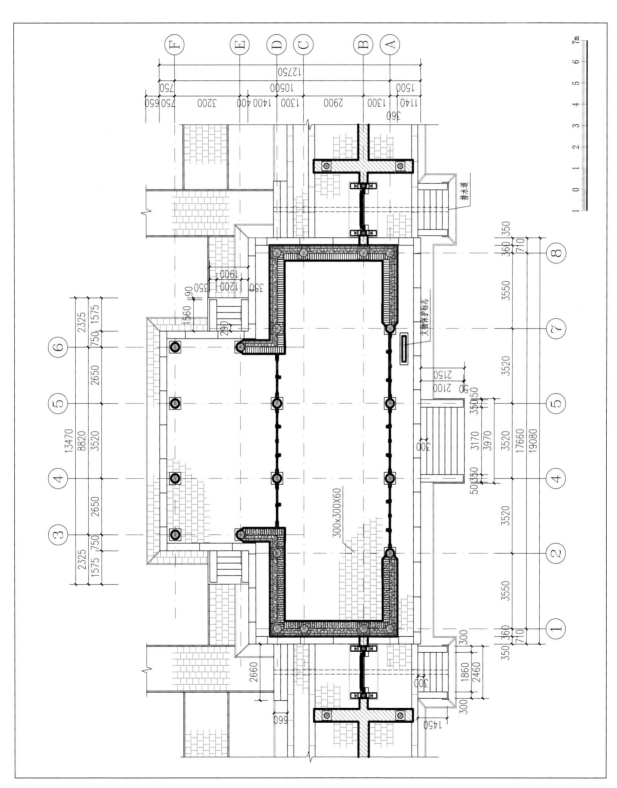

八 天王殿及构件榫卯图

图版113 天王殿（带倒座戏台）与东西掖门平面图

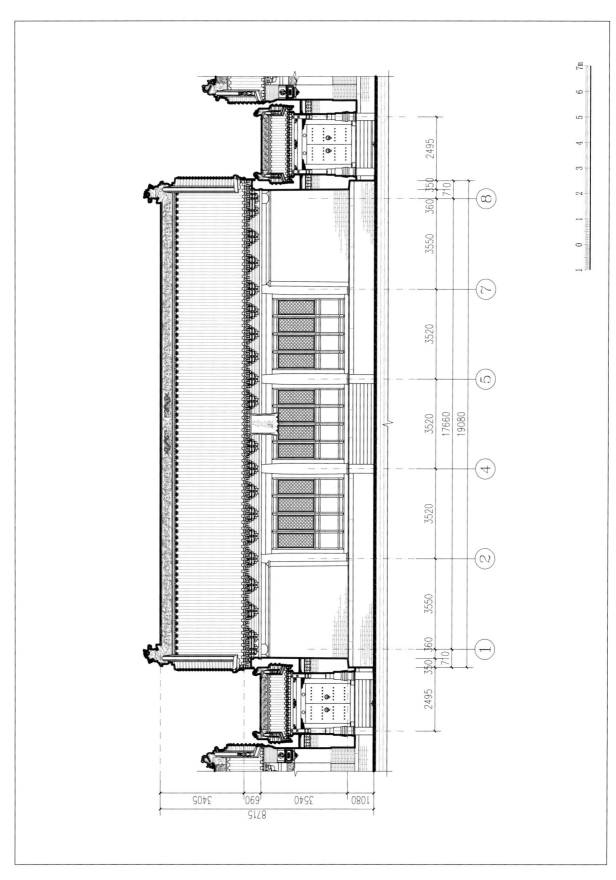

图版114　天王殿与东西掖门正立面图

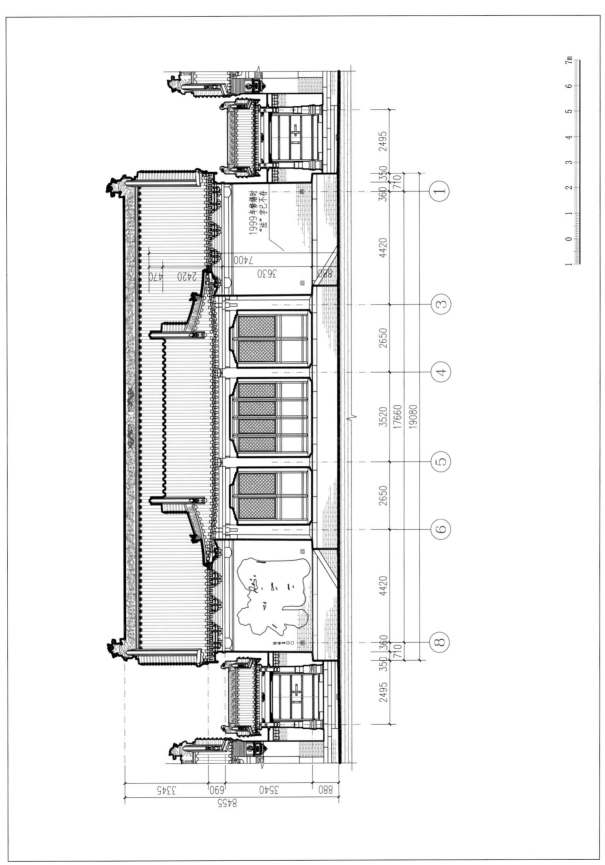

图版115　天王殿（带倒座戏台）与东西接门背立面图

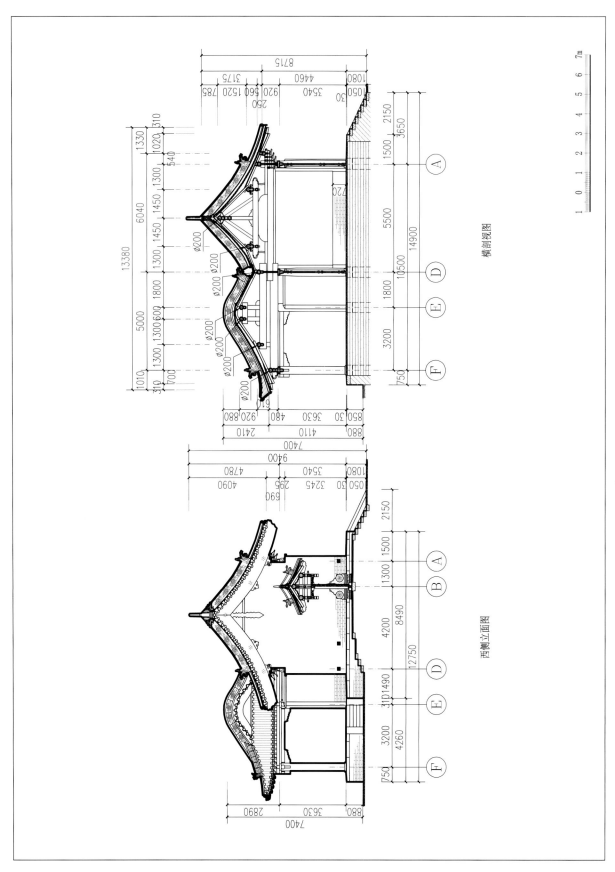

横剖视图

西侧立面图

图版116 天王殿（带倒座戏台）西侧立面图及横剖视图

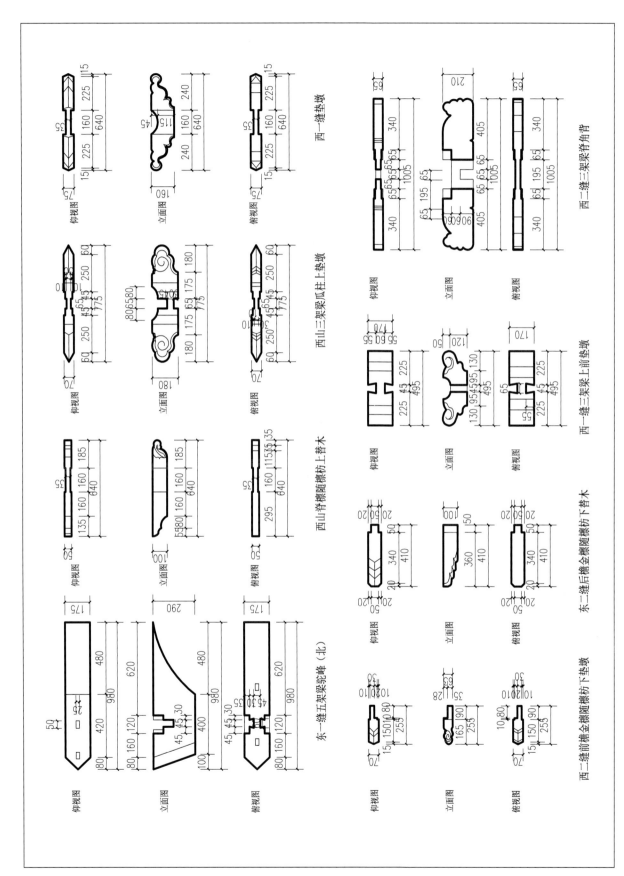

图版117　天王殿梁架构件榫卯图

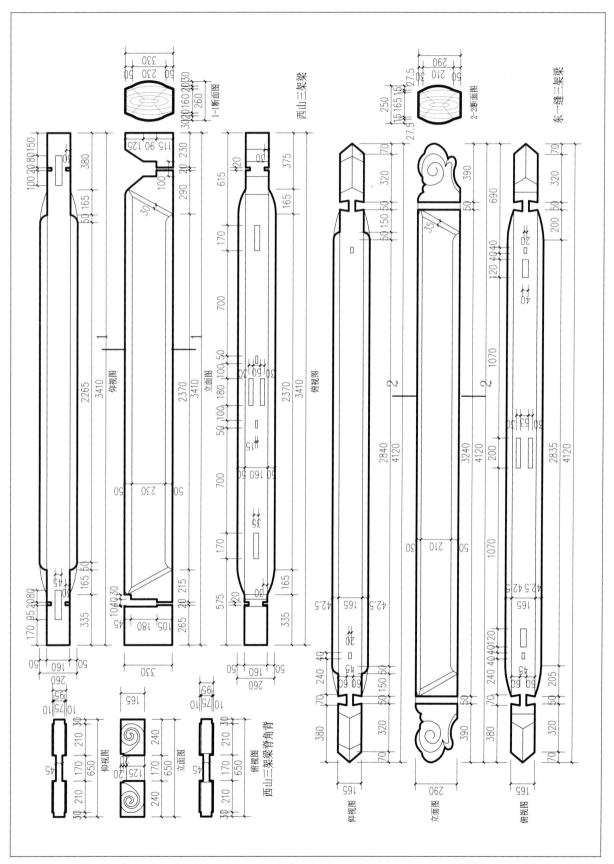

图版118　天王殿三架梁及三架梁上角背构件图

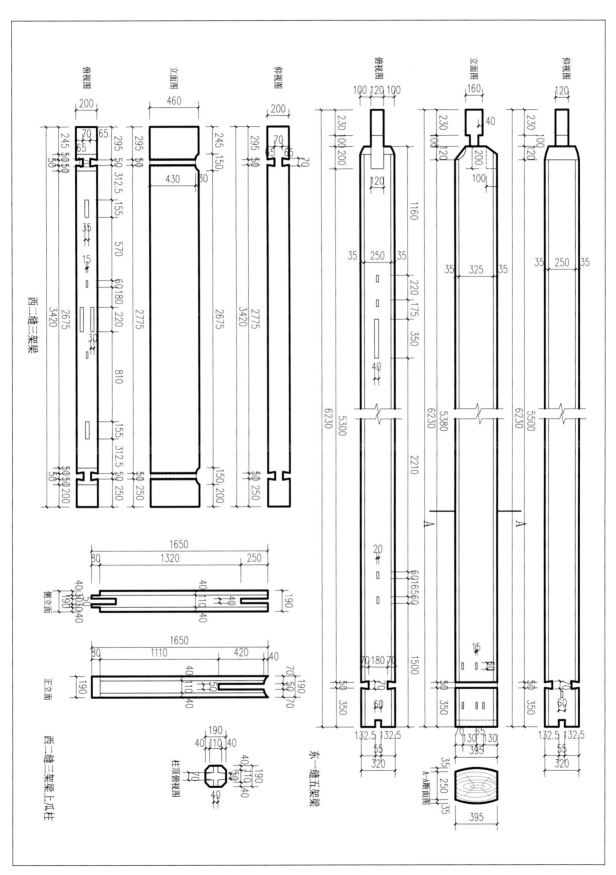

图版119 天王殿三架梁、四架梁及三架梁上瓜柱构件图

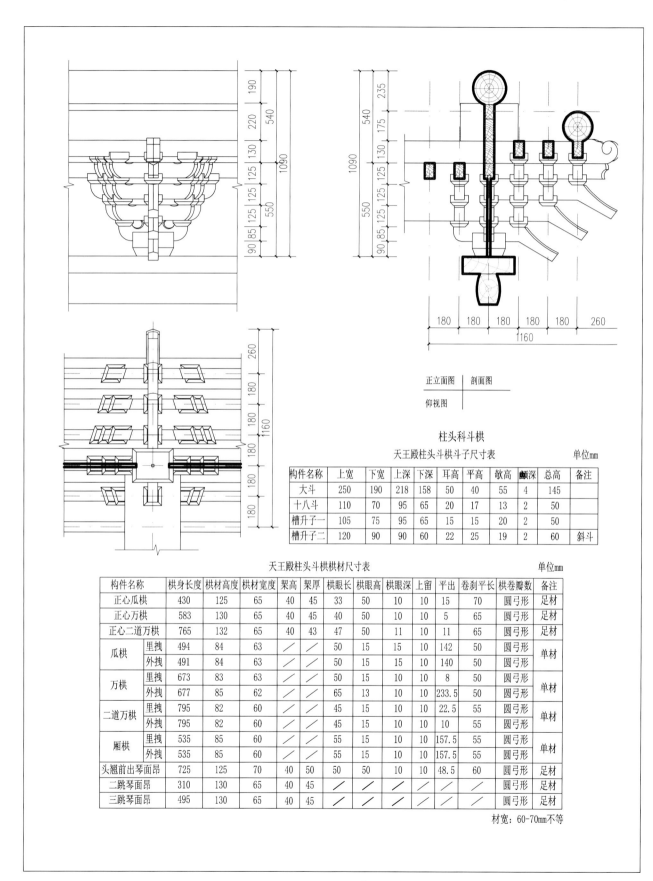

正立面图 | 剖面图

仰视图

柱头科斗栱

天王殿柱头斗栱斗子尺寸表　　　　　　单位mm

构件名称	上宽	下宽	上深	下深	耳高	平高	欹高	颥深	总高	备注
大斗	250	190	218	158	50	40	55	4	145	
十八斗	110	70	95	65	20	17	13	2	50	
槽升子一	105	75	95	65	15	15	20	2	50	
槽升子二	120	90	90	60	22	25	19	2	60	斜斗

天王殿柱头斗栱栱材尺寸表　　　　　　单位mm

构件名称		栱身长度	栱材高度	栱材宽度	栔高	栔厚	栱眼长	栱眼高	栱眼深	上留	平出	卷刹平长	栱卷瓣数	备注
正心瓜栱		430	125	65	40	45	33	50	10	10	15	70	圆弓形	足材
正心万栱		583	130	65	40	45	40	50	10	10	5	65	圆弓形	足材
正心二道万栱		765	132	65	40	43	47	50	11	10	11	65	圆弓形	足材
瓜栱	里拽	494	84	63	/	/	50	15	15	10	142	50	圆弓形	单材
	外拽	491	84	63	/	/	50	15	15	10	140	50	圆弓形	
万栱	里拽	673	83	63	/	/	50	15	10	10	8	50	圆弓形	单材
	外拽	677	85	62	/	/	65	13	10	10	233.5	50	圆弓形	
二道万栱	里拽	795	82	60	/	/	45	15	10	10	22.5	55	圆弓形	单材
	外拽	795	82	60	/	/	45	15	10	10	10	55	圆弓形	
厢栱	里拽	535	85	60	/	/	55	15	10	10	157.5	55	圆弓形	单材
	外拽	535	85	60	/	/	55	15	10	10	157.5	55	圆弓形	
头翘前出琴面昂		725	125	70	40	50	50	50	10	10	48.5	60	圆弓形	足材
二跳琴面昂		310	130	65	40	45	/	/	/				圆弓形	足材
三跳琴面昂		495	130	65	40	45	/	/	/				圆弓形	足材

材宽：60-70mm不等

图版122　天王殿柱头科斗栱大样图

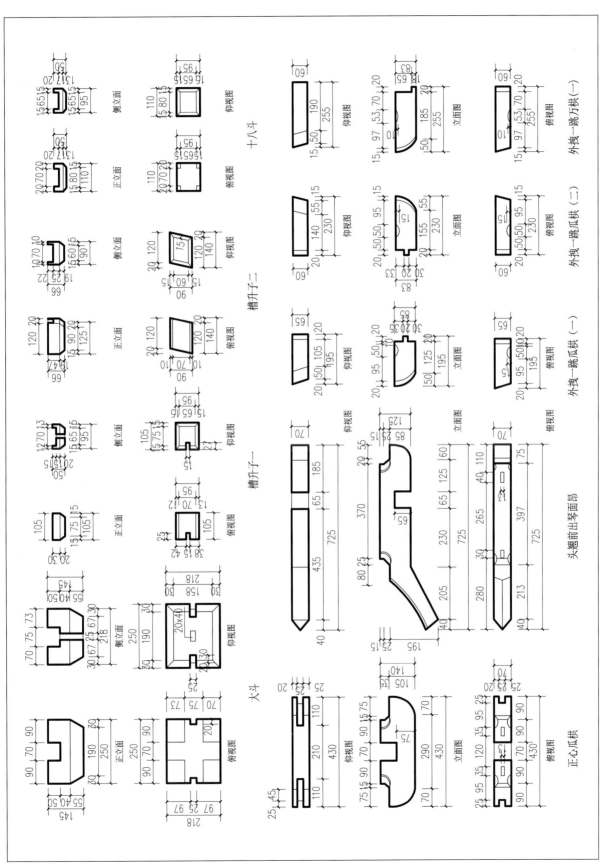

图版123 天王殿柱头科斗栱构件榫卯图（一）

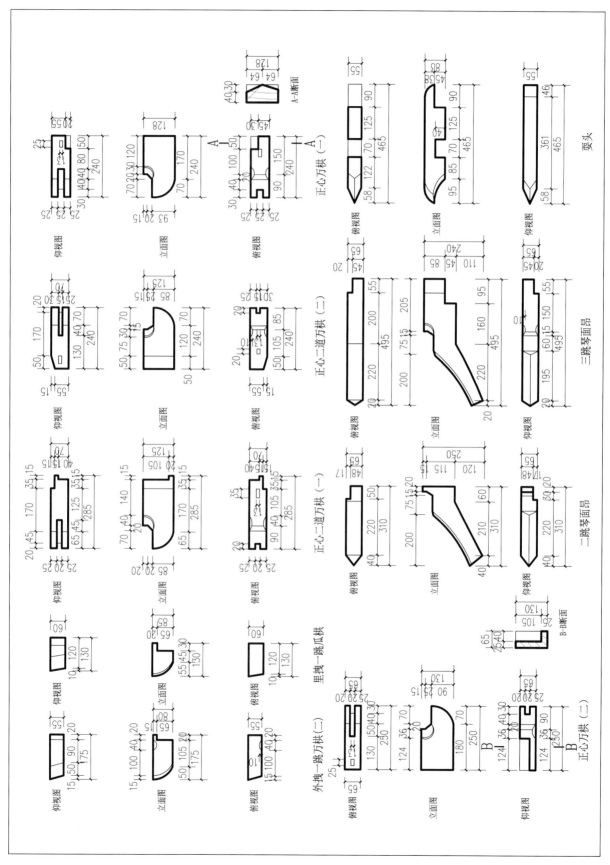

图版124　天王殿柱头科斗栱构件样卯图（二）

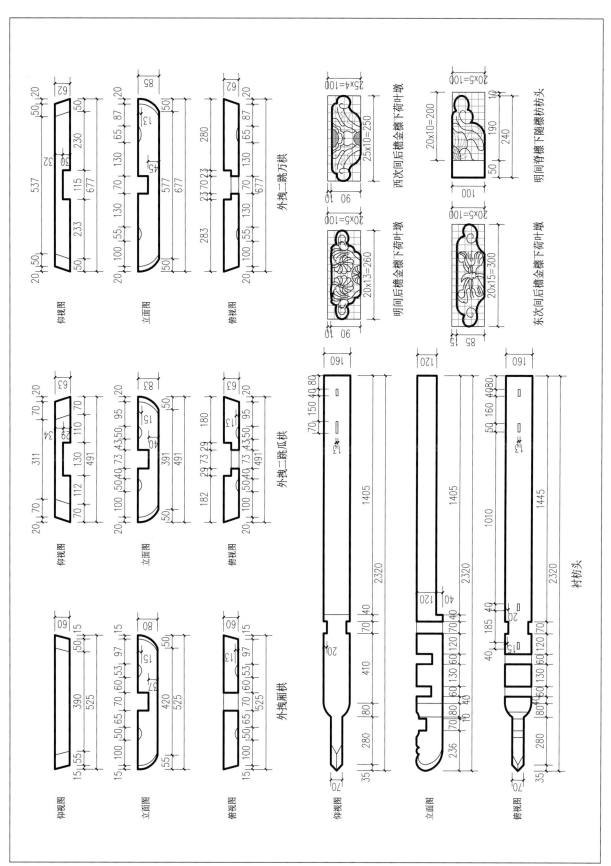

图版125 天王殿柱头科斗栱构件榫卯图（三）

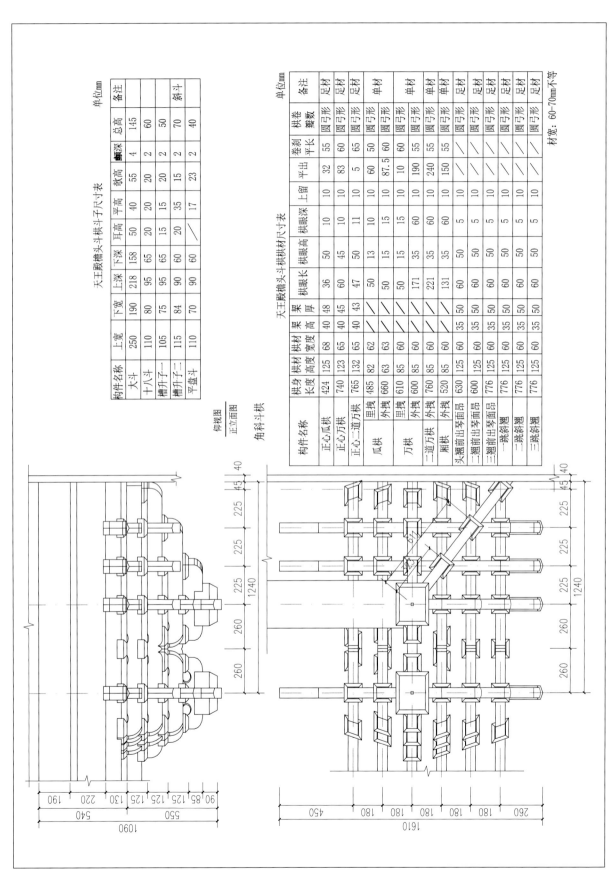

天王殿檐头斗栱斗子尺寸表　单位:mm

构件名称	上宽	下宽	上深	下深	耳高	平高	欹高	欹深	总高	备注
大斗	250	190	218	158	50	40	55	4	145	
十八斗	110	80	95	65	20	20	20	2	60	
槽升子一	105	75	95	65	15	15	20	2	50	
槽升子二	115	84	90	60	20	35	15	2	70	
平盘斗	110	70	90	60	/	17	23	2	40	斜斗

天王殿檐头栱斗栱材尺寸表　单位:mm

构件名称		栱身长度	栱材高度	栱材宽度	栔高	栔厚	栱眼长	栱眼高	栱眼深	上留	平出	卷刹平长	拱卷瓣数	备注
正心瓜栱		424	125	68	40	48	36	50	10	10	32	55	圆弓形	足材
正心万栱		740	123	65	40	45	60	45	10	10	83	60	圆弓形	足材
正心二道万栱		765	132	65	40	43	47	50	11	10	5	65	圆弓形	足材
瓜栱	里拽	485	82	62	/	/	50	13	10	10	60	50	圆弓形	单材
瓜栱	外拽	660	63	63	/	/	50	15	15	10	87.5	60	圆弓形	
万栱	里拽	610	85	60	/	/	50	15	15	10	10	60	圆弓形	单材
万栱	外拽	600	85	60	/	/	171	35	60	10	190	55	圆弓形	单材
二道万栱	外拽	760	85	60	/	/	221	35	60	10	240	55	圆弓形	单材
厢栱	外拽	520	85	60	/	/	131	35	60	10	150	55	圆弓形	单材
头翘前出琴面昂		630	125	60	35	50	60	50	5	10	/	/	圆弓形	足材
二翘前出琴面昂		600	125	60	35	50	60	50	5	10	/	/	圆弓形	足材
三翘前出琴面昂		776	125	60	35	50	60	50	5	10	/	/	圆弓形	足材
一跳斜翘		776	125	60	35	50	60	50	5	10	/	/	圆弓形	足材
二跳斜翘		776	125	60	35	50	60	50	5	10	/	/	圆弓形	足材
三跳斜翘		776	125	60	35	50	60	50	5	10	/	/	圆弓形	足材

材宽: 60-70mm不等

仰视图
正立面图
角科斗栱

图版126　天王殿角科斗栱大样图

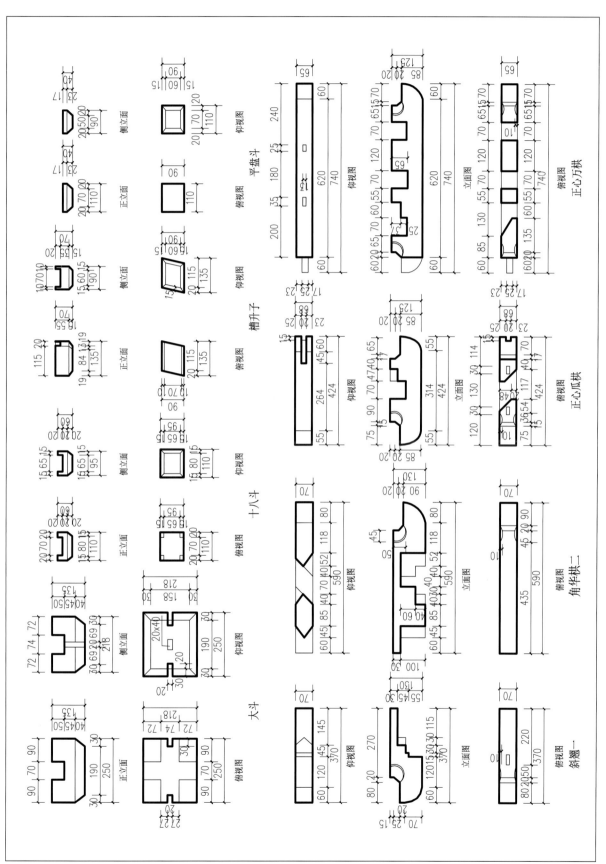

图版127　天王殿角科斗栱构件榫卯图（一）

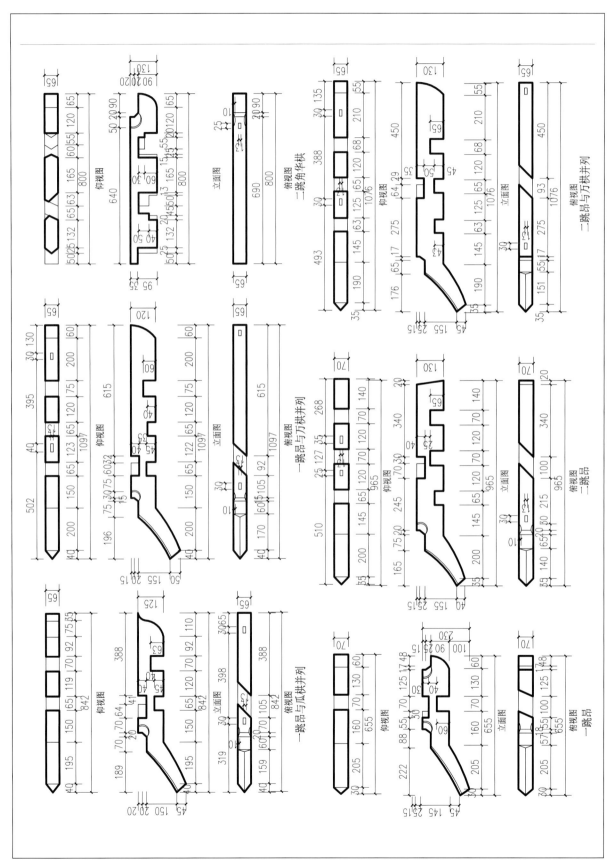

图版128 天王殿角科斗栱构件榫卯图（二）

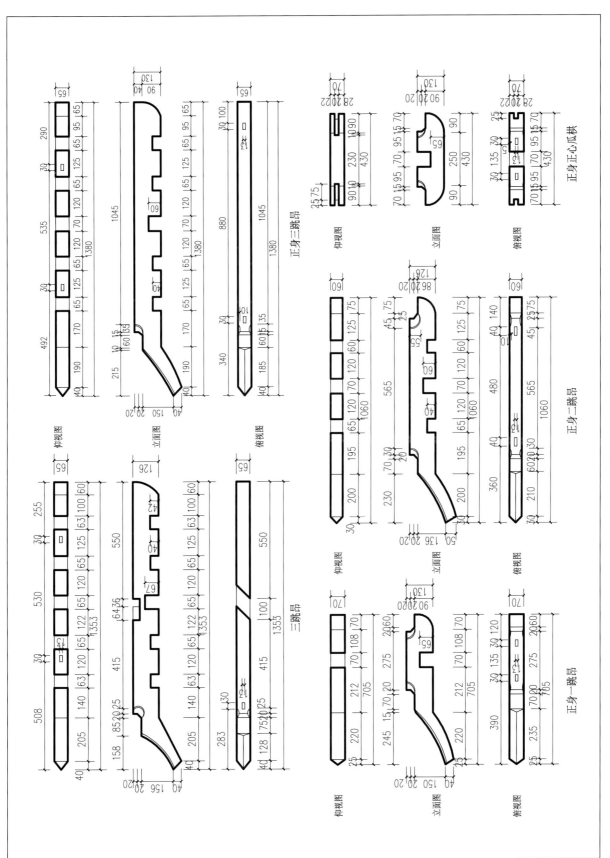

图版129 天王殿角科斗拱构件榫卯图（三）

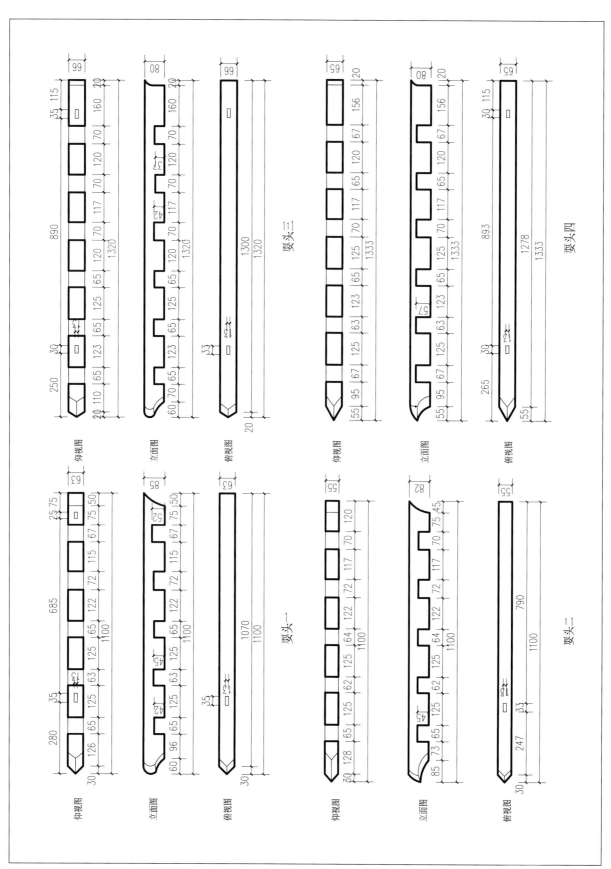

图版132 天王殿角科斗栱构件榫卯图（六）

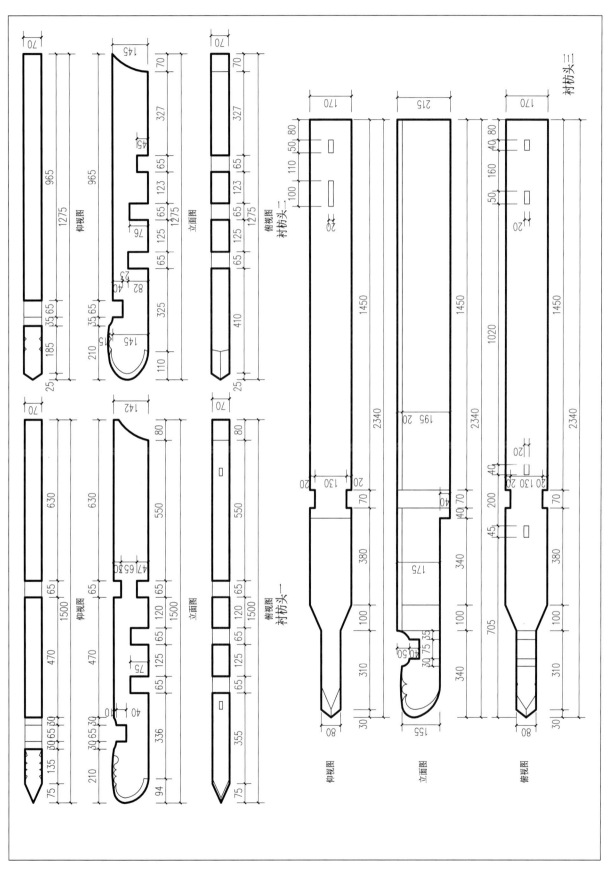

图版133　天王殿角科斗栱构件榫卯图（七）

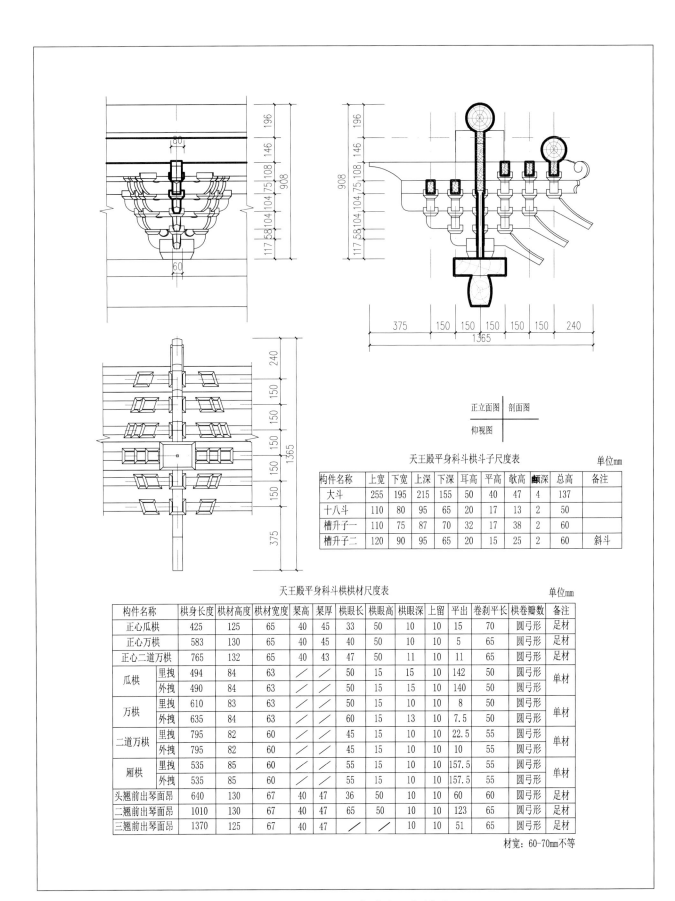

天王殿平身科斗栱斗子尺度表 单位mm

构件名称	上宽	下宽	上深	下深	耳高	平高	敧高	颥深	总高	备注
大斗	255	195	215	155	50	40	47	4	137	
十八斗	110	80	95	65	20	17	13	2	50	
槽升子一	110	75	87	70	32	17	38	2	60	
槽升子二	120	90	95	65	20	15	25	2	60	斜斗

天王殿平身科斗栱栱材尺度表 单位mm

构件名称		栱身长度	栱材高度	栱材宽度	絜高	絜厚	栱眼长	栱眼高	栱眼深	上留	平出	卷刹平长	栱卷瓣数	备注
正心瓜栱		425	125	65	40	45	33	50	10	10	15	70	圆弓形	足材
正心万栱		583	130	65	40	45	40	50	10	10	5	65	圆弓形	足材
正心二道万栱		765	132	65	40	43	47	50	11	10	11	65	圆弓形	足材
瓜栱	里拽	494	84	63	/	/	50	15	15	10	142	50	圆弓形	单材
	外拽	490	84	63	/	/	50	15	15	10	140	50	圆弓形	
万栱	里拽	610	83	63	/	/	50	15	10	10	8	50	圆弓形	单材
	外拽	635	84	63	/	/	60	15	13	10	7.5	50	圆弓形	
二道万栱	里拽	795	82	60	/	/	45	15	10	10	22.5	55	圆弓形	单材
	外拽	795	82	60	/	/	45	15	10	10	10	55	圆弓形	
厢栱	里拽	535	85	60	/	/	55	15	10	10	157.5	55	圆弓形	单材
	外拽	535	85	60	/	/	55	15	10	10	157.5	55	圆弓形	
头翘前出琴面昂		640	130	67	40	47	36	50	10	10	60	60	圆弓形	足材
二翘前出琴面昂		1010	130	67	40	47	65	50	10	10	123	65	圆弓形	足材
三翘前出琴面昂		1370	125	67	40	47	/	/	10	10	51	65	圆弓形	足材

材宽：60-70mm不等

图版134 天王殿平身科斗栱大样图

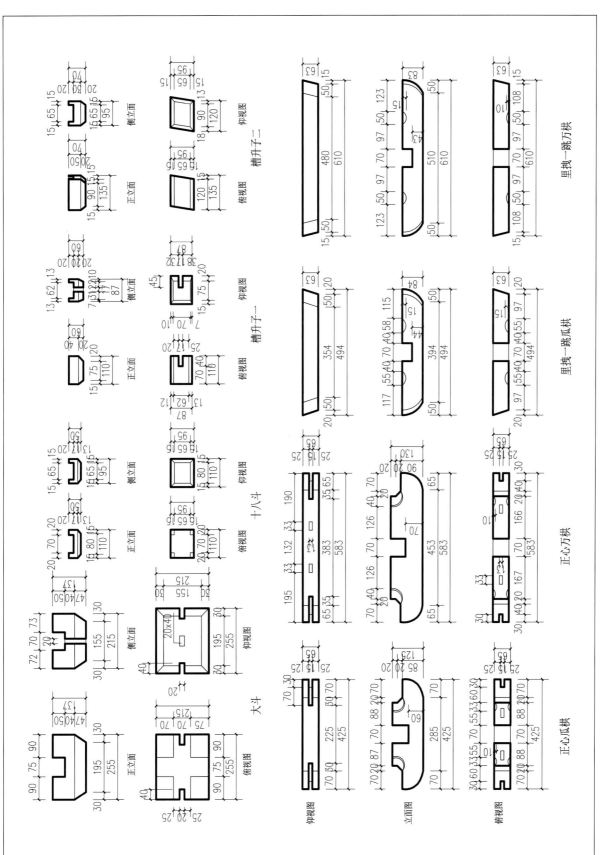

图版135 天王殿平身科斗栱构件榫卯图（一）

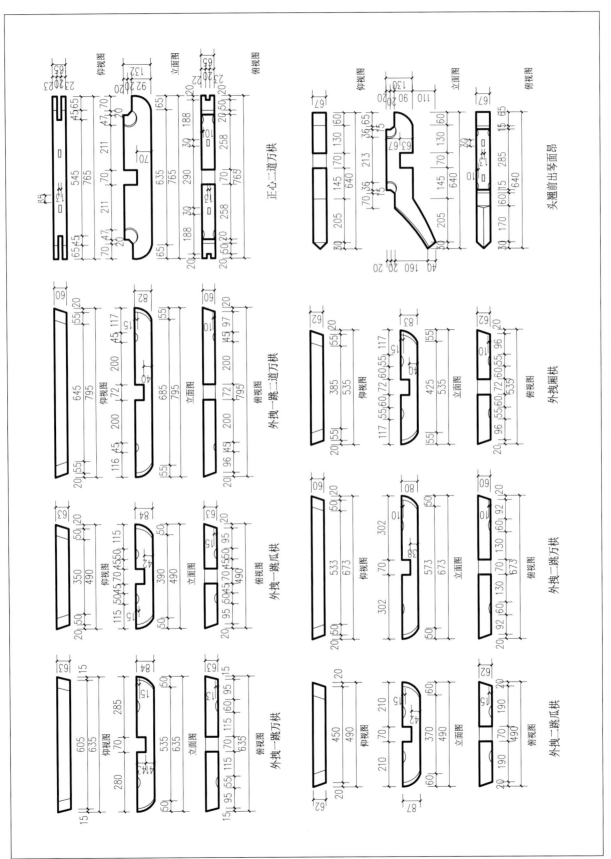

图版136　天王殿平身科斗栱构件样卯图（二）

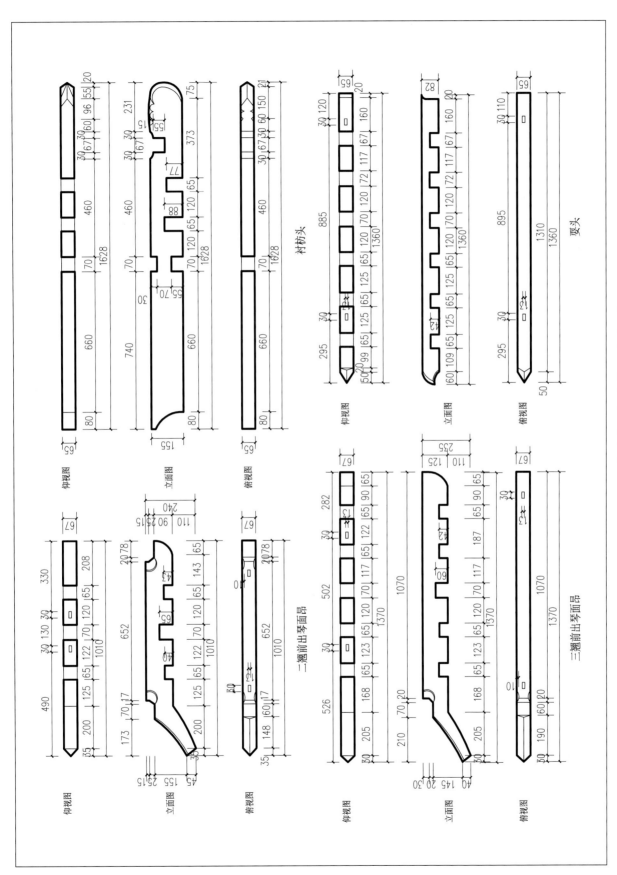

图版137 天王殿平身科斗栱构件榫卯图（三）

九　东、西配殿建筑图

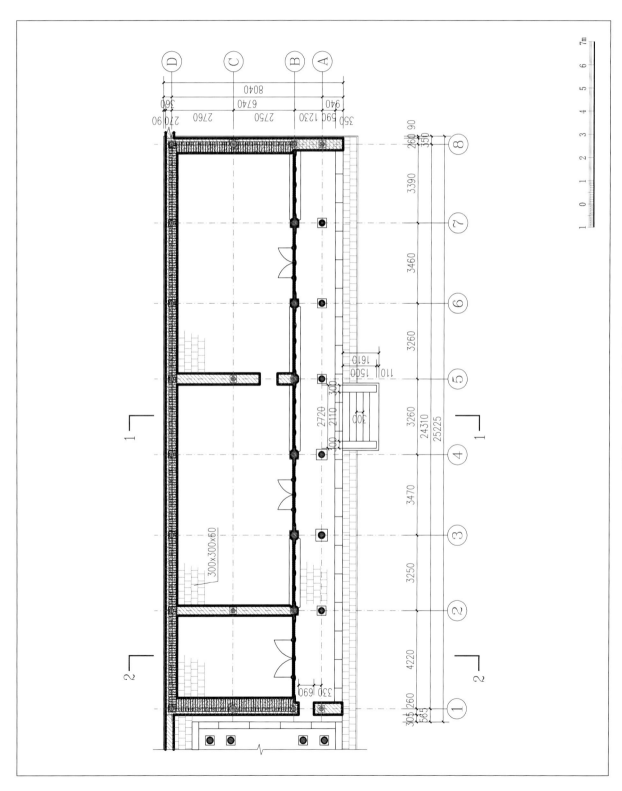

图版 138　西配殿平面图

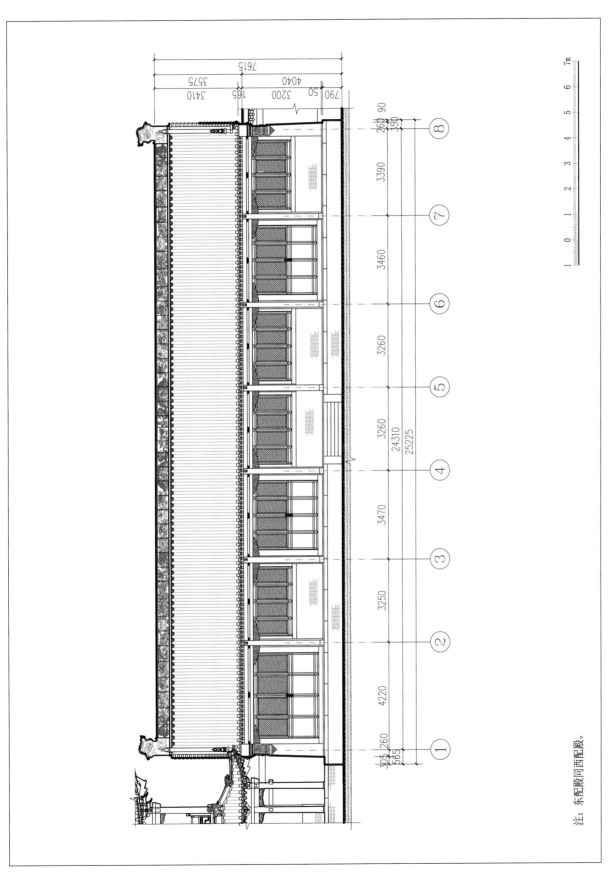

图版139　西配殿正立面图

注：东配殿同西配殿。

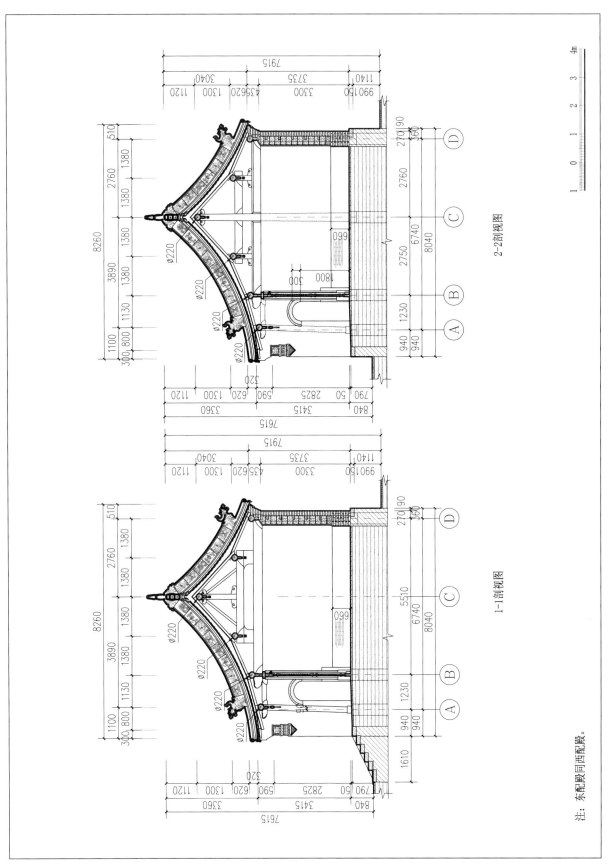

1-1剖视图

2-2剖视图

图版140　西配殿1-1、2-2剖视图

注：东配殿同西配殿。

十 东西朵殿及斗栱大样图

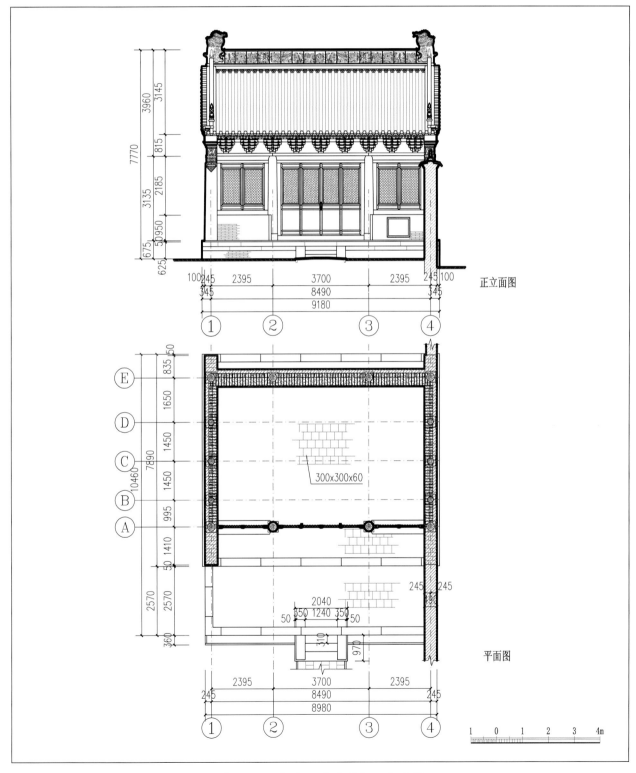

正立面图

平面图

图版141 东朵殿平面图与正立面图

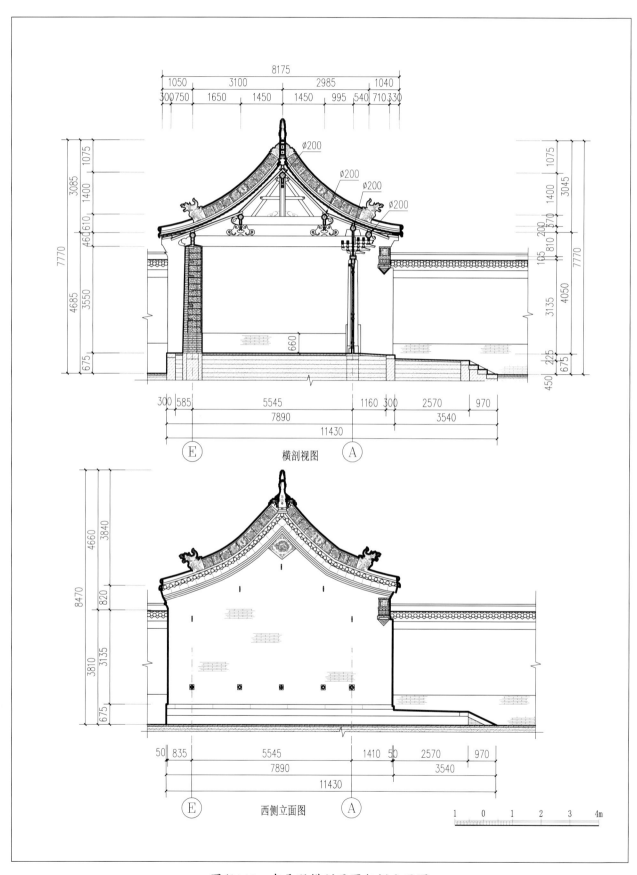

横剖视图

西侧立面图

图版142　东朵殿横剖面图与侧立面图

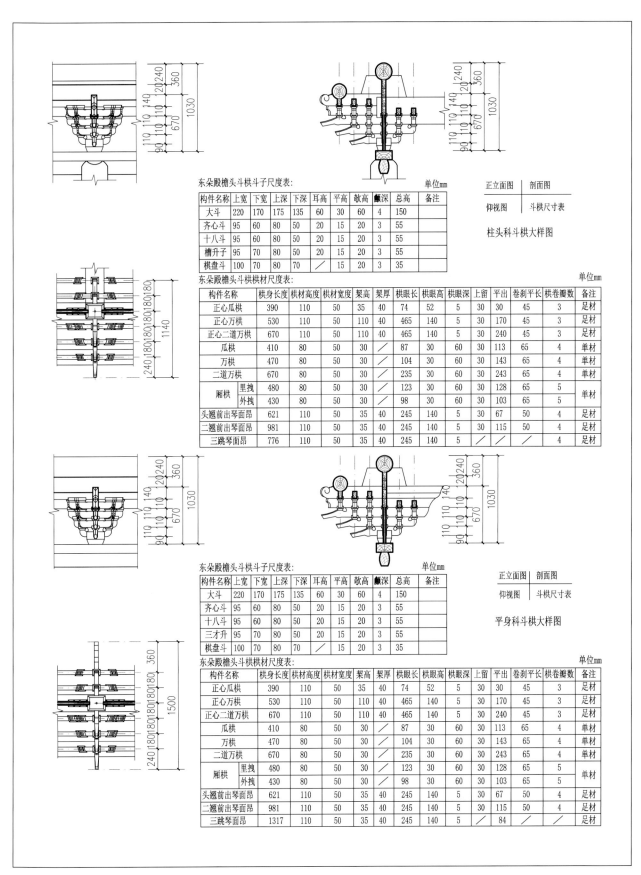

东朵殿檐头斗栱斗子尺度表：　　　　　　　　　　　　单位mm

构件名称	上宽	下宽	上深	下深	耳高	平高	欹高	顱深	总高	备注
大斗	220	170	175	135	60	30	60	4	150	
齐心斗	95	60	80	50	20	15	20	3	55	
十八斗	95	60	80	50	20	15	20	3	55	
槽升子	95	70	80	50	20	15	20	3	55	
棋盘斗	100	70	80	70	/	15	20	3	35	

东朵殿檐头斗栱栱材尺度表：　　　　　　　　　　　　单位mm

构件名称		栱身长度	栱材高度	栱材宽度	栔高	栔厚	栱眼长	栱眼高	栱眼深	上留	平出	卷刹平长	栱卷瓣数	备注
正心瓜栱		390	110	50	35	40	74	52	5	30	30	45	3	足材
正心万栱		530	110	50	110	40	465	140	5	30	170	45	3	足材
正心二道万栱		670	110	50	110	40	465	140	5	30	240	45	3	足材
瓜栱		410	80	50	30	/	87	30	60	30	113	65	4	单材
万栱		470	80	50	30	/	104	30	60	30	143	65	4	单材
二道万栱		670	80	50	30	/	235	30	60	30	243	65	4	单材
厢栱	里拽	480	80	50	30	/	123	30	60	30	128	65	5	单材
厢栱	外拽	430	80	50	30	/	98	30	60	30	103	65	5	单材
头翘前出琴面昂		621	110	50	35	40	245	140	5	30	67	50	4	足材
二翘前出琴面昂		981	110	50	35	40	245	140	5	30	115	50	4	足材
三跳琴面昂		776	110	50	35	40	245	140	5	/	/	/	4	足材

正立面图	剖面图
仰视图	斗栱尺寸表

柱头科斗栱大样图

东朵殿檐头斗栱斗子尺度表：　　　　　　　　　　　　单位mm

构件名称	上宽	下宽	上深	下深	耳高	平高	欹高	顱深	总高	备注
大斗	220	170	175	135	60	30	60	4	150	
齐心斗	95	60	80	50	20	15	20	3	55	
十八斗	95	60	80	50	20	15	20	3	55	
三才升	95	70	80	50	20	15	20	3	55	
棋盘斗	100	70	80	70	/	15	20	3	35	

东朵殿檐头斗栱栱材尺度表：　　　　　　　　　　　　单位mm

构件名称		栱身长度	栱材高度	栱材宽度	栔高	栔厚	栱眼长	栱眼高	栱眼深	上留	平出	卷刹平长	栱卷瓣数	备注
正心瓜栱		390	110	50	35	40	74	52	5	30	30	45	3	足材
正心万栱		530	110	50	110	40	465	140	5	30	170	45	3	足材
正心二道万栱		670	110	50	110	40	465	140	5	30	240	45	3	足材
瓜栱		410	80	50	30	/	87	30	60	30	113	65	4	单材
万栱		470	80	50	30	/	104	30	60	30	143	65	4	单材
二道万栱		670	80	50	30	/	235	30	60	30	243	65	4	单材
厢栱	里拽	480	80	50	30	/	123	30	60	30	128	65	5	单材
厢栱	外拽	430	80	50	30	/	98	30	60	30	103	65	5	单材
头翘前出琴面昂		621	110	50	35	40	245	140	5	30	67	50	4	足材
二翘前出琴面昂		981	110	50	35	40	245	140	5	30	115	50	4	足材
三跳琴面昂		1317	110	50	35	40	245	140	5	/	84	/	/	足材

正立面图	剖面图
仰视图	斗栱尺寸表

平身科斗栱大样图

图版143　东朵殿柱头科及平身科斗栱大样图

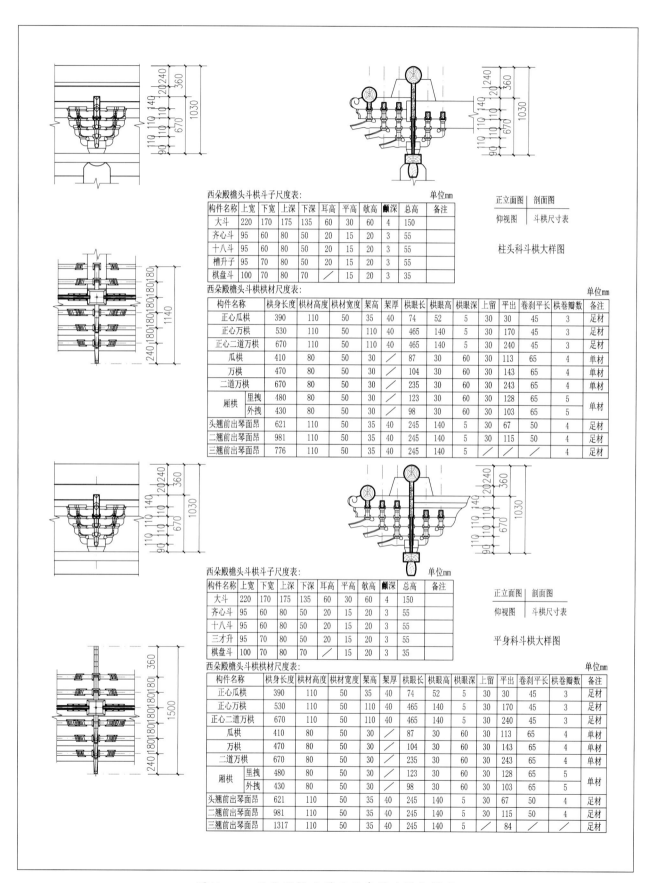

西朵殿檐头斗栱斗子尺度表：　单位mm

构件名称	上宽	下宽	上深	下深	耳高	平高	敏高	鳒深	总高	备注
大斗	220	170	175	135	60	30	60	4	150	
齐心斗	95	60	80	50	20	15	20	3	55	
十八斗	95	60	80	50	20	15	20	3	55	
槽升子	95	70	80	50	20	15	20	3	55	
棋盘斗	100	70	80	70	/	15	20	3	35	

西朵殿檐头栱栱材尺度表：　单位mm

构件名称		栱身长度	栱材高度	栱材宽度	栔高	栔厚	栱眼长	栱眼高	栱眼深	上留	平出	卷刹平长	栱卷瓣数	备注
正心瓜栱		390	110	50	35	40	74	52	5	30	30	45	3	足材
正心万栱		530	110	50	110	40	465	140	5	30	170	45	3	足材
正心二道万栱		670	110	50	110	40	465	140	5	30	240	45	3	足材
瓜栱		410	80	50	30	/	87	30	60	30	113	65	4	单材
万栱		470	80	50	30	/	104	30	60	30	143	65	4	单材
二道万栱		670	80	50	30	/	235	30	60	30	243	65	4	单材
厢栱	里拽	480	80	50	30	/	123	30	60	30	128	65	5	单材
厢栱	外拽	430	80	50	30	/	98	30	60	30	103	65	5	
头翘前出琴面昂		621	110	50	35	40	245	140	5	30	67	50	4	足材
二翘前出琴面昂		981	110	50	35	40	245	140	5	30	115	50	4	足材
三翘前出琴面昂		776	110	50	35	40	245	140	5	/	/	/	4	足材

正立面图　｜　剖面图

仰视图　｜　斗栱尺寸表

柱头科斗栱大样图

西朵殿檐头斗栱斗子尺度表：　单位mm

构件名称	上宽	下宽	上深	下深	耳高	平高	敏高	鳒深	总高	备注
大斗	220	170	175	135	60	30	60	4	150	
齐心斗	95	60	80	50	20	15	20	3	55	
十八斗	95	60	80	50	20	15	20	3	55	
三才升	95	70	80	50	20	15	20	3	55	
棋盘斗	100	70	80	70	/	15	20	3	35	

正立面图　｜　剖面图

仰视图　｜　斗栱尺寸表

平身科斗栱大样图

西朵殿檐头栱栱材尺度表：　单位mm

构件名称		栱身长度	栱材高度	栱材宽度	栔高	栔厚	栱眼长	栱眼高	栱眼深	上留	平出	卷刹平长	栱卷瓣数	备注
正心瓜栱		390	110	50	35	40	74	52	5	30	30	45	3	足材
正心万栱		530	110	50	110	40	465	140	5	30	170	45	3	足材
正心二道万栱		670	110	50	110	40	465	140	5	30	240	45	3	足材
瓜栱		410	80	50	30	/	87	30	60	30	113	65	4	单材
万栱		470	80	50	30	/	104	30	60	30	143	65	4	单材
二道万栱		670	80	50	30	/	235	30	60	30	243	65	4	单材
厢栱	里拽	480	80	50	30	/	123	30	60	30	128	65	5	单材
厢栱	外拽	430	80	50	30	/	98	30	60	30	103	65	5	
头翘前出琴面昂		621	110	50	35	40	245	140	5	30	67	50	4	足材
二翘前出琴面昂		981	110	50	35	40	245	140	5	30	115	50	4	足材
三翘前出琴面昂		1317	110	50	35	40	245	140	5	/	84	/	/	足材

图版146　西朵殿柱头科及平身科斗栱大样图

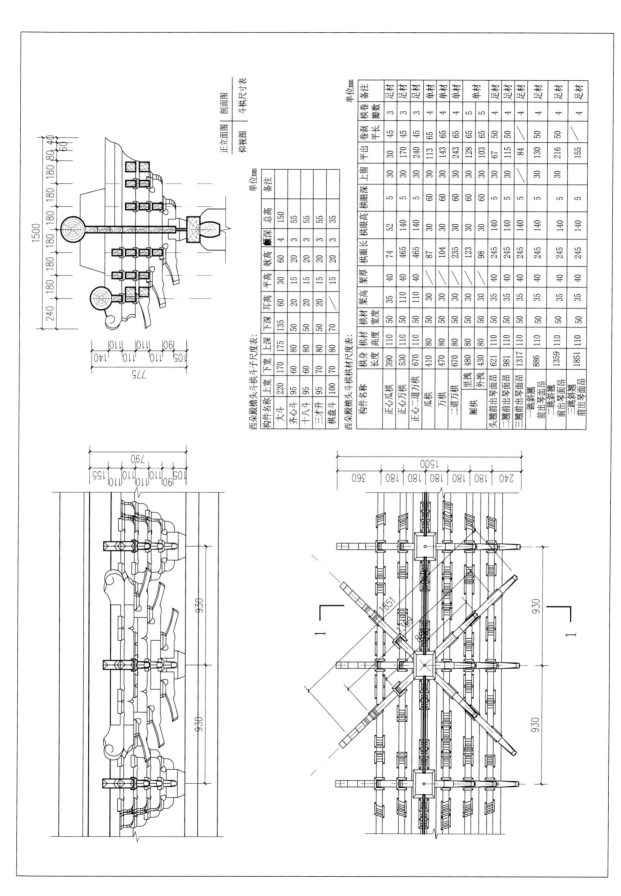

西朵殿槅檐头斗栱斗子尺度表：

单位：mm

构件名称	上宽	下宽	上深	下深	耳高	平高	瓤深	总高	备注
大斗	220	170	175	135	60	30	4	150	
齐心斗	95	60	80	50	20	15	3	55	
十八斗	95	60	80	50	20	15	3	55	
三才升	95	70	80	50	20	15	3	55	
栱盘斗	100	80	80	70	/	15	3	35	

西朵殿槅檐头斗栱栱材尺度表：

单位：mm

构件名称		栱身长度	栱材高度	栱材宽度	栔高	栔厚	栱眼长	栱眼高	栱眼深	上留	平出	栱卷剎平长	栱卷剎瓣数	备注
正心瓜栱		390	110	50	35	40	74	52	5	30	30	45	3	足材
正心万栱		530	110	50	110	40	465	140	5	30	170	45	3	足材
正心二道万栱		670	110	50	110	40	465	140	5	30	240	45	3	足材
瓜栱		410	80	50	30	/	87	30	60	30	113	65	4	单材
万栱		470	80	50	30	/	104	30	60	30	143	65	4	单材
二道万栱		670	80	50	30	/	235	30	60	30	243	65	4	单材
厢栱	里拽	480	80	50	30	/	123	30	60	30	128	65	5	足材
厢栱	外拽	430	80	50	30	/	98	30	60	30	103	65	5	足材
头翘前出零面品		621	110	50	35	40	245	140	5	30	67	50	4	足材
二翘前出零面品		981	110	50	35	40	245	140	5	30	115	50	4	足材
三翘前出零面品		1317	110	50	35	40	245	140	5	30	84	/	4	足材
一跳斜翘前出琴面吊		886	110	50	35	40	245	140	5	30	130	50	4	足材
二跳斜翘前出琴面吊		1359	110	50	35	40	245	140	5	30	216	50	4	足材
三跳斜翘前出零面品		1851	110	50	35	40	245	140	5	30	155	/	4	足材

斗栱尺寸表

单位：mm

正立面图	剖面图
仰视图	剖面图

图版147　西朵殿明间平身科如意斗栱大样图